大数据统计与 Python 应用

付志刚　沈慧娟　陈战波　编著

北京理工大学出版社
BEIJING INSTITUTE OF TECHNOLOGY PRESS

内 容 简 介

统计学是处理文本、图像和声音等各种数据类型的科学。本书分 11 章，具体包括绪论，统计数据搜集、整理和展示，数据概括性度量，时间数列，统计指数与综合评价指数，参数估计与假设检验，相关与回归分析，大数据统计挖掘简介和 Python 统计分析与实验。

本书注重创新性、实用性和高阶性，融合大数据和人工智能前沿知识，插入丰富的教学案例，能够给师生全新的教学体验。

本书可作为高等院校人文社科类相关专业的教材，也可作为企事业单位统计工作人员的参考用书。

图书在版编目（CIP）数据

大数据统计与 Python 应用 / 付志刚，沈慧娟，陈战波编著. --北京：北京理工大学出版社，2025.3.

ISBN 978-7-5763-5215-3

Ⅰ. C819

中国国家版本馆 CIP 数据核字第 2025HW2455 号

责任编辑：申玉琴　　　文案编辑：申玉琴
责任校对：刘亚男　　　责任印制：李志强

出版发行 / 北京理工大学出版社有限责任公司
社　　址 / 北京市丰台区四合庄路 6 号
邮　　编 / 100070
电　　话 / (010) 68914026 （教材售后服务热线）
　　　　　 (010) 63726648 （课件资源服务热线）
网　　址 / http://www.bitpress.com.cn

版 印 次 / 2025 年 3 月第 1 版第 1 次印刷
印　　刷 / 河北盛世彩捷印刷有限公司
开　　本 / 787 mm×1092 mm　1/16
印　　张 / 23
字　　数 / 540 千字
定　　价 / 99.00 元

前　言

随着时代的发展，大数据和人工智能已经深入社会生活的各个方面，这种变化对各个学科都产生了重要的影响。无论理论研究还是商业应用领域，大数据和人工智能都与统计学存在紧密的关系。诺贝尔经济学奖获得者托马斯·萨金特在2018年北京举办的世界科技创新论坛上说："人工智能其实就是统计学，只不过用了一个很华丽的辞藻。"华为创始人任正非在接受央视《面对面》采访时说："人工智能就是统计学，计算机与统计学就是人工智能，什么学后面都得跟着统计学，统计学很重要。"

然而，目前绝大多数高校的统计学教材仍保持20世纪的框架和内容不变，内容非常经典，但有些已经过时；还有些仍以数学推导为主，学生学习兴趣低，导致学生甚至很多老师都以为人工智能与统计学没有很大关系。

在此背景下，本教材围绕大数据及其应用的核心，把大数据融入现有的内容体系，在注重培养统计素养与发展统计思维的同时，让学生了解大数据时代的前沿知识。

本教材主要包含以下内容：

第一，绪论。提出统计学是处理声音、图像、视频、文本和数值等不同类型数据的科学，提升统计学的广度和深度；进一步把统计产生和发展历史分为五个阶段，并强调历史上中国在统计方面所做的贡献。

第二，统计数据搜集、整理和展示。阐述声音、图像、视频和文本等类型数据的搜集和整理方法，大幅增加不同类型且实用的树状图、词云图、统计地图和气泡图等统计图内容，以满足各种数据展示的需求(如市场调查和文本数据)，不断提升教材的针对性和实用性。

第三，数据概括性度量、时间数列、统计指数与综合评价指数。压缩总量指标和相对指标等比较简单的内容，增加离散指标中信息熵和基尼系数内容，进一步增加层次分析法、熵权法等综合评价指数内容，从而增强教材广度和实用性。

第四，传统统计推断。简述参数估计与假设检验的思想，并融入Bootstrap抽样原理。

第五，大数据统计挖掘。阐述常见且非常实用的KNN分类、决策树、关联规则和贝叶斯分类等方法，并进一步阐述文本挖掘、音频挖掘和图像识别的处理方法和步骤。

第六，Python软件操作。考虑到在商业领域Python的广泛应用，因此选择IEEE综合运用排名第一的Python软件，增强教材的实用性和可操作性。

同时需要指出的是，本教材不提供概率分布表和随机数表等附录。运用软件获取统计结果是最基本技能，现在任一统计软件都能够快速且精确计算出各种分布结果，并生成任意随机数。

本教材具有以下特色和创新：

第一，拓展了统计学的含义，提出大数据就是统计学。提出统计学是关于数值、声音、图像、视频和文本等不同类型数据搜集、整理、分析和展示的科学，提升了统计学的内涵。

第二，开发了丰富生动、不同领域的近 100 个同步案例、统计人物和知识窗等。参考了大量统计相关的随笔、专著和启蒙资料，如《女士品茶》《统计与真理》《统计陷阱》《大数据时代》和《数学之美》等。在此基础上开发了"管仲治国理念蕴含的统计思想""统计识别红楼梦作者""费孝通《禄村农田》与典型调查""财务杜邦分析法""诗词大数据带您认识苏轼"等大量案例，丰富了统计学的应用。

第三，以问题为导向，重视解决方法而不是仅阐述理论。如在描述性统计部分，在介绍各种指标的基础上，通过案例阐述某个具体问题应该利用哪些指标描述。

第四，编程中关注的是问题的解决思路和方法，而不是各种库和函数的用法。建议读者在学习过程中，预先摸索案例的编程，尝试通过网络搜索自己解答，然后根据教材内容比较有哪些需要改进和完善的地方。

本教材包含丰富的模块，正文中穿插了"知识窗""同步案例""小案例""统计人物"等内容。为便于师生互动，提高学生的学习兴趣和效率，本教材配有 Python 实验代码、教学课件(PPT)、教学大纲及丰富的教学视频。使用本教材的教师，请登录北京理工大学出版社官网下载或向作者索取。

总体而言，把大数据融入统计是学科建设中的大课题。希望这样的尝试可以让师生和其他感兴趣的读者感受到大数据和人工智能时代统计学的魅力；如果进一步能推动国内学科发展和统计学教材建设，那编者就更欣慰了。

最后，感谢北京理工大学出版社编辑对本教材出版的大力支持。在写作过程中引用了大量的案例、图表和数据等，都已注明出处，在此一并对原作者表示感谢。感谢南昌师范学院、广西财经学院和景德镇陶瓷大学对本书出版的大力支持。由于作者水平所限，书中的错误和疏漏之处在所难免。敬请读者提出宝贵意见并发到邮箱 55512459@ qq. com，以便进一步修订和完善，促进统计学科的发展。

付志刚

2024 年 12 月

目　录

绪 论

历史是动态的统计，统计是静态的历史。①

——奥古斯特·斯勒兹

1.1 统计学及其特征

1.1.1 统计学定义

统计学的概念有多种表述，最为权威的《牛津统计学词典》给出的定义如下：统计学是一门研究搜集、组织、分析、解释和展示数据的科学，具体涉及数据的各个方面，包括了根据问卷调查和实验设计进行的数据搜集。②

可以发现，统计学的要点可概括如下：

（1）统计学研究的是总体现象的数量表现与规律性。统计学主要研究的是从大量个体中归纳出来的总体特征，具有不确定性。如消费价格指数（CPI）虽总体呈现下降，但某些日用品价格可能呈现上涨。

（2）统计学研究的客观现象包括社会现象和自然现象。如遗传学领域人口身高的遗传规律、水文学领域洪峰最大流量与流速的分布、生物学领域豌豆的遗传特征、经济学领域供求与价格的关系等、医学领域吸烟与肺癌的关系，都需要统计学方法。

（3）统计数据的广义性。随着大数据和人工智能时代的到来，统计数据不仅包括传统的数值型数据，还包括图像、视频、声音和文字等类型信息。如在统计学与计算机相结合的背景下，指纹、验证码、声音和人脸识别（见图 1-1）等都是统计处理的对象。

总体而言，统计学既研究社会现象又研究自然现象总体的数量表现和规律性，是一门独立的关于数量信息搜集、整理和分析的方法论科学，是研究其他领域的工具。按美国数理统计学家伦纳德·萨维奇（Leonard J. Savage）的说法："统计学基本上是寄生的。靠研究其他领域内的工作而生存。这不是对统计学表示轻视，这是因为对很多寄主来说，如果没有寄生虫就会死。对有的动物来说，如果没有寄生虫就不能消化它们的食物。因此，人类奋斗的很多领域，如果没有统计学，虽然不会死亡，但一定会变得很弱。"

---

① 原文为：History is statistics in motion. Statistics is stationary history.

② 原文为：Statistics is the study of the collection, organization, analysis, interpretation and presentation of data. It deals with all aspects of data including the planning of data collection in terms of the design of surveys and experiments.

扫码查阅高清图

图1-1　手机和计算机中的语音与人脸识别功能

1.1.2　研究对象基本特征

统计学研究对象是客观现象总体的数量特征和数量关系，包括自然、社会经济等领域。具体而言，统计学研究对象有以下四个基本特征。

1. 数量性

统计学研究对象的数量性，具体说来，就是通过各种统计图表和统计指标来反映现象的规律和本质。数量是认识客观现实的重要方面，通过分析研究统计数据资料，研究和掌握统计规律性，就可以达到我们统计分析研究的目的。如要分析研究国民生产总值，需要对其数量、构成及数量变化趋势等进行认识，从而才能正确地分析和研究国民生产总值的规律性。

大数据时代，大量数据以声音、图像和视频的形式呈现，数量性仍旧是一个基本的特征。如进行图像数据分析时，需要把非结构化数据转换成结构化数据，通过计算图像 RGB 的灰度平均值和方差，了解图像主要的颜色特征和图像对比度等规律，从而为进一步的图像识别和验证提供支持。

2. 总体性

总体性是指对总体普遍存在着的社会经济现象或自然现象进行大量观察和综合分析，得出反映现象总体的数量特征和资料规律性。统计学研究对象的总体性，是从个体实际表现的研究过渡到对总体的数量表现的研究的。如某企业生产的日光灯管的平均使用寿命是在对大量灯管的使用寿命进行归纳的基础上得出的。

同样，大数据研究对象也具有总体性特征。如在文本识别领域中的垃圾邮件识别问题上，需要对大量邮件出现的词语及其相关性进行训练，然后归纳出某些词语在垃圾邮件或者正常邮件中出现的可能性。

3. 具体性

统计学研究对象是自然、社会经济领域中具体现象的数量方面，而不是数学领域中抽象的数字，是统计分析和研究的主要内容。如 GDP 数据，具体是特定时期和地区数值，随着时间和地区的改变，数值也会发生变化。

大数据研究对象也有具体性。如对深交所"互动易"和上交所"e 互动"中特定上市公司的投资者问答进行文本挖掘，具体是某时间段特定上市公司的文本，随着时间推移，投资者关注焦点的变化，文本挖掘的结果也会随之改变。

4. 异质性

统计学研究对象的异质性是指总体中的各个单位，除了在某一方面具有相同特征以外，在其他方面具有差异。如同是证券投资者，有风险厌恶、风险中性和风险爱好不同的群体，不同风险偏好的投资者，购买股票和持有时长等行为都会存在差异。

大数据中也存在异质性。如音频识别领域中，不同物体发出的音响、音色和音频存在差异；即便同是人类，发出的声音也大相径庭。也正是存在差异，才可以通过音响、音色和音频等特征对声音进行识别。

1.1.3 统计数据的类型

统计学主要跟数据打交道，数据是统计的核心。大数据时代，数据的广度和深度都不断深化。

1. 根据数据表现形式不同，可分为结构化数据和非结构化数据

结构化数据，是能够用统一的结构加以表示的数据信息，是高度组织和整齐格式化的数据。结构化数据一般用表格形式呈现，是传统用的最多的数据类型。典型的结构化数据包括财务金额、电话号码、产品名称和某地区经纬度等数据。

结构化数据根据数据类型不同，进一步可分为名义型数据和数值型数据。其中名义型数据是指用文字描述结果的数据信息。如性别用男女表示，用户在线状态有离线、在线等状态特征。数值型数据主要用数值表现信息。如用整数表示的离散型数据信息(零件数、人口数和交通事故数等)和可以用非整数表示的连续型数据信息(工资水平、身高和销售额等)。

非结构化数据，是不方便用表格形式表现的数据，也称大数据。非结构化数据构成了当今时代绝大多数数据形式，占总量80%以上，并且每年以55%~65%的速度在速增长。

常见的非结构化数据有文本(办公文档、演示文稿、电子邮件、聊天信息等)、音频(电话录音、音乐歌曲和大自然声音等)、图像(指纹、笔迹、照片、石油勘探图像、卫星遥感产生的地形和天气图像等，见图1-2)和视频(抖音、Youtube和各种会议视频等)。

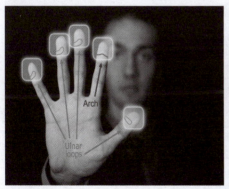

扫码查阅高清图

图 1-2 非结构化的指纹和笔迹数据

可以看出，非结构化数据不容易搜集，且无法用传统的方法进行数据处理和分析工作，必须借助数据挖掘和机器学习等方法，并结合计算机工具，才能进行处理，这些数据

的巨大价值才能体现。

2. 根据数据组织的形式的不同，可分为横截面数据、时间序列数据与面板数据

横截面数据，是在同一时间不同空间的某指标数据集合。如某年中国31个省市自治区 GDP 和消费等数据，某时间点各省份的石油矿产含量等数据。

时间序列数据，是同一空间不同时间的某指标数据集合。如改革开放至今全国 GDP 变化趋势数据，某地区石油储量随时间变化趋势数据等。

面板数据，是时间和空间两个维度堆积的某指标数据集合，表现在整个表格像是一个面板，因此而得名。如改革开放至今31个省市自治区的 GDP、消费和投资等数据。

1.1.4　非结构化数据特征

随着大数据和人工智能的快速发展，非结构化数据逐渐成为主流数据形式。非结构化数据具有"4V"特征：类型多样（Variety）、数据量大（Volume）、速度快（Velocity）和价值密度低（Value）。

1. 类型多样（Variety）

大数据多样性是指形式多样，可以是任何形式的数据。随着传感器、智能设备、社交网络、物联网、移动计算、在线广告等新的渠道和技术不断涌现，广泛的数据来源产生了不同数据类型，如 XML、邮件、博客、视频、照片、点击流和日志文件等。

商业应用过程中需要整合、存储和分析各种类型数据源，挖掘内含信息以供决策。如目前应用最广泛的推荐系统，淘宝、网易云音乐和今日头条等基于推荐系统平台，通过对用户的日志数据进行分析，从而进一步推荐用户喜欢的内容。日志数据是结构化明显的数据。还有一些数据结构化不明显，例如，这些数据因果关系弱，就需要人工对其进行标注。

作为统计学中的非结构化数据，类型多样是最重要的特征。在实际中，先要学会处理不同类型的小规模数据，如文本、图像等数据处理的基本方法，然后再推广到大规模数据。

2. 数据量大（Volume）

非结构化数据另一个典型表现就是其庞大的数据规模，因此也称为"大数据"或海量数据。随着信息技术发展和互联网规模扩大，人们生活、工作和娱乐都以文本、声音和视频等各种形式记录下来，数据量呈现爆发性增长。现在的大数据单位经常用 ZB 甚至 YB 进行衡量，不同数据量单位换算关系如表1-1所示。

表1-1　不同数据量单位换算关系

单位	换算关系	简称	实例
Byte	1Byte = 8bit	字节	一个英文字母、一个汉字2字节
KB	1KB = 1 024Byte	千字节	一张纸容量
MB	1MB = 1 024KB	兆字节	电子书容量
GB	1GB = 1 024MB	吉字节	电影容量

单位	换算关系	简称	实例
1TB	1TB＝1 024GB	太字节	海量数据，一个大型医院所有 X 光片信息
PB	1PB＝1 024TB	拍字节	大数据，50%全美学术研究馆藏书资讯内容
EB	1EB＝1 024PB	艾字节	至今全世界人类讲话信息量
ZB	1ZB＝1 024EB	泽字节	全球海滩海子数量总和
YB	1YB＝1 024ZB	尧字节	7 000 位人类微细胞总和

知识窗 ▶▶▶

每时每刻产生各种类型的数据

每一秒，一家大型医院会产生12万笔生理健康数据；每一分钟，YouTube 网站上传影片的总长有72小时；每一天，一家银行要处理500万笔信用卡交易、一个 Twitter 网站上有2.3亿条推文。

如果再加上全世界同一时间约有超过5亿部智能手机、10亿台计算机和数万亿个传感器同时运作，所产生的各种文字、声音和图片数据，每一天制造出来的数据量估计高达25亿 GB(吉字节)，等于要用4 000万台 64GB 的 iPad 才能装载。

依照这种每年约50%的增长速度计算，科技研究公司 IDC 估测，到2020年全球数据总量将增长44倍，达到35.2ZB。如果把这些数据全都装在 64GB iPad 里，这些 iPad 叠起来的高度足足可堆出超过13万座玉山(位于中国台湾省中部，海拔3 997米，是台湾地区的最高峰)。

(资料来源：摘自胡世忠《云端时代杀手级应用：大数据分析》)

3. 速度快(Velocity)

大数据的高速特征主要体现为信息的时效性。现今大数据时代，信息的生产和传播方式都发生了巨大改变。随着云计算的分布式处理、分布式数据库、云存储和虚拟化技术的不断发展，互联网把多个成本较低的计算实体整合成一个具有强大计算能力的系统，保证了搜集数据速度快，处理数据快速响应无延迟。

大数据速度快还体现在日常生活和工作中。在浏览抖音小视频时，后台通过你的浏览时间、视频内容、点赞次数等信息，推测用户的个性偏好，快速匹配你感兴趣的内容，下一个视频很有可能就是你喜爱的视频。

如海洋生态监测领域，通过频繁采样和追踪，任何细微的水温、浪高、洋流状态、盐度和含氧量变动，都实时记录并存储到终端系统，科学家从不断更新的流动性数据中掌握海洋生态的变化，从而可以实时发现污染值是否加剧并决定是否及时关闭海滩，还可以根据实时浪高数据，找到不同时段里波浪发电的最佳地点。图1-3展示的是美国国家海洋和大气管理局海洋生态智能管理，具体通过飞机、浮标、轮船和雷达等一系列设备搜集各种类型数据，然后通过决策支持中心对大数据进行处理，最后提供特定的服务。

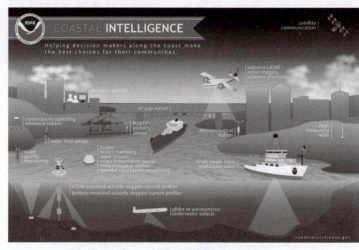

扫码查阅高清图

图1-3　海洋生态智能与大数据

4. 价值密度低（Value）

随着数据量的快速增加，容量不断加大，单位数据的价值密度在不断降低。如连续不间断的监控视频中，可能有用的数据仅仅有一两秒；银行卡交易过程中，产生大量的交易数据，可能有用的数据仅仅是某笔交易额。

但随着数据量越来越多，能够挖掘的信息也会更丰富，大数据的整体价值却在不断提高。如广发银行信用卡中心拥有坐席数 5 000 余个，处理业务类型共四类，日产生录音文件量在 200GB 以上，年录音文件总量超过 90TB，录音数据量年均增长率可达 30%。广发银行信用卡中心海量录音数据中蕴藏丰富的客户、市场和服务增值信息，在保证数据安全和隐私性的同时，利用统计方法挖掘其中蕴藏的潜在价值信息，可以提升管理服务质量和效率。

1.1.5　统计学的分类

1. 根据研究的方法，分为描述统计学和推断统计学

描述统计学（Descriptive Statistics）是研究如何结合文字、统计图、统计表和统计指标等方式，针对某一特定现象和问题进行描述，使阅读者能够快速、直观且清晰了解对应内容。

推断统计学（Inferential Statistics）是研究如何根据样本数据去推断总体数量特征的方法。具体是指在对样本数据进行描述的基础上，对统计总体的未知数量特征作出以概率形式表述的推断。

2. 根据研究的内容，分为理论统计学和应用统计学

理论统计学是把研究对象一般化和抽象化，以概率论为基础，从纯理论的角度，对统计方法加以推导论证，中心的内容是统计推断问题，实质是以归纳方法研究随机变量的一般规律，如统计分布理论、统计估计和假设检验理论、多元分析理论和数据挖掘理论等。

应用统计学是有具体对象的方法论，从所研究的领域或专门问题出发，根据研究对象的性质采用适当统计方法，以解决所研究的问题，如医学统计学、人口统计学和商务数据挖掘、金融大数据分析等。

1.2　统计学产生和发展历程

德国的国势学派代表人斯勒兹曾说过："历史是动态的统计，统计是静态的历史。"可见统计学的产生与发展是和社会生产的发展、经济的进步紧密相联的。

统计学作为一门科学，是统计发展到一定阶段的产物。一般认为，统计学始于 17 世纪中期的英国。关于统计学的创始人，一种说法认为是英国人约翰·格朗特（John Graunt），另一种说法认为是英国人威廉·配第（William Petty），但后一种说法占主导地位。

从发展历程来看，统计学经历了五个主要时期，具体包括统计萌芽时期、古典统计学时期、近代统计学时期、现代统计学时期和大数据与人工智能时期。

1.2.1　统计萌芽时期(—17 世纪中叶)

统计萌芽时期(—17 世纪中期)，人类无意识地运用数据、统计学思想和方法解决生产、分配和消费等活动中产生的问题。

早在原始社会，人类的生产和分配活动，都充分蕴含着统计思想。如狩猎前，需要考虑最可能存在猎物的地方①。狩猎过程中，氏族头领需要安排狩猎者的数量，如果人数少则可能导致追捕猎物的时间过长，甚至人员受伤和无功而返；如果数量太多，则浪费劳动力，甚至还会导致追逐猎物时产生相互推诿和扯皮现象。在食物分配时，需要根据食物数量和人口数量进行分配，由于没有精确的计量工具，所以需要借助食物分配人员的经验，对不同性别和年龄段的人进行差异化分配，从而使有限的食物得到最有效利用。原始狩猎活动如图 1-4 所示。

扫码查阅高清图

图 1-4　原始狩猎活动

随着生产活动的不断进化，人类需要把生产分配等各种活动记录下来，从而方便管理，提高生产力。中国作为四大文明古国之一，自商朝甲骨文开始，就有关于人口、农田数目和赋役等各方面涉及统计方法和数据的记载。

---

①　此时运用到最大似然估计方法。

周朝《周易·系辞下》曰"上古结绳而治"，东汉郑玄《周易注》又曰："为约，事大，大结其绳；事小，小结其绳。结之多少，随物众寡。"通过这种"结绳记事"的记载，使人类能够摆脱时空限制记录事实，进行信息的传播。《尚书·禹贡》把中国分为九州①，并根据土地的肥沃程度对农田进行分类，在此基础上对赋税进行等级化。这一统计思想在世界统计史上具有领先水平，被西方经济学家推崇为"统计学最早的萌芽"。原始社会结绳记事标记如图1-5所示。

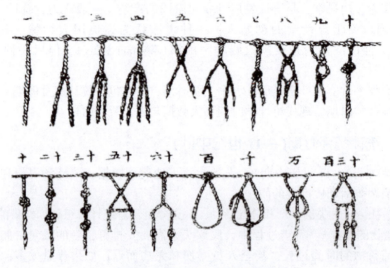

图1-5　原始社会结绳记事标记

西晋皇甫谧《帝王世纪》中，首次系统整理了从大禹定九州到三国时期各个重要年份的人口统计数字，并在其基础上分析了人口变动的原因，如夏禹时期"民口千三百五十五万三千九百二十三人"，这一数字为历代史书所采用，成为世界各国最古人口数字之一。

除中国外的其他地区也充分运用统计方法解决现实问题。目前发现最早的著作来自公元9世纪阿拉伯人肯迪（Abū Yūsuf Ya'qūb ibn Isḥāq al-Kindī）。肯迪在翻译书稿的过程中，发现少数书籍是加密写成的，他决心揭开加密书稿的神秘面纱。经过仔细研究与分析，肯迪发明了"频率破译法"，即根据字母出现的频率来破译加密书籍，并整理成《密码信息破译手稿》，因此他被誉为密码破译学的奠基人。

还有意大利银行工作者、历史学家佐凡尼·维拉尼（Giovanni Villani）编订了佛罗伦萨14世纪历史书籍《新编年史》（Nuova Cronica），该书包括了如人口、法令、商贸、教育、宗教场所在内的统计数据，被誉为历史上统计学入门的第一本书。书中对1338年佛罗伦萨政府的财政开支进行了详细记载："全年开支39 103金佛罗林（注：当时的货币单位），其中行政开支12 732金佛罗林，军费开支19 465金佛罗林，外交活动开支5 387金佛罗林，其他开支1 519金佛罗林。"通过对这组数据的分析，可得出1338年的佛罗伦萨政局不稳，战争频发，因为前两项开支已占全部开支的82%，同时，外交手段的运用程度远远小于军事手段，对社会文化活动的投入更少，但它的经济发展却是一往无前。又如在记述佛罗伦萨攻打阿雷佐的战事中，"双方投入的兵力分别为11 600人和8 800人，其中佛罗伦

---

① 九州分别为冀州、兖州、青州、徐州、扬州、荆州、豫州、梁州和雍州。

萨步兵 1 000 人，骑兵 1 600 人，阿雷佐步兵 8 000 人，骑兵 800 人"。这组数据不但说明了交战双方的实力对比，而且对各兵种数量的分别记载，表明兵种构成中的主次顺序。这些统计数据不仅便于我们对当时佛罗伦萨内政外交政策作较为客观的了解，也为当时佛罗伦萨政治、经济、文化环境的定位提供了必要的佐证。

1.2.2　古典统计学时期(17 世纪中叶—18 世纪中叶)

古典统计学时期，统计学并不是一门独立的学科，而是在对社会领域特定问题进行系统性论述和研究的过程中，运用了统计学方法，并形成规模和传承。根据当时的统计学思想，统计学的发展可大致归纳为两个学派，分别为政治算术学派和国势学派。

1. 政治算术学派

该学派产生于 17 世纪中期的英国，主要代表人物是威廉·配第和约翰·格朗特。

17 世纪中期，英国正处于内战时期，全国上下对国家的发展普遍感到担忧：如军事和航海实力远远低于荷兰，甚至还不如邻国法国。当时的英国在对外扩张过程中面临荷兰和法国两大实力雄厚的竞争对手的挑战。为了知己知彼，实现大英帝国争夺殖民地、扩大世界市场和掠取更多原料的战略目标，客观上迫切需要有专人来搜集和分析研究荷兰和法国国情国力方面的统计资料并予以理论上的指导。

威廉·配第的《政治算术》与《爱尔兰的政治解剖》正是在这种背景下相继问世的。在这两部著作里，配第以统计数据为基础，运用一系列分析手段和计算方法，通过对荷兰、法国和英国三国的现实力量和潜在力量的分析比较，指出了英国的富强之路，并最终得出英国能够超过荷兰和法国成为世界头号强国的结论。配第是西方近代以较系统的数量分析手段对国情国力进行比较研究的先驱。马克思对他评价非常高，称之为"政治经济学之父，在某种程度上也可以说是统计学的创始人"。(马克思，《资本论》第 1 卷)

政治算术学派的另一个代表人物是约翰·格朗特。约翰·格朗特是威廉·配第的亲密朋友和赞助人。他以 1604 年伦敦教会每周一次发表的"死亡公报"为研究资料，在研究中运用各种方法对统计资料进行间接推算并相互印证，成果于 1662 年发表在《关于死亡公报的自然和政治观察》中。书中分析了 60 年来伦敦居民死亡的原因及人口变动的关系，首次提出通过大量统计观察，可以发现新生儿性别比例具有稳定性和不同死因的比例等人口规律；并且第一次编制了"生命表"，对死亡率与人口寿命作了分析；此外在研究死亡等时间序列时，注意到了随机的起伏，如在非瘟疫时期，一个大城市每年死亡数有规律，一般疾病和事故的死亡率较稳定，而传染病的死亡率波动较大。新生儿男女性别比为 1.08，即每生 13 个女孩就有 14 个男孩，新生儿在大城市的死亡率比农村地区要高，并合理地估计出母亲的死亡率为 1.5% 等。他已能够从一些繁杂的数据中得出较切合实际的重要结论。

总体而言，由于《政治算术》一书的影响力巨大，所以称之为政治算术学派。此学派的统计学已经比较明显地体现了"搜集和分析数据的科学与艺术"的特点，统计实证方法和理论分析方法浑然一体，这种方法即使是现代统计学也依然继承。正是如此，这个学派的特点可归纳为"有统计学之实，无统计学之名"。

统计人物

统计学的创始人——威廉·配第

威廉·配第（William Petty，见图1-6），英国哲学家，古典经济学家。他出生于英国的一个手工业者家庭，从事过许多职业，从商船上的服务员、水手到医生、音乐教授。他头脑聪明，学习勤奋，敢于冒险，善于投机，先后创办了渔场、冶铁和铝矿企业，晚年成为大地主和资本家，拥有大片土地。

17世纪中叶，工场手工业已经成为生产的主要形式，英国已经成为整个世界工业最发达的国家。与此相应，资本主义生产关系在英国已达到最发达的程度。这是英国得以最先产生古典政治经济学的经济基础。

英国资产阶级革命的胜利奠定了英国最先产生古典政治经济学的阶级基础。1640年，英国爆发资产阶级革命，英国资本主义经济迅速发展，工场手工业日趋兴盛，产业资本逐渐代替商业资本在社会经济中占据重要地位。配第代表新

图1-6 《政治算术》图书封面

兴的产业资本的利益和要求，积极著书立说，为英国统治殖民地、夺取世界霸权寻找理论根据。

正是在这样的时代背景下，他开始研究经济学问题。在《政治算术》中，他运用"数字、重量和尺度"来说话，首先提出了用数量来科学地研究社会经济现象的方法即政治算术，威廉·配第以劳动价值论为基础，对英、法、荷三国进行了国情、国力（主要是经济实力）的数量对比分析，研究社会经济现象及其规律性。同时对人口规律的研究具有较大的贡献，最早估算国民收入。

威廉·配第的《政治算术》崇尚让数据说话，依据数据分析更广泛的社会、经济问题，而不只是依靠思辨或空洞的推演，正如他自己所说："与只使用比较级和最高级的词语以及单纯作思维论证相反，我采用数字、重量和尺度等术语来阐述我的观点。"他的儿子把该书献给国王时说："书中论述了凡是政府事务以及有关君主荣誉、百姓幸福和国家昌盛的事项，都可以用算术的一般法则证实。这种方法，就是用一种普通的科学原理解释错综复杂的世界。"可以说，《政治算术》是把实证科学思想和方法，通过数据的分析，运用到了广泛的社会经济领域。

威廉·配第对统计学的贡献还在于强调典型调查作用，在数据分析中更多地使用分组法、平均数、相对数、统计推断等，他还先见地提出计算整个国家的国民收入与国民财富，并对英国国民收入进行详细估算。有了统计学带来的数据分析方法，就有了后来的经济学、社会学等，亚当·斯密的《国富论》是1776年发表的，比《政治算术》晚了100多年。19世纪末20世纪初开始建立起来的数理统计理论和抽样调查方法的推广应用，更是广泛应用于自然科学、经济学和社会科学等。

从《政治算术》等书中可归纳出，威廉·配第使用的数字有三类：

第一类是对社会经济现象进行统计调查和经验观察得到的数据。因为受历史条件的限

制，根据经验得出的数据较多，书中通过严格的统计调查得到的数据较少。

第二类是运用某种数学方法推算出来的数据。其推算方法可分为三种。(1)以已知数或已知量为基础，根据现象之间的某种具体关系进行推算；(2)通过运用数据的理论性推理来进行推算；(3)以平均数为基础进行推算。

第三类是为了进行理论性推理而采用的例示性的数字。他把这种运用数字和符号进行的推理称为"代数的算法"。

卡尔·马克思(Karl Marx)对配第的人品是憎恶的，说他是个"十分轻浮的外科军医"，是个"轻浮的、掠夺成性的、毫无气节的冒险家"。但是，对于他的理论和方法及他的贡献给予了很高的评价："他不是把一连串比较级和最高级词汇同空论拼凑在一起，而是立志要用数字、重量和尺度来说话，只研究在自然界中具有可见根据的原因。"并且称《政治算术》是"政治经济学作为独立科学而分出来的最初形式"，称誉威廉·配第是"政治经济学之父，在某种程度上也可以说是统计学的创始人"。

(根据网络资料整理)

2. 国势学派

国势学派与政治算术学派产生于同一时期的德国，主要代表人物是海尔曼·康令(Hermann Conring)和高特弗瑞德·阿亨瓦尔(Gottfried Achenwall)。国势学派强调用文字记述的形式，把国家的显著事项系统地整理并罗列出来，为政治家提供治国必需的国情知识，也称记述学派。

海尔曼·康令在德国黑尔姆斯太特大学讲授《欧洲最近国势学》，叙述政治活动家应具备的知识。他在比较分析了当时欧洲各国的人口、土地、财政、兵力、社会秩序、立宪、行政、国家组织与结构等方面的国情国力状况的基础上，还从亚里士多德关于国家"四因论"的观点出发，进一步阐述了决定国家重要事项的四个因素，即国家的土地与人口(质料因素)、国体与政体(形式因素)、国家的财政和军事力量(动力因素)、建设国家的目的(目的因素)，并且解释了这些要素之间的因果关系。这不仅是首次将国情国力阐述上升至系统化和理论化的高度，而且其有关国势研究的要素体系已经与现代综合国力的构成框架极为近似。不过，康令的这些研究大都以文字叙述为主，这在表述上至少是笼统或是模糊的。

高特弗瑞德·阿亨瓦尔继承和发展了康令的观点，认为在考察一个国家的强弱时，凡是能影响国家繁荣富强的事项，均可称为"国家显著事项"，而研究一国或几个国家的显著事项的学问则是治理国家者所必须懂得并掌握的技术。他于1749年出版其主要著作《近代欧洲各国国势学纲要》，分别记述了包括西班牙、葡萄牙、法国、英国、荷兰、俄国、丹麦和瑞典等八个国家的领土、人口、物产、国境、殖民地、工业、贸易、货币、度量衡、社会阶层、军事力量、政治经济制度和气候等的情况，并尽可能地与德国的国情国力进行比较，并正式提出"统计"一词。在阿亨瓦尔的国势研究中，尽管第一次提出了一些数字对比的实例，但其比较研究的方法仍然是文字记述和静态的。

阿亨瓦尔的学生奥古斯特·斯勒兹(August Ludwig Schlözer)不但将国势学的比较研究方法从静态拓展至动态，而且还建立起一个类似具有现代动力系统学思想的崭新的研究体系，他主张从"基本力""结合""行动"三方面来进行国情国力的考察。基本力是指土地、人口、生产物和通货四方面的情况；结合是指国家政权如何结合这些基本力的情况；行动是指国家政权在一定目的下实际运用这些基本力的情况。斯勒兹研究体系已具备了现代综合国力论的基本雏形，因在德文中"国势"与"统计"词义相通，后来被正式命名为"统计学"。

该学派在进行国势比较分析中，偏重事物性质的解释，而不注重数量对比和数量计算；另外，在研究各国的重要事件时，采用了系统对比的方法来反映各国实力的强弱，统计学分析方法中的"对比"的思想来源于此。因此，历史上称之为"有统计学之名，无统计学之实"。但随着资本主义市场经济的发展，对事物量的计算和分析显得越来越重要，该学派后来进一步发展为图表学派和比较学派。

总体而言，国势学派由于缺乏数量分析的方法和结论，与现代统计学相去甚远。国势学派与政治算术学派共存近两百年，两派长期争论不休，但两派有一个共同特点，即都是以宏观社会经济问题为研究对象，故通称为社会经济统计学派。

随着政治算术学派的发展，其数量思想冲击使得国势学派分为两个阵营：一个是以哥根廷大学教授为代表的正统派，他们坚持统计研究要以文字记述为主；另一个是以克罗姆为代表的图表派，主张在文字记述的基础上，接受政治算术学派所提倡的数量方法的思想。图表派和正统派的矛盾在19世纪初期终于爆发了，正统派指责图表派的表式统计是没有方法的大杂烩，没有形式，只能沉迷于表现；而图表派则坚持认为，正统派只是故步自封、墨守成规，不能真正意识到能真正反映客观事实的图表和数字的重要性。

1.2.3 近代统计学时期(18世纪末叶—19世纪末叶)

随着统计的不断发展，统计学已经成为一个独立的学科。近代统计学的时期，统计学发展最显著的特点是各学派在继续相互借鉴和渗透，逐渐形成理论体系，并在各个领域特别是社会经济领域得到广泛的应用。根据研究阵营，主要有社会统计学派和数理统计学派。

1. 社会统计学派

社会统计学派起源于英国的政治算术学派。随着研究不断进展，政治算术学派在保留自身研究方法和内容的同时，吸收了国势学派和凯特勒著作中的若干思想，积极开展农业、工商业统计和人口、社会调查，发展成为社会统计学派。该学派既重视统计方法的研究，也强调要以事物的质为前提以及认识质的必要性。其主要代表人物有克尼斯(Karl Gustav Adolf Knies)、梅尔(Georg Von Mayr)和恩格尔(Ernst Engel)。

德国的克尼斯把统计学的性质规定为"具有政治算术内容的社会科学"。他在《作为独立科学的统计学》(1850)中，提出了"国家论"与"统计学"科学分工的主张。克尼斯指出，虽然统计学的命名最早是由国势学派提出的，但国势学派没有统计学之实，它仅仅是关于用文字记述国家事项的"国家记述学"，并且其所使用的研究方法和目的与历史学一致，所以应该把它归为历史学；而政治算术学派属于以新任务、新方法的方式提出的新的观点，因而政治算术学派才是真正的统计学。

该著作的出现，标志着国势学派和政治算术学派长期以来的争论结束，确立了统计学作为独立社会科学的地位，为统计学的未来发展提供了方向。在此之后，统计研究主要通过社会调查来搜集、整理、分析资料，以揭示社会现象和问题，并提出解决问题的具体办法，从而使经济调查和经济统计学迅速发展起来。

德国统计学家梅尔总结了当时统计学界在各个方面取得的学术成果，建立和完善了社会统计学派的理论体系。梅尔在《社会生活中的规律性》（1877）中提出，统计学是根据对数量的大量观察，对人类社会生活的状态及其产生的规律作有系统的说明与研究。他明确指出统计学的研究对象是社会经济现象的规律，认为脱离规律性的研究就不能获得科学的认识，统计学不仅要确定事实数量的记述，还必须研究其规律性。他强调统计学是一门具有特殊研究方法的实质性社会科学；统计方法与统计科学是有区别的，主张将二者结合起来。

德国统计学家恩格尔支持并发展了克尼斯的统计理论。恩格尔认为统计学是根据合理的观察，从而描述一定时期人类社会的组织和状态，以及这些组织、状态的变化的一门科学，并提出了统计调查、整理和分析三阶段的统计方法。他通过对英、法、德和比利时等国的工人家庭调查，撰写了《比利时工人家庭的生活费》（1895），提出著名的恩格尔定律，即一个家庭（或个人）的收入越低，其食品支出在收入中所占比例就越高；反之比例就越低。

$$恩格尔系数 = 食品支出总额 / 收入 \times 100\%$$

2. 数理统计学派

数理统计学派在融合概率论的基础上，主要通过描述方法解决自然和社会科学领域中的各种问题，与现在的数理统计学存在区别，因此也称为旧数理统计学派。此阶段的主要代表人物是比利时的阿道夫·凯特勒（Lambert Adolphe Jacques Quetelet）和英国的弗朗西斯·高尔顿（Francis Galton）。

概率论研究起源于意大利文艺复兴时代，最初的研究是为赌徒找出掷骰子取胜的方法。在16世纪20年代，酷爱赌博和算命的意大利数学家 Girolamo Cardano，根据长期的赌博经验，初步计算了输赢概率；接着伽利略通过对赌博问题的研究，创立了早期的概率理论；到了17世纪下半叶，雅克布·伯努利提出了伯努利大数定理。19世纪初，法国的拉普拉斯集古典概率大成，阐明了统计学的大数法则，进行了大样本推断的尝试，从而初步奠定了数理统计学的基础，并于19世纪中叶将其引进统计学进而形成数理统计学派。

最终完成统计学和概率论结合的是比利时统计学家、数学家凯特勒（见图1-7），他被称为"近代统计学之父"和"国际统计会议之父"。他一生著作颇丰，其中有关统计学的著作多达65本。1841年，他出任比利时中央统计委员会会长；1851年，积极筹备国际统计学会组织，并任第一届国际统计会议主席。在此之后，先后被选为欧洲各国科学院的院士。1857年，凯特勒在第三次国际统计会议上，论证了概率论方法对于统计价值测定的必要性。1867年，他在第六次国际统计会议上，又提出希望能建立一个特别小组委员会来处理直接与概率论有关的统计问题。

凯特勒对统计学至少有以下三个贡献。

（1）把统计学与概率论结合起来，使统计学进入现代统计学阶段。他首次在社会科学的范畴内提出了大数律思想，并

图1-7 纪念邮票：阿道夫·凯特勒

把统计学的理论建立在大数定律的基础上，认为一切社会现象也受到大数定律的支配。凯特勒把概率论和大量观察法引进了统计研究领域，并最先运用大数定律论证了社会生活现象并非偶然，而是有其发展规律性的，由此使统计学进入一个新的发展阶段。

凯特勒继承了国势学和政治算术学的传统，把统计学作为管理国家行政的"政治医学"，扩展到作为研究社会内在矛盾及其规律性数量表现的科学认识方法。他所著的《社会物理学》综合了国势学、政治算术学和概率论三要素，把统计学在性质上界定为社会科学，从对象说，包括静态和动态社会现象；从方法说，即对同性质的社会现象进行大量观察，要探索在纷繁杂乱的大量偶然性现象的背后所隐藏的必然规律。

（2）他还认为统计学既研究社会现象又研究自然现象，是一门独立的方法论科学，其核心是从大量的现象中寻找统计规律性。因此他主张用研究自然科学的方法研究社会现象，从而促进了统计的精确化。

研究中，凯特勒不仅把概率统计的方法引入人口、领土、政治、农业、工业、商业和道德等社会领域，还把概率统计的方法引入天文、气象、地理、动物和植物等自然领域。他的这种关于概率统计的方法是应用于任何事物数量研究的最一般方法的思想，对以后统计学的发展具有重大意义，导致后来涌现了社会统计学、生物统计学、农业实验学和经济统计学等统计流派。

在《社会物理学》中，他将统计方法用于人类研究。他记录了苏格兰士兵的胸围，法国军队应征入伍者的身高等项目，并发现这些数字与平均值偏离的变化方式与掷骰子或弹在靶心周围散布的方式相同，并将这一结果制成图，画出各种测量值出现的频率，得到一条钟铃状的曲线。凯特勒从工作引出了"平均人"的概念，计算人类自身各标志的平均值，通过"平均人"来探索社会规律，并认为社会所有的人与"平均人"的差距越小，社会矛盾就越缓和。

（3）推动了国际统计组织合作。由于大量的统计机构的建立，民间研究团体的涌现，各种被利用的数据增多，统计学家们面临一些共同的问题，不仅包括统计的标准、个体的界定、数据的质量等基本问题，也包括统计资料的交流、统计理论和方法的推广与传播等，这些都需要各国统计学家的共同研究。在凯特勒等的努力下，1851 年，在伦敦成立了第一个国际统计组织——国际统计大会，1853 年，主持召开了第一次会议。这是国际统计学会（International Statistical Institute，ISI）的前身。1887 年，ISI 在罗马召开了第一次会议，自 1938 年起，每两年召开一次，后来改名为世界统计大会（World Statistics Congresses，WSC）。

另一个代表人物是生物统计学派的创始人高尔顿，他把概率统计原理与方法用于进化和遗传的研究。高尔顿比较擅长用统计方法研究生物进化，他在其创办的杂志中首次提出生物研究中所使用的统计方法论为生物统计学，并在生物实验中建立了若干新的数理统计概念和方法，诸如"相关""回归""中位数"等。

旧数理统计学派在方法上主要使用数学和概率论的方法，在搜集样本资料时，更倾向于使用大样本观察，这与他们的生物统计研究思想是密不可分的。该学派的出现实现了统计学从实质性到方法性的转变。

1.2.4　现代统计学时期（20 世纪初—20 世纪末）

20 世纪以来，统计学广泛吸收数学、工程技术等学科的研究成果，形成一个不断完善和扩大的理论体系。

这个时期的统计理论领域不断完善和扩大。如酿酒公司的化学技师戈塞特(William Sealy Gosset)提出与正态分布不一样的小样本 t 分布理论,生物统计领域中科克伦(William Gemmell Cochran)提出实验设计理论和方法。威沙特(John Wishart)提出多元 t 平方分布,开创了多元统计分析开端;瓦尔德(Abraham Wald)提出统计决策理论。

其中戈塞特提出小样本 t 分布理论,标志着旧数理统计学派走向新数理统计学派。在戈塞特之前,人们一直认为统计认识思想的核心是大量观察法和正态分布,依靠大样本统计来研究问题。但由于受客观条件的限制,有的实验很难得到大样本。小样本 t 分布理论的出现,是数理统计学从描述性统计学向推断性统计学的划时代的转变。

总体看来,现代统计学具有以下特征:

(1)由描述统计向推断统计发展。描述统计是对所搜集的大量数据资料进行加工整理、综合概括,通过图示、列表和数字,如编制次数分布表、绘制直方图、计算各种指标等,对资料进行分析和描述。推断统计,则是在搜集、整理观测的样本数据基础上,对有关总体作出推断。其特点是根据带随机性的观测样本数据以及问题的条件和假定(模型),而对未知事物作出的、以概率形式表述的推断。

(2)由社会、经济统计进一步向各分支学科发展。在 20 世纪以前,统计学集中在人口统计、生物统计、社会统计和经济统计领域。到今天,统计广泛用于研究社会现象和自然现象的各个方面,并发展成为有着许多分支学科的科学,如自然科学领域中的生物统计、心理统计、医学统计,社会科学领域中的保险精算、计量经济学和量化投资等。

(3)统计预测和决策科学的发展。传统的统计是对已经发生和正在发生的事物进行统计,提供统计资料和数据。20 世纪 30 年代以来,特别是第二次世界大战以来,由于经济、社会、军事等方面的客观需要,统计预测和统计决策科学有了很大发展,使统计走出了传统的领域而被赋予新的意义和使命。

(4)计算技术和一系列新技术、新方法在统计领域不断得到开发和应用。计算机技术不断发展,使统计数据的搜集、处理、分析、存储、传递、印制等过程日益现代化,提高了统计工作的效能。计算机技术的发展,日益扩大了传统的和先进的统计技术的应用领域,促使统计科学和统计工作发生了革命性的变化。

统计在现代化管理和社会生活中的地位日益重要。人们的日常生活和一切社会生活都离不开统计。正如英国统计学家哈斯利特所说:"统计方法的应用是这样普遍,在我们的生活和习惯中,统计的影响是这样巨大,以致统计的重要性无论怎样强调也不过分。"

1.2.5 大数据与人工智能时期(21 世纪初—)

随着云计算、物联网和分布式存储的出现,海量数据不断产生并得到有效存储,21 世纪已经悄然进入了大数据和人工智能时期。在时代的推动下,以处理数据值为主的传统统计学,愈加依赖计算机,逐渐迈向大数据统计。统计学已经和计算机深度交叉融合,主要代表理论为人工智能理论。与此同时,计算机技术和算法不断改进,也使人工智能理论不断前进。

1. 人工智能方法

"人工智能"一词的提出可以追溯到 1956 年,是以麦卡赛、明斯基、罗切斯特和香农等为首的一批有远见卓识的年轻科学家在一起聚会，共同研究和探讨用机器模拟智能有关问题时提出的。人工智能是结合统计学原理和计算机技术，研究如何让计算机去完成以往需要人的智力才能胜任的工作，也就是研究如何应用计算机的软硬件来模拟人类某些智能行为的基本理论、方法和技术。

20世纪90年代，人工智能研究发展出复杂的数学和统计工具来解决特定的分支问题，并且利用经济学和运筹学等思想解决人工智能当中出现的问题，从而使人工智能理论更加科学和实用。到目前为止，人工智能理论主要分为符号学派、连接学派和行为学派等。

（1）符号学派的代表人物有纽厄尔（Allen Newell）和西蒙（Herbert A. Simon，见图1-8）等[1]。符号学派一直在人工智能中处于主导地位。他们认为，人工智能源于数理逻辑，主张用符号、规则、逻辑等来对知识进行表征描述以及逻辑推理，搭建一套人工智能系统，从而将逻辑规则和机器学习技术结合起来，并使用这些规则来解决特定领域中的问题。其代表的方法有语义网络、专家系统和知识图谱等。

图1-8　正在研究国际象棋的西蒙

（2）连接学派也被称为仿生学派，重点在于研究人脑的运行机制，然后将研究结果应用到人工智能的分析中。在1943年就有生理学家麦卡洛克与数理逻辑学家皮茨两人仿照人脑创立了MP模型，开创出电子装置仿照人脑结构以及运作方式的新纪元。连接学派最经典的模型就是人工神经网络（Artificial Neural Network，ANN），其由许多神经元组成，每个神经元都具有输入、输出和激活函数。神经元之间通过权重连接，这些权重可以通过训练来调整。连接学派常用的算法为人工神经网络和深度学习（卷积神经网络、循环神经网络、受限玻尔兹曼机、生成对抗网络和深度信念网络等）。

约书亚·本吉奥（Yoshua Bengio）、杰弗里·辛顿（Geoffrey Hinton）和严乐春（Yann LeCun）把人工神经网络扩展到深度学习，并于2018年获得了图灵奖。深度学习通过组合低层特征形成更加抽象的高层表示属性类别或特征，以发现数据的分布式特征表示。研究深度学习的动机在于建立模拟人脑进行分析学习的神经网络，它模仿人脑的机制来解释数据，例如图像、声音和文本等。约书亚·本吉奥等编写的《深度学习》如图1-9所示。

---

① 赫伯特·西蒙（Herbert A. Simon，1916—2001），美国经济学家、政治学家、认知科学家，1978年诺贝尔经济学奖得主，1975年图灵奖得主。

图 1-9　约书亚·本吉奥等编写的《深度学习》

（3）行为学派认为人工智能源于控制论。早期的研究工作重点是模拟人在控制过程中的智能行为和作用，如对自寻优、自适应、自镇定、自组织和自学习等控制论系统的研究，并进行"控制论动物"的研制（比如机器蜘蛛、机器蝴蝶和机器鱼等），到了 20 世纪末才以人工智能新学派的面孔出现，引起了许多人的兴趣。这一学派的代表作首推布鲁克斯的六足行走机器人，它被看作是新一代的"控制论动物"，是一个基于感知—动作模式模拟昆虫行为的控制系统。行为学派代表人物有理查德·萨顿（Richard Sutton）、约翰·霍兰德（John Holland）和罗德尼·布鲁克斯（Rodney Brooks）等。

行为学派代表性方法有遗传算法、粒子群优化算法和强化学习。其中强化学习是具体让一个智能体不断采取不同的行动，改变自己的状态和环境进行交互，从而获得不同的奖励。我们只需要设计出合适的奖励规则，智能体就能在不断的试错中习得合适的策略。

2. 人工智能的特点

人工智能在应用中取得的成绩不断让人惊叹：IBM 公司"深蓝"电脑击败了人类的世界国际象棋冠军是大数据和人工智能技术的应用；计算机或手机中的"siri 管家"能够对话直接处理相关的操作（查找、上网和听歌等），也是大数据和人工智能技术的深入应用；人工智能技术驱动的自然语言处理工具 ChatGPT 能够进行创作、对话等各种操作，让人惊叹的同时，也引起了人们的恐慌。

联合国《大数据促发展：挑战与机遇》（2012）认为："大数据像纳米技术和量子计算一样带来了根本性的变革，将会塑造 21 世纪。"世界经济论坛发布的《大数据、大影响：国际发展的新动向》也称："大数据已经成为一种新的经济资产类别，就像货币或黄金一样。"

人工智能主要有如下特点：

（1）处理数据的方法从传统的数值型数据方法过渡到不同类型数据方法的智能系统。智能系统应能借助传感器等器件产生对外界环境（包括人类）进行感知的能力，可以像人一样通过感觉接收来自外界的各种信息，可以实现人机互动，实现与人类共同协作、优势互补。

智能系统具有一定的自适应特性和学习能力，即具有一定的随环境、数据或任务变化而自适应调节参数或更新优化模型的能力；并且能够在此基础上通过与云、端、人和物越来越广泛地深入数字化连接扩展，实现机器客体乃至人类主体的演化迭代，以使系统具有适应性、灵活性和扩展性，来应对不断变化的现实环境，从而使智能系统在各行各业产生丰富的应用。

智能系统在商业领域有深入且广泛的应用，如虚拟技术和 ChatGPT 技术。其中的虚拟技术，只要戴上 VR 眼镜，眼前立刻就能够出现一个虚拟的场景，让人感觉身临其境。在汽车自动驾驶领域，它可以实时捕捉到路况，并且对汽车做出相应的反应，真正实现了无人驾驶。

（2）大数据和人工智能相辅相成。随着计算机技术的不断发展，各种类型的数据存储成为可能，这些主要以大数据形式存在的数据，远远超越了传统的承载模式。与此同时，随着数据量的不断增大，反过来要求计算机处理的效率更加智能化，因此大数据和人工智能相互促进，同时发展。正如哈佛大学里·金教授说："大数据是一场革命，庞大的数据资源使得各个领域开始了量化进程，无论学术界、商业还是政府，所有领域都将开始这种进程。"

随着大数据、云计算、互联网和物联网等信息技术的发展，泛在感知数据和图形处理器等计算平台推动以深度神经网络为代表的人工智能技术飞速发展，大幅跨越了科学与应用之间的技术鸿沟，诸如图像识别（见图 1-10）、语音分类、知识问答、人机对弈和无人驾驶等人工智能技术实现了重大的技术突破，迎来爆发式增长的新高潮。

扫码查阅高清图

图 1-10 图像识别技术的应用

人工智能是基于统计学方法，执行通常与人类能力相当的任务的数字计算机或智能机器。该领域的研究包括机器人、语言识别、图像识别、自然语言处理和专家系统等。人工智能方法从人工神经网络等方法不断进化成以深度学习为代表的人工智能系列方法，如玻尔兹曼机、循环递归神经网络等方法已经成为处理图像和自然语言实用的方法。

诺贝尔经济学奖获得者萨金特指出："人工智能其实就是统计学，只不过用了一个很华丽的辞藻。"无独有偶，华为创始人任正非在一次对话中也指出，人工智能其实就是统计学，为了研究各学科，都需要在其他学科后面加个统计学。

（3）无论是发达国家还是发展中国家，都已经把大数据的开发应用提高到战略的高度来研究。如 2012 年 3 月美国联邦政府推出"大数据研究和发展倡议"，同月美国白宫科技政策办公室发布《大数据研究和发展计划》，成立"大数据高级指导小组"。2013年11月，美国信息技术与创新基金会发布了《支持数据驱动型创新的技术与政策》的报告。2014年5月美国发布《大数据：把握机遇，守护价值》白皮书，对美国大数据应用与管理的现状、政策框架和改进建议进行了集中阐述。该白皮书表示，在大数据发挥正面价值的同时，应该警惕大数据应用对隐私、公平等长远价值带来的负面影响。从白皮书所代表的价值判断来看，美国政府更为看重大数据为经济社会发展所带来的创新动力，对于可能与隐私权产生的冲突，则以解决问题的态度来处理。

2015年8月31日，国务院印发《促进大数据发展行动纲要》。2016年12月18日，工业和信息化部印发《大数据产业发展规划（2016—2020年）》。2017年7月8日，国务院发布《新一代人工智能发展规划》。党的二十大报告提出："推动战略性新兴产业融合集群发展，构建新一代信息技术、人工智能、生物技术、新能源、新材料、高端装备、绿色环保等一批新的增长引擎。"

上述特点，对经济和社会发展产生了深远影响，特别是导致产业重塑。当初互联网可以凭借自身的特点对各个产业进行重塑，而如今的人工智能一样可以做到。人工智能依托于自身的特点，介入各个产业之中，彻底颠覆了产业的动作模式，为其注入了全新的动力，使这些产业能够以更加高效的方式发展，而这就是人工智能对于产业的重塑。其实这一点并不足为奇，因为很多新的技术总是要引入产业之中去发挥作用的。

统计人物 ▶▶▶

人工智能之父——艾伦·图灵

艾伦·图灵(Alan Mathison Turing)出生于英国伦敦，是著名的数学家、逻辑学家，被称为"计算机科学之父"和"人工智能之父"。

他从小就表现出了过人的才华，对数字和智力游戏十分着迷。1926年，艾伦进入谢伯恩(Sherborne)中学。尽管艾伦天赋异禀，是平时不学习、考试考第一的"学霸"，但后来他彻底放弃了不感兴趣的学科，感兴趣的学科也只喜欢按照自己的方式去学习，导致他所有的成绩都不太理想，一度让任课老师感到非常头疼。

同时由于他说话结巴，衣着邋遢还看上去脏兮兮，不爱参加运动项目，也不合群，艾伦在学校经常受到同学的欺负。

但这丝毫不影响他在计算机领域的贡献。20世纪30年代，计算机科学还是一个尚未建立的领域，人们并不知道什么是计算机，更不用说如何设计一台计算机了。当时，计算机领域的发展仍然停留在数学家和工程师手工操作机器的阶段，而且几乎所有的计算机都只能解决特定类型的问题。因此，当艾伦开始思考如何设计一种能够解决所有问题的通用计算机时，他面临的是一个巨大的挑战。功夫不负有心人，1936年，通过对量子力学基础理论的理解和从数学逻辑中汲取的诸多灵感，艾伦在《论可计算数及其在判定问题中的应用》(*On Computable Numbers, with an Application to the Entscheidungs Problem*)中，提出了一种新的抽象计算模型，被称为"图灵机"。

随着人工智能的深入研究，人们越来越认识到图灵思想的深刻性和价值。为了纪念他对计算机科学的巨大贡献，美国计算机协会于1966年设立了一年一度的图灵奖，以表彰在计算机科学中做出突出贡献的人，图灵奖被喻为"计算机界的诺贝尔奖"。

1999年，《时代》杂志将图灵评选为20世纪一百个最重要的人物之一，这是对他在科学和技术领域的杰出贡献的肯定。

英格兰银行行长 Mark Carney 认为"作为计算机科学和人工智能之父，以及战争英雄，艾伦·图灵的贡献是伟大的，他是开路的先锋。图灵就像是巨人的肩膀，为很多后来者提供了更高的发展平台。"2021 年新版的 50 英镑上绘制有他的画像，以纪念他对人类做出的贡献，如图 1-11 所示。

感兴趣的读者可以进一步观看电影《模仿游戏》或传记《艾伦·图灵传》。

扫码查阅高清图

图 1-11　50 英镑上的图灵画像

(根据霍奇斯《艾伦·图灵传》及网络资料整理)

3. 常用数据挖掘工具(箱)

在技术应用领域，有对海量数据进行挖掘的软件工具，如 Hadoop、Spark 等。

(1) Hadoop。Hadoop 是一个能够对大量数据进行分布式处理的软件框架，是当前最为流行的大数据处理平台之一。Hadoop 最先是模仿 GFS 和 MapReduce 实现的云计算开源平台，用户可以轻松地在 Hadoop 上开发和运行处理海量数据的应用程序。

Hadoop 是 Apache 软件基金会发起的一个项目，在大数据分析以及非结构化数据蔓延的背景下，Hadoop 受到了前所未有的关注。

Hadoop 在大数据处理应用中的广泛应用得益于其自身在数据提取、变形和加载(ETL)方面的天然优势。Hadoop 的分布式架构，将大数据处理引擎尽可能地靠近存储端，如对像 ETL 这样的批处理操作。Hadoop 的 MapReduce 功能实现了将单个任务打碎，并将碎片任务发送到多个节点上，之后再以单个数据集的形式加载到数据仓库里。

(2) Spark。Apache Spark 是专为大规模数据处理而设计的快速通用的计算引擎。Spark 拥有 Hadoop MapReduce 的所有优点，且中间输出结果可以保存在内存中，不再需要读写 HDFS(分布式文件系统)，能更好地适用于数据挖掘与机器学习。

Apache Spark 凭借着其处理大数据的易用性与高性能而备受欢迎。它具有针对 Java、Python、R、SQL 和 Scala 等的多种接口，能够提供 80 多个高级运算符，以方便用户更快地编写出代码。

(3) PyTorch。PyTorch 最初是由 Facebook 的 AI 研究实验室开发的基于 Python 的机器学习库，用于自然语言处理等应用程序。PyTorch 既可以看作加入了 GPU 支持的 NumPy，同时也可以看作一个拥有自动求导功能的强大的深度神经网络。Facebook、Twitter、CMU

和 Salesforce 等机构都用 PyTorch 进行大数据处理。

（4）TensorFlow。与 PyTorch 相似，由 Google Brain Team 开发的 TensorFlow 也是基于 Python 的开源机器学习框架。它既可以被用于构建深度学习模型，又能够高度关注深度神经网络。TensorFlow 可以处理数据挖掘、深度学习、并行化和数据可视化功能。TensorFlow 生态系统不但能够灵活地提供各种库和工具，而且拥有一个广泛的流行社区，开发人员可以进行各种问答和知识共享。

（5）OpenCV。OpenCV 是一个基于 Apache 2.0 许可（开源）发行的跨平台计算机视觉和机器学习软件库。它轻量级而且高效——由一系列 C 函数和少量 C++ 类构成，同时提供了 Python、Ruby、MATLAB 等语言的接口，实现了图像处理和计算机视觉方面的很多通用算法。该库具有 2 500 多种优化算法，其中包括一整套经典和最新的计算机视觉和机器学习算法。

总体而言，正是不同时代各领域的专家充分利用统计解决现实问题，才造就了统计学的不断发展和创新，才有了大数据时代的统计学。历史上对统计做出重要贡献的代表性学者如表 1-2 所示。

表 1-2　历史上对统计做出重要贡献的代表性学者

人物	中文名	生卒年份	人物	中文名	生卒年份
Jacob Bernoulli	伯努利	1654—1705	Gregor Johann Mendel	孟德尔	1822—1884
Edmond Halley	哈雷	1656—1742	Karl Pearson	皮尔逊	1857—1936
De Moivre	棣美佛	1667—1754	Egon Sharpe Pearson	皮尔逊	1895—1980
Thomas Bayes	贝叶斯	1702—1761	William Sealy Gosset	戈塞特	1876—1937
Leonhard Euler	欧拉	1707—1783	Ronald Aylmer Fisher	费歇尔	1890—1962
Pierre Simon Laplace	拉普拉斯	1749—1827	Jerzy Neyman	内曼	1894—1981
Adrien Marie Legendre	勒让德	1752—1833	William Feller	费勒	1906—1970
Thomas Robert Malthus	马尔萨斯	1766—1834	Alan Mathison Turing	图灵	1912—1954
Friedrich Gauss	高斯	1777—1855	Claude Elwood Shannon	香农	1916—2001

同步案例

ChatGPT——聊天机器人

2015 年，山姆·阿尔特曼（Sam Altman）、彼得·泰尔（Peter Thiel）、里德·霍夫曼（Reid Hoffman）和埃隆·马斯克（Elon Musk）等创办 OpenAI 人工智能研究公司，并于 2022 年 11 月 30 日发布聊天机器人 ChatGPT（Chat Generative Pre-trained Transformer）（见图 1-12）。

ChatGPT 是人工智能技术驱动的自然语言处理工具，它能够通过理解和学习人类的语言来进行对话，还能根据聊天的上下文进行互动，真正像人类一样聊天交流。ChatGPT 被称为"大型语言模型"。在挖掘海量的文本数据（如维基百科、新闻文章、小说和网页等）基础上，ChatGPT 学习了这些数据中的语言规则和模式，并预测文本序列中的下一个单词或字符，不断提高准确性。在完成训练后，ChatGPT 可以进行各种自然语言处理任务，如回答问题、翻译文本和生成新的文本等，甚至能完成撰写邮件、视频脚本、文案、代码和论文等任务。

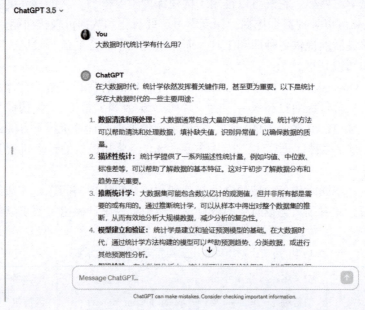

图1-12　ChatGPT3.5网页版界面截图①

当输入相关关键词或文本与ChatGPT交流时，输入被转化为一个字符向量，然后基于训练数据和预测能力来生成相应的输出。同时还可以通过与其他AI技术的结合，例如图像识别和机器学习，来执行更复杂的任务，如自动生成文本、自动问答、自动摘要等。在自动文本生成方面，ChatGPT会根据输入的文本自动生成类似的文本（剧本、歌曲和企划等）；在自动问答方面，会根据输入的问题自动生成答案。

虽然ChatGPT可以理解和生成各种语言，但并不像人类一样具有情感和意识。ChatGPT仅仅是基于规则和统计学习的模式匹配、生成，而不是具有真正的理解和思考能力。

ChatGPT的工作原理大致如下：

第一，数据搜集。ChatGPT会搜集大量的文本数据，包括网页、新闻、微博和书籍等。同时，它也会分析网络上的热点话题和流行文化，以了解最新的语言模式和表达方式。

第二，预处理。ChatGPT对搜集到的数据进行预处理，包括分词、去除停用词、翻译等。这个过程可以帮助模型更好地理解输入的文本，并提高生成的文本的质量。

第三，建立模型。在预处理的基础上，ChatGPT会构建一个深度学习模型，该模型包含了多个卷积层、循环神经网络和池化层等。这些层的协同工作能够使模型更好地捕捉语言的模式和语义。

第四，生成文本。一旦建立了模型，ChatGPT就可以生成与人类语言相似的输出文本。它使用的是一种称为"Transformer"的深度学习架构，该架构能够学习从输入文本到输出文本的映射关系。

---

① 来自 https：//chat.openai.com/。

第五，输出控制。ChatGPT 的生成文本输出后，还需要进行一系列的输出控制，包括语法、语义、情感等方面，以确保生成的文本符合人类语言习惯。

ChatGPT 对个人和企业都有很大的帮助。通过利用人工智能和其他先进技术，ChatGPT 可以变得更加智能，能够对查询提供个性化的答复。这将使它成为希望提高客户参与度和推动销售的企业的重要工具。

（根据网络资料整理）

1.3　统计研究过程

统计研究的过程主要有两种形式，一种是从问题出发，另一种是从数据出发，具体如下。

1. 从问题出发，利用统计学思想与方法验证和分析

研究的问题和目标来源于生活，来源于现实的观察，来源于兴趣爱好，在此基础上把对应的问题和目标利用统计学思想与方法进行验证和分析。

如《女士品茶》中，一群统计学家带着夫人一起聚会，某女士在喝茶中声称，奶茶中牛奶和茶添加顺序不同，味道也存在差异，她能够识别是先加茶还是先加奶。统计学家为了识别女士是否有这种能力，运用统计方法进行解决。具体进行实验设计搜集数据，并提出假设检验的思想进行验证，最后认为女士确实具有这种能力。

再如张五常在研究中国经济运行规律和价格运行机制时，进行实地考察并且充当市场交易者。如《卖桔者言》中所说的那样："香港年宵市场在除夕那一晚……，同样一枝花，有人用 200 元买也有人用 50 元买，如何理解？年宵倾向不断变动的价格是怎样决定的？买卖双方期待上的错误是怎样产生的？要在这些问题上多一点了解，我决定在年宵的那一晚亲自卖桔……"

又如吴敬琏在《中国增长模式抉择》中开篇就指出："现在呈献给读者的这本书，并非在书斋中披阅前贤论著、静心进行学术探索的产物，而纯然是为了回答我国现实经济生活中提出的实际问题作理论和政策研讨得出的结果。"

2. 从数据出发，结合现实问题进行思考和创新

政府部门和企事业单位拥有并保存了大量原始的声音、视频和图像等类型数据。如何充分挖掘这些海量数据下隐含的信息，如何用这些数据解决现存的问题，需要努力思考和不断创新。

如某高校面对贫困生补助发放的问题，通常方法是借助学生申请和学校审查，费时费力而且还存在准确性的问题。某高校结合统计数据得到一个非常巧妙的方法，具体借助校园卡一卡通的消费相关数据信息(如消费次数、消费频率和消费金额等)，从而精准定位贫困学生，然后直接发放补助金到校园卡。这种方法在保护贫困生尊严的同时，还保证了发放的精准性。

一般而言，研究问题和目标确定后，统计研究过程如下：

(1)统计设计。统计设计是根据统计研究的目的和要求，对统计研究的对象、内容、

方法、流程所作的通盘考虑和安排。

如《女士品茶》中，统计学家对女士声称的识别能力非常感兴趣，为了验证她是否具有识别能力，需要进行统计设计。此处统计研究对象和内容非常明确，还需要明确用什么方法搜集数据，数据搜集后可能用何种方法验证等。

(2)统计搜集。统计搜集是根据统计设计的要求搜集统计数据的阶段，是定量认识的起点。常见方法有大量观察法、实验设计法和网络爬虫法等。

在《女士品茶》中，统计学家通过设计十次实验，即每杯奶茶增加牛奶和茶的顺序不同，然后让女士猜测，看结果是否正确。

(3)统计整理。统计整理是对统计取得的资料进行初步加工整理的环节，其目的在于使资料系统化和条理化，以显示总体的数量表现。包括异常数据和缺失数据处理等。

(4)统计分析。统计分析是对统计整理的数据进行再加工和深加工的过程，主要采用各种定量分析方法，揭示被研究现象的总体数量特征和规律性，从而达到统计研究的最终目的。

(5)统计展示。统计分析后，需要结合数据和图表等方法把结果展示出来，从而方便他人浏览阅读，并辅助决策的执行。

实际工作中，用何种统计图展示数据结果，保持美观且有震撼力，需要扎实的统计功底。如各省市(自治区)GDP 情况，可以用简单的条形图展示，但统计地图更能展示中国经济发展过程中地区发展不平衡的特征，还可以用动态条形图展示 1978 年至今各省市(自治区)GDP 或人均 GDP 排名的动态变化。

上述研究过程仅是一般的步骤，实际分析中，有些过程可能并不重要，因此需要根据实际问题进行探讨。

统计人物

中国现代生物统计学家——吴定良

吴定良(1893—1969)，江苏金坛人，中国著名的生物统计学家、体质人类学家。20世纪 20 年代到 30 年代中期，吴定良潜心于统计学与人类学的学习和研究，创立"相关率显著性表"，建立头骨眉间凸度与面骨扁平度的研究方法等，在国际统计学界和人类学界产生了重大影响。20 世纪 30 年代下半期起，他一直致力于中国体质人类学的创立、发展及中国人类学人才的培养。

1926 年 8 月，赴美国纽约哥伦比亚大学，在心理学系攻读统计学。次年，他转学到英国伦敦大学文学院继续攻读统计学，师从英国著名的统计学家卡尔·皮尔逊(Karl Pearson)。

1929 年，在英国已经读完统计学博士的吴定良，看到英媒《泰晤士报》"裴文中发现北京猿人第一个头盖骨化石"的报道，既喜且憾："自己国内的宝藏，为何要让外国人去研究，此实属中国人之耻辱。"

当时的欧洲，关于"中国人先天不足""中国人大脑结构和功能不如欧洲人"的谬论甚嚣尘上。这让吴定良愤慨不已："叹中国人类学的幼稚……中国留学生中没有一个学人类学的。"他下定决心，利用人类学深入研究"中国人"，澄清种族主义的偏见与谬误。他申请研究补助费，继续跟随卡尔·皮尔逊学习人类学，成为第一位在英国学习人类学的华人留学生。在此期间，他花了数月的时间，用手摇计算机统计约七万个数据，创造出相关系数计算法和相关率显著性查表。该表的问世对当时统计学上相关分析的发展起了一定的推动作用，并为各学术领域的学者在用相关率来分析事物间的相关程度时提供了方便。

1934 年，由牛津大学人类学教授马斯推荐，吴定良加入"国际人类学社"，同年参加在伦敦举行的年会。大会上，吴定良与中国科学家欧阳嘉以翔实的数据与考证，有力驳斥了关于中国人种的谬论，震撼欧洲学术界。

1935 年，吴定良受北京大学校长蔡元培邀请回国，任北京大学统计学教授。后又受中央研究院院长蔡元培邀请，筹建中央研究院历史语言研究所人类学组。在中央研究院工作期间，吴定良发表了 10 余篇体质人类学方面的论文，并创刊和主编了"中国人类学志"（正式定名为《人类学集刊》），对中国人类学的发展起到奠基性作用。1945 年，抗日战争胜利后，吴定良应浙江大学校长竺可桢的邀请，任该校史地系教授，开设普通人类学及统计学课。在他的努力下，1947 年 9 月，浙江大学成立人类学系与人类学研究所，吴定良任系主任兼所长，为中国培养了第一批体质人类学的科研人员与师资力量。1948 年，吴定良当选为中央研究院第一届院士。1946—1948 年，他还兼任国立暨南大学人类学系教授。

1950 年 5 月，吴定良与卢于道、欧阳薈和刘咸等教授在杭州发起组织成立中国人类学学会，并当选为理事。1952 年，全国高校院系调整，吴定良从浙江大学转入上海复旦大学任教。20 世纪 50 年代是吴定良在人类学研究方面的一个丰收期，研究内容涉及人类进化、现代人体质、测量仪器的改进等诸方面，并开始了对人类工效学这一新领域的探索。在搞科研、带研究生的同时，吴定良承担了体质人类学、古人类学、人体形态学、生物统计学等多门专业课的教学任务。吴定良一生生活俭朴，勤奋工作，在晚年冠心病已相当严重的情况下，仍不肯养病休息，而是继续埋首于繁重的教学、科研和行政工作之中。1961 年，为了解决上海水产学院缺乏师资的困难，他不顾自己的病痛及已超负荷的工作量，慨然允诺去讲授统计学课。1962 年，吴定良积劳成疾，患中风半身瘫痪，卧床不起。但他在病榻上并未静心休养，还指导研究生的教学科研工作，并坚持整理自己的科研资料。1969 年，吴定良去世。

2023 年 3 月 25 日，即吴定良诞辰 130 周年时，复旦大学竖立了吴定良雕像（见图 1-13），以纪念他在统计学方面的工作与贡献。

扫码查阅高清图

图 1-13　复旦大学吴定良雕像

（根据网络资料整理）

1.4 统计学运用经典与前沿案例

1.4.1 孟德尔豌豆遗传的统计规律①

格雷戈尔·孟德尔（Gregor Johann Mendel，见图1-14），奥地利籍生物学家，遗传学的开创者，享有"现代遗传学之父"的美誉。他最为重要的科学贡献，就是通过豌豆实验，发现了基因分离定律和基因自由组合定律，遗传学三大基本规律竟占有其二！

扫码查阅高清图

图1-14 孟德尔及其研究用的豌豆

孟德尔生长在一个贫穷的农民家庭，由于生活窘迫，只能勤工俭学。上完中学后，父母无法资助他上大学。他为了得到上学的机会，在修道院神父西里尔·纳普的支持下去了维也纳大学学习，代价就是当修士不能结婚。大学期间，他结识了很多大师，如他曾为多普勒担当物理学演示助手。良好的数学和物理功底，为他后来能够设计周密的实验并进行严谨的数理统计奠定了坚实的基础。

孟德尔大学时代最为尊崇的导师是昂格尔（F. Unger），他提出"变异在生物界中是普遍存在的""研究变异是解决物种起源问题的关键""植物通过杂交可能产生新种"等非常新颖的观点，并鼓励学生积极地进行植物杂交实验，以研究植物杂种的形成和变异本质，这些给孟德尔留下了很深刻的印象。

大学毕业后，孟德尔回到修道院做修士，后来成为神父。其间还在一所中学当代课教师，业余时间就在修道院的花园里进行植物杂交实验。

孟德尔最初进行实验，是希望获得优良的种植品种。在种植实验过程中，他发现植物遗传对品种的影响起决定性作用。因此，他重点开始研究遗传规律。孟德尔选择了如玉

---

① 笔者根据网络资料整理。

米、紫罗兰和紫茉莉等大量植物进行研究，最后决定用豌豆。

科学研究过程中，孟德尔进行了精准的植物选择和实验分工安排。

第一，在"实验植物选择"部分，为了避免杂交过程中产生的影响，根据三个特征进行严格筛选：一是植物首先具有恒定的分化特征；二是杂交的时候不会受到外来花粉的污染；三是每一代杂交后代生殖力不能变。最后在不同品系的 33 种豌豆中选出了 22 种。

孟德尔所谓的"分化特征"现在称为"性状"（如高矮、颜色）；他的"恒定"是指同一性状在不同代之间不变；他注意避免外来花粉污染，怕因其而不确切知道父本，研究结果无从分析；他还注意代间生殖力无变化，减少在性状数量分析时的干扰。

正如他自己所说："任何实验的价值和用处取决于所用材料是否符合其目的，所以选什么植物和怎么做实验并非不重要……必须特别小心地选择植物，从开始就避免获得有疑问的结果。"

第二，在"实验分工和安排"中，孟德尔对所研究的性状进行了选择。他选择成对的性状，研究它们在代间的传递规律。这些性状可以在代间稳定遗传，且易于识别和区分。孟德尔描述了 7 对常用的豌豆性状，分别为：种子形状（平滑或皱褶）、种子颜色（黄或绿）、豆荚颜色（黄或绿）、豆荚形状（鼓或狭）、花色（紫或白）、花的位置（顶或侧）、茎的高度（长或短）。其中孟德尔描述花色是"灰、灰褐、皮革褐和天鹅绒–红"，后人简称紫和白。

进一步，对应于 7 对性状，孟德尔安排了 7 个实验。实验一用 15 株植物做了 60 次授粉；实验二用 10 株植物做了 58 次授粉；实验三用 10 株植物做了 35 次授粉；实验四用 10 株植物做了 40 次授粉；实验五用 5 株植物做了 23 次授粉；实验六用 10 株植物做了 34 次授粉；实验七用 10 株植物做了 37 次授粉。

同时在所有实验中，孟德尔还进行了双向杂交：一对性状中，如种子颜色的黄和绿，既做过父本黄、母本绿，也做过父本绿、母本黄，他发现亲本来源不影响这些性状的传代。

长达数年的实验中，他不厌其烦地记录着豌豆种子、豆荚、叶子、茎和花等在生长过程中彼此细微的差别，经过仔细筛选，确定了其中 12 835 株。最后孟德尔发现了以下规律：当把黄色种子的豌豆株与绿色种子的豌豆株杂交以后，它们的后代总是黄的，然而再下一代，绿色再现的比率则是 1：3。他还关注到豌豆植株的开花、花的位置、豆荚形状和颜色等都有所不同，通过杂交，其他性状如花色、位置和高度等，也呈现出类似的规律。

也就是说，生物的亲代传递给子代的不是性状本身，而是控制生物性状的、呈颗粒性的遗传因子。这种遗传因子有显性因子和隐性因子之分，它在体细胞中是成对存在的，在生殖细胞中却成单存在。遗传因子互不融合、互不沾染、各自独立。当杂种产生配子的时候，成对的遗传因子彼此分离，分别进入不同的配子中；而不同对的遗传因子则自由组合，各自独立地传递给下一代。

孟德尔将研究结果整理成论文《植物杂交实验》发表在《布隆自然科学协会会刊》第 4 卷上，并把论文寄往 133 个科学研究机构和大学的图书馆。但超前的思想当时无法被接受，各方面都没有做出任何的反应。

此后，心灰意冷的孟德尔逐渐放弃了科学研究。1868 年，他被选为修道院院长，从此便把精力转移到修道院工作上。1884 年，这位大师平静地离开了人间。就这样，孟德尔用心血浇灌的豌豆遗传秘密，便在布满灰尘的各国图书馆的书架上，默默无闻地沉睡了35 年。

然而，真相或许会迟到，但绝不会缺席。正如荷兰的 KeyGene 公司团队在其 *Nature Genetics* 的一篇文章中写道："以 19 世纪中期大众对细胞的了解来看，孟德尔领先于他的时代整整几十年。"

1.4.2　诗词大数据带您认识苏轼[①]

苏轼（1037—1101），字子瞻，号东坡居士，眉州眉山（今四川省眉山市）人，祖籍河北栾城，北宋文学家、书法家、画家。

苏轼的父亲苏洵，即《三字经》里提到的"二十七，始发奋"的"苏老泉"。苏轼的"轼"原意为车前的扶手，取其默默无闻却扶危救困，不可或缺之意。

苏轼二十岁离开家乡，和弟弟苏辙一起去考试。主考官欧阳修认为最优秀的文章是自己门生曾巩所作，为了避嫌给了个第二名，结果后来发现是苏轼所作。殿试过后，仁宗皇帝认为苏轼是稀世奇才，将来的太平宰相，取其为进士第一。

1069 年，王安石主持变法意欲挽救宋朝政治危机但在很大程度上增加了百姓的赋税。在变法过程中，对朝廷忠心耿耿的苏轼认为王安石太急，新政会让老百姓更苦，因此在朝廷大辩变法得失。为此，他遭到改革派的打击，先是被调到杭州任杭州通判，后来又被调任密州知州、徐州知州和湖州知州。

后又因"乌台诗案"遭人弹劾，一时间，朝廷内一片倒苏之声，受牵连者达数十人。后经他人援救，苏轼逃过一劫。

后因新党重新执政，苏轼再度遭贬，先后谪于惠州、儋州等地，直到 1100 年，才从海南放归。1101 年，苏轼于北返途中病殁。

总体来看，苏轼的性格决定了他的政治生涯不顺利，但其豁达的人生态度，是值得世人学习的。

上述史实都是史书记载。然而，史书记载只能还原部分苏轼。通过大数据视角分析，能够发现不一样的苏轼。

1. 数据证明苏轼是名高产作家

为了利用大数据分析苏轼，首先搜集苏轼所写的所有诗词，总共 3 458 首，大概 25 万字。如果苏轼一出生就写作的话，在他有生之年，每年需要写 50 多首，也就是说每周至少写一首诗词，这还不包括散文、札记和书信。苏轼一生创作颇丰，也许因为远在他乡无知音，只能寄思于诗书。

2. 通过数据看苏轼的人生经历

通过 Python 软件编制一个脚本，把苏轼的 3 458 首诗词进行分词研究，找出这些诗词中的高频词。其中排名前 50 的高频词如表 1-3 所示。

---

① 内容主要根据清华大学附属小学六年级学生作文《大数据帮你进一步认识苏轼》整理。

表 1-3　苏轼诗词排名前 50 的高频词

词语	频数	词语	频数	词语	频数	词语	频数	词语	频数
子由	229	东坡	108	山中	80	风雨	66	饮酒	57
归来	157	何时	101	风流	78	当时	66	秋风	56
使君	152	明月	100	东风	75	当年	63	去年	56
不见	148	归去	92	不须	73	佳人	62	黄州	54
故人	135	西湖	92	江湖	73	闻道	61	公子	54
平生	130	白发	90	春风	72	清风	61	少年	54
人间	123	青山	85	可怜	70	俯仰	60	回首	53
何处	122	江南	84	明年	70	道人	60	诗云	52
无人	119	草木	83	新诗	68	南山	59	归路	52
万里	109	惟有	83	梅花	66	太守	57	何曾	51

从高频词和字分析，可以发现如下现象：

（1）"归来"这个词竟然出现了 157 次，是苏轼诗词里面用得最多的一个词（注：第一次分析高频词时，还没有搜索"子由"，因此排在第一位的词是"归来"），"归去"出现 92 次，苏轼是在到处云游吗？

（2）苏轼经常提到"故人"，出现了 135 次，还有"道人"60 次，这些人都指的谁呢？他是不是有很多和尚、道士朋友呀？

（3）苏轼诗词里面提到"西湖"92 次，"江南"84 次，这些诗词是否都是他在杭州当官时候的作品呢？这些诗句描述的场景是不是与他的这段人生经历有关？

（4）高频单字中，"山"2 041 次，"我"1 732 次，"风"1 447 次，"云"1 260 次，"月" 1 059 次，"水"1 020 次，"花"1 006 次，"酒"826 次，高频词里面"明月"出现 100 次，"饮酒"出现 57 次，这些诗句描述的都是什么场景？苏轼是不是因为官场上不得志而寄情于山、水、花和酒之间？

（5）"使君"出现了 152 次，而使君是谁？"东坡"出现了 108 次，"东坡"是指地方还是苏轼自己呢？为什么提到这么多次"东坡"？他的人生和"东坡"的关系是什么？

带着这些问题，进一步进行研究，此时需要结合苏轼的人生经历和背景进行分析，才能深刻理解上述词频出现的意义。

经过分析发现以下两点：

（1）"归来"出现的频率与被贬总是密切相关。每次被贬后，这些"归来"诗便增加。他一直满怀忧国之情，总能将这些归去归来的经历，化作美好的文学意境。

数据分析的结果印证了我们的猜想，让我们从一个新的角度认识了这位文学巨匠。苏轼一生忧患重重、多次被贬，正是这些苦难的经历和丰富的阅历，让苏轼更关心民间疾苦，亲近大自然，使他的作品成为传世杰作。时至今日，我们读苏轼的诗词，仍然能感到无限的哀怨和悲凉，更能体味到中国文化的深厚底蕴和幽香。

（2）在研究过程中，还发现"子由"出现在很多诗词中，这是苏轼弟弟的字，这让我们想到应该检索一下"子由"在苏轼作品中出现的次数。然而，"子由"并不是一个词，需要在理解诗文意思或者对苏轼背景有深刻了解的基础上才知道这是一个特定词语。于是更新词语后，发现"子由"在《苏轼诗词全集》中居然出现了229次，它才是高频词里面的王者！

这次对高频词表的更新，让我们在研究主题之外，有了额外的收获：我们发现了苏轼和弟弟子由之间的手足情深。通过上网进一步查资料，了解到苏轼几乎每到一个任所就给弟弟子由寄信赠诗，晚年被贬谪时更是如此。苏家兄弟情谊之深厚是文学史上的佳话。他们是兄弟，是师生，是诗词唱和的良友，是政治上荣辱与共的伙伴，也是精神上相互勉励安慰的知己。

以上仅是北京某小学六年级学生分析所得到的结论。毫无疑问，豪放派的苏轼，隐藏在诗书里的情感和抱负，还在等待我们进一步挖掘……

1.4.3 啤酒与尿布的故事①

百货商场的商品陈列，大多是分门别类，不同类别的产品通常不会放在一起销售。如啤酒是酒类，放在酒类区；而婴幼儿用品如尿布，则放在婴儿日常用品区。当需要买这两类产品时，顾客需要跨过酒类区和婴儿用品区，这也是大多数商场通常的做法。然而在一家超市却反其道而行之：居然把尿布与啤酒这两种风马牛不相及的商品摆在一起。但这一奇怪的举措居然使尿布和啤酒的销量大幅增加了。

这可不是一个笑话，而是一直被商家所津津乐道的发生在连锁超市的真实案例。原来，美国的年轻夫妇有个习惯：一般在周五晚上妻子会安排丈夫去超市购买尿布，而丈夫在购买尿布时总会忍不住顺便给自己买上几罐啤酒。这就是为什么啤酒和尿布这两件看起来毫不关联的商品经常会出现在同一个购物篮中的原因。这个故事至今仍是大数据挖掘中津津乐道的经典案例。

啤酒与尿布的故事要追溯到1992年。Karen Heath当时是美国中西部零售商的行业顾问，她和团队成员特别关注高利润商品（如婴幼儿用品）的销售，以及哪些商品与这些高利润商品存在相关性。

最初，她仅利用SQL查询数据库，发现了啤酒与尿布存在较强的相关性，但是并没有运用统计方法进行验证。1993—1994年，Third Nature信息管理咨询公司的研究分析师Mark Madsen在一家连锁药店工作，看到相关报道，觉得它似乎是合理的，但没有消费品零售相关数据。1995年，他在一家杂货连锁店工作，访问了所有的销售数据，但并没有发现两者的相关性。后来，Madsen与另一家连锁药店合作，在那里他验证了啤酒和尿布的相关性。最终导致啤酒和尿布放在一起流行开来是从1997年开始的，有人在《连锁店时代》杂志上发表了啤酒和尿布关联的文章，其中的相关性达到0.95。

1.4.4 谷歌大数据预测流感②

2009年，全球出现一种新的流感病毒H1N1。传统的疾病人数统计部门为美国疾病预防和控制中心（US Centers for Disease Control and Prevention，CDC），该部门统计美国本土

---

① 笔者根据网络资料整理。
② 笔者根据舍恩伯格《大数据时代》图书和 *Nature* 对应的期刊论文整理。

各个地区的疾病就诊人数汇总，并随后公布出来。尽管美国疾控中心（CDC）要求医生要及时上报疫情，但是疫情报告的公布一般都要延迟两周左右。然而对于一些重要的传染性疾病，只有实时掌握各地区可能感染的人数，才能够快速调集医疗资源，防止疫情进一步扩大。

2009年2月，谷歌工程师 Jeremy Ginsberg 等人在 *Nature* 发表了一篇论文：*Detecting influenza epidemics using search engine query data*①，论述了基于 Google 用户的搜索日志（其中包括搜索关键词、用户搜索频率以及用户 IP 地址等信息）的汇总信息，成功"预测"了流感病人的就诊人数。

他们最初的想法很简单。在流感季节，居民患流感的概率增加，为了进一步了解流感症状和趋势等特征，他们经常会上网搜索流感相关的内容，所以与流感有关的搜索量会明显增多；同理，到了过敏季节，与过敏有关的搜索量会显著上升；而到了夏季，与晒伤有关的搜索量又会大幅增加。因此，疾病相关的关键词搜索量很可能有助于了解疾病的传播和分布情况。既然谷歌是专业搜索引擎，Jeremy Ginsberg 等人就想搭建一个基于谷歌搜索的预测平台，能够快速并实时预测流感人数。

他们的具体处理方法为，通过美国最常使用的前5 000万个搜索关键字，与美国疾控中心2003—2008年的流感传播资料加以比对，用高达4.5亿种不同的统计模型，试图找出这些字出现的频率、时间及地点有没有相关性。经过统计研究发现某些搜寻关键词在流感季节特别热门，最终确定45个流感关键词，放进统计模型之后，预测结果与官方公布的真实资料吻合，由此，谷歌建立起流感趋势（Google Flu Trend）模型，利用该模型和实时的搜索来提前预测可能与流感相关的就医量。具体如图1-15所示。

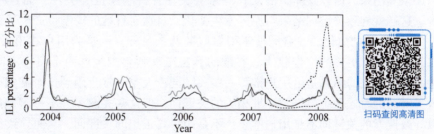

图1-15 谷歌预测（深色线）与CDC报告疾病人数结果对比

如图中所示，谷歌流感趋势预测和美国疾控中心的这个数据的对比，前面的浅色线和深色线还是非常吻合的，说明预测是非常准确的。其中谷歌成功预测了在2009年出现冬季流感的传播，甚至可以具体到特定的地区和州。毫无疑问，这种信息的及时性，可以使相关部门采取更多的措施，避免更多的人染上流感，所以谷歌亮出成绩单之后，其他机构逐渐重视大数据和统计方法的应用。

但在2012—2013年，两者差距较大（见图1-16），说明预测准确性在下降。有研究者对准确率下降的原因进行分析，归纳出三个方面。

① Ginsberg J, Mohebbi M, Patel R, et al. Detecting influenza epidemics using search engine query data［J］. Nature, 2009(457)：1012-1014.

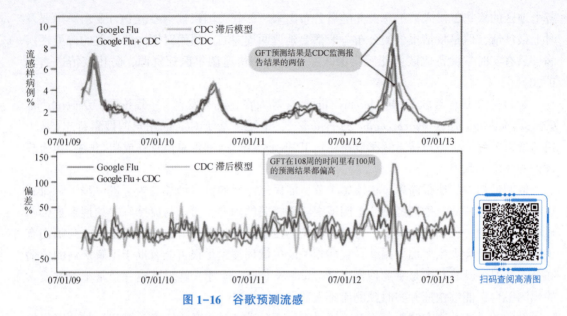

图 1-16　谷歌预测流感

扫码查阅高清图

（1）情况发生了改变。用前几年的数据，比如 2004—2006 年的数据能够很好地预测 2007—2008 年的情况；但是 2009 年后存在突发情况，比如说反季节的情况，一般会认为冬天容易发生流感，但夏天也可能出现流感的暴发，那这些反常的信息，在谷歌里面可能就没有预测到，所以就会导致预测不准。

（2）媒体的过度关注。流感预测一出现，大家都很关心。因为模型很有效，可以提前两周预测出来，所以媒体、群众和专家会关注，科学家也会关注，而这些是原先所没有的。这样就导致关键词结果与原先发生变化，自然对谷歌的模型也产生了影响。

（3）算法的演化。谷歌的搜索引擎服务两个目标：一是为用户找出最有价值的信息，二是要能够赚更多的广告收入。谷歌的算法工程师要围绕这两个目标不断地改进他的算法。改进算法的结果是给用户推荐一些关键词，大家经常会用到这个搜索引擎，用户在输入关键词的时候系统会推荐一堆相关的关键词，但这些关键词并不一定是用户想要的，所以导致搜索的关键词不是用户本意，不是用户真正想的关键词，从而导致预测不准。

从这个大数据预测未来的经典案例可以发现，大数据给我们打开了一扇未来的窗口。但模型又不是万能的，精准的预测需要不断调整模型，以适应环境的变化。

1.5　统计学的若干基本概念

基本概念是一门学科之本。如经济学，基本概念有供给、需求、价格和边际效应递减规律等，懂得这些概念，并掌握这些概念之间的联系（如供给和需求如何决定价格等），就可以利用经济学的基本原理对现实经济问题进行解释。又如气象学，了解气流、气压、气温和气湿等基本概念，再掌握这些概念之间的联系，就能够利用气象学基本原理对天气进行初步预测。同理，学习统计学，也需要掌握统计学相关概念及其关系，从而运用统计方法解决现实问题。

1.5.1　统计总体与样本

1. 总体与总体单位

根据研究的目的和要求，所研究客观事物的全体，称为统计总体，简称总体。

总体单位是指组成总体的各个单位，即个体。如：考察某厂生产灯泡的使用寿命，总体是该厂生产的所有灯泡，总体单位是每个灯泡；对某地区的工业企业情况摸底调查，总体是该地区所有工业企业，总体单位是每个工业企业；在网上听说某地区电力系统职工的抄表员工年薪达到 12 万元，则可考察该电力企业职工的工资情况，总体就是该电力企业的所有职工，总体单位就是每一位职工。

统计总体具有三个基本特征：①客观性。客观性是指总体和总体单位必须是客观存在的，可以观察或计量。②同质性。同质性是指组成总体的所有个体必须是在某些性质上是相同的。③差异性。差异性是指构成总体的各单位除了有相同的特征外，更多方面是不同特征，这是统计研究的基础。如统计班的全体学生是一个总体，其客观性在于能够观察和计数，同质性表现为同是统计班或本学校的学生，差异性在于性别、年龄、爱好等各方面存在不同。

统计总体按总体单位是否有限分为两种：有限总体和无限总体。①有限总体是指总体所包括的单位数是有限或可数的。如工业企业调查中的某地区所有的工业企业、人口调查中某国所有的人口等都是有限总体。②无限总体是指总体所包含的单位数是无限或不可数的。如某湖泊中鱼资源调查中所有的鱼类数量、产品调查中某企业流水生产线上的产品等都是无限总体。

一般而言，统计总体与总体单位不是固定不变的，具有相对性，随着研究目的和要求而改变。如要了解某一地区国有工业企业的生产经营情况（研究目的），总体是该地区的全部国有工业企业，每一个国有工业企业是总体单位。要了解某一国有企业职工工资情况（研究目的范围变小），总体是该企业所有职工，总体单位是每一位职工。

2. 样本与样本容量

样本是指根据研究的目的和要求，从总体中抽取部分总体单位（即个体）组成的集合。一般情况下，由于总体数量非常大，直接研究总体特征比较复杂。此时，从总体中抽取部分代表性的单位组成样本，利用样本信息对总体进行推断更方便。

样本容量是指样本中个体的数目。由于样本是从总体中抽取出来的，因此样本的单位数要小于总体单位数。在组织抽样调查时，抽样误差的大小直接影响样本指标代表性的大小，而必要的样本单位数目是保证抽样误差不超过某一给定范围的重要因素之一。因此，在抽样设计时，必须决定样本单位数目，因为适当的样本单位数目是保证样本指标具有充分代表性的基本前提。

3. 大数据时代总体和样本的关系

随着大数据时代的到来，数据获取的便利性使人们可能得到任意大的数据量，从而在很大程度上样本容量可能无限接近于总体数量，从而样本无限接近于总体。

但并非总是如此。如网络访问和在线评论等，总体具有时间和空间的特征，如历史至未来的所有网络访问量和在线人数，也就是"时空总体"，而样本虽然可以是某一时间段所有的数据，但与总体仍存在差异。

通过大数据获取样本，可以使人们更深入和客观地研究统计总体的特征。如研究高收入等敏感性问题，如果通过传统的调查问卷获取数据，则相对比较困难；通过大数据方式，获取图像和声音等特征，通过观察被调查者衣着、形态举止和语言表达，可以进一步确认调查问卷的结果可靠性，并对进一步结果修正提供方向。

1.5.2　标志、指标与指标体系

1. 标志

标志是说明总体单位(即个体)特征的名称，大数据领域也称为属性或特征。如每个职工有性别、年龄、民族、工种等特征，都是职工的标志。衡量标志的名称(或量)称为标志值。如：性别标志，标志值为男和女；民族标志，标志值为汉族、蒙古族、土家族等；年龄标志，标志值有19岁、25岁、85岁等。

标志按计量性质分类，分为品质标志与数量标志。①品质标志表示事物的质的特性，一般用文字进行描述，也称为名义标志。根据标志是否可以排序，可分为列名标志和顺序标志。其中列名标志是指只能用文字说明事物特征且无法排序的标志。如性别标志值只有男女两种标志值，两者无法比较大小；民族、籍贯、工种等标志也是列名标志。顺序标志是指用文字说明事物特征，且可以排序的标志。如考核等级标志值为一等、二等、三等，满意度标志值为非常满意、一般、非常不满意，这些标志值能够排序。②数量标志表示事物的量的特性，是可以用数值表示的。如职工年龄、工资和工龄等数量标志既可用于分组，也可用于计算标志总量及其他各种质量指标。

2. 指标

指标是说明总体特征的名称。总体是指标说明的对象，指标是总体特征的反映。一个统计指标，从其构成要素来看，主要由指标名称、指标的时空标准、计算方法和计量单位等。如2023年中国GDP为126.06万亿元，此指标的时间范围为2023年度，空间范围为中国，指标内容为GDP，数值为126.06万亿，单位为元，计算方法并未指出，一般默认根据统计局核算方法。

统计指标具有以下四个特点：①数量性。统计指标是用来说明总体数量特征的名称，统计指标反映的是总体可以测度与计量的数量特征，因此，统计指标都能用数量表示。②综合性。统计指标是总体各单位数量标志值的综合与概括，反映的是总体中各单位的综合性一般数量特征。③具体性。统计指标反映的是现象在一定时空条件下，具有一定实际内容的数量特征。④客观性。统计指标反映的是客观存在的现象的数量特征，也即统计指标是对已经发生的客观现象的数量描述。

3. 指标体系

为了研究某个问题，需要用多个指标综合反映统计对象数量特征和关系，这些指标互相联系形成一个系统，从而构成了系统、完善的统计指标体系。

如国民幸福的定量研究中，衡量国民幸福无法仅用一个简单的指标如工资收入指标来衡量，考虑到幸福包括的内容较广泛，因此需要构建一个由多个指标组成的指标体系，即国民幸福指数体系，对工资水平、消费水平、空气环境和房价等综合反映。

1.6 常用统计相关软件

统计方面的软件非常多，如 Python、R 语言、SPSS、Matlab、SAS、Stata、Eviews 和 Excel 等。其中 Python 是大数据和人工智能时代最受欢迎的编程软件；R 语言、Matlab 和 SAS 被称为统计分析领域的三大处理软件，需要进行编程；SPSS 由于不需要编程要求，且方法模块比较经典，常应用于社会学、管理学和人口学等数据处理能力要求略低的领域；Stata 和 Eviews 常运用于计量经济学和金融学学术分析领域；Excel 则是最常见的数据整理和筛选的工具，是每个数据分析者必须掌握的软件。此处仅介绍 Python、R 语言和 SPSS。

1.6.1 Python

1989 年的圣诞节期间，为了打发在阿姆斯特丹的时间，吉多·范罗苏姆（Guido van Rossum）开发了功能全面、易学易用、可拓展的脚本解释程序，作为 ABC 语言的一种继承。他从自己所挚爱的电视剧 *Monty Python's Flying Circus*（巨蟒剧团之飞翔的马戏团）中取 Python 命名。Python 源代码遵循 GPL（GNU General Public License）协议。

随着版本的不断更新和语言新功能的添加，最初的自动化脚本，逐渐被用于独立的和大型项目的开发。目前 Python 是一个高层次的结合了解释性、编译性、互动性与面向对象的跨平台的脚本语言和自由软件。

Python 用途非常广泛，最常见的用途如下。

（1）Web 开发。Python 的诞生历史比 Web 还要早，由于 Python 是一种解释型的脚本语言，开发效率高，所以非常适合用来做 Web 开发。大量知名的互联网企业将 Python 作为主要开发语言，如 Google、NASA、YouTube、Facebook、Quora、豆瓣、知乎和果壳网等。由于后台服务器的通用性，除了狭义的网站之外，很多 App 和游戏的服务器端也同样用 Python 实现。

（2）网络爬虫。网络爬虫就是利用 Python 编辑脚本文件，抓取网页信息。国际上，Google 在早期大量使用 Python 作为网络爬虫的基础，从而带动了整个 Python 语言的应用发展。Python 常用的爬虫库有 selenium、bs4、requests 和 urlib 等，利用这些库从各大网站爬取各种信息，例如：商品折扣信息，从而获取最优购物选择；社交软件的发言和评论，从而生成情绪地图并分析语言习惯；音乐网站中歌曲的评论和豆瓣的电影书籍信息，生成用户画像。可以说，只要您想得到的，Python 就能做到。

（3）数据科学。Python 有很完备的生态环境，从分布式计算、数据可视化、数据库操作和机器学习等方面，Python 中都有成熟的模块可以选择完成其功能。

其中数据分析方面，在时间序列数据方面有 statsmodels 库；如金融领域量化分析主要用 pandas 和 scipy 等工具进行分析，进行量化投资有 backtesting 和 backtrader 等库进行策略构建和绩效分析。

在图形处理方面，有 seaborn、matplotlib、bokeh 和 pyecharts 等一系列图形库支持，能方便进行各种图像处理，如常见的直方图、柱状图和饼图，还有其他如词云图、统计地图和股票 K 线图等。

在大数据和机器学习方面，有 scikit-learn 和 TensorFlow 等，这些库已经成为大数据和机器学习领域中主流的库，得到广泛的支持和应用。毫无疑问，无论对于从事统计分析还是对于从事数据方面开发，都非常便利。

（4）自动化服务。运用 Python 进行自动化管理和服务，从而解放劳动力，提高工作效率。如录入自动化——将大量信息录入系统，传统是手动输入，此时可以利用 Python 编写脚本实行自动化处理；邮件发送自动化——对于店铺访问数、商品浏览数和下单数等周期性的数据需求，可以编写程序进行自动化搜集处理并发送邮件（筛选人群）；一键清理垃圾——编制 Python 脚本，清理计算机中某文件夹或者某种格式所有的信息；还可以自动回复信息，如 QQ 群机器人。

由于 Python 为免费软件，不方便程序的开发和代码的编写。因此编程需要依赖开发环境，常见的开发环境有 Spyder、Jupyter Notebook（Lab）和 PyCharm 等，其中 Anaconda 集成了 Python 大多数常用开发环境，编程过程中只要下载 Anaconda 即可。Jupyter Notebook（Lab）开发环境下的编程如图 1-17 所示。

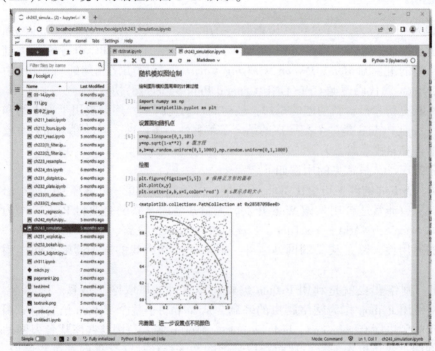

扫码查阅高清图

图 1-17 Jupyter Notebook（Lab）开发环境下 Python 随机模拟法编程

1.6.2 R 语言

R 语言是统计领域广泛使用的免费软件 S 语言的一个分支。S 语言是 AT&T 贝尔实验室开发的用来进行数据探索、统计分析、作图的解释型语言，其商业版本是 S-PLUS。R 语言是一套完整的数据处理、计算和制图软件系统。与 Python 一样，R 语言源代码同样遵循 GPL 协议。

R 语言最大的优势是免费和强大的工具包系统。前沿的方法都可以通过工具包系统获得相应的算法或函数。R 语言具有以下功能：

（1）强大的作图功能。R 语言既能够满足基本作图要求，还能够做更美观和复杂的图形。如经典的柱状图、箱线图、线图和点图等，这些可以通过简单的 plot 命令和 ggplot2 工具包实现；复杂的统计图如统计地图、人物特征图和热力图等，可通过 Recharts 等工具包实现。

（2）经典数据处理能力。R 语言的安装程序中只包含了 8 个基础模块，这些基础模块能够进行简单的数据描述和分析，但无法满足更高级的数据处理要求，此时可以安装外在工具包。如进行多元统计分析时安装 psycho 工具包，进行时间序列分析时安装 xts、zoo 和 urca 等工具包，进行计量经济学分析时安装 plm 和 stats 等工具包。这些工具包可以通过官网 CRAN（Comprehensive R Archive Network）中的工具包系统下载获得。

（3）大数据和机器学习等前沿方法处理能力。随着 R 语言的运用越来越广泛，其工具包的开发越来越完善，从而能够满足大数据时代对数据处理能力的要求。如机器学习领域中，支持向量机方法的工具包有 kernlab 和 e1071 等，人工神经网络和深度学习的工具包有 RSNNS、neuralnet 和 h2o 等，决策树和随机森林的工具包有 party 和 randomForest 等，这些工具包能够满足机器学习方法处理。与此同时，R 语言紧密与大数据相结合，如与谷歌开发的大数据处理系统 TensorFlow 相交互的工具包，与 Spark 和 Hadoop 相交互的 SparkR 与 RHadoop，从而满足大数据的建模和统计分析。最后还与专业领域紧密结合，比如前沿的量化投资领域，有 RFinance 团队开发的 Quantstrat 和 Portfolio Analytics 工具包，提供了股票、期货、外汇及资产组合的模拟交易的基础性的系统框架，使用户能够用极其精简的代码就能进行系统的策略开发，具体支持可视化展示如 k 线图，对进出场时点、留仓部位等进行统计，并支持自定义指标、买卖手续费设定、提供交易次数、交易绩效统计，考虑到 R 语言的运行速度，策略测试过程中还能够进行平行运算。

R 语言开发环境一般用 RStudio，如图 1-18 所示。

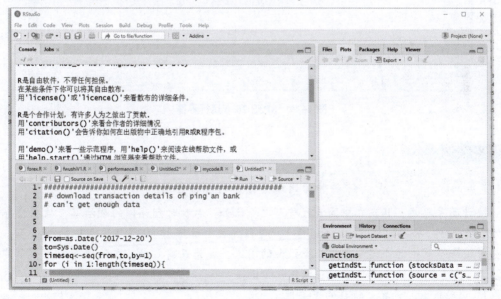

图 1-18　RStudio 运行界面

1.6.3　SPSS

统计产品与服务解决方案（Statistical Product and Service Solutions，SPSS）软件是 IBM

公司推出的商业性统计处理软件，能够进行不同层次的统计分析，如统计数据处理、多元分析运算、数据挖掘、预测分析和决策等。SPSS 广泛运用于社会学、人口学、医学等社会科学领域中。

SPSS 操作模块固定，不同的菜单选项对应着不同的统计分析方法，但固定模块之外的方法无法实现，比较适用非统计专业的数据处理。具体而言，SPSS 具有以下基本功能。

（1）操作简单，无须编程。SPSS 操作简单易学，除了数据录入及部分命令程序等少数输入工作需要键盘输入外，大多数操作可通过菜单、按钮和对话框来完成。用户只要了解统计分析的原理，无须通晓统计方法的各种算法，无须花大量时间记忆大量的命令、过程、选择项等，通过按键选择即能统计分析结果。

（2）统计功能较强。SPSS 提供了从简单的统计描述到复杂的多因素统计分析方法，具有完整的数据输入、编辑、统计分析、报表、图形制作等功能，如数据的探索性分析、统计描述、列联表分析、相关和方差分析、非参数检验、线性和非线性回归等方法。

SPSS 26.0 打开时的界面如图 1-19 所示。

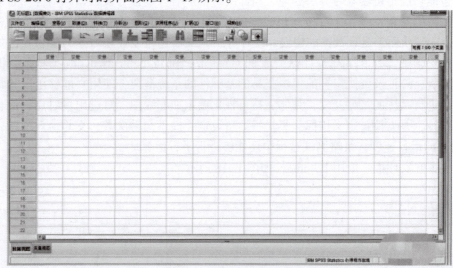

图 1-19　SPSS 26.0 运行界面

同步案例

管仲治国理念蕴含的统计思想

统计萌芽思想，其实在中国古代就有之，比如，春秋时期齐国的政治家，被桓公尊称"仲父"的管仲（公元前 725—前 645 年），曾任齐桓公的宰相 40 多年，在他的辅佐下，齐桓公曾把一个弱小的齐国治理成一个强大的国家，成为五霸之一。在治理齐国时，管仲运用了大量的统计方法。具体表现在以下几方面。

1. 明确审数、计数、轨数的重要性

管仲重视统计调查，强调掌握基本国情国力的数量方面的重要性。在《管子·幼官》中，他主张治国要"明法审数，立常备能，则治"。他认为"明法"不是目的，还要在"明法"的基础上进一步计数，了解国情国力的基本情况，以便决定国策，治国安民。为此他提出了计数的概念及其重要性。他说："刚柔也，轻重也，大小也，实虚也，远近也，多少也，谓之计数。"他又说："不明于计数而欲举大事，犹无舟楫而欲经于水，险也。""举事必成，不知计数不可。"从而阐述了治理国家大事要想成功，必须掌握反映国情国力的基本数据的观点。如在齐国推行制国、制鄙和"正户籍"等制度，其重要内容就是齐国人口、土地的统计调查。其中，"相地而衰征"即"案田而税"，就是对田地按土质好坏、产量多少，分为若干等级，按等级的高低征收数量不等的租税；"正户籍"，就是不管房舍、六畜、田亩、人口、户数都列入户籍清册。

同时，他认为国家的一切事物都有轨道，而"轨守其数"，因此要按其轨数办事。据《管子·山国轨》的记载，齐桓公曾问他："请问官国轨。"他回答说："田有轨，人有轨，用有轨，乡有轨，人事有轨，币有轨，县有轨，国有轨。不通于轨数而欲为国，不可。"这就是说，国家的轨道(轨制)包括田地、人口、国用、人事、货币、乡、县、国家等方面。这些方面的轨道都可以通过调查所取得的数据来反映，而通过数据所反映的轨道即称为轨数。不掌握轨数，不掌握一国、一县、一乡的"田若干""人若干"等这些基本数字，就不能治理国家。

2. 设计系统、周密的国情调查方案

为了按照国轨治理国家，就需要有组织、有系统地进行国情调查，掌握各方面的轨数。因此，管仲拟定了极其详细的国情调查提纲，列于《管子·问》。其所列的问题(调查项目)计69项。这些"为国所当察问的"都是有关基本国情国力的调查项目。其中属于人口方面的项目有37项，约占全部项目的三分之二，经济项目有25项，约占全部项目的三分之一。这些调查项目主要是数量标志(55个)，同时辅之以品质标志(7个)，体现了数字与情况相结合的特点。如："问死事之孤，其未有田宅者乎？问少壮未胜甲兵者几何人？""问理园圃而食者几何家？人之开田而耕者几何家？士之身耕者几何家？""问一民有几年之食也？""问兵官之吏，国之豪士，其急难足以先后者几何人？夫兵事者，危物也。不时而胜，不义而得，未为福也。夫谋而败，国之危也，慎谋乃保国。"(见图1-20)。

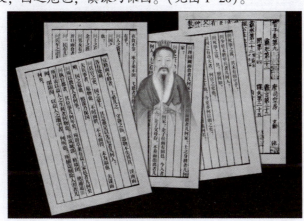

图1-20　管仲与其提出的相关举措

总而言之，国情调查研究纲要包括了下列内容：

①调查地点：包括田野、山泽、国邑、州里、朝廷等地；②调查范围：包括政治、经济、文化等各个方面；③调查方法：采用了采访(行、入、课、听)、观察(视、观、察)、计算(计算、估量)的方法；④研究内容：根据调查资料进行研究，确定这个国家的基本性质究竟是饥、贫、侈、虚、乱、弱、不行于其民、衰亡之国，还是饱、富、俭、实、治、

强、行于其民、生存之国。

可以看出，中国早在两千五百年以前，就有了这样系统、周密、具体的国情调查提纲，确属空前创举，在世界统计调查史上写下了光辉的一页。

3. 统计调查工作安排

最后，在他的统计思想指导下，进行了一系列的调查统计工作。例如，派鲍叔、隰朋、宾胥元和宁戚四人调查富商蓄贾（大贾）对农民放高利贷的情况；为了实现其"士农工商"四民分业定居的政治主张，提出把居民按"士农工商"进行类型分组；根据食盐消费量调查，估算提高盐价后的全国财政收入；提出"三月一复，六月一计，十二月一著"的统计报告制度；明确提出"春日书比、夏日日程、秋日大稽，与民数得亡"的人口统计问题，即春天登记人口，夏天核实人口，秋天普遍调查人口，登记人口的出生与死亡等。

综上所述，远在两千五百年前的中国，卓越的统计思想家管仲论述了审数、计数、轨数的重要性，提出了系统、周密的国情调查提纲和国情调查研究纲要，并创造性地进行了统计分组和统计估算，为我们留下了极其宝贵的统计遗产。

（根据国家和地方统计局等网络资料整理）

没有调查就没有发言权。

——毛泽东

2.1　统计数据搜集方法

数据搜集是统计工作的第一阶段。要获得数据，必须对数据进行搜集。**数据搜集是根据研究的目的和要求，有条件、有计划搜集相应的各种类型的数据资料的过程。**根据数据形式的不同，统计数据搜集方法存在差异。以下是常见的数据搜集方法。

2.1.1　大量观察法

统计数据搜集阶段，常用的是大量观察法。**大量观察法是根据研究的目的和要求，从总体中抽取足够多的单位进行统计研究，从而达到认识总体数量规律性的一种方法。**大量观察法的理论依据是大数定律，只有观察的个体单位足够多，才能消除个体不确定性的因素，得到的结果才会趋向稳定。如为了研究城乡人民生活水平的提高程度，就要观察足够多数城乡家庭的收支情况，才能做出正确的判断。

美国阿拉斯加大学渔业和海洋科学学院的 Kristen Gorman 博士为了研究南极洲不同企鹅的行为特性，长年待在南极洲帕尔默科考站，通过直接观察法获取企鹅的各项数据，从而了解不同企鹅的生理特征、生活习性和群体行为等，如图 2-1 所示。

扫码查阅高清图

图 2-1　Kristen Gorman 和企鹅在一起

2.1.2　访问法

访问法包括电话访问、面谈访问或互联网访问等方法，是由调查者通过打电话，或者面对面交流，或者通过互联网问卷等方式获取数据的方法。随着计算机和手机的普及，互联网访问法已经逐渐成为比较常用的调查方法。如对消费者的消费偏好、满意度等方面研究等，可采用互联网或面谈访问法进行调查，获取结构化数据和非结构化的文本数据等统计资料。

小案例

盖洛普民意调查

盖洛普公司由美国著名的社会科学家、先驱的民意测验专家乔治·盖洛普（George Horace Gallup）博士于1935年创立，总部设在普林斯顿，是全球知名的民意测验和商业调查咨询公司。盖洛普民意调查主要测量、追踪公众对于政治、社会民生和经济等的态度，具体根据年龄、性别、教育程度、职业、经济收入和宗教信仰等六个标准，利用计算机从全美电话号码中随机选出约1 000个号码并进行调查，然后在搜集数据的基础上进行统计分析，得出结果。

1932年，盖洛普的岳母作为民主党的候选人竞选州务卿。在此之前，较高的州公职一直都由共和党人保持，因而民众大都认为他岳母会落选。但盖洛普没有凭猜测，而是运用科学的民意调查，结果发现他岳母的支持率超过共和党人的支持率，选举的结果证明盖洛普调查的预测准确性。这次民意调查成为美国政治史上第一次科学的民意调查。受这次成功的激励，盖洛普在1935年成立了美国民意调查研究所。1936年他又正确地预言了美国总统富兰克林·罗斯福将击败阿尔弗雷德·兰登，这一结论被各大媒体争相报道，从此"盖洛普"家喻户晓，成为民意调查的代名词。

（根据网络资料整理）

2.1.3　报告法

报告法是由报告单位根据原始记录和核算资料，按照统计机关颁发的统一的表格和要求，按一定的呈报程序提供资料的方法，一般在政府统计部门、连锁机构或者跨国集团公司使用该方法。

知识窗

获取经济类二手数据的常见渠道

与专业相关的统计数据库或者特色数据库，应首选学校图书馆购买的各种统计数据库。每个高校都会根据自身专业要求购买统计数据库，或者特色的文字、视频类数据库。其他免费的经济类统计数据有：

（1）中华人民共和国国家统计局：http：//www.stats.gov.cn。

（2）美国经济分析局：http：//www.bea.gov/index.htm。

（3）国际货币基金组织数据库：http：//www.imf.org/external/data.htm。

（4）世界银行统计数据库：http：//data. worldbank. org/。

（5）联合国统计部数据库：http：//unstats. un. org/unsd/default. htm。

（6）宾大国际数据库（佩恩表）：http：//www. rug. nl/research/ggdc/data/penn-world-table。

（7）OECD 数据库：http：//www. oecd. org/statistics/。

2.1.4　终端系统法

终端系统法是通过移动终端、POS 机终端或者二维码等支付终端、微信微博等社会媒体终端和遥感终端等终端系统获取数据的方法。这些系统均采用分布式架构，能满足每秒数百兆的实时数据采集和传输需求。如传感器终端搜集物体的音量、温湿度、电压等物理信息，Web 服务器记录的用户访问行为和网络流量的实时监管等信息。

小案例 >>>

尼尔森收视率调查

尼尔森（AC Nielsen）是美国知名的市场调查公司，最著名的就是收视率调查。收视率是指某一时段内收看某频道（或节目）的人数（或家户数）占观众总人数（或总家户数）的百分比。

尼尔森公司收视率调查采用了收视记录器。公司到各样本户家中装设收视记录器，并由公司的技术人员到样本户家中指导操作程序，待样本户中的每一个成员熟悉操作程序，经过检测，符合样本的需求后，即能进行收视率的记录。由于样本家庭资料真实，所以能得到的数据不仅是收视率，还包括收视人的年龄、性别、职业和爱好等信息。这些信息对广告的精准投放具有重要的意义。

（根据网络资料整理）

2.1.5　网络爬虫法

随着大数据时代的到来，传统的搜集数据方法已经无法满足图像、文本和视频等非结构化数据搜集的需要。这些非结构化数据的搜集更多依赖计算机和通信终端等系统。然而终端系统数据由于各种原因不能公开，如涉及企业私密信息和个人隐私等，所以对于一般个人或者单位，或者针对某一特定的目的获取相关数据，更多需要依赖网络爬虫等方法进行处理。

网络爬虫是指为搜索引擎下载并存储网页的程序，它是搜索引擎和网页缓存的主要数据采集方式。最常见的方式是写一个自动化程序，向网络服务器请求数据，然后对数据进行解析，提取需要的信息。网络爬虫可以将非结构化数据从网页中抽取出来，将其存储为统一的本地数据文件，并以结构化的方式存储。它支持图片、音频、视频等文件或附件的采集，附件与正文可以自动关联。

网上现有非常方便的可执行化的爬虫软件，如八爪鱼、后羿采集器和火车采集器等。但最好还是自己编写脚本程序进行爬虫。图 2-2 为 Python 爬虫东方财富财务数据脚本的截图。脚本编写好后，只需要运行脚本，就能自动下载东方财富网相关的财务报表数据，从而免去了手动下载的麻烦。

```
19    import ...
27
28    pd.set_option('display.max_columns',20)
29    # 先chrome，后phantomjs
30    # browser = webdriver.Chrome()
31
32    # 添加无头headlesss
33    firefox_options = webdriver.FirefoxOptions()
34    firefox_options.add_argument('--headless')
35    browser = webdriver.Firefox(executable_path='e://geckodriver.exe',
36                                options=firefox_options)
37
38    # browser = webdriver.PhantomJS()  # 会报警高提示不建议使用phantomjs，建议chrome添加无头
39    browser.maximize_window()  # 最大化窗口
40    wait = WebDriverWait(browser, 10)
41
42
43    def index_page(page):
44        try:...
63        except Exception:
64            return None
65
66
67    def parse_table():
68        ...
```

图 2-2　Python 爬虫东方财富财务数据脚本截图

如斯坦福大学 Sepandar Kamvar 教授等人构建了一个庞大的情感数据库，并创建了"We Feel Fine"项目①。项目通过网络爬虫等方法搜索社交平台上最新发布的博客内容，抓取"I feel"和"I am feeling"等短语，并记录下整个句子，利用情感分析方法识别出句子中表达情绪的词语（如悲伤、高兴和沮丧等），同时将发布人的名称、性别、年龄和地理位置等个人信息数据和整个句子一起提取保存下来。每隔十分钟自动搜索一次互联网，然后以多种视觉效果、丰富的动态表示形式显示数据结果。

图 2-3 中每个粒子代表了每个个体发布的单一感觉。粒子颜色、大小、形状和不透明度等属性表明了个人内在感觉的某个特征，任何粒子都可以被点击来显示其包含的完整句子或照片。这些粒子在屏幕上疯狂地旋转，直到被要求沿着任意数量的轴进行自组织，以表达人类情感的各种图像。

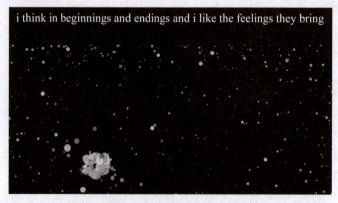

扫码查阅高清图

图 2-3　某时间点情感的可视化展示

---

①　具体见网址：http://www.wefeelfine.org/。

知识窗

常见知名市场调研公司

1. 尼尔森(Nielsen)

尼尔森于 1923 年在美国创立,是全球知名的市场调研公司,全球领先的市场研究、资讯和分析服务的提供商,提供市场动态、消费者行为、传统和新兴媒体监测及分析。

2. 盖洛普(Gallup)

盖洛普于 1935 年在美国创立,提供商业和管理调查、研究、咨询和培训的全套服务,在全球 25 个国家设有独资或控股的分支机构,其在战略咨询、领导力提升和全球分析三大核心领域享有较高声誉。

盖洛普(中国)咨询有限公司是美国盖洛普公司在中国的分支机构,于 1993 年在中国国家工商局注册,旨在向国内外公司提供市场营销调查与咨询服务。公司在北京、上海、深圳、香港设有办事机构。

3. 益普索(Ipsos)

益普索于 1975 年在法国巴黎创立,是独立的由专业研究顾问人员管理的全球性的上市公司,拥有深度洞察市场研究的能力和丰富的全行业服务经验。1999 年在巴黎上市,在全球 90 个国家和地区设有办公室,是由研究专业人士拥有并管理的市场研究集团。益普索于 2000 年进入中国,已成为中国较大的市场研究公司,在上海、北京、广州、深圳、成都、武汉等城市设有办公室。

益普索专注于战略咨询、商务咨询、定性研究、市场策略及消费者理解、社媒资讯分析、创新研究、品牌健康追踪、客户体验管理、企业及意见领袖声誉、用户体验、创意评估、质量管理、神秘客、数据采集、新车诊断和医疗健康等多个领域。服务范围涵盖了快消、母婴、金融、汽车、通信、医药保健、地产、泛娱乐、互联网与新科技、教育和旅游等诸多行业。

4. 凯度(Kantar)

凯度是英国 WPP 集团(Wire & Plastic Products Group)旗下,全球极具影响力的市场研究集团,领先的数据、洞察和咨询公司,通过旗下众多专业品牌及遍布全球的员工向全球 100 个国家的客户提供全面的调研及咨询服务,能够帮助客户更好地理解其市场、品牌和消费者,从而制定更卓有成效的商业决策。

5. 捷孚凯(GFK)

捷孚凯于 1934 年在德国成立,总部位于德国纽伦堡的 GFK(Gesellschaft für Konsumforschung)集团。GFK 集团在全球范围内的市场研究业务涉及耐用消费品调查、消费者调查、媒体调查、医疗市场调查和专项研究等方面,并在其中确立了绝对的专业性地位,特别是在耐用消费品调查方面。

6. 欧睿(Euromonitor)

欧睿国际(Euromonitor International)成立于 1972 年,总部位于英国伦敦,是一家在出版市场报告、商业参考资料、网上数据库方面拥有丰富经验的市场调查机构。Passport 是其旗下提供行业、国家以及消费者分析的市场信息数据库,涵盖 210 个国家宏观与消费者

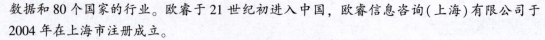

数据和80个国家的行业。欧睿于21世纪初进入中国，欧睿信息咨询(上海)有限公司于2004年在上海市注册成立。

7. 零点有数

零点有数创立于1992年，以拓展实地一手数据业务起步，是国内数据分析与决策支持服务机构，深耕公共事务和商业服务的诸多领域。现为创业板的上市公司，代码为301169。

8. 慧辰资讯

慧辰资讯成立于2008年，是国内数据分析服务提供商，主要提供基于企业内外部数据、消费者态度与行为数据和行业数据的业务经营分析与应用、定制化行业分析应用解决方案。现为科创板的上市公司，代码为688500。

(根据网络资料整理)

2.2 统计数据搜集组织形式

统计数据搜集组织方式有统计报表、普查、非随机抽样调查和随机抽样调查等。

2.2.1 统计报表

统计报表是国家定期取得全社会的国民经济与社会发展情况的基本统计资料最基本的形式。统计报表是指按照国家统一规定的表格形式、统一规定的指标内容、统一规定的报送程序和报送时间，由填报单位自下而上逐级提供统计资料的一种统计调查方式。现在统计报表已形成一种制度即统计报表制度，如地区生产总值核算制度、投入产出核算制度、资金流量核算制度、国民资产核算制度、国民经济账户制度、基本单位统计报表制度等。而且法律规定执行统计报表制度，是各地区(部门、基层单位)必须向国家履行的一种义务。统计报表的资料包括基层原始记录、统计台账及内部报表等。

自2011年起，国家开始执行"一套表"统计调查制度。按照"先进库，后有数"的原则，将达到入库规模标准的企业法人单位纳入"一套表"统计调查单位名录库中，由企业通过国家统计局联网直报平台直接上报数据到国家统计局。

企业"一套表"是指以统计调查对象为核心，整合现行报表制度，消除不同统计调查制度对同一调查单位的重复布置和重复统计，充分运用现代信息技术，实现数据采集方式的统一组织管理和统计资源共享的一种新的统计调查制度。在企业"一套表"制度下，统计部门只向纳入一套表的企业布置一套统计报表，由企业通过网络直接向国家统计局数据中心报送数据，各级统计部门在线审核、查询及汇总处理统计数据。对政府而言，企业"一套表"制度有利于减少中间环节，提高统计生产过程的透明度与可控性，保证统计数据的客观真实；有利于统一规范数据采集、处理、汇总工作流程，提升政府统计科学化、信息化水平。对企业而言，企业"一套表"制度有利于避免统计任务的多头布置、调查单位重复填报，减轻调查单位统计负担。从业人员及工资总额调查表如图2-4所示。

从业人员及工资总额

表　号：２０２－１表
制定机关：国　家　统　计　局
文　号：国统字〔2023〕88号
有效期至：２０２５年１月

统一社会信用代码□□□□□□□□□□□□□□□□□□

单位详细名称：　　　　　　　　　２０　年　　季

人员情况									工资情况				
从业人员期末人数（人）	其中，女性	按人员类型分组			从业人员平均人数（人）	按人员类型分组			从业人员工资总额（千元）	按人员类型分组			
		在岗职工	劳务派遣人员	其他从业人员		在岗职工	劳务派遣人员	其他从业人员		在岗职工	劳务派遣人员	其他从业人员	
01	02	04	05	06	08	09	10	11	12	13	18	19	
1月													
2月													
3月													
4月													
5月													
6月													
7月													
8月													
9月													

续表

按工资类型分组			从业人员平均工资（元）	按人员类型分组			按工资类型分组		
正常工资	不定期奖金	其他		在岗职工	劳务派遣人员	其他从业人员	正常工资	不定期奖金	其他
14	15	16	20	21	22	23	24	25	26

单位负责人：　　　统计负责人：　　　填表人：　　　联系电话：　　　报出日期：２０　年　月　日

说明：1. 统计范围：辖区内规模以上工业法人单位。

2. 报送日期及方式：调查单位一季度季后 8 日、二季度季后 7 日、三季度季后 10 日 12:00 前独立自行网上填报，四季度免报；省级统计机构一季度季后 11 日、二季度季后 10 日、三季度季后 13 日 12:00 前完成数据的审核、验收、上报，四季度免报。

3. 从业人员平均工资由联网直报平台根据调查单位填报数据计算生成，调查单位无须填写。

4. 工资总额按实际发放时间填报，但预发工资填报在应发月份。

5. 如果工资发放时间规律，需填报与工资对应月份平均人数，如，本月发本月工资，则填报本月平均人数；本月发上月工资，填报上月平均人数。如果工资发放时间不规律，则报告期平均人数按当月实际用工情况填报，平均人数不得填 0。

6. 审核关系：

　　(1)01≥02　　　(2)01=04+05+06　　　(3)08=09+10+11　　　(4)12=13+18+19　　　(5)12=14+15+16

图 2-4　从业人员及工资总额调查表[①]

　　国家统计局统计云联网直报系统已完成建设开发。2024 年 7 月 20 日零时起，统计调查对象通过统计云互联网门户登录统计云联网直报系统开展统计调查报表的数据填写、报送，不再使用原系统填报数据。

---

① 注：表格来自国家统计局制定的《一套表统计调查制度》。

2.2.2 普查

普查是指专门组织的一次性的全面调查，在规定统一的标准时点和统一的普查期限，规定统一的普查项目和指标，用来调查属于一定时点上(时期内)的社会经济现象总量。普查常用于搜集那些非常重要的统计资料，如人口、工业、农业和森林资源等方面，以摸清重大的国情、国力，是国家掌握国情(如人口状况、资源分布状况、经济发展程度等)常用的数据搜集方式。常见的普查类型如表2-1所示。

表 2-1　常见的普查类型

类型	单位	实施时间
人口普查	所有人口(以家庭为单位)	逢0结尾的年份
经济普查	从事第二和第三产业的全部法人单位、产业活动单位和个体经营户	逢3、8结尾年份
农业普查	农林牧渔业及辅助性活动单位	逢6结尾年份
污染源普查	有污染源的单位和个体经营户	逢7结尾年份
基本单位普查	除农户和个体经济以外所有法人单位和产业活动单位	逢1、6结尾年份

普查所涉及资料详尽、系统、全面，但是普查的工作量大，耗资也多，一般只有国家才有足够的资源进行普查，且不经常使用。

2.2.3 非随机抽样调查

非随机抽样调查主要有重点调查和典型调查。

1. 重点调查

重点调查是指根据调查研究的目的，在调查对象中选择一部分重点单位进行调查，从而了解现象的基本特征和发展趋势，是一种非全面调查和定性调查。其中重点单位是指调查单位的标志量在标志值总量中占据较大的比重，在调查总体中具有举足轻重的、能够代表总体的情况、特征和主要发展变化趋势的样本单位。如为了掌握酿酒行业基本面的情况，对贵州茅台、五粮液、泸州老窖和洋河大曲等上市公司进行调查，酱油行业的基本情况则选择海天酱油、千禾酱油和李锦记酱油等。

2. 典型调查

典型调查是指根据调查研究的目的，在若干同类调查对象中选取少数代表性的对象进行全面深入的调查研究，是一种非全面调查和定性调查，从而达到对现象的内部机制和变化过程清楚、全面和系统的了解，非常经济实用。如江苏省吴江县(现为苏州一个区)开展一次对县属镇中的"农民工"的典型调查，认识"农民工"是否有利于城镇建设等问题。在对全县7个县属镇进行粗略分析的基础上，最后选定了震泽镇作为典型调查的单位，因为震泽在7个镇中算发展较快的一个镇，而且该镇"农民工"占职工总数的20.4%，超过全县15%的比例。通过调查分析得出结论是：推动该镇发展的一个重要因素是该镇吸收了大量"农民工"。因此，通过典型分析，最后可以推论出"农民工"有利于城镇发展等结果。

同步案例

费孝通《禄村农田》与典型调查

费孝通(1910—2005)，江苏吴江人，当代著名社会学家、人类学家、民族学家、社会活动家，中国社会学和人类学的奠基人之一，1981年荣获赫胥黎奖章。费孝通先生的《江村经济》被誉为"人类学实地调查和理论工作发展中的一个里程碑"。费孝通注重实地调查，如在对中国黄河三角洲、长江三角洲和珠江三角洲等进行实地调查的基础上，提出温州模式和苏南模式。

费孝通运用了典型调查的方法，如《禄村农田》(见图2-5)中大北厂村的实地调查。

1938年秋，刚从英国学成归来的费孝通，来到云南大学社会学系任教。他为了寻求祖国发展道路，从研究战后国家应该如何建设问题出发，在农村开展调查研究。

王武科是费孝通的同学，得知费先生意欲在昆明附近寻找一个经济基础中等、介于城镇中心与偏远山村之间的地区开展调查，并与江苏老家调查过的江村作比较，他向费先生介绍了自己家乡禄丰县城北1里多路的大北厂村。不仅如此，"禄村"在当

图2-5　费孝通的作品《禄村农田》

时已有部分材料基础。1935年，商务印书馆出版了《云南省农村调查》，其中就有关于"禄村"的相关资料，可以和1938年时的村庄情况形成对比。

基于上述原因，费孝通当即决定选择禄丰县大北厂村开展解剖麻雀式的农村田野精准细微的调查，工作从1938年11月15日起至12月13日止。次年在教学期间，费孝通将调查材料整理成文，并于8月3日乘暑假之便，第二次到"禄村"进行调查，用两个多月时间考察了一年来"禄村"的变化。10月15日，费孝通返回云南大学，开始了《禄村农田》的写作。1940年，《禄村农田》一书得以面世。

时至今日，《禄村农田》依然影响着国内外社会学和人类学界。每年，云南大学、云南民族大学等高校，云南社科院、楚雄社科联等研究机构的一批批社会学学者和社会学科班学生纷纷到大北厂村、李珍庄村踏访，学习费先生的调研之法。

（根据网络资料整理）

2.2.4　随机抽样调查

1. 简单随机抽样

简单随机抽样，是指按照随机原则从总体中抽取一部分单位作为样本进行观察研究，以抽样样本的指标去推算总体指标的一种非全面调查，调查单位比重点和典型调查单位要更多，比较经济，是实际运用中最广泛的调查方式，如电视剧收视率的调查、湖泊鱼资源的调查与企业节能减排情况的调查等。

2. 系统抽样

系统抽样是指将总体中各单位按一定顺序排列后，根据样本容量要求确定抽选间隔，

然后随机确定起点，每隔一定的间隔抽取一个单位的一种抽样方式，也称为等距抽样或机械抽样。

具体抽样方法为：先将总体从 1 到 N 编号，并计算抽样距离 $k = \dfrac{N}{n}$。式中，N 为总体单位总数，n 为样本容量。然后在 1 到 k 的编号中抽一随机数 s_1，作为样本的第一个单位，接着抽取编号为 s_1 的编号加 k 对应的随机数 s_2，以此类推，直至抽够 n 个单位为止。

系统抽样在现实中有广泛的应用。如在对某大型企业职工家庭的收入水平进行调查时，大型企业人员较多，考虑到企业内部的收入分布比较均匀的特征，因此按一定的方法（如按姓名笔画顺序）把所有职工进行排序，然后按系统抽样的方法从中抽取相应的单位构成样本进行调查。又如对工厂生产的产品合格率进行抽样调查，由于流水线生产的产品较多且较快，因此可按每隔一段时间（2 分钟或 3 分钟等）进行抽样。

3. 分层抽样

分层抽样是指将总体的单位按某种特征分为若干组（层），然后再对每一层进行单纯随机抽样的方法，也称为分类抽样或类型抽样。具体抽样方法为将总体的 N 个单位分成互不交叉、互不重复的 k 个部分（即层）；然后在每个层内分别抽选 n_1，n_2，$\cdots$，n_k 个样本，构成一个容量为（$n_1 + n_2 + \cdots + n_k$）个样本的一种抽样方式。

分层抽样同样有非常广泛的应用。如对交通意外事故的调查研究中，考虑到不同年龄阶段的交通意外事故存在很大差异，因此可按年龄进行分层抽样，可把所有人口按年龄分为 0~20 岁、20~60 岁、60 岁以上三个层次进行调查。对某大学的学习情况进行调查，其中不同专业的学习习惯和风气存在较大的差异（如理工学院主要做实验、经济学院偏重搞社会调查等），因此按专业进行分层抽样进行调查。对某省粮食产量状况进行调查，根据该省地形按山区、丘陵和平原分层，每层内分别简单随机抽样（因地形不同对产量影响大）。

4. 整群抽样

整群抽样是根据总体的特征，将总体中各单位归并成若干互不交叉和重复的集合（群），并以群为抽样单位抽取样本的一种抽样方式，也称为聚类抽样。具体抽样方法为：根据研究的目的选择分群的标准，把容量为 N 的总体划分为互不交叉的 k 个群，然后根据样本量从 k 个群中随机抽取若干个群，对这些群内所有的或部分选中的个体或单元均进行调查。

整群抽样特别适用于缺乏总体单位的抽样框。应用整群抽样时，要求各群有较好的代表性，即群内各单位的差异要大，群间差异要小。如对山区农村的家庭收入进行调查，由于山区村庄相隔较远，每个村庄都抽取若干调查户时调查不方便，考虑到山区农村具有一定的相似性，可采用整群抽样，对抽中村庄所有家庭都进行调查。

2.2.5 大数据对数据搜集的影响

大数据智能化的搜集，正在对现有的数据搜集和组织方式造成巨大的冲击。主要表现为以下三方面：

（1）通过大数据手段，能够获得充足的样本量。如农作物虫害调查中，可以采用无人机遥感系统获取所有田地农作物的图像，通过图像识别判断虫害规模与范围，此时就不需要通过典型调查、重点调查和随机调查等方法了解农作物受害情况。

如 2021 年，森林资源普查指出：以"三调"①及其最新年度变更调查确定的森林图斑为基础，以最新高分辨率遥感影像和实地调查为补充，提取森林变化图斑，更新 2020 年度全国及各省（自治区、直辖市）森林资源分布图，制作以县（区）为单元的森林资源分布图并分发各地。由各省（自治区、直辖市）组织，对森林资源分布图进行实地核实后报送国家，经国家复核后形成 2021 年度森林资源调查监测底图，全面、客观、准确地反映全国森林范围、面积以及分布等情况。

（2）大数据时代，大量数据从线下转移到线上，基于线下搜集的数据得到的结果存在片面性，此时必须结合线上终端系统存储的实时数据。

如传统 CPI 的编制，采用分层抽样采集仅有 6.3 万个代表性的调查网点，而且需要大量的人力物力进行调查。阿里巴巴根据海量数据编制一系列的价格指数。其中核心消费价格指数数据是通过自有数据库自动采集数据，而不需要进行人工抽样采集。阿里零售平台上有近十万种核心商品。而阿里小企业活跃指数，采用的是网络零售平台上几百万个商家的总体活跃情况的指数。

（3）通过大数据手段能够更好地进行调查。如传统低收入人口动态监测中，主要通过个人申请和主动发现的方法。其中个人申请是困难群众通过设在乡镇（街道）的社会救助服务窗口或政务服务"一门受理"窗口提出申请，或通过设在村（社区）的党群服务中心、社区工作站代为提出申请，并按要求提供家庭相关信息。也可以通过畅通社会救助网上、电话申请渠道等，方便困难群众申请救助。主动发现是考虑到有些困难群众行走不便，则通过乡村干部、驻村干部、网格员定期不定期主动入户走访，主动发现困难群众存在的实际问题。

大数据时代，考虑到绝大部分人都拥有手机，因此人口动态监测中，基于中国移动、联通和电信三家移动通信运营商的手机用户数据，进行全市区、分街镇及重点疏解项目的动态人口监测分析，如北京市海淀区通过移动通信技术驱动的城市区域人口监测、江西瑶里村通过物联网技术驱动的旅游村镇的景区人口监测、贵州省利用大数据平台驱动的贫困人口监测和南京市利用热力图技术驱动的城市动态人口监测。

同步案例 ≫≫≫

大数据时代的价格调查新方式

传统的统计调查工作获取数据的办法比较耗费人力、财力、物力，而大数据的出现为政府统计调查工作带来了新的思路。大数据主要运用终端系统进行数据搜集和处理，减少人工操作，实现数据实时获取，有效保障数据质量。

采用大数据的方法来搜集数据，能有效扩大调查范围，获取的数据种类和数据量都远远超过传统的政府统计，使统计调查代表性大大增强。在大数据的背景下，利用大数据优势，解决对目前价格调查工作中存在的难题，可以提供新的工作方式。

大数据在获取数据资源时更快速便捷，统计工作人员可在短时间内获取大量的数据资

---

① "三调"是第三次全国国土调查，自 2017 年起开展，属于一次重大国情国力调查，也是国家制定经济社会发展重大战略规划、重要政策举措的基本依据。

料，大幅度减少统计工作人员在搜集数据时耗费的精力，节约人力成本，缓解基层统计调查机构人手不足的问题，提高统计调查的工作效率。

例如，在CPI统计调查中，当前CPI传统的采价方式是，通过手持数据采集器，采用定人、定点和定时的方法直接调查。由于是人工采集数据，采集数据过程中难免会产生误差。但大数据时代的到来，为流通消费价格调查工作引进了新思路，采用扫描数据的方法对商品价格进行搜集。

2021年11月，国家统计局城市司下发了《网络交易价格采集操作办法》和《扫描数据应用与管理办法》，对CPI数据采价的制度遵循和总方向作了说明。这是大数据采价工作的一个重要转折。

其中扫描数据是指消费者在购物结算时，收银员通过扫描设备读取的商品EAN码（European Article Number）中包括价格数据在内的相关信息。流通消费价格调查中应用扫描数据，是指调查时不再进行现场采价，直接从企业数据库中获取这些信息，以作为流通消费价格调查的基础数据来源。

使用大数据手段有以下几个优点。

（1）扫描数据能够更客观反映价格变动情况。传统的采价方式采用定人、定点和定时的方法直接调查，只代表某一时段该商品的价格。由于商家会根据市场供应情况调整商品价格来达到利益最大化，这种数据可能会高估或低估消费者购买商品的平均价格。而扫描数据，则是采集所有时段该规格品的数据，是连续数据，能记录消费者每次消费的真实价格，能够消除离散数据带来的偏差。

（2）大数据还可以更好地体现产品更新换代。随着经济的发展，产品的更新换代速度加快。传统的采价方式，在产品更新替换时，及时更换同类型的规格品，依靠的是采价员的责任心及主观判断能力。若不能及时更换为新产品，该种规格品实际价格变化就不能及时反映出来。大数据时代，采用扫描数据的方法，有利于及时监测到新旧产品的更换情况，及时更新新产品，并根据产品的信息，能够快速寻找到同价同质的商品替换。

由此可见，大数据是统计价格调查工作的发展趋势，可以完善现有的统计方法在搜集数据范围上的不足，提高统计工作效率。随着不断的发展，大数据将会成为统计工作中重要的一部分，与传统统计调查方法相互融合，从而加快统计调查工作的改革，提高统计数据质量，提升政府统计服务能力，增强统计公信力。

（根据网络资料整理）

2.3　调查问卷及其设计

调查问卷，也称调查表或询问表，是根据研究的目的和要求，以问题的形式系统地记载调查内容，供被调查者作答的印件，由生物统计学家高尔顿发明，是政府、企业等单位和个人进行数据搜集最常见的方法之一。

根据载体的不同，调查问卷可分为纸质问卷和网络问卷。纸质问卷就是传统的问卷，调查员分发纸质问卷向被调查者获取信息。网络问卷，就是调查者依靠在线调查问卷网站

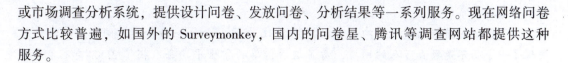

或市场调查分析系统，提供设计问卷、发放问卷、分析结果等一系列服务。现在网络问卷方式比较普遍，如国外的 Surveymonkey，国内的问卷星、腾讯等调查网站都提供这种服务。

2.3.1　调查问卷设计步骤

问卷调查的关键在于问卷的设计。设计一份完整且满足需要的问卷，需要积累大量的经验。一般而言，调查问卷的设计有以下步骤。

1. 确定调查目的、来源和局限

在问卷设计中，最重要的一点，就是必须明确调查目的和内容。认真讨论调查的目的、主题和理论假设，并细读研究方案，向方案设计者咨询，与他们进行讨论，将问题具体化、条理化和操作化，即变成一系列可以测量的变量或指标。

如围绕调查目的，研究为什么要做调查，调查需要了解什么，针对哪些人群等问题。对于不同层次的人群，还需考虑调查对象的文化水平、年龄段和协调合作的可能性等，选择合适的问题和询问方式。

2. 确定调查组织方式和数据搜集方法

根据研究的目的，结合调查经费、调查人员和调查时间期限等现实约束，选择合适的调查组织方式，如普查、重点调查、典型调查还是抽样调查中的一种或多种组合。

在此基础上确定搜集数据的方法，在传统的调查方法（如网络调查、街上拦截访问、入户访问等）基础上，综合运用大数据的方法，获取不同数据类型。比如在面访调查中，被调查者可以看到问题并可以与调查人员面对面地交谈，在填问卷的过程中，可以通过视频的方式录入被访者的音频和行为，从而方便后续的音调、音频和行为分析，进一步丰富调查内容。

3. 确定问题回答形式并注意措辞

根据研究的目的和调查对象的文化层次特征等，选择问题回答形式（开放、半开放、封闭或量表应答式），并注意问题的措辞，使表达准确、可靠，特别对于隐私性的问题，措辞尽量婉转。

小案例

不同宣传措辞与捐款的差异

宾夕法尼亚大学研究人员让学生填写一份简短的调查表，然后再给他们看一份传单，请他们为"拯救儿童"（全球慈善机构之一）捐款。两种不同的宣传方式如下：

（1）马拉维的食品短缺影响着超过 300 万儿童；在赞比亚，自 2000 年以来的严重干旱已导致粮食产量下降 42%。因此，300 万赞比亚人将面临饥饿；400 万安哥拉人（占全国总人口的三分之一）已被迫离开自己的家乡；超过 1 100 万埃塞俄比亚人急需食品援助。

（2）罗西娅是一个来自非洲马里的 7 岁女孩，她过着极度贫穷的生活，甚至面临着饥饿。然而，您的援助将会改善她的生活。有了您以及其他好心人的支助，"拯救儿童"计划将与罗西娅的家人以及社区里的其他人一起帮助她，让她能吃饱饭，接受教育，具备基本

的医疗及卫生常识。

看了第一份传单的学生平均每人只捐了1.16美元。和第一份传单不同，第二份传单展现了一个而不是数百万人的困境，看了这份传单的学生平均每人捐了2.83美元。这样看来，学生们愿意为了罗西娅承担一点责任，但在面对广泛的全球性问题时，大家就觉得无能为力了。

（资料来源：摘自诺贝尔经济学奖获得者阿比吉特·巴纳吉的作品《贫穷的本质》）

4. 确定问卷的流程和编排

问卷每一部分的位置安排都具有一定的逻辑性。问题一般从简单到复杂，从不敏感到敏感，同时也可以根据需要设置跳转模式，从而使问题连接更加紧密，逻辑性更强。

5. 评价问卷和编排方式

问卷草稿设计好后，设计人员还需要做一些批评性评估。主要评估如下方面：每个问题是否有必要；问卷长度是否适中；是否回答了调研目的所需的信息；开放问题是否留足空间；问卷说明是否用了明显字体等。

进一步，在设计过程中可能还有一些实际存在的问题并不知道，因此，还需要获得调查人员和其他部门的认可，比如上级部门在设计过程中可能会多次加入新信息。

6. 预先测试和修订

当问卷已经获得最终认可后，还必须进行小范围调查测试问卷的有效性。在此过程中，可以发现问卷中存在的错误解释、不连贯的地方、不正确的跳跃等问题，也可以发现封闭式问题选项的合理性以及应答者的一般反应。

7. 准备最后的问卷并实施

传统的调查问卷，涉及精确的打印指导，空间、数字、预先编码必须安排好，监督并校对，问卷可能进行特殊的折叠和装订，从而可以实施调查。

网络调查问卷，需调试调查系统，保证主机工作的稳定性，并检测调查过程中网络信号的流畅性等。

2.3.2　调查问卷的基本结构

问卷表的一般结构有标题、问卷说明、主体、编码、致谢语和实验记录等六项。

1. 标题

每份问卷都有一个研究主题。设计者应开宗明义定个题目，使人一目了然，增强填答者的兴趣和责任感。一般而言，调查问卷的标题要说明调查的对象、调查的内容等，同时要有"调查问卷"字样。如以下是对某商品房进行调查而设计的两份不同的调查问卷标题，分别为："消费者商品房调查问卷"与"住宅商品房消费者满意度调查问卷"。通过比较可知，后者比前者更好，表现在调查对象明确（为消费者），调查内容具体（对住宅商品房的满意度调查），把调查对象和调查中心内容和盘托出，十分鲜明。

知识窗

2018—2023 年全国大学生市场调查与分析大赛获奖题目

2023 年，"彝针又彝线"绘就乡村振兴五彩画卷——凉山州彝族绣娘的非遗传承与实践赋能研究

2022 年，千年府城，古今交融——太原市文庙片区城市更新路径探究

2021 年，从 0 到 1——南京市消费者"三顿半"咖啡购买意愿调研

2020 年，快到我的"wan"里来——南京市女大学生完美日记产品消费情况的调查研究

2019 年，"抖出美好，音你非凡"——南京市大学生抖音持续使用意愿与行为的调查研究

2018 年，鸡蛋餐餐见，品牌谁优选——上海市"正大"品牌鸡蛋消费驱动与障碍研究

2. 问卷说明

为了让被调查者能够配合调查，且填写过程中尽量正确，需要在填写问卷之前进行一个简短的说明。一般可包括：调查的目的和意义（措辞需要委婉，且尽量为被调查者服务）、资料的保密性（被调查者考虑到自身的信息资料被泄露）、赠品（如果有）、调查的组织单位（尽量保持公益性或者研究性）等。一般以不超过三百字为宜。

小案例

住宅商品房的满意度调查问卷说明两则

(1)调查问卷说明一。

尊敬的消费者：

您好！感谢您百忙中参加我们的调查活动。您所参加的调查是由中国消费者协会和厦门市消费者权益保护委员会联合开展的调查活动。您的真实回答有助于我们了解当前商品房市场的相关情况，为我们进一步做好消费者权益保护工作打好基础。您的个人资料我们绝对保密。感谢您的参与！

中国消费者协会

(2)调查问卷说明二。

尊敬的先生/女士：

您好！我是新疆某房地产开发有限公司的市场调查员，我们正在进行乌鲁木齐房地产市场的调查研究，有些问题需要跟您沟通，以便了解您的住房需求，您提供的所有意见和资料都将被绝对保密，非常感谢您的支持和帮助！

（根据网络资料整理）

通过比较可以发现，第一个问卷说明比第二个更好，前者能够从被调查者的角度表现调查目的，措辞更委婉，从而让被调查者更容易配合并填写问卷。

3. 主体

(1)问题的类型。

这是研究主题的具体化，是问卷的核心部分。从形式上看，问题可分为开放性、半开放性(半封闭性)、封闭性、量表应答式四种。

1)开放性问题,又称为无结构的问答题,被调查者用自己的语言自由回答,不具体提供选择答案。这样的问题一般放在问卷的最后,且留有一定的空白,保证有足够的空间填写。例如,"您认为应该如何解决农村大龄男青年未婚问题?""您对未来延迟退休有何看法?""您对目前大学生考研考公热有什么建议?"等。

2)半开放性问题,规定了一组可供选择的答案和固定的回答格式,如图2-6所示。一般主要的方式用不同的选项来标示,比较少的方式或可能遗漏的方式用其他来标示。

您选择购买住房时考虑的主要因素是什么?

A. 价格　B. 面积　C. 交通情况　D. 周边环境　E. 设计

F. 施工质量　G. 其他_____(请注明)

图 2-6　半开放性问题

3)封闭性问题,给出固定的可供选择的答案,如图2-7所示。这种方式选项确定,更有利于后续的数据分析,其中各选项之间不能有重叠的现象。

您通过工作或兼职等方式获得各项收入,扣除社保和个人所得税,到手的收入在:

A. 2 000 元以下　B. 2 000~4 000 元　C. 4 000~6 000 元　D. 6 000~8 000 元

E. 8 000 元以上

图 2-7　封闭性问题

4)量表应答式问题,对于一个问题可供选择的答案用量表形式设置,如图2-8所示。这种用数量级定量来表示不同程度的结果,有利于后续的定量分析。

您对目前城管的工作态度和管理方式:

非常不满意　比较不满意　满意　比较满意　非常满意

　　1　　　　　2　　　　3　　　　4　　　　5

图 2-8　量表应答式问题

(2)问题排放逻辑顺序。

设计问卷时,一般封闭性问题和较易回答的问题放在前面,敏感性问题放在后面,从而有利于获取正确且完全的信息,否则被调查者容易拒答或故意错答。因此问题应是容易回答且具有趣味性的,旨在提高应答者的兴趣。核心问题往往置于问卷中间部分,分类性问题(如收入、职业、年龄)通常置于问卷之末。

问卷中问题的顺序一般按下列规则排列:

1)由浅入深,由易到难。容易回答的问题放前面,较难回答的问题放稍后,困窘性问题放后面,个人资料的事实性问题放卷尾。

例如,中央电视台《今日说法》栏目中,有一期是关于某地农村飞车抢劫的事件,调查过程中直接问道:"咱们村子有没有骑摩托车在外地抢劫这种情况?"毫无疑问,这样调查是得不到答案的。那合适的方法,就是把问题化整为零,从不敏感到敏感,步步为营。可供选择的采访提问如下:①咱们村在外地赚钱的多不多?②在外地主要靠哪些手段营生?③听说咱们村在外地打摩的的人非常多,你对他们是否很了解?④你们村某某某夫妇(两犯罪嫌疑人)靠打摩的赚了很多钱,而且盖了别墅,在咱村非常气派,你是怎么看的?

2)不同形式的问题相结合。以住宅商品房满意度调查(见图2-9)为例,封闭性问题放前面，开放性问题放后面。由于开放性问题往往需要时间来考虑答案和组织语言，放在前面会引起应答者的厌烦情绪。

住宅商品房满意度调查

……

4. 您认为未来一年内本市的房价：

A. 比现在涨得还快　　B. 大致以现在的速度上涨　　C. 比现在涨得略快

D. 比现在涨得略有下降　　E. 会大幅下降　　F. 说不准

……

7. 您觉得投诉或反映情况方便吗？

非常不方便　　　　　　　　　非常方便

　　　　　1　　2　　3　　4　　5

……

10. 您对目前商品房消费领域有何建议？（可多选）

A. 加大对违法违规行为的惩罚力度

B. 进一步细化售房合同文本的相关条款

C. 建立房地产咨询、监督、投诉处理的专门机构

D. 制定出台相应的"三包"规定

E. 其他(请注明)：＿＿＿＿＿

11. 您居住的房屋使用面积为：＿＿＿平方米。

……

18. 在购房时，您采取的付款方式是：

A. 一次付清　　B. 分期付款　　C. 银行按揭贷款　　D. 其他：＿＿＿＿（请注明）

……

图 2-9　住宅商品房满意度调查

3）保证问题的逻辑顺序。按时间顺序、类别顺序等合理排列，同时还可以设计跳转，即跳过一些不需要回答的问题，而转到需要回答的问题，如图 2-10 所示。

大学毕业就业难的问题，导致考研越来越普遍。以下是对大学生考研问题的调查。

4. 您有考研的计划吗？（如没有，则跳到第 7 题）

A. 没有　　B. 犹豫当中　　C. 正在考研　　D. 已经是研究生

E. 其他：＿＿＿＿（请注明）

……

7. 您对目前毕业生争相考研持何种态度？

A. 赞成　　B. 反对　　C. 中立

图 2-10　对大学生考研问题的调查

知识窗 ▶▶▶

"万金油"式问题

"万金油"式问题，是指大部分调查问卷里面都有的问题。比如在调查问卷的开头或结

尾，会调查关于个人的职业、年龄、籍贯或收入等问题，这些问题几乎可以说任何调查问卷都会出现，其关键的原因是这些问题的答案对研究主题有非常紧密的关系。如住房偏好、抖音视频偏好、购物偏好等都会与年龄、收入和性别等相关。

4. 问卷编码、致谢语与实验记录等

问卷编码、致谢语与实验记录这三者并不是一定需要的，可根据调查问卷的实际情况进行设定。

问卷编码是问卷资料数字化，即将问卷中词语或句式回答转换成便于分析和计算机识别的数字、字符及字母符号的过程。具体在问卷主题内容的右边留一统一的空白顺序编上1，2，3…的号码（中间用一条竖线分开），用于填写答案的代码。整个问卷有多少种答案，就要有多少个编码号。如果一个问题有一个答案，就占用一个编码号，如果一个问题有3种答案，则需要占用3个编码号。规模较大又需要运用电子计算机统计分析的调查，要求所有的资料数量化，与此相适应的问卷就要增加一项编码号内容。

致谢语是为了表示对调查对象真诚合作的谢意，研究者应当在问卷的末端写上感谢的话，如果前面的说明已经有表示感谢的话语，那末端可不用。

实验记录是用于记录调查完成的情况和需要复核的问题，格式和要求都比较灵活，调查访问员和校查者均需在上面签写姓名及日期。

以上问卷的基本项目，是要求比较完整的问卷所应有的结构内容，但通常使用的如征询意见及一般调查问卷可以简单些，有标题、主题内容和致谢语及调查研究单位就行了。

统计人物

调查问卷的发明人——弗朗西斯·高尔顿

弗朗西斯·高尔顿（Francis Galton，见图2-11），英国探险家、优生学家、心理学家，"差异心理学之父"，也是心理测量学上生理计量法的创始人。他出生于英国伯明翰市斯帕克布洛（Sparkbrook）附近的拉杰斯（Larches）的一个贵族家庭，其父是银行家，其母和达尔文的父亲是同父异母的兄妹，高尔顿是达尔文的表弟。

从很早起，高尔顿和表兄查尔斯·达尔文经常交流科学思想。1859年，达尔文出版了关于自然选择理论的著作《物种起源》。高尔顿认为，这本书带领他进入了一个全新的知识领域，为他的遗传研究铺平了道路。

图2-11　高尔顿

大约十年后，高尔顿开始创立自己的理论，研究如何引导人类进化。他对遗传能力很感兴趣，想知道怎样提高群体的整体智力。他在著作《遗传的天赋》（*Hereditary Genius*）中表示，每一代人都有巨大的力量来支配他们可遗传的天赋，而人们应该把改良家畜的精力分出一些来"改造"人类。

高尔顿在达尔文的影响下，主要研究生物统计学，重点探索人类智能的相关遗传问题。高尔顿仔细阅读了三百多人的传记，以初步确定这些人中间多少人有亲属关系以及关系的大致密切程度。然后再从一组组知名人士中分别考察，以便从总体上来了解智力遗传的规律性。为了获得更多人的特性和能力的统计资料，高尔顿自1882年起开设"人体测量

实验室"。在连续六年中，共测量了 9 337 人的身高、体重、阔度、呼吸力、拉力和压力、手击的速率、听力、视力、色觉及个人的其他资料，深入钻研那些资料中隐藏着的内在联系，最终得出"祖先遗传法则"。他努力探索那些能把大量数据加以描述与比较的方法和途径，引入了中位数、百分位数、四分位数、四分位差以及分布、相关和回归等重要的统计学概念与方法。1901 年，高尔顿及其学生皮尔逊在为《生物计量学》(*Biometrika*) 杂志所写的创刊词中，首次为他们所运用的统计方法论明确提出了"生物统计"(Biometry) 一词。高尔顿解释道："所谓生物统计学，是应用于生物学科中的现代统计方法。"从高尔顿及后续者的研究实践来看，他们把生物统计学看作一种应用统计学，既用统计方法来研究生物科学中的问题，更主要的是发展在生物科学应用中的统计方法本身。

高尔顿在统计领域的其他贡献主要有以下几点。

第一，提出"回归"一词。1870 年，高尔顿在研究人类身高的遗传时发现：高个子父母的子女，其身高有低于他们父母身高的趋势；相反，矮个子父母的子女，其身高却往往有高于他们父母身高的趋势。从人口全局来看，高个子的人"回归"于一般人身高的期望值，而矮个子的人则作相反的"回归"。这是统计学上"回归"的最初含义。1886 年，高尔顿在论文"遗传身高中向中等身高的回归"(Galton F. Regression towards mediocrity in hereditary stature[J]. Journal of the Anthropological Institute, 1886(15)：246-263.)中，正式提出了"回归"概念。后来在学生皮尔逊、韦尔登的参与和发挥下，把具有因果关系的模型称为回归模型。

第二，发明调查问卷。为了解先天因素和后天因素对个人的科学成就上的作用，高尔顿发明了一个新的研究工具：自我问卷。他设计了一套问卷，内容涉及民族、宗教、社会和政治背景、性格特征，甚至头发颜色及帽子大小的问题，然后将问卷分发给英国皇家协会的会员。尽管问卷长得"惊人"——高尔顿自己无奈的用语——但大部分受试者都完成并寄回了问卷。高尔顿对调查后的结果进行分析，发现：大部分人相信他们对科学的兴趣是天生的；对后天教育对他们在科学上的成就的作用呈现截然不同的观点，部分人认为有作用，另一部分认为没有作用。这一点与高尔顿的判断并不一致，当然也与现在的共识不一致。其原因在于，他的调查问卷和分析方法存在以下几个问题：①高尔顿的调查对象只是特定的对象，忽略了其他群体，如其他科学家和一般人员。②许多问题，特别是有关受试者成功因素的问题，只会得出非常主观的答案。③他没有办法(虽然后来他又发明了一个)用数学办法来衡量任何两个因素之间的关系，因而就无法评判到底是偶然还是重要的因素。不过，高尔顿使用的问卷和数据分析法都是具有极重要意义的发明，并且，从此之后就成了心理学研究当中重要的工具。

高尔顿把统计学方法引入到生命科学和社会现象有关的领域。高尔顿无论是在进行人类学测量、实验心理学研究，还是进行遗传优生的研究中，都充分依赖数据分析，进行了大量的计算和统计工作，用他最得意的话说就是"无论何时，能算就算"。

测量是高尔顿的主要爱好之一，甚至可以说，他是一个"强迫症"的测量者，即使没有什么可以测量的东西，他也一定要找到一些来满足自己的欲望。如 1885 年，高尔顿在一篇文章中写道，当他参加一场无聊的会议时，他会开始测量同事的"烦躁频率"，想用数字来表达听众表现出的无聊程度。在测量女性的吸引力过程中，他会仔细观察路过的女性，并在口袋里的一张纸上扎一针，这张纸的不同位置代表着他对这位女性的看法，比如她是"有魅力的""一般"或者"令人厌恶的"。完成调查后，他根据女性的容貌编制了一张"全英地图"，其中排名最高的城市是伦敦，而最低的则是亚伯丁。

（根据网络资料整理）

2.3.3 大数据时代调查问卷发展方向

传统的调查问卷，主要搜集量表型或者名义型数据，还有部分数值型数据和文本数据。在大数据时代，需要不断探索搜集数据形式的多样化。如在搜集传统数据的过程中，采取录视频、声音和图像的形式，从而能够多方面获取受访者的信息。特别是敏感性问题的调查，结合被调查者的音调、语速和行为形态等信息，辨别填报结果的有效性。

当然，要搜集视频、声音和图像形式的数据，首先需要设备的支持。一方面，需要相应的采集和存储设备。如果数据量相对小，则利用手机和计算机基本上能够解决这方面的问题；如果数据量大，则需要采用专业的设备甚至是终端系统比较合适。另一方面，还需要 Python 等专业统计软件对这些不同类型的数据进行处理，SPSS 等软件已经无法满足需求。

实际上，现有的一些问卷调查的平台，如问卷星和腾讯问卷等，在现有的基础上，增加相关视频和声音等数据采集模块，并开发不同类型数据处理模块，应该是未来调查问卷的发展方向。

2.4 统计调查方案

一般而言，在进行统计调查之前，先要设计相应的调查方案，对调查的方式、方法、时间和调查对象等做一个统筹安排，即所谓的调查方案设计。

统计调查方案，是指在正式调查之前，根据统计研究的目的和要求，对统计资料搜集的各个方面和各个阶段进行的通盘考虑和安排，如人口普查方案、工业普查方案、农产品产量的抽样技术方案、产品质量抽样检测方案等。统计调查方案的作用在于统一内容、方法和步调，使调查工作有组织有计划地进行，以达到预期目的。其设计的基本内容包括：确定调查目的（Why），确定调查对象和调查单位（Who），确定调查项目（What），确定调查的方式、方法和组织计划（How），确定调查时间和调查期限（When）等。

2.4.1 确定调查目的（Why）

明确调查目的是统计资料搜集的首要问题。必须合理界定统计资料搜集为谁服务、满足什么样的统计信息需求、调查的基本任务和要求等目的性问题。如在食堂满意度调查中，调查服务的对象是食堂经营承包者还是学校后勤管理者，其目的性存在根本差别：为食堂经营者服务，其目的是如何提供更好的饭菜等服务质量，从而保证经营利润最大化；为学校后勤服务，其目的是如何更好地管理与监管食堂承包者，保证其服务、质量与经营等符合食品安全和监管的需要。不同的调查目的，调查对象和内容会存在根本性的差异。

知识窗

普查目的两则

（1）第七次全国人口普查目的。全面查清我国人口数量、结构、分布、城乡住房等方面情况，为完善人口发展战略和政策体系，促进人口长期均衡发展，科学制定国民经济和社会发展规划，推动经济高质量发展，开启全面建设社会主义现代化国家新征程，向第二个百年奋斗目标进军，提供科学准确的统计信息支持。

（资料来源：《第七次全国人口普查方案》）

（2）第五次全国经济普查目的。第五次全国经济普查是一项重大国情国力调查，将首次统筹开展投入产出调查，全面调查我国第二产业和第三产业发展规模、布局和效益，摸清各类单位基本情况，掌握国民经济行业间经济联系，客观反映推动高质量发展、构建新发展格局、建设现代化经济体系、深化供给侧结构性改革以及创新驱动发展、区域协调发展、生态文明建设、高水平对外开放、公共服务体系建设等方面的新进展。通过普查，进一步夯实统计基础，推进统计现代化改革，为加强和改善宏观经济治理、科学制定中长期发展规划、全面建设社会主义现代化国家，提供科学准确的统计信息支持。

（资料来源：《国务院关于开展第五次全国经济普查的通知》）

2.4.2　确定调查对象和调查单位（Who）

在明确调查目的之后，还必须对调查对象和调查单位等方面进行确定。

（1）调查对象的确定。调查对象是统计调查的总体。如企业产品质量抽样检测，其调查对象是某个时间段企业生产的全部产品。

（2）调查单位的确定。调查单位是统计调查的个体。如企业产品质量抽样检测中，调查单位必须是特定时间范围内企业生产的每一件已完工的产成品，不包括半成品等。

（3）填报单位的确定。填报单位是指负责填报和报送调查资料的单位。在实际过程中，调查单位与填报单位有时会一致，有时并不一致。如小儿疫苗接种的调查，其调查单位是每个婴幼儿，填报单位是家长，两者并不一致；企业生产情况调查，其调查单位和填报单位都是企业。

2.4.3　确定调查项目（What）

调查项目即调查的具体内容，是指向调查单位调查的具体方面，搜集的具体数据及有关情况。这些具体内容主要集中于调查单位的标志方面，通常可根据调查单位所具有的标志或指标结合统计调查目的和要求而确定，一般包括主体项目和相关项目两大部分。

具体如何设计相应的调查项目，需要结合调查目的进行设置。如食堂满意度调查中，调查目的是承包者的利润最大化，因此其调查主要集中在饭菜的价格和口味、就餐舒适度和营业时长等各方面内容，从而吸引更多学生就餐，提高就餐率和利润；如调查目的是更好地为学校后勤管理服务，则主要应着重调查食堂食品安全、消防安全和学生满意度，以及如何提高服务水平等方面的意见。

2.4.4 确定调查的方式、方法和组织计划(How)

(1)调查方式的确定。

根据调查的目的和要求以及调查所需的人力、物力和财力来决定是采用全面调查方式，还是非全面调查方式，如果采用非全面调查，是采用概率抽样，还是非概率抽样，如果采用概率抽样又采用什么样的方式抽取个体组成样本，等等。如产品质量抽样检测可采用系统抽样或整群抽样等方式。

(2)调查单位数目的确定。

全面调查应对构成统计总体的所有个体进行调查，非全面调查应确定必要的调查单位数目(样本容量)。其中概率抽样的样本容量可根据有关的先决信息进行计算。

(3)调查方法的确定。

应根据调查对象、调查目的和要求来决定采用何种方法搜集原始资料与次级资料。如产品质量抽样检测，一般可采用直接观察法、设备检测登记法、实验法等。

(4)确定调查工作的组织计划。

对实际调查中调查的组织领导、调查机构的设置、调查人员的选择和培训、调查经费和物资等方面进行统筹安排，对调查进度和数据质量控制进行全方面的组织规划，确保调查工作的顺利实施。

2.4.5 确定调查时间和调查期限(When)

(1)确定调查时间。

明确调查资料的所属时间。调查时期现象的数量表现(流量)时，应确定资料的起止时间。调查时点现象的数量表现(存量)时，应确定统一的标准时点。如人口普查就必须规定普查的标准时点，以保证统计资料搜集的统一性和可比性，防止统计的重复和遗漏。

(2)确定调查期限。

明确整个调查工作的起止时间及其工作进度。如第五次全国经济普查，2022年为普查筹备阶段，主要是制定普查总体思路框架，研制普查方案和开展专项试点，部署投入产出调查等；2023年为普查准备阶段，主要是组建各级普查机构，开展综合试点，完善部署普查软件，选聘与培训普查人员，开展单位清查等；2024年为普查组织实施阶段，主要是开展普查登记，组织事后数据质量抽查，审核汇总并发布普查主要数据等；2025—2026年为普查资料开发应用阶段，主要是建立普查数据库，编辑出版普查资料，开展课题研究分析等。

同步案例 ▶▶▶

第七次全国人口普查方案

根据《中华人民共和国统计法》《中华人民共和国统计法实施条例》《全国人口普查条例》《国务院关于开展第七次全国人口普查的通知》，制定本方案。

一、普查目的

全面查清我国人口数量、结构、分布、城乡住房等方面情况，为完善人口发展战略和政策体系，促进人口长期均衡发展，科学制定国民经济和社会发展规划，推动经济高质量发展，开启全面建设社会主义现代化国家新征程，向第二个百年奋斗目标进军，提供科学准确的统计信息支持。

二、普查时点

普查的标准时点是 2020 年 11 月 1 日零时。

三、普查对象

普查对象是指普查标准时点在中华人民共和国境内的自然人以及在中华人民共和国境外但未定居的中国公民，不包括在中华人民共和国境内短期停留的境外人员。

四、普查内容和普查表

普查登记的主要内容包括：姓名、居民身份证号码、性别、年龄、民族、受教育程度、行业、职业、迁移流动、婚姻生育、死亡、住房情况等。

根据不同的普查对象和普查内容，具体分为四种普查表。

（一）第七次全国人口普查短表

普查短表包括反映人口基本状况的项目，由全部住户（不包括港澳台居民和外籍人员）填报。

（二）第七次全国人口普查长表

普查长表包括所有短表项目和人口的经济活动、婚姻生育和住房等情况的项目，在全部住户中抽取 10% 的户（不包括港澳台居民和外籍人员）填报。

（三）第七次全国人口普查港澳台居民和外籍人员普查表

港澳台居民和外籍人员普查表包括反映人口基本状况的项目以及入境目的、居住时间、身份或国籍、就业情况等项目，由在境内居住的港澳台居民和外籍人员填报。

（四）第七次全国人口普查死亡人口调查表

死亡人口调查表包括死亡人口的基本信息，由 2019 年 11 月 1 日至 2020 年 10 月 31 日期间有死亡人口的住户填报。

五、普查方法

普查采用全面调查的方法，以户为单位进行登记。

普查采用按现住地登记的原则，每个人必须在现住地进行登记。普查对象不在户口登记地居住的，户口登记地要登记相应信息。

普查登记采用普查员入户询问、当场填报，或由普查对象自主填报等方式进行。

普查数据采集原则上采用电子化的方式。采取普查员使用电子采集设备（PAD 或智能手机）登记普查对象信息并联网实时上报，或由普查对象通过互联网自主填报等方式进行。

普查员应按照工作要求，在户口整顿基础上对所负责普查小区进行全面摸底，掌握普查小区内的人口和居住情况，编制《户主姓名底册》，根据《户主姓名底册》进行入户登记工作，并参考部门行政记录等资料进行比对复查，确保普查登记真实准确、不重不漏。

六、普查数据处理

各级普查机构负责普查数据处理。国务院人口普查办公室统一编制数据采集、审核、编辑、汇总程序。

国务院人口普查办公室集中部署数据采集处理环境。各级普查机构应保障必要的数据处理办公环境和网络条件，采取必要的安全措施，确保数据处理工作安全、顺利地进行。

七、普查组织实施

（一）全国统一领导

国务院第七次全国人口普查领导小组负责普查组织实施中重大问题的研究和决策。普查领导小组办公室设在国家统计局，具体负责普查的组织实施。

(二)部门分工协作

领导小组各成员单位要按照职能分工，各负其责、通力协作、密切配合，共同做好普查工作。对普查工作中遇到的困难和问题，要及时采取措施予以解决。

(三)地方分级负责

地方各级人民政府设立相应的普查领导小组及其办公室，领导和组织实施本区域内的普查工作。村民委员会和居民委员会设立人口普查小组，协助街道办事处和乡镇政府动员和组织社会力量，做好本区域内的普查工作。

普查指导员和普查员可以从国家机关、社会团体、企业事业单位借调，也可以从村民委员会、居民委员会或者社会招聘。借调和招聘工作由县级人民政府负责。

(四)各方共同参与

国家机关、社会团体、企业事业单位应当按照《中华人民共和国统计法》《中华人民共和国统计法实施条例》《全国人口普查条例》的规定，参与并配合普查工作。

八、普查质量控制

普查实行严格的质量控制制度，建立健全普查数据质量追溯和问责机制，确保普查数据可核查、可追溯、可问责。国务院人口普查办公室统一领导、统筹协调普查全过程质量控制的有关工作。地方各级普查机构主要负责人对本行政区域普查数据质量负总责，确保普查数据真实、准确、完整、及时。各级普查办公室必须严格执行各阶段工作要求，保证各阶段工作质量达到规定标准，确保普查工作质量与数据质量合格达标。

九、普查宣传

各级宣传部门和普查机构应制定宣传工作方案，深入开展普查宣传。

各级宣传部门应组织协调新闻媒体及有关部门，通过报刊、广播、电视、互联网、手机和户外广告等多种渠道，充分利用微博、微信、短视频等新媒体传播手段，宣传普查的重大意义、政策规定和工作要求，积极营造良好的普查氛围。

各级普查机构要组织开展形式多样的宣传活动，动员社会各界支持、参与普查。

十、普查法规与纪律要求

坚持依法普查，普查工作要严格按照《中华人民共和国统计法》《中华人民共和国统计法实施条例》《全国人口普查条例》《国务院关于开展第七次全国人口普查的通知》及相关规定组织开展。

普查对象应当依法履行普查义务，如实提供普查信息，不得虚报、瞒报、拒报。拒绝提供普查所需的资料，或者提供不真实、不完整的普查资料的，由县级以上人民政府统计机构责令改正，予以批评教育，情节严重的依法严肃处理。普查取得的数据，严格限定用于普查目的，不得作为任何部门和单位对各级行政管理工作实施考核、奖惩的依据。普查中获得的能够识别或者推断单个普查对象身份的资料，任何单位和个人不得对外提供、泄露，不得作为对普查对象实施处罚等具体行政行为的依据，不得用于普查以外的目的。各级普查机构及其工作人员，必须严格履行保密义务。

十一、普查主要工作阶段

普查工作分三个阶段进行：

一是准备阶段(2019年10月—2020年10月)。这一阶段的主要工作是：组建各级普查机构，制定普查方案和工作计划，进行普查试点，落实普查经费和物资，准备数据采集处理环境，开展普查宣传，选聘培训普查指导员和普查员，普查区域划分及绘图，进行户口整顿，开展摸底等。

二是普查登记阶段(2020年11—12月)。这一阶段的主要工作是：普查员入户登记，进行比对复查，开展事后质量抽查等。

三是数据汇总和发布阶段(2020年12月—2022年12月)。这一阶段的主要工作是：数据处理、汇总、评估，发布主要数据公报，普查资料开发利用等。

十二、其他

(1)香港特别行政区、澳门特别行政区的人口数，按照香港特别行政区政府、澳门特别行政区政府公布的资料计算。

台湾地区的人口数，按照台湾地区有关主管部门公布的资料计算。

(2)因交通极为不便等特殊因素，需采用其他登记时间和方法的地区，须报请国务院人口普查办公室批准。

(3)对认真执行本方案，忠于职守，坚持原则，在普查工作中做出显著成绩的单位和个人，按照国家有关规定给予表彰奖励。

(4)本方案由国务院人口普查办公室负责解释。

(资料来源：国家统计局网页)

第 3 章 统计数据整理

> 世界上有三种谎言：谎言，该死的谎言以及统计。
>
> ——本杰明·迪斯雷利①

3.1 统计整理基本步骤

统计整理是统计工作的第二个步骤，是指在数据搜集的基础上，根据统计研究的目的和要求，对搜集的数据进行审核、分组和汇总等工作，使数据条理化和系统化，从而反映总体特征的工作过程。当然，统计整理也包括对已整理过的资料(如历史资料)进行再加工。

一般而言，统计整理的过程包括对统计资料的预处理、分组、汇总和显示四个环节，具体如下：

第一，统计资料的预处理：把非结构化数据转换成结构化数据，确保结构化数据准确无误并进行筛选，从而满足统计研究目的和要求。

第二，统计资料的分组：选择合理的分组标志，对资料进行统计分组。统计资料的分组是统计整理的核心内容，合理的分组能够正确反映现象的本质与规律。

第三，统计资料的汇总：在分组的基础上，将各项资料进行汇总，得出反映各组和总体数量特征的各种指标。

第四，统计资料的显示：通过编制统计图表，将整理出的资料直观化并系统地显示出来。

3.2 非结构化数据结构化原理

声音、图像和文本等非结构化数据，无法直接统计分析，必须进行结构化，即转化为表格类型数据。其中图像和音频在存储过程中，已经经过数字化并存储在相关的硬件设备中，因此对非结构化的图像和音频数据，需要了解数字化原理。文本数据以字符形式存储

---

① 原文为：There are three kinds of lies：lies，damned lies，and statistics. 本杰明·迪斯雷利两度出任英国首相。

在设备中，需要通过一定方法计算关键词出现频数（频率），此时需要了解文本结构化原理。

3.2.1　图像数字化原理

在计算机中处理图像，必须先把真实的图像（图书和图纸等）通过数字化转换成计算机能够接受的显示和存储格式，然后再进行分析处理，这个过程称为数字化过程。图像数字化过程主要分采样、量化与编码三个步骤。

1. 图像采样

理论上，平面图像是连续的，有无穷多个取值。采样就是通过水平、垂直方向上等间距分割，为矩形网状结构（见图 3-1），其中的微小方格称为像素点（像素、像元或样点）。

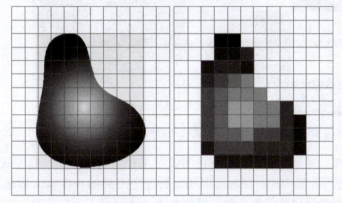

扫码查阅高清图

图 3-1　二维图像采样

采样网状结构的疏密，也即采样间距，间距越小，图像质量越高，结果越逼真，但数据量越大（见图 3-2）；反之亦然。一般来说，原图像中的画面越复杂，色彩越丰富，采样间距越小。

图 3-2　不同灰度级的经典模特图像

2. 图像量化

量化就是对每个样点值数值化，具体就是把像素的灰度（浓淡）转换成离散整数值的操作，也就是图像的灰度级值离散化。其中灰度是表示图像像素明暗程度的数值，范围一般为 0~255，0 是黑色，255 是白色。

一般而言，量化等级越多，图像层次感越丰富，灰度分辨率越高，质量越好，但数据量大；量化等级越少，图像层次感欠丰富，灰度分辨率低，质量越差，可能会出现假轮廓现象，但数据量小。

最简单的量化是用 2 级黑和白来表示，由于没有中间过渡，故称为二值图像。二值图像的像素值为 0（黑）或者 1（白）。用 2 级量化后的图像数值如图 3-3 左侧所示。可以发现，图像大小为 4×4，其中黑色赋值为 0，白色赋值为 1，得到的结果可以用矩阵形式表示。

计算机中常用 8bit（256 级）来量化，这意味着像素的灰度（浓淡）是 0~255 的数值。用 256 级灰度进行量化后的图像数值如图 3-3 右侧所示。可以发现，图像分割为 4×4 大小，每个区域都利用灰度赋值，其中颜色越深，数值越小，最后得到四维矩阵数值结果。

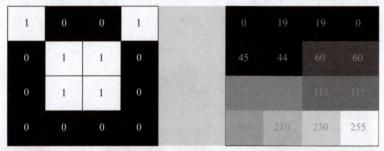

扫码查阅高清图

图 3-3　黑白图像二值量化和灰度量化

除了黑白图像，实际中更多的是彩色图像。在 RGB 色彩空间，每个像素由 R（红色）、G（绿色）、B（蓝色）分量构成。此时可以用三种颜色不同的灰度级来描述。如用 256 级灰度进行量化后的彩色图像数值有三维，具体如图 3-4 所示。可以发现，图像基于红色、绿色和蓝色分别进行取值，最后得到三个三维矩阵数值结果。

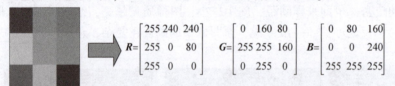

扫码查阅高清图

图 3-4　彩色图像量化

3. 图像编码

图像编码也称图像压缩，是指图像数字化后，为了方便存储，在满足一定质量（信噪比的要求或主观评价得分）的条件下，以较少比特数表示图像或图像中所包含信息的技术。

图像压缩的基本思想是去除图像信息中由于各种相关性而存在的冗余，基本方法是根据像素的相关性原理，应用某种算法提取或减少这些相关性，以达到压缩数据的目的。常见的有图像的预测编码、变换编码、分形编码和小波变换图像压缩编码等。

通过不同方法的压缩，有些压缩方法能保持图像原样，有些方法则会使图像失真。如利用数据的统计特性压缩的数据能够恢复原样，是无失真压缩；而利用人的视觉特性压缩的图像不能恢复原样，是失真压缩，但看起来会与原始图像一样。

在某些场合，一定限度的图像失真是允许的，由于人眼对图像灰度分辨的局限性、监视器显示分辨率的限制，因此并不妨碍失真图像的实际应用，图像却可以得到很大程度的压缩。

最后，经过数字化后的图像，以数值的形式存储。在实际处理过程中，统计软件如 Python 中 opencv 库已经有简单的方法和函数，能够把数字化的图像直接导入到软件，并转换为普通的数值型数据，进行相应的图像处理。

3.2.2　音频数字化原理

声音可以被麦克风等设备采集、转换为电学模拟信号。模拟信号与图像一样，也是连续的，同样也需要数字化，这个过程称为音频模拟信号的数字化（也叫模数转化，A/D 转换），整个过程同样包括采样、量化和编码三个过程。

1. 音频采样

采样是把时间连续的信号转换为一连串时间不连续的脉冲信号，也就是按照同样的时间间距采集模拟信号的样本。

采样率（采样频率）即每秒内进行采样的次数，单位是 Hz。如采样频率为 44 100Hz（44.1kHz），表示 1s 采集 44 100 个样本，每次采样的时间间隔为 0.022 7ms。如图 3-5 所示，音频信号 $S(t)$，每隔 Ts 对音频脉冲进行采样，采样率越高，数字波形形状就越接近原始模拟波形，声音还原就越真实。

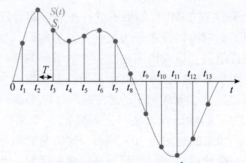

图 3-5　连续音频信号在每隔 Ts($\frac{1}{T}$ Hz) 的采样

2. 音频量化

量化是把采样信号量化为数字信号的过程，即将每一个采样点的样本值数字化，相当于物理波形中的振幅数值化过程。

考虑到音频要保存且便于传输，需要利用二进制编码方式对振幅进行处理。衡量采样精度的具体指标是位深度（Bit Depth），通常以位（bit，比特）为单位。位深度越高，能够表示的数据范围越广，幅度的量化取值将越准确（取整带来的误差就越小），也能越好地表示原波形。常见的位深度有 8 位、16 位、32 位等。其中 CD 的位深度为 16 位，可以细化到的数值为：$2^{16} = 65\ 536$。如图 3-6 所示，左侧位深度为 2（即两位数），对应的 4 个值分别为 00、01、10、11，分别对应 0、1、2、3，得到每个采样点的纵坐标（向上取整），这里的坐标值即为量化后的幅度值。图 3-6 右侧位深度为 3（即三位数），分别对应 0~7。

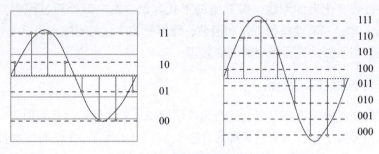

图 3-6　音频采样和量化过程

3. 音频编码

编码将采样和量化后的幅度值转成计算机可理解的二进制码流，具体将等级值转换成对应的二进制表示值（0 和 1）。转换成压缩格式后，能够减少存储空间或传输带宽，方便传输和存储。

如 1min 高保真的歌曲采样频率为 44 100Hz，在 CD 中的大小约为：[①]

$$\frac{16 \times 44\ 100}{1\ 024 \times 1\ 024 \times 8} \times 60 = 5.05 \text{MB}$$

常见的歌曲为 5min，则达到 25MB，如果不进行压缩，则容量非常大。

根据编码方式的不同，音频编码技术分为三种：波形编码、参数编码和混合编码。

一般来说，波形编码音质高，但编码率也高；参数编码的编码率低，产生的合成语音的音质也低；混合编码使用参数编码技术和波形编码技术，编码率和音质介于它们之间。

最常用、最简单的编码方式为波形编码中的脉冲编码调制（Pulse Code Modulation，PCM）。

对音频进行采样后，为了后续研究方便，还需要把 N 个采样点集合成一个观测单位（通常取值为 256 或 512），涵盖的时间为 20~30ms，这就是音频中的帧。与此同时，为了避免相邻两帧的变化过大，会让两相邻帧之间有一段重叠区域，此重叠区域包含了 M 个取样点（为帧样本数量的 1/2 或 1/3）。

如果声音的采样频率为 44.1kHz，意味着 1s 会采样 44 100 次，如果 1 帧有 256 个采样点，那么 1s 约有 172 帧；如果 1 帧有 512 个采样点，则 1s 约有 86 帧。

实际音频分析中，可以通过编程软件如 Python 中的 librosa 等库进行处理。

3.2.3　文本结构化原理

文本结构化，是指将一个非结构化的原始文本转换为结构化的信息，使计算机可以识别处理。

文本以字符形式呈现，计算机中字符通常使用 Unicode 字符集进行存储。Unicode 使用 32 位编码表示，是一种用于表示世界上所有语言的字符集，包括各种语言的字母、数字、标点符号和符号。Unicode 字符集可以表示超过 10 万个字符，包括所有现代和古代的文字、符号和标点符号。

文本数据进行结构化主要为分词、词频统计和文本特征提取三个步骤。

[①]　其中 16 是指位深度，使用 16 位表示一个采样点，44 100 表示采样频率，1 024×1 024 表示从字节转换到兆字节，8 表示从比特换成算成字节，60 是 60s。

1. 分词

分词是指对文本进行分割，进行词汇化处理，将书面文本划分为有意义的单元(如词语)的过程。

对于英语或者法语等语言来说，文本的单词有空格分隔，将文档转换成词的集合比较简单。如英文：Shaquille O'Neal said："Excellence is not a singular act but a habit. You are what you do repeatedly."把句子分割后得到的词语为：Shaquille O'Neal \ said： \ "Excellence \ is \ not \ a \ singular \ act \ but \ a \ habit. \ You \ are \ what \ you \ do \ repeatedly."可以看出，英文有天然的空格对词语进行分割，相对方便。

但是中文没有空格，分割起来相对麻烦。如：中华人民共和国是中国共产党领导下的社会主义国家，1949 年 10 月 1 日宣告成立。分词可以成功切分为：中华人民共和国 \ 是 \ 中国共产党 \ 领导下 \ 的 \ 社会主义 \ 国家 \ ，1949 \ 年 \ 10 \ 月 \ 1 \ 日 \ 宣告 \ 成立。实际上也可以分为：中华 \ 人民 \ 共和国 \ 是 \ 中国 \ 共产党 \ 领导下 \ 的 \ 社会 \ 主义 \ 国家 \ ，1949 年 \ 10 月 \ 1 日 \ 宣告 \ 成立。

中文分词技术从简单的查词典方法，到基于统计语言模型的分词方法，不断成熟。但是，尽管现在分词软件的准确率已经比较高了，它对专业术语(称为未登录词识别)的识别率还不是很好。如怎样把"中国共产党"作为一个完整的专有名词识别出来，还有很多技术要解决。一般情况下只能采取在词库中添加专有名词表来保证分词的质量。

2. 词频统计

在分词的基础上，对所有词语进行词频统计，即计算每个词语出现的次数。如上述英文分词中，"a"出现 2 次，"you"出现 2 次，其他词语各出现一次。

表 3-1 是"互动易"和"e 互动"投资者提问的词频统计[①]。结果显示，大多数词语如"公司""的""请问""有""是否"等没有意义，或者说，对文本识别没有帮助，因此还需要进一步整理。

表 3-1　投资者提问词频统计

词语	频数	词语	频数	词语	频数	词语	频数	词语	频数
公司	69 465	谢谢	11 919	什么	7 329	哪些	4 910	发展	3 940
的	68 360	和	11 709	业务	7 324	对	4 692	2023	3 914
请问	33 706	您好	11 193	如何	6 600	有没有	4 577	领域	3 828
有	23 617	多少	10 514	目前	6 337	合作	4 491	大	3 811
是否	20 253	股东	10 296	日	5 814	方面	4 425	情况	3 661
是	18 133	了	9 850	技术	5 759	相关	4 397	应用	3 625
在	18 034	年	9 628	与	5 511	等	4 314	2	3 576
董秘	17 323	你好	8 502	贵司	5 363	到	4 313	请	3 542
贵	14 818	产品	8 260	项目	5 300	截止	4 289	可以	3 490
吗	12 336	月	7 832	人数	5 227	会	4 266	2022	3 432

注：结果为笔者用 Python 软件整理。

---

① 文本数据来源于深交所"互动易"和上交所"e 互动"2023 年 1 月 1 日—3 月 31 日投资者所有提问文本。

3. 文本特征提取

文本的特征(项)是指用于表示文本的基本单位。文本的特征根据研究的目的存在差异。如进行情感研究时，需要关注"非常好""悲观""不错""乐观""上涨"之类的关键词；而进行文档归类时，则需要关注不同类别相应的关键词。如医学类文档特征包含"药物""剂量""症状"等特征关键词，经济类文档包含"供给""货币""通胀""CPI"等特征关键词。

因此，要提取文本特征，需要对词频统计后的结果进行整理和优化。

首先，需要删除常见的助词"的""地""得""和"等，这些词语不能反映文献的主题，而且还会对关键词的提取造成干扰，有必要将其滤除。

其次，还有一些非专业词汇"说明""重要""结果"等，出现频数非常高，但对文本识别不重要；有些专业词汇"通胀""货币"等频数较低，但对文本识别非常重要。此时常用三种方法进行处理，分别为词频-逆向文件频率(Term Frequency-Inverse Documental Frequency，TFIDF)、TextRank 和基于隐含狄利克雷分布(Latent Dirichlet Allocation，LDA)的文档主题生成模型等。

最后，得到词汇以及对应的频数(或频率)，从而可以在表格中展示数据信息。如普通投资者在 2023 年年初关注哪些概念板块，则对应的文本特征关键词有"人工智能""AI""新能源"等，具体如表 3-2 所示。

表 3-2 投资者提问文本特征提取

词语	人工智能	电池	新能源	芯片	AI	ChatGPT	汽车	机器人	光伏	储能
频数	3 238	2 052	1 719	1 603	1 568	1 487	1 482	1 259	1 157	1 072

注：结果为笔者用 Python 软件整理。

总体而言，词语分割相对较简单，但用手工进行处理的话，是一项非常枯燥的工作，需要结合软件才能高效进行处理。如 Python 软件中英文文本有 NTLK 库、Spacy 库，中文有 Jieba 库和 Ansj 库。实际上，Jieba 只是对常用词语进行分割比较方便，如果研究过程中用到专业词汇，则需要依赖团队创建的词库，如中文处理包 THULAC(清华)、FNLP(复旦)、LTP(哈工大)和 HanLP(大快公司)等。库里面预设了一系列的词语，如复旦语料库、搜狗新闻数据库等。

3.3 数据预处理

数据预处理是指应用各种方法审核和检查缺失、无效或不一致的录入，具体包括缺失值、异常值和噪声数据等，并在此基础上运用相关的方法进行处理，从而保证数据的完整性和有效性。

传统的数据预处理，主要采用手工的方式，对一个个数据和资料进行检验；现在基本上运用统计软件进行处理。

3.3.1 缺失数据处理

当样本数据出现缺失值时，常见的处理方法有：

(1)忽略或删除此样本。当样本量非常多时，或者缺失值比较少时，剔除具有缺失值的样本，是比较方便的一种方法。如在敏感性调查中，经常会出现一些缺失值，因此在调查过程中，搜集尽量多的样本，从而方便后续处理。

（2）统计值填补法。将某变量的缺失值用对应的统计值(如均值、众数或中位数)代替，实际中较常用的是用均值进行代替。如顾客的平均收入为 10 000 元，则用此值填补"顾客收入"属性中所有被遗漏的值。进一步还可以细分，如利用顾客在同一信用风险类别(如良好)下的"顾客收入"属性的平均值，来填补所有在此信用风险类别下"顾客收入"的缺失值。

其优点在于不会减少样本信息，处理简单；其缺点在于当缺失数据不是随机出现时会产生偏误。若某自变量对因变量的影响比较小，那么这种粗略的估计是可以接受的，且有可能会产生令人满意的结果。

（3）相关或相似填补法。探寻变量之间的相关关系，找到相关性较高的两个变量后，再利用线性回归方法进行拟合，并通过回归结果计算缺失值进行填补；或者利用距离等方法度量样本间的相似性，并利用最相似的样本值填补缺失值。

（4）重新取值。如果某些字段数据非常重要，但是数据缺失又很严重，这时候就需要通过其他渠道重新获取数据将数据填充进去。

（5）其他填补法。如用 K-最近邻和贝叶斯等方法填补。

上述有些方法看起来非常复杂，但现在用软件进行操作都非常方便。关键是要结合实际问题和数据选择合适的方法进行处理。

3.3.2　异常值处理

异常值是与其他观察结果显著不同的数据点。异常值出现可能会严重影响数据集的均值和标准差等统计结果，从而导致数据分析模型结果不准确。

异常值首先需要检测。常见的检测方法有描述性统计、"6σ 原则"和聚类等方法。

（1）描述性统计分析法。如通过计算均值、标准差、最大最小阈值等来判断数据是否符合常识，或者绘制散点图和箱线图查看数据的分布状态与散点分布。图 3-7 是两个变量呈现的散点图，结果显示有一个离拟合线较远的数据点，该点即为异常值。

（2）"6σ 原则"。"6σ 原则"是指一组测定值中与平均值的偏差超过±3 倍标准差的数据为异常值，因此也称为"3σ 原则"。如果数据服从正态分布，距离平均值 3σ 之外的值出现的概率为 $P(|x-\mu| > 3\sigma) \leq 0.27\%$，属于小概率事件。"6σ 原则"是最常用的异常值判别方法，它一般应用于样本较多时的判别。如图 3-8 所示，其中上下两条虚线是"6σ 原则"下对应的上限和下限，有一个点大于上限，则可以标记为异常值。

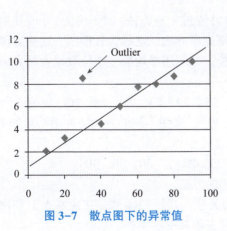

图 3-7　散点图下的异常值

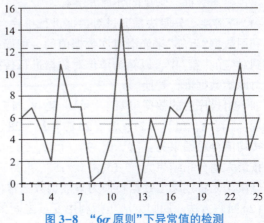

图 3-8　"6σ 原则"下异常值的检测

（3）聚类。将数据集合分组为若干集合，在集合外的值为异常值。相似或相邻近的数据聚合在一起形成各个聚类集合，在这些聚类集合之外的数据即为异常值。如图 3-9 所示，数据分布为 2 簇，其中左下角有一个点，离两类非常远，因此标记为异常值。

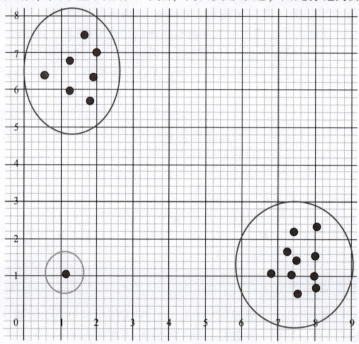

图 3-9　聚类方法下的异常值检测

当出现异常值时，可以将异常值删除，或者用截尾分位数代替等。如大于 99%分位数的变量值用 99%分位数代替，小于 1%分位数的变量值用 1%分位数代替。

3.3.3　噪声数据处理

噪声数据是指在测量一个变量时测量值可能出现的相对于真实值的偏差或错误，如错误数据和假数据会影响后续分析操作的正确性与效果。出现这种数据的原因可能是数据登记过程中出现错误，也可能是最初测量时出现问题。

出现噪声数据，常见的处理方法有：

（1）分段法。分段法是通过对数据进行排序，并通过一定方法（如平均法）分成几个部分，利用数据"近邻"来光滑有序数据值的一种局部光滑方法，也称为分箱法。这些数值被分布到对应的"箱"中，以箱为单位对数据进行替换。如利用平均数、中位数或者最大值最小值对原始数据进行替换。

如一组排序后的数据（单位：元）：4，8，15，21，22，23，26，28，30。首先进行等宽处理：[4，8，15]，[21，22，23]，[26，28，30]，采用不同的分段法处理结果如下。

按均值分箱结果为：[9，9，9]，[22，22，22]，[28，28，28]；

按最大值分箱结果为：[15，15，15]，[23，23，23]，[30，30，30]。

分段法是将连续型数据转换为离散型数据常用的方法。

（2）回归方法。回归方法是指利用变量之间的关系构建回归模型，在此基础上利用其他变量预测另一个变量，从而能够帮助平滑数据及去除其中的噪声。

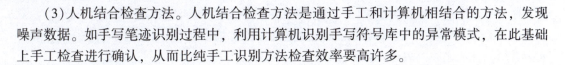

（3）人机结合检查方法。人机结合检查方法是通过手工和计算机相结合的方法，发现噪声数据。如手写笔迹识别过程中，利用计算机识别手写符号库中的异常模式，在此基础上手工检查进行确认，从而比纯手工识别方法检查效率要高许多。

3.3.4　数据审核

随着企业从传统的人力巡检到半自动的数据化转型，越来越多的商业领域将涉及数据清洗的业务。例如制造业、农业在将设备接入物联网云平台之后，每天都会产生大量数据，数据清洗会提高生产效率，降低运维成本。

通过对缺失数据、异常数据和噪声数据进行处理，保证了数据的准确性，但还需要进一步进行审核，具体包括对格式和逻辑等方面的审核，以保证数据的一致性和可比性。

（1）格式审核。格式审核时，通常会遇到时间日期、数值、全半角显示不一致等，这种问题通常与输入端有关，在整合多来源数据时也有可能遇到，将其处理成一致的某种格式即可。还有某些内容可能只包括一部分字符，比如身份证号是数字+字母。这种情况下，需要以半自动校验半人工方式来找出可能存在的问题，并去除不需要的字符。

二手数据搜集时，必须弄清楚数据的来源、口径、计量单位以及有关的背景材料等，确定数据是否符合分析研究的需要。如宏观统计数据，通过常见的数据库网站就可以获得（如中经网数据库、CEIC 数据库、国家统计局及各部门网站等）。当同一指标数据出现不一致时，应以国家统计局等权威机构公布的数据为准。

（2）逻辑审核。有些数据前后矛盾，此时可用逻辑审核的方法进行处理。

如某人口调查资料的准确性审核。从表 3-3 中可以看出，"与户主关系"和"年龄"两个项目存在矛盾。如需要进一步分析到底哪一个出现问题，则需要结合进一步的资料进行判断。

表 3-3　人口调查数据的审核

姓名	性别	与户主关系	民族	年龄	……
王××	男	户主	汉	60	……
李××	女	夫妻	汉	88	……

如果是二手数据，则需要审核数据的时效性，以保持数据最新，能够对现状进行正确的归纳和对未来进行合理的预测。如在每次经济普查之后都会对宏观经济统计数据进行可比性调整，从而导致不同时间公布的同一指标的数据并不一致，此时应以统计局最新公布的数据为准。

实际过程中，大多数逻辑审核都可以运用计算机进行处理。如利用身份证号和年龄之间的关系，编辑脚本验证逻辑一致性。比如身份证号字段上显示你是 20 岁，但是年龄字段上是 28 岁，这时就以身份证上的信息为可靠字段，将年龄字段改为 20 岁。

3.3.5　数据变换

数据分析过程中，很多时候由于数据存在不同的单位，导致后续利用统计模型分析时，结果存在偏差。如聚类、主成分和因子等分析时，与数据的方差存在关系，而原始数据不同的量纲（单位），方差会存在较大的差异。因此，需要对不同量纲进行处理，统计中将其称为数据变换，也称为数据归一化。常用的数据变换的方法有以下几种。

（1）最小最大变换。这种方法把数据变量的数值都约束在(0，1)范围之内，是数据变换中常用的方法之一。表达式如下：

$$X_i = \frac{x_i - x_{\min}}{x_{\max} - x_{\min}}$$

（2）标准化变换。在分类、聚类算法中，需要使用距离来度量相似性的时候，或者使用主成分技术进行降维的时候，标准化变换表现更好。表达式如下：

$$X_i = \frac{x_i - \mu}{\sigma}$$

其中，μ 为变量的均值，σ 为变量的标准差。这种方法使所有变量的均值为 0，标准差为 1，但数据的最大值和最小值并不一样。

（3）稳健性变换。这种方法与标准化变换类似，只不过把均值和标准差用中位数和四分位差代替。稳健性变换可以剔除极端值的影响，从而保证变换后结果的有效性。表达式如下：

$$X_i = \frac{x_i - x_{\mathrm{med}}}{Q_3 - Q_1}$$

其中，x_{med} 为变量中位数；Q_3 和 Q_1 分别为变量的第三分位数和第一分位数。

【例 3-1】有原始 10 个样本数据，分别为 1，5，20，11，8，30，6，9，15，27，现根据最小最大变换和标准化变换方法，分别对原始数据进行变换。

【解】对样本数据进行统计，其最大值为 30，最小值为 1，均值为 13.2，标准差为 9.66。

代入最小最大变换公式，变换后结果为：0，0.14，0.66，0.34，0.24，1，0.17，0.28，0.48，0.90。

代入标准化变换公式，变换后结果为：-1.26，-0.85，0.70，-0.23，-0.54，1.74，-0.75，-0.43，0.19，1.43。

3.4　数据的分组

3.4.1　统计分组基本概念

皮尔逊在处理生物统计数据时，发现数据常常是零乱的，很难看出规律，于是在此基础上提出频数分布表与频数分布图，它们现已成为统计学的基本方法。

1. 统计分组的概念

统计分组是指根据统计研究的目的和总体的内在特点，把总体按标志划分为若干性质不同但又有联系的若干部分。

统计分组使统计资料在各组内具有一致性的同时，保持组间的差异性，从而便于研究现象的数量表现和关系。如将一所学校的群体进行分组，可以选择性别、民族、年龄、成绩及特长等标志。

正确选择分组标志依赖于对客观现象的了解。如抖音需要做视频爱好的市场调查，对搜集的资料分组时，可以选择性别和年龄为分组标志。因为性别不同，对视频的偏好不同，如有些女性可能喜欢美容和服饰类别，而男性则喜欢游戏、足球等方面视频；年龄不同，对抖音视频的偏好也有很大区别，如青年学生比较看重就业和旅游等视频，而老年人则喜欢健康、养老、保健方面的视频。根据以上分组，就可以针对不同的群体推送视频，增加视频的点击率和浏览时间，增强消费者黏性。

2. 统计分组的原则

统计分组需要满足穷尽和互斥原则。穷尽原则，是指总体中的每一个单位都应有组可归，或者说各分组的空间足以容纳总体的所有单位；互斥原则，即总体任一单位都只能归属于一组，而不能同时或可能归属于几个组。分组后组之间的关系类似于几何学中集合与补集之间的关系。如果不同分组间界限存在重叠，则采用上限不在内的原则进行划分。如空气质量级别的分组（见表3-4），空气质量指数从0到无穷大。其中0~50的空气质量优秀，各类人群都适宜正常活动。

表 3-4　空气质量指数范围及其特点

级别	空气质量指数	特点
一级	0~50	优秀。基本无空气污染，各类人群都适宜正常活动
二级	50~100	良好。存在少量污染，可能对极少数敏感人群健康有较弱影响
三级	100~150	轻度污染。易感人群症状有轻微加重，健康人群出现刺激症状，建议勤开窗通风
四级	150~200	中度污染。加剧易感人群症状，可能对健康人群心脏、呼吸系统有影响
五级	200~300	重度污染。心脏病和肺病患者症状显著加剧，运动耐受力降低，健康人群容易出现症状
六级	300~	严重污染。健康人群运动耐受力降低，有明显强烈症状，较容易出现某些疾病

统计分组是描述性统计分析中重要的方法。如在调查问卷的交叉分析中，利用复合分组可以研究两个或多个变量之间的结构性关系。表3-5是某年全国大学生市场调查大赛关于农村学生考研与家庭收入情况的交叉分组结果，从中可以发现，农村家庭年收入大多数都在15万元以下，且随着家庭收入不断增加，学生考研意愿越来越弱。这也在一定程度上说明，读书考研仍是底层农村家庭跨越阶层的一个主要选择。

表 3-5　交叉分组或者复合分组示例

家庭年收入	3万元以下	3万~6万元	6万~15万元	15万~30万元	30万~50万元	50万元以上
考研/人	16	63	86	39	4	0
不考研/人	20	55	75	27	8	8
总计	36	118	161	66	12	8

同步案例 ▶▶▶

李悝治国理念蕴含的统计思想

李悝(前455—前395)，战国初期魏国著名政治家、法学家(见图3-10)，曾任魏文侯相，主持变法。他汇集当时各国法律编成的《法经》，是我国古代第一部比较完整的法典，现已失传。其"重农"与"法治"结合的思想对商鞅和韩非影响极大，被认为是法家的始祖。

李悝进行了中国统计史上第一次农民家计调查，开典型调查之先河。据《汉书·食货志》(见图3-11)的记载："今一夫挟五口，治田百亩。岁收亩一石半，为粟百五十石，除十一之税十五石，余百三十五石。食，人月一石半，五人终岁为粟九十石，余有四十五石。一石三十，为钱千三百五十，除社闾尝新、春秋之祠，用钱三百，余千五十。衣，人率用钱三百，五人终岁用千五百，不足四百五十。不幸疾病死丧之费，及上赋敛，又未与此。"他采用实物与货币两种计量单位，创造性地应用了平衡法，进行了农民家庭的收支分析。这些卓越贡献，在世界统计史上占有一定地位。

在经济上，为了解决"籴甚贵伤民，甚贱伤农"的经济问题，李悝根据历年的调查资料，用统计分析作决策，行"尽地力之教"和"平籴法"。他应用统计以作国家决策的依据，比欧洲的《政治算术》要早2 000年以上。

图3-10　李悝塑像　　　　图3-11　《汉书·食货志》的相关记载

据《汉书·食货志》的记载："是故善平籴者必谨观岁，有上中下孰：上孰其收自四(注：四倍于常年一百五十石的产量，为六百石)，余四百石；中孰自三，余三百石；下孰自倍，余百石。小饥则收百石，中饥七十石，大饥三十石。故大孰则上籴，三而舍一(余四百石中，籴三百石)，中孰则籴二，下孰则籴一。使民适足，贾平则止。小饥则发小孰之所敛，中饥则发中孰之所敛，大饥则发大孰之所敛而粜之。故虽遇饥馑水旱，籴不贵而民不散，取有余以补不足也。行之魏国，国以富强。"现代学者刘叔鹤曾据此编成平籴复合分组表，如表3-6所示。

表 3-6　平籴复合分组表　　　　　　　单位：石

按年景分组	按收成程度分组	产量	籴或粜粮
丰年	上	600	300
	中	450	200
	下	300	100
饥（荒）年	大	30	300
	中	70	200
	小	100	100

除了在经济上实行"善平籴"的政策，在政治上实行法治，废除维护贵族特权的世卿世禄制度，奖励有功国家的人，从而使魏国成为战国初期强国之一。

（根据莫日达《中国古代统计思想史》整理）

3. 统计数列的类型

（1）品质数列。

品质数列是指总体按品质标志分组后形成的数列。如人口按性别（男、女）分组、班级成绩按等级（优、良、中、及格、不及格）分组后的数列都称为品质数列。

品质标志分组指的是选择品质标志作为分组依据而得到的组别。品质标志分组一般较简单，分组标志一旦确定，组数、组名、组与组之间的界限也就确定了。有些复杂的品质标志分组可根据统一规定的划分标准和分类目录进行。如表 3-7 中出场次数按人物进行分组。

表 3-7　金庸小说中出场频次前 20 位的人物

排名	姓名	频次	排名	姓名	频次
1	韦小宝	9 887	11	小龙女	2 372
2	郭靖	6 588	12	陈家洛	2 174
3	杨过	6 263	13	石破天	1 918
4	令狐冲	5 947	14	虚竹	1 641
5	黄蓉	5 324	15	欧阳锋	1 526
6	张无忌	4 763	16	狄云	1 440
7	段誉	3 532	17	赵敏	1 305
8	萧峰	3 112	18	周伯通	1 287
9	胡斐	3 110	19	洪七公	1 285
10	袁承志	2 659	20	玄烨	1 269

注：数据是根据金庸所著的小说文本，并通过 Python 整理而得。

据统计，唐宋两朝代一共有 14 000 名诗人，产出接近 5.5 万首唐诗和 26 万首宋诗（词）。其中陆游是最盛产的，达到 9 271 首，远超第二名刘克庄，如表 3-8 所示。

表 3-8 唐宋诗人诗歌频数统计

诗人	频数	诗人	频数	诗人	频数	诗人	频数
陆游	9 271	周紫芝	1 904	方岳	1 426	释印肃	1 078
刘克庄	4 557	苏辙	1 854	吕本中	1 344	张镃	1 055
杨万里	4 284	释德洪	1 816	曹勋	1 326	释文珦	1 045
赵蕃	3 737	王安石	1 740	释正觉	1 299	韩维	1 018
白居易	3 009	刘敞	1 728	刘攽	1 278	洪咨夔	1 003
梅尧臣	2 933	释居简	1 660	司马光	1 262	邹浩	979
方回	2 859	歌辞①	1 639	陈著	1 248	文天祥	977
苏轼	2 824	李纲	1 608	楼钥	1 243	欧阳修	954
韩淲	2 624	宋祁	1 591	李白	1 206	戴复古	953
张耒	2 268	邵雍	1 555	白玉蟾	1 205	曾丰	940
黄庭坚	2 204	项安世	1 510	彭汝砺	1 176	晁说之	923
王十朋	2 187	杜甫	1 489	韦骧	1 164	元稹	910
陈造	2 039	朱熹	1 448	吴芾	1 149	释绍昙	896
范成大	1 947	郭祥正	1 441	许及之	1 091	魏了翁	891

注：数据是根据《全唐诗》和《全宋诗》，并通过 Python 整理而得。

（2）变量数列。

变量数列是总体按变量标志分组后形成的数列。如企业按销售额多少分组、人口按收入多少进行分组后的数列都是变量数列。表 3-9 为按年龄分组的变量数列。

表 3-9 2020 年第七次人口普查的年龄构成

按年龄分组	人口数/亿	占总人口比重/%
0~14 岁	2.53	17.95
15~59 岁	8.95	63.35
60 岁及以上	2.64	18.70
其中 65 岁以上	1.91	13.50
合计	14.12	100.00

3.4.2 变量数列分组

变量数列是根据标志值范围及其分布的特征，进行不同方式的分组，具体步骤如下。

（1）决定变量数列的形式。离散型变量数列与连续型变量数列的编制方式不同。

其中离散型变量数列按变量取值个数的多少和变量值变动的程度大小，进一步可以选

---

① 全称为郊庙朝会歌辞。

择单项数列和组距数列分组。连续型变量数列中，变量取值连续，宜编制组距数列。组距数列按组距是否相等又分为等距数列和异距数列，一般情况下采用等距分组的方法。

当离散型变量数列标志值变化较小，宜编制单项数列，具体编制步骤与品质数列相似。等距数列分组继续采用如下步骤。

（2）求全距 R 。全距为数列的变动范围，具体根据分组标志值中的最大值与最小值之差进行计算，用公式表示为：$R = X_{\max} - X_{\min}$。

（3）确定组数（k）和组距（d）。确定组数和组距是编制变量数列的关键。组数的确定应考虑数列各组之间应充分反映事物的不同性质的差异及其分布特征。美国学者斯特吉斯（Sturges）根据单位数（n），总结出可以确定组数的公式，被称为斯特吉斯经验公式。具体公式为：$k = 1 + \log_2 n$ 或 $k = 1 + 3.322 \lg n$。用此来计算组数，结果如表 3-10 所示。

表 3-10　经验公式单位数与分组数对应关系

组数	5	6	7	8	9	10	11
单位数	15~24	25~44	45~89	90~179	180~359	360~719	720~1 439

一般而言，此公式在近似正态分布能够得到很好的结果，如果是偏态分布或存在较多的极端值，这种经验公式不再合适。组数应在 5~9 组为宜，且最好为奇数，从而能够看出变量分布的特征。

在组数确定的基础上，进一步确定组距。其中组距是每组的大小距离，常用全距（R）除以组数（k）求得。分组过程中，为了方便，组距一般为 5 的倍数（5，10 等）。

组距数列忽略各组内部各单位的次要差异，而把各组之间的主要差异突出来，这样，各组分配的规律性可以更容易显示出来。如果组距太小，分组过细，容易将属于同类的单位划分到不同的组，因而显示不出现象类型的特点；反之如果组距太大，组数太少，会把不同性质的单位归并到同一组中，失去区分事物的界限，达不到正确反映客观事实的目的。因此，组距的大小、组数的确定依赖于研究对象的经济内容和标志值的分散程度等因素，不可强求一致。

（4）确定组限。组距决定之后，应进一步确定每组的界限（上限和下限）。其中离散型变量组距数列，相邻两个组的上限和下限应间断；连续型变量组距数列，相邻两个组的上限和下限一般应重叠，从而避免遗漏。

同时应注意的是，为了能保证组距为 5 的倍数，组限应适当加以调整，第一组的下限应比最小值略小，最后一组的上限应比最大值略大。若变量的取值存在极端值，即有特大、特小值时，为使分组符合穷举和互斥的原则，可设置开口组：最前组定为"……以下"，最高组定为"……以上"的形式。

（5）计算各组频数和频率，并编制统计表。将原始数据分别归入所属各组（连续型变量组距数列的采用"上限不在本组内"，列入上一组），即可得到各组的频数。为了满足进一步的统计研究的需要，亦可计算组中值、向上（向下）累计频数和累计频率。并根据得到的结果编制统计表。

其中组中值，即分组后组距中间值，其计算有三种情形：①存在上限和下限的组：组中值=（上限+下限）/2；②缺下限开口组：组中值=上限−相邻组组距/2；③缺上限开口组：组中值=下限+相邻组组距/2。

向上(向下)累计，由变量值低(高)的组向变量值高(低)的组累计，表明各组上限以下(下限以上)的累计频数和累计频率的数量。

【例3-2】以下是50位NBA体重最重的球员，其体重分别如下(单位：磅)：242、213、225、261、254、195、239、271、324、225、168、295、205、232、258、212、221、215、236、202、258、265、233、211、247、245、225、183、175、215、215、235、245、250、215、216、195、248、240、225、260、210、190、260、234、191、213、233、185、268。试根据以上数据按体重编制变量数列，并计算各组的组中值、向上累计频数与累计频率。

(资料来源：www.msn.foxsports.com)

【解】根据以上数据可知，最大值为324，最小值为168，其全距为156，故适宜编制组距式变量数列，基于数据分布较均匀，则编制等距变量数列。根据斯特吉斯经验公式进行计算，选择的组数为8，考虑到$156/8 = 19.5$。则选择组距为20，且组数为8。进一步考虑到第一组下限比最小值小，且一般以5，0结尾，则可取165，最后一组上限比最大值大则可取325，则每组组限得到确定。基于上述数据，对原始数据加总，编制变量数列，并计算频率、组中值、累计次数和频率，得到的结果如表3-11所示。

表3-11　50位NBA球员的体重次数分布

体重/磅	次数	频率	组中值	向上累计		向下累计	
				次数	频率	次数	频率
165～185	3	6	175	3	6	50	100
185～205	6	12	195	9	18	46	92
205～225	15	30	215	24	48	40	80
225～245	12	24	235	36	72	25	50
245～265	10	20	255	46	92	14	28
265～285	2	4	275	48	96	4	8
285～305	1	2	295	49	98	2	4
305～325	1	2	315	50	100	1	2
合计	50	100	—	—	—	—	—

进一步，根据上述变量分布的特征，考虑到最后两组次数较少，则可把此两组合并，并计为"285以上"，得到的结果如表3-12所示。

表3-12　50位NBA球员的体重次数分布

体重/磅	次数	频率	组中值	向上累计		向下累计	
				次数	频率	次数	频率
165～185	4	8	175	4	8	50	100
185～205	6	12	195	10	20	46	92
205～225	15	30	215	25	50	40	80
225～245	11	22	235	36	72	25	50

体重/磅	次数	频率	组中值	向上累计		向下累计	
				次数	频率	次数	频率
245～265	10	20	255	46	92	14	28
265～285	2	4	275	48	96	4	8
285 以上	2	4	295	50	100	2	4
合计	50	100	—	—	—	—	—

实际过程中，编制数列没有固定的方法，只要编制后的结果能够反映变量分布特征即可。

3.5　统计表

1. 统计表的概念

数据整理后用表格化的形式显示出来，便形成统计表。统计表是由纵横交叉线条所绘制的表格来表现统计资料的一种形式，如表 3-13 所示。

表 3-13　某年某上市公司财务指标汇总表

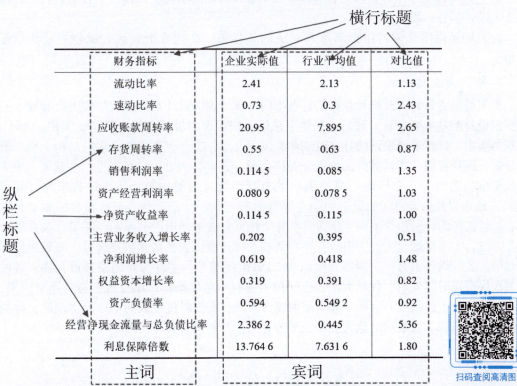

财务指标	企业实际值	行业平均值	对比值
流动比率	2.41	2.13	1.13
速动比率	0.73	0.3	2.43
应收账款周转率	20.95	7.895	2.65
存货周转率	0.55	0.63	0.87
销售利润率	0.114 5	0.085	1.35
资产经营利润率	0.080 9	0.078 5	1.03
净资产收益率	0.114 5	0.115	1.00
主营业务收入增长率	0.202	0.395	0.51
净利润增长率	0.619	0.418	1.48
权益资本增长率	0.319	0.391	0.82
资产负债率	0.594	0.549 2	0.92
经营净现金流量与总负债比率	2.386 2	0.445	5.36
利息保障倍数	13.764 6	7.631 6	1.80

横行标题

纵栏标题

主词　　宾词

扫码查阅高清图

统计表是统计分析的重要工具之一。统计表能将大量统计数字资料加以综合组织安排，使统计资料直观和系统化，便于阅读和比较，从而更加容易发现现象之间的关系与规律性。

2. 统计表的构成

（1）统计表的结构。

从结构上看，统计表主要由表头、横行标题、纵栏标题、指标数值四个主要部分组成，必要时可以在统计表的下方加上表外附加。

1）表头是表的总名称，用简单的文字概括统计表所描述的数据资料内容。表头一般放在表的上方中间。

2）横行标题表示各组的名称，说明统计表要研究的对象，是横行的名称，也称行标题，通常安排在统计表的第一列。

3）纵栏标题表示汇总项目，对应统计指标的名称，也称列标题，通常安排在统计表的第一行。

4）指标数值是各项目汇总的数据，列在各横行标题与各纵栏标题交叉处，即统计表的右下方。

5）表外附加通常放在统计表的下方，主要包括资料来源、指标的注释、必要的说明等内容。

（2）统计表的内容。

从内容上看，统计表由主词和宾词两部分构成。

1）主词是说明总体的名称，它可以是各个总体单位的名称、总体各个分组名称，在构成上表现为横行标题。

2）宾词是说明总体的指标名称和对应的指标值，在构成上表现为纵栏标题和指标数值。

3. 统计表的设计

根据研究者目的以及统计数据的特点不同，统计表的设计在形式和结构上会有较大差异，但设计的基本要求是一致的。总体上来说，统计表的设计应符合科学、实用、简练、美观的要求。具体来说设计统计表时要注意以下几点：①合理安排统计表的结构。比如横行标题、纵栏标题、指标数值的位置应安排合理。②表头一般应包括表号、总标题、表中数据及单位等内容。总标题应简明确切地概括出统计表的内容，即统计数据的时间点（段）、地点以及内容。③如果表中的全部数据都是同一计量单位，可放在表的右上角标明，若各指标的计量单位不同，则应放在每个指标后或单列出一列标明。④统计表一般为横长方形，上下两端封闭且为粗线，左右两端开口；统计表栏目多数要编号，一般主词部分按甲、乙、丙等编号；宾词部分按（1）（2）等次序编号；主词与宾词位置可互换。各栏排列次序应以时间先后、数量大小、空间位置等自然顺序编排；填写数字资料不留空格，即在空格处画上斜线或一字线。⑤在使用统计表时，必要时可在表的下方加上注释，特别要注明资料来源，以表示对他人劳动成果的尊重，方便读者查阅使用。

3.6　统计分布类型

数据整理好后，可以用统计分布图进行描述，从而更直观地显示变量的分布状态，发现现象的分布规律，这也是判断数据整理结果优劣的准则之一。一般而言，根据数据分布的形状，常见的有钟形分布、U 形分布、J 形分布和多峰(谷)形分布四大类。

3.6.1 钟形分布

钟形分布因其分布曲线如钟的形状而得名。一般而言，钟形分布中间变量值分布的次数或频率最多，两侧变量值分布的次数或频率值随着与中间变量值距离的增大而逐渐减少，呈现"两头小，中间大"的分布特征。

钟形分布是自然和社会现象中最常见的分布之一。如心理学中交往频率和喜欢程度的关系，说服次数与效果的关系，信息强度与态度转变的关系；管理学中压力与效率的关系，动机与效果的关系；财政学中的拉弗曲线等。

钟形分布中中心变量值两侧呈对称状态的分布称为对称分布。最重要的对称分布为正态分布。如人的身高和机器包装食品的重量等，都服从正态分布。

大量钟形分布为非对称分布，即分布并不围绕中心变量值两侧对称，而是呈现左边变量值较多或右边变量值较多的特征，分别称为左偏分布(负偏分布)与右偏分布(正偏分布)。其中左偏分布特征的现象有高速公路上过测速点的汽车速度、黄金纯度分布、死亡按年龄的分布等。右偏分布特征的现象有医学领域血液中血铅含量分布和一些传染病潜伏期的分布，水文学领域汛期坝前最高水位的分布，收入分配状况随经济发展过程而变化的曲线(即库兹涅茨曲线)和环境污染按经济发展程度分组的曲线等。

同步案例 >>>

拉弗曲线与税率

20 世纪 30 年代的世界经济大危机使凯恩斯主义得以流行，其需求管理政策被西方不少国家长期奉为"国策"。但是，"玫瑰色的繁荣期"过去后，到 20 世纪 70 年代，长期的扩张政策导致了"滞胀"，即经济停滞与通货膨胀并存。如何医治"滞胀"这个恶疾，便成为现代西方经济学家研究的重点。

这时，南加利福尼亚商学院教授阿瑟·拉弗提出了"拉弗曲线"理论。拉弗曲线并不是严肃的经济学家精心研究的结果，而是拉弗 1974 年为了说服当时福特总统的白宫助理切尼，使其明白只有通过减税才能让美国摆脱"滞胀"的困境临时画的进线。他借助餐叉，用盘中的果酱，在白色的餐巾上绘制了一条反映税率与税收关系的曲线，这就是著名的"拉弗曲线"，所以被戏称为"餐桌曲线"。

这个理论得到同来赴宴的《华尔街日报》副主编、综合经济分析公司总经理贾德·万尼斯基极大的赞赏，他利用记者身份在报纸上大肆宣传。同时还不是美国总统的里根用经历证明了拉弗曲线。他总是说："第二次世界大战期间我拍电影赚过大钱。……在那时，战时附加所得税达 90%，……你只能拍四部电影就达到最高税率那一档了，……因此，我们拍完四部电影就停止工作，并到乡下度假。"因此，在 1979 年总统竞选时，减税成为其竞选纲领之一。

拉弗曲线的一般形状如图 3-12 所示，可以理解为：在原点税率为零时，将没有税收；随着税率增加，税收达到最高额；当税率为 100% 时，没有人愚蠢到还要去工作。

拉弗曲线说明，当税率超过图中最高点时，挫伤积极性的影响将大于收入影响。所以尽管税率被提高了，但税收却开始下降。图中的阴影部分被称为税率禁区，当税率进入禁区后，税率与税收成反比关系，要恢复经济增长势头，扩大税基，就必须降低税率。只有通过降低税率才可以鱼与熊掌兼而得之——收入和国民产量都将增加。

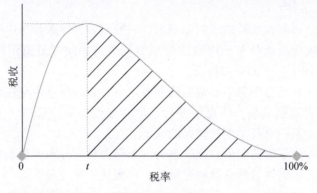

图 3-12　拉弗曲线

（资料来源：基于百度百科等整理）

3.6.2　U 形分布

U 形分布因其分布曲线如"U"而得名。U 形分布恰好与钟形分布相反，靠近中间的变量值次数或频率较少，靠近两端的变量值次数或频率较多，呈现"两头大，中间小"的分布特征。U 形分布特征的现象如短期与长期成本曲线、幸福指数按年龄分布的曲线、每日天空中云量占比曲线和浴盆曲线。如幸福指数从年龄方面看，青年人和老年人的负担相对较小，幸福感较强，而中年人需要负担事业和家庭责任，幸福感较弱，因此呈现两端大、中间小的特征。

浴盆曲线（Bathtub Curve）也称为失效率曲线，是产品故障（失效）率随使用时间的分布，产品从投入到报废为止的整个寿命周期内，其可靠性呈现 U 形变化，具有明显的三阶段性，具体为：早期失效期（新产品调试阶段），偶然失效期（正常工作阶段），损耗失效期（老化阶段），如图 3-13 所示。

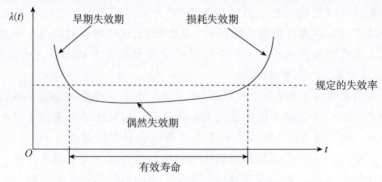

图 3-13　产品失效的浴盆曲线

3.6.3　J 形分布

J 形分布因其分布曲线如"J"而得名，是指次数或频率随着变量值变化而呈现单调上升或下降的趋势。如果次数或频率随变量值增加而增加，则称为正 J 形分布，一般为增函数曲线；反之则称为负 J 形分布（或反 J 形分布），一般为减函数曲线。大量现象服从 J 形分布，如经济学领域的供给曲线和需求曲线，生物学领域的种群增长曲线，管理学领域的波士顿经验曲线[①]和个人努力程度曲线[②]。文本挖掘领域，文档中词语词频分布，网络音乐中不同音乐下载的频率等服从齐夫（Zipf）分布，也是负 J 形分布。如生物种群繁殖数量在食物（养料）、空间条件充裕、气候适宜和没有敌害等理想条件下，种群的增长率不变，数量会连续增长，呈现正 J 形分布。

同步案例

艾宾浩斯与遗忘曲线

赫尔曼·艾宾浩斯（Hermann Ebbinghaus），德国著名心理学家和哲学家。1867 年进入波恩大学学习历史学和语言学，1873 年获得哲学博士学位。1875—1878 年游学于英国和法国，并开始用实验方法研究记忆。1885 年出版《论记忆》，其是实验心理学史诗性著作；在 1890 年和他人共同创办了《心理学和感觉生理学》杂志。

他进行科学的实验，验证记忆的特征和影响因素。通过研究他发现如下规律：

（1）音节长度对记忆的影响。他发现，如果音节长度分别为 7，12，16，24 和 36，做到正确无误背诵一遍时，7 个音节的词表只需平均诵读一次，而 36 个音节的词表则要读 55 次。

（2）材料的意义性对记忆的影响。艾宾浩斯的研究发现，背诵无意义音节要比背诵有意义的材料难得多。为了确定这种差异，他识记拜伦的《唐璜》一诗中的节段，每一段有80 个音节。他发现大约需要读 9 次能记住一段。然后他识记 80 个无意义音节，发现完成这个任务几乎需要重复 80 次。于是他得出结论说，无意义材料的学习比有意义材料的学习在难度上几乎达到 9 倍。

（3）保持间隔对遗忘的影响。这是艾宾浩斯最著名的研究成果。众所周知，无意义材料的遗忘先快后慢。具体如图 3-14 所示。

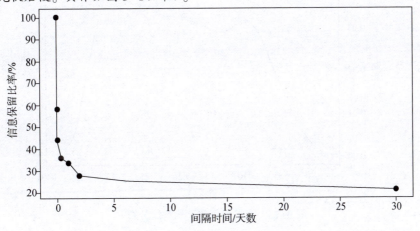

图 3-14　艾宾浩斯记忆遗忘曲线

其中在记忆与时间间隔的研究关系中，为了避免原有经验的干扰，艾宾浩斯创造了无

---

① 波士顿经验曲线描述生产单位时间与连续生产单位之间的关系。
② 也称为社会懈怠效应，三个和尚没水喝的传统故事就是最好的说明。

意义音节,如 ZOT、BOK、KIF、MUY、KIR 和 XAJ 等。这种由"辅音+元音+辅音"组成的音节,任何被试者都未曾学过。然后他亲身实验,依次学习了几个刺激物,研究记忆的特征与影响因素。

他发现,遗忘在学习之后立即开始,而且遗忘随着时间的变化是不同的,最初遗忘速度很快,以后逐渐缓慢,其中两个小时就忘了一半以上,经过一天大致还记得33%左右,经过两天还记得30%左右(见表3-14)。这条曲线告诉人们在学习中的遗忘是有规律的,遗忘的进程很快,并且先快后慢。观察曲线会发现,所学的知识在一天后,如不抓紧复习,就只剩下原来的33.7%。随着时间的推移,遗忘的速度减慢。

表3-14　信息保留比率与时间间隔的关系

时间间隔	0	20min	1h	8h	1d	2d	6d	30d
信息保留比率/%	100	58.2	44.2	35.8	33.7	27.8	25.4	21.1

(根据网络资料整理)

3.6.4　多峰(谷)分布

多峰(谷)分布是指超过一个隆起(凹陷)部分的分布。数列有若干个隆起(凹陷)部分,反映出影响数据的主要因素有若干个不同的水平,受不同水平影响的数据分别以不同的中心点聚集,从而形成若干个峰值(凹陷值)。如把成年男女身高数据放在一起进行分析,分布形状大致显示两个峰值,具体为162cm(女性)和175cm(男性)。

如气象学中气温服从多峰分布。图3-15是南昌市每日平均气温分布,可以发现,在约8℃和30℃两处存在峰值,且30℃的峰值更高,说明冬天大概为8℃,而夏天大概为30℃,其中夏天高温比冬天低温的时间更长。

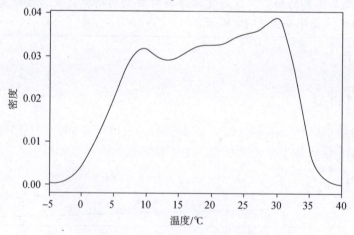

图3-15　南昌市每日平均气温分布①

一般而言,出现这种多峰分布,意味着总体比较复杂,实际分析中,可能需要对总体进一步分组进行分析。如上述案例中,对男女分组和季节分组分别进行研究。

---

① 原始数据来源于历史天气查询网:http://www.826226.com/,利用 Python 爬虫获取数据并整理。

第 4 章 统计图展示

圖，畫計難也。从口从啚。啚，難意也。

——许慎《说文解字》

4.1 品质数据的统计图显示

品质数据的图示方法常见的有三种，即饼图、条形图和帕累托图。为了展示需要，可以基于三种图进行变形，如累积百分比条形图和环形图等。

4.1.1 饼图

饼图，也称饼状图，是一个划分为几个扇形的圆形统计图，其中每个扇区的弧长(以及圆心角和面积)大小为其所表示的数量的比例。这些扇区合在一起刚好是一个完全的圆形。顾名思义，这些扇区拼成了一个切开的饼形图案。

一般认为，饼图为威廉·普莱菲于 1801 年在《统计学摘要》(*Statistical Breviary*)中提出。后来在 1858 年经过查尔斯·约瑟夫·米纳尔德的应用，并在饼图中增加了相关的三维信息，从而得到了推广和普及。

饼图主要用于描述现象之间数量、频率或百分比之间的相对关系，在现实生活中运用非常普遍。如分析地区产业结构、GDP 需求结构、人口年龄结构等，都可以用饼图来分析。图 4-1 显示正常人体生命元素结构，主要包括氧、碳、氢和氮，还有必需矿物质等。其中氧约占人体重量的 65%，碳约占 18%，氢约占 10%，氮约占 3%，必需矿物质约占 4%。

饼图进一步可以衍变成环形图，可满足进一步的对比分析。图 4-2 显示了 2000 年、2010 年及 2020 年三个不同年份中国三产业占 GDP 比重的结构特征。图中不仅可以显示某一年产业结构的特征，同时还可以发现三产业随时间的变化趋势。具体而言，其中 2000 年的三产业结构为 15.1∶45.9∶39，到 2020 年为 7.7∶37.8∶54.5，说明在经济增长过程中，第一产业占比逐渐下降，第三产业占比不断上升，产业结构逐渐转向服务业，同时工业在不断升级。

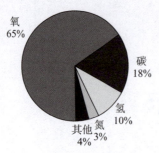

图 4-1　正常人体生命元素结构

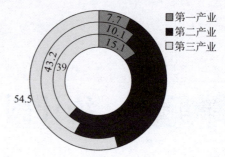

图 4-2　2000 年、2010 年和 2020 年三产业比重①

统计人物 ▶▶▶

弗洛伦斯·南丁格尔与极区图

弗洛伦斯·南丁格尔(Florence Nightingale，1820 年 5 月 12 日—1910 年 8 月 13 日，见图 4-3)，出生于意大利一个来自英国上流社会的家庭，1821 年随全家搬迁至英国，是护理事业创始人、现代护理教育奠基人。南丁格尔是世界上第一个真正意义上的女护士。英国为了纪念她，将她的肖像印在"D 系列"的英镑上；在国际上，她的出生日"5.12"被定为"国际护士节"。

图 4-3　提灯女神南丁格尔

在她之前，护理工作被认为是下贱的职业，工资极低，被人鄙视。因此，大多数护士是来自社会最底层的中老年妇女，拿着低廉的工资，甚至不够养家糊口。由于没有规范的医护培训和完善的医疗制度，护士们没有受到基础上岗培训，没有常规的医学知识。

当她想成为护士时，遭到全家人的强烈反对，但她仍坚持自己的职业理想。1853 年，爆发了克里米亚战争，由于战地医院没有护士且医疗条件恶劣，许多伤员因没有得到及时的护理而死亡，英国的参战士兵死亡率高达 42%。

于是南丁格尔主动申请担任战地护士，率领看护所 38 名护士抵达前线服务于战地医院，并担任野战医院的护士长，为伤员及时解决必需的生活用品和食品，对他们进行认真

---

①　由内到外分别为 2000 年、2010 年和 2020 年，资料来源于国家统计局官网。

的护理，很多伤兵们称她们为"上帝派来的天使"。在南丁格尔的努力治理下，仅仅半年左右的时间伤病员的死亡率就下降到2%，但她从未声称自己对降低死亡率有帮助。

南丁格尔在医学和护理界的辉煌成就，掩盖了南丁格尔作为一名优秀的统计学家的身份——她是英国皇家统计学会的第一位女性会员，也是美国统计学会的会员，这是较少为人所知的。据说南丁格尔早期大部分声望都来自其对数据清楚且准确的表达。

在当时，各个医院的统计资料非常不精确且差异较大，她认为精确可靠的医学统计资料有助于改进医疗护理的方法和措施。于是，在她编著的各类书籍、报告等材料中使用了大量的统计图表，其中最为著名的就是极区图(Polar Area Chart)，也称南丁格尔玫瑰图或鸡冠花(Coxcomb)。

在克里米亚战争中，她经过统计调查发现，战斗中阵亡的士兵数量少于因为受伤却缺乏治疗的士兵。为了挽救更多的士兵，她绘制了名为"东部军队(战士)死亡原因示意图"(见图4-4)，这张图描述了1854年4月—1856年3月士兵死亡情况，右图是1854年4月—1855年3月，左图是1855年4月—1856年3月，用红(内圈)、黑(中圈)、蓝(外圈)三种颜色表示三种不同的情况，蓝色代表可预防和可缓解的疾病因治疗不及时造成的死亡、红色代表战场阵亡、黑色代表其他死亡原因。图表各扇区角度相同，用半径及扇区面积来表示死亡人数，可以清晰地看出每个月因各种原因死亡的人数。显而易见，1854—1855年，因医疗条件而造成的死亡人数远远大于战死沙场的人数，这种情况直到1856年年初才得到缓解。

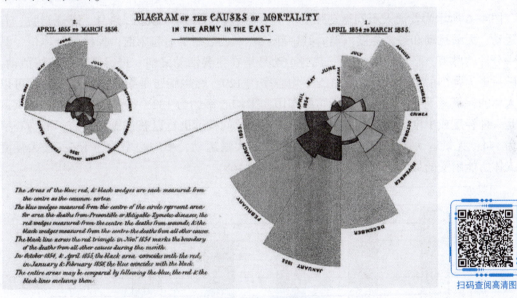

图4-4　东部军队(战士)死亡原因示意图

南丁格尔的这张图表以及其他图表"生动有力地说明了在战地开展医疗救护和促进伤兵医疗工作的必要性，打动了当局者，改善了军队医院的条件，为挽救士兵生命做出了巨大贡献"。

(根据网络资料整理)

4.1.2　条形图

条形图是指一种以长方形的长度显示变量的统计图，也称条图、条状图、棒形图或柱状图等。

条形图主要用于描述现象之间数量、频率或百分比之间的相对关系，可用来分析不同时间(条件)两个或以上的组别之间的对比与趋势，在现实生活中运用非常普遍。如诺贝尔不同奖项获得者的平均年龄，可用条形图表示，如图4-5所示。可以看出，获奖年龄较小的是物理、化学和医学(55岁和58岁)，较大的是文学和经济学(65岁和67岁)，大致可以看出，自然科学获奖年龄偏年轻，而社会科学获奖年龄较大。

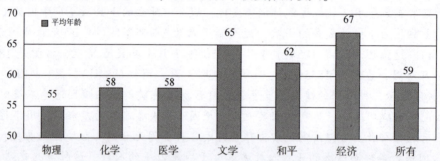

图4-5　各项诺贝尔奖获得者平均年龄①

图4-6所示为普通人不同运动强度下的平均心率，分别为静息、热身、燃烧脂肪、有氧运动、无氧运动和最大强度六类。其中静息心率是指在早上起床前，保持仰卧体位，测量一分钟的脉搏，平均心率约60；热身运动是指在主要活动之前，进行简单的肢体活动，为随后更为强烈的身体活动做准备，平均心率约120；燃烧脂肪是指人体增加运动后可以使人体的耗氧量上升，增加消耗脂肪的作用，平均心率约为132，如慢跑和瑜伽；有氧运动是一种轻度或中度运动，可以通过有氧代谢长时间持续进行以获得血红蛋白，平均心率约为144；无氧运动指在短时间内完成高强度的大量运动，平均心率约为156；最大强度为人体所能耐受的最大运动强度，平均心率约为168。

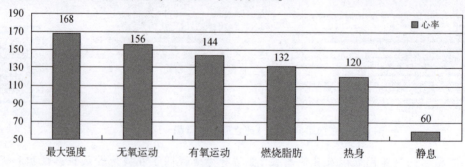

图4-6　最高心率为180的普通人不同强度运动状态平均心率

当然，根据可视化的要求，条形图也可以用颠倒90°的形式来显示(见图4-7)，也可以根据需要，把条形图绘制成动态的形式，以反映不同时间变量排序的变化。

---

① 原始数据来源：Http：//www. Nobelprize. org。

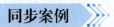

同步案例

有意思的研究——姓名与个体心理及行为关系①

心理学中有一个现象叫"人名字母效应"，也就是说，人通常会潜意识比较喜欢自己名字里的开头字母。如名字叫 Sophie，极有可能最喜欢字母"S"；名字叫 Daniel，极有可能最偏爱字母"D"。图4-7为4 300位 NBA 球员按姓和名首字母的分布横向条形图。可以发现，篮球运动员中，以 B 等字母开头的姓氏和名字都比较多。

这种姓名首字母与篮球是否存在某种相关性？确实，一直以来有人对姓名与个体心理行为的关系进行研究。

早在2 000多年前，《圣经·撒母耳记 I 》就记载了"人如其名"②的朴素观念；在中国，东汉时期的《白虎通义·姓名》就提出了"人必有名何？所以吐情自纪，尊事人者也"的哲学思想③。当代萧遥天的《中国人名研究》从历史学和语言学的视角描绘了中国人姓名的历代变迁图谱；纳日碧力戈的《姓名论》则从民族学和人类学的角度解析了各民族姓名的社会文化内涵。大约在一个多世纪以前，循着社会科学千百年探索人类姓名的脚步，心理学终于借实证之力敲开了姓名的科学量化研究之门。

姓名的内在特征(如独特性、性别倾向、含义效价、温暖—能力维度等)在不同程度上可以预测这些领域的心理与行为(包括职业、生活和经济决策，职业与学业成就，生理与心理健康等)。

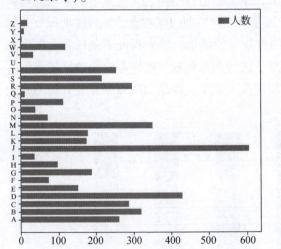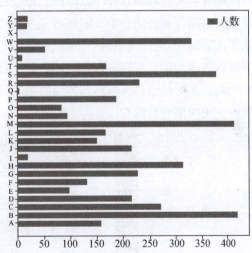

图4-7 4 300位 NBA 球员按姓(左)和名(右)的首字母分布④

以职业选择为例，研究发现，人们倾向于选择那些名称与自己名字相似的职业。以 Brett W. Pelham 为首的研究团队针对"姓名相似性"的心理效应开展过一系列研究，内容

---

① 包寒吴霜，蔡华俭.姓名对个体心理与行为的实际影响：证据和理论[J].心理科学进展，2021，29(06)：1067-1085.

② 英文原文为：As his name is, so is he.

③ 大意为：人一定要有名，为什么呢？用来表达感情、记录事情，用来表达对某事、某人的尊重等。

④ 原始数据来源：https://sports-statistics.com/nba-basketball-datasets-csv-files/。

涉及职业选择、居住地选择、伴侣选择和消费行为等。他们指出，在美国棒球运动员中，姓氏或名字首字母为P的人更有可能胜任投手(Pitcher)而非其他位置，不过该结果仅边缘显著(Newman et al.，2009)。同时，在棒球运动中，一般用字母K来记录"三击不中出局"(Strikeout)失误，于是还有研究发现，姓氏或名字首字母为K的棒球运动员比其他首字母的运动员更容易出现这种失误，但效应量其实很小(Nelson & Simmons，2007)。

上述结果并不稳定，遭到了部分学者的质疑。有人采用更严谨的分析方法对26个英文字母都进行比例差异检验，结果发现"三击不中出局"失误的首字母效应在21个字母中都存在，其中有的方向为正、有的方向为负，而且字母K并不是效应量最大的字母。因此，姓名首字母与运动员绩效的关系很可能只是一种虚假相关(McCullough & McWilliams，2010)。

但总体而言，姓名和个体心理与行为的很多方面仍可能存在一定的关系。在理论上反映了个体的"内隐自我中心"(Implicit Egotism)，即个体对自己的无意识偏好，实际上也是内隐自尊(Implicit Self-Esteem)或自我促进动机(Self-Enhancement Motive)的一种表现。

(根据网络资料整理)

还有一种为堆积百分比条形图。堆积百分比条形图适合不同名义变量下的结构性特征数据，常用在调查问卷中。图4-8是某调查问卷中不同类型问题心理感知程度堆积百分比条形图。其中0~10是指不同的感知程度，随着数字的增加，感知程度不断增强，图中对应的颜色也加深。可以发现，被调查者对自尊、情绪调节和童年创伤等方面感知较强的占比较高；而对孤独和压力感知方面的感知呈现两头大现象，即毫无压力和非常有压力占比较多，中间层相对较少。

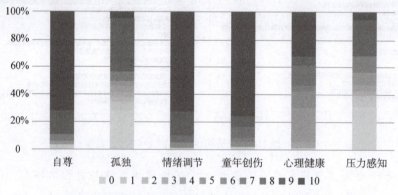

图4-8　某调查问卷不同类型问题的感知程度结果

还有一种能够反映转化关系的条形图，也称漏斗图，能够很好地反映各阶段转化的成果和效率。如某电商平台某商品的浏览量为1 542次，点击数量为956次，订单数量为516次，付款数量为362次，最后成交数量为225次，如图4-9所示。

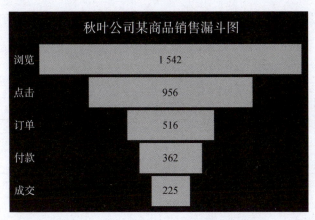

图 4-9　某电商平台某商品销售转化漏斗图

4.1.3　帕累托图

帕累托图，是条形图和向上累计曲线结合的图形，因与帕累托法则（20/80 法则）有关而得其名，也称排列图、主次因素分析图。结构上为两个纵坐标和一个横坐标，由数个直方形和一条折线构成。其中左侧纵坐标表示频率，右侧纵坐标则表示累计频率（以百分比表示），横坐标表示影响质量的各种因素名称，按影响大小顺序排列，直方形高度表示相应的因素的影响程度（即出现频率为多少），上方折线则表示累计频率线（又称柏拉图曲线）。1930 年帕累托图由约瑟夫·朱兰首次应用于质量控制和管理当中，现在是质量控制的一个重要工具，为品质管理上经常使用的一种图表方法。

帕累托图一般用于了解主要问题或关键影响因素，并有针对性地加以改善。图 4-10 所示为某制品的不合格数。从结果来看，其重要性程度排列为：脏污（占 41.9%），涂装（占 24.3%）与伤痕（占 17.6%），三者加总占 83.8%，只要控制前面三个主要因素，80% 以上的不合格问题就能得到解决。

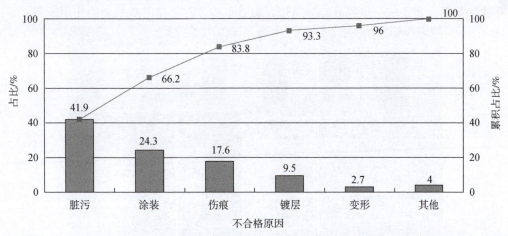

图 4-10　质量管理中某制品检查中所发现的不合格占比

图 4-11 为酱油不合格的原因及其占比帕累托图。其中酱油不合格原因的指标共计 5 个，包括氨基酸态氮、菌落总数、防腐剂、铵盐和甜味剂。其中，氨基酸态氮（55.4%）和

菌落总数(28.2%)是酱油不合格的主要原因,两者占不合格指标总数的比例达到83.6%。

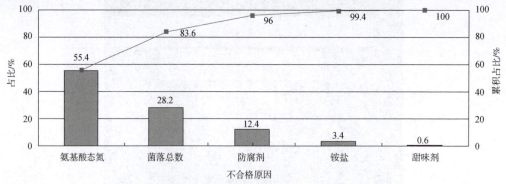

图4-11 市场监管总局对不同酱油抽检的不合格占比

4.1.4 树状图

饼图或者条形图常用来表示结构关系,但绘制饼图和条形图的数目有限。如果分类超过5个,树状图更能方便描述多分类的特征。

树状图,是用于展现分类数据结构的一种分析工具,通过矩形的面积、排列和颜色显示比例及层级关系,能够直观体现同级之间的比较。树状图由马里兰大学教授 Ben Shneiderman 于20世纪90年代提出,起初是为了找到一种有效了解磁盘空间使用情况的方法。

图4-12为2021年中国地方财政支出项目结构树状图。结果显示,教育(17%)、社会保障就业(15.6%)、农林水事务(10.2%)、城乡社区事务(9.2%)、医疗卫生(9%)和一般公共服务(8.7%)等支出为地方财政的主要支出项目,特别是教育占地方财政预算支出的17%。教育支出是公共财政支出的主要成分之一,事实上,很多发达和发展中国家的教育支出都比较大,如新西兰、瑞士、冰岛、爱尔兰等发达国家,墨西哥、巴西、智利等发展中国家,都达到15%甚至更多。持久的高教育支出占比,有效提升了中国受教育人口比重和受教育程度,保证了教育质量的不断提升。在地方财政紧张,教育支出占比无法进一步提升的背景下,为了进一步提升教育质量,着重点应该在提高财政资金的使用效率。

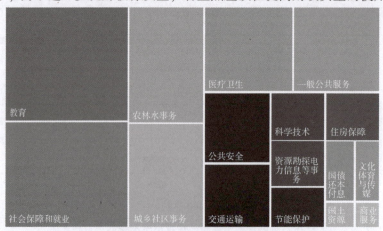

图4-12 2021年中国地方财政支出项目结构树状图①

———————————

① 数据来源于国家统计局官网,其中最后面两项支出分别为国土资源气象等事务和商业服务业等事务。

4.1.5　统计地图

统计地图是以地图为底本，用各种几何图形、实物形象或不同线纹、颜色等表明指标的大小及其分布状况的图形。统计地图可以突出说明某些现象在地域上的分布。统计地图有点地图、面地图、线纹地图、彩色地图、象形地图和标针地图等。

如基于中国地图，通过深浅不同颜色描述各省(市、自治区)GDP 数据，可以发现各地区经济发展呈现结构性特征，其中东部沿海地区 GDP 较高，呈现较深的颜色；中部地区 GDP 居中，呈现中间颜色；而西部地区 GDP 较低，呈现较浅的颜色。其他数据如气温、旅游人口密度等都可以通过统计地图展示。

4.2　数值型数据的统计图显示

数值型数据的显示有直方图、箱线图、茎叶图与折线图等，同时某些品质型数据的显示图也可用来显示数值型数据。

4.2.1　直方图

直方图，又称柱状图，用横轴表示数据分组，纵轴表示频数或频率，各组与相应的频数就形成了一个矩形，用矩形的宽度和高度(即面积)来表示频数分布。用直方图可以显示资料的分布规律和状态。图 4-13 为 50 位 NBA 球员的体重次数分布。由图可知，体重范围为 205~225 磅的人最多，往两边走逐渐减少，即倒 U 形分布。

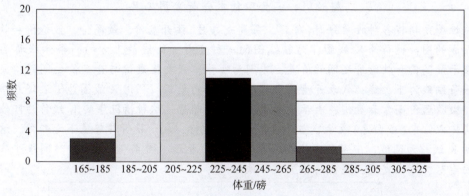

图 4-13　50 位 NBA 球员的体重次数分布

直方图与条形图具有一定的相似性，都是以柱状的形式来表示现象的分布特征。其区别有以下两条：①条形图是用条形的高度表示各类别频数的多少，其宽度是固定的，其图是分开排列的；②条形图主要用于展示分类数据，直方图则主要用于展示数值型数据。

4.2.2　箱线图

箱线图，因其图形类似"箱子"和"线条"组合的图形而得名，主要利用数据中的五个统计量(最小值、第一四分位数、中位数、第三四分位数与最大值)来描述数据的一种方法，也称箱须图。

箱线图作为描述统计的工具之一，可以粗略地估计数据的对称性和分散程度，特别可用于对几个样本的比较。同时，它还能直观地识别数据批中的异常值，判断数据批的偏态和尾重，并进一步比较几批数据的形状。如图 4-14 所示为三种方案治疗阻塞性肺病后的最大呼气量箱线图，其中第一种为安慰剂的结果，第二种为 10mg 剂量的治疗结果，第三种为 20mg 剂量的治疗结果，从图上看，后两种治疗方式与安慰剂没有很大的差异，因此可以认为这种药物的疗效并不显著。

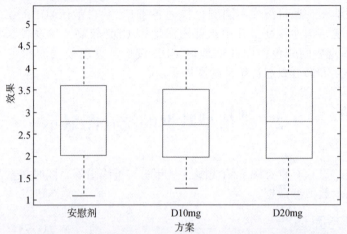

图 4-14　三种方案治疗阻塞性肺病后的最大呼气量箱线图

同步案例 »»»

蜡烛图——金融技术分析常用工具

蜡烛图是指将各种股票每时(每日、每周或每月)按开盘价、最高价、最低价和收盘价绘制而成的图，也称为 K 线图，为箱线图的一种变异。K 线最上方的一条细线称为上影线，表示最高价和收盘价之间的价差，中间为实体，代表收盘价与开盘价之间的价差，下面的一条细线为下影线，代表开盘价和最低价之间的差距。利用 K 线图能够表现涨跌变化状况。当收盘价高于开盘价，表示股价走势呈上升趋势，这种情况下的 K 线称为阳线，中部的实体以红色(或白色)表示。当开盘价高于收盘价，表示股价趋势呈下降趋势，这种情况下的 K 线称为阴线，中部的实体以绿色(或黑色)表示。图 4-15 为某个时间段平安银行股价的走势，可以发现，股价总体呈现下跌的趋势。

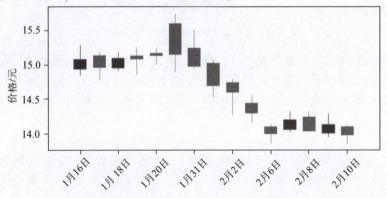

图 4-15　某年 1 月 16 日—2 月 10 日平安银行股价走势

蜡烛图是技术性分析的基础。技术性投资起源可以追溯到 18 世纪的日本,当时处于德川家康家族领导下的幕府时期,日本从 60 多个小诸侯国合并为一个国家。随着全国市场的连通,农业和商业发展很快,并且形成了全国范围的市场体系。在这种历史背景下,本间宗久写下了技术分析理论最早的著作《酒田战法》和《风、林、火、山》,从而被誉为"市场之神"。正是由于这种背景,现有的很多 K 线术语,如"穿刺线""墓碑线""红三兵"等,均由战场术语中引用而来。从本间宗久的著作中逐渐演化出现代投资者所使用的蜡烛图(后来被西方技术分析理论所吸收)。蜡烛图的英文是"Candle",取其谐音称为 K 线图。

通过 K 线图,投资者能够全面透彻地观察到市场的变化,了解每日波动情形。还有一些特殊 K 线如"十字星""三只乌鸦""红三兵""吞噬线"等能够在一定程度上预测股价未来的走势。目前,K 线图已经成为普通投资者最常用的交易工具之一。掌握基本的 K 线特征和技术性指标,能够辅助投资者在选股和交易时进行科学决策。当然,除了 K 线相关知识,投资者还需要了解上市公司的基本面和宏观经济周期等各方面知识。

(根据网络资料整理)

4.2.3 折线图

折线图是用直线段将各数据点连接起来而组成的图形,以折线方式显示数据的变化趋势,其中时间数据沿水平轴均匀分布,标志值数据沿垂直轴均匀分布,也称为曲线图。折线图可以显示随时间(根据常用比例设置)而变化的连续数据,因此适用显示在相等时间间隔下数据的趋势。

折线图不仅可以表示数量的多少,而且可以反映同一事物在不同时间里的发展变化的规律性。折线图常用来分析数据随时间的变化趋势,也可用来分析多组数据随时间变化的相互作用和相互影响。图 4-16 为 1978—2021 年中国居民消费率的变化趋势。可以看出,居民消费率大致呈现四个阶段且不断下降。第一阶段(1978—1992 年),居民消费率在50% 左右;第二阶段(1992—2000 年),居民消费率在 45% 左右;第三阶段(2000—2005年),居民消费率从 45% 下降到 35% 左右;第四阶段(2005 年至今),居民消费率大致维持在 38% 的水平。居民消费率这种阶段性下降的特征,一方面是由于国民经济核算体系不断完善,另一方面是由于中国经济增长和结构转型过程中需求结构正在逐渐发生变化。

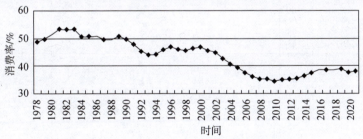

图 4-16 1978—2021 年中国居民消费率变化趋势

4.3 变量关系的统计图显示

多变量关系的统计图显示常见的有散点图、热力图、金字塔图、气泡图、雷达图和切尔诺夫脸谱图等。以下重点介绍前五个统计图的特征及运用。

4.3.1　两变量—散点图

散点图用横轴代表变量 x，纵轴代表变量 y，每组数据在坐标系中用一个点表示，n 组数据在坐标系中形成的 n 个点称为散点，值由点在图表中的位置表示，从而显示变量之间的总体变化趋势。

散点图能够很好地描述社会和经济现象的变量关系。如汽车的重量和汽车每消耗 1L 汽油所行驶的平均路程的关系、父母身高与子女身高的关系等都可以用散点图表示。图 4-17 为 2012 年中国地区财政收入与 GDP 关系的散点图，可以看出，财政收入与 GDP 呈现正相关关系，即总体看来，GDP 越高，财政收入也越高。

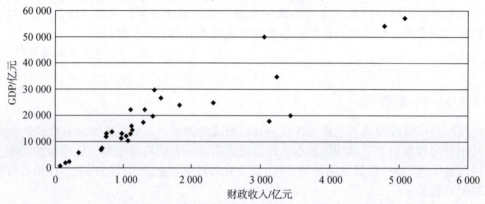

图 4-17　2012 年中国地区财政收入与 GDP 关系散点图

散点图还可以增加变量。图 4-18 为厌食症患者采用不同处理方式前后的体重关系，其中横坐标表示处理前体重，纵坐标表示处理后体重，点的颜色和形状表示的是不同处理方式，其中 Cont(Control) 表示对照组，CBT(Cognitive Behavioural Treatment) 表示认知和行为上的处理，FT(Family treatment) 表示家庭关怀和照顾。可以发现，CBT 和 FT 对于提升轻症患者(注：体重不是非常轻)的体重有一定帮助，对于重症患者帮助不大。

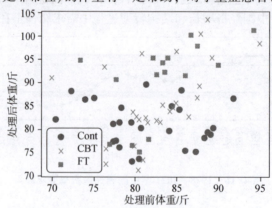

图 4-18　厌食症患者不同处理方式的前后体重关系

还有一种可以用来初步判别数据分布的散点图，为 QQ(Quantile to Quantile) 图。其横坐标为某特定分布的理论分位数，纵坐标为变量的分位数，即样本分位数，对应的散点图代表同一累计概率所对应的分位数。若散点图在直线 $y=x$ 附近分布，则这两个样本是同等分布。如果两个分布是线性关系，QQ 图的点会呈现一条线，并且直线斜率代表变量的标准差，截距代表变量的均值。图 4-19 为某变量分布的 QQ 图，结果显示散点图不是一条直线，这说明数据并不服从正态分布。

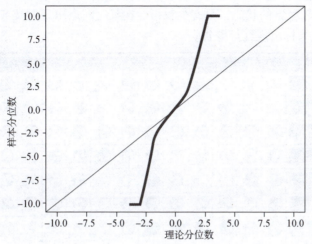

图 4-19　某变量分布的 QQ 图

4.3.2　两变量—热力图

热力图是指两个变量交叉分组后某特征的图示，通过相应位置的矩形颜色去表现数值的大小，其中两个变量可以分别为名义变量或者数值变量。热力图最初是由软件设计师科马克·金尼（Cormac Kinney）于 1991 年提出的，用来描述一个实时的金融市场信息。现在热力图有广泛的用途，其中统计地图在一定程度也是由热力图衍生出来的。

图 4-20 为某呼叫中心的呼叫电话热力图。其中横坐标为不同时间，纵坐标为不同日期，不同颜色表示呼叫电话数量。热力图可以有效展示每周不同时间段呼叫电话数的分布。结果显示，周一上午 7 点至 10 点，为呼叫中心最繁忙的时段，最高达到 4 000 次以上，其次是周二上午 8 点至 10 点，周三上午 9 点，周四上午 10 点。而周六、周日电话呼叫次数为 1 000 次以下，不到最高峰的四分之一。

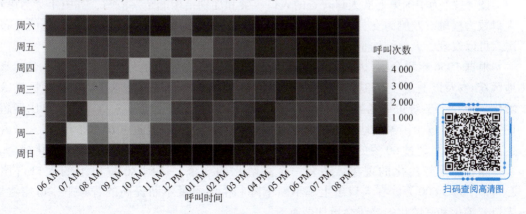

扫码查阅高清图

图 4-20　每周不同时间段呼叫电话数

热力图可用于宏观经济预警。图4-21是宏观经济运行预警图，其中横坐标表示日期，从6月4日至7月3日，纵坐标表示不同的宏观经济指标，如工业生产指数和固定资产投资等指标，不同颜色的灯表示各宏观经济指标运行的数值。总体看出，宏观经济整体为绿灯，也就是相对比较稳定的状态，只有少数指标在某时间点出现过热或者过冷。如在6月8—9日，财政收入指标出现红灯警告。

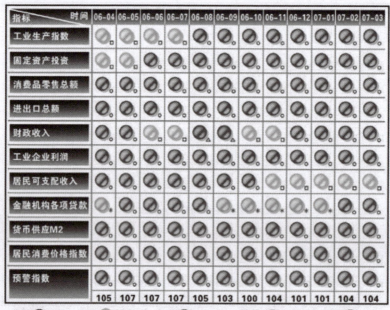

扫码查阅高清图

图4-21　宏观经济运行预警图

4.3.3　两变量—金字塔图

金字塔图，也是显示通过名义变量和数值变量交叉分组后的某现象信息，类似于热力图，不过可以比热力图展示更具体的信息。

图4-22为中国第七次人口普查的人口年龄和性别结构的金字塔图，其中年龄为纵轴，人口数为横轴，左侧为女、右侧为男。结果清晰地展示了中国人口随年龄和性别的分布状况。可以发现，人口结构呈现"头重脚轻"的现象。

根据1956年联合国《人口老龄化及其社会经济后果》确定的划分标准，当一个国家或地区65岁及以上老年人口数量占总人口比例超过7%时，则意味着这个国家或地区进入老龄化。1982年，维也纳老龄问题世界大会，确定60岁及以上老年人口占总人口比例超过10%，意味着这个国家或地区进入严重老龄化。2020年，中国超过65岁的老年人口占比达到13.52%，超过60岁的老年人口达到18.73%，说明中国已经进入严重老龄化社会。

随着严重老龄化的现象，还有一个高龄化的现象，达到80岁以上的人口占比为2.54%，为3 600万。在人口出生率不断下降和生活质量不断提高的背景下，毋庸置疑，人口老龄化和高龄化的趋势会更加严重。

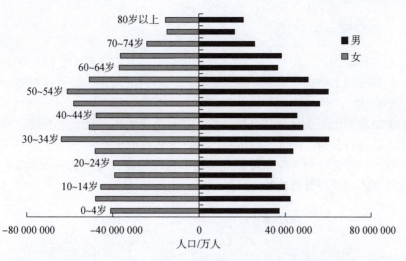

图 4-22 中国第七次人口普查的人口年龄和性别结构①

4.3.4 多变量—气泡图

气泡图是一个将点表示为气泡（或圆圈）的散点图，与散点图类似，但可表现的数据信息量更多。它最多可以表示五维（x 轴、y 轴、气泡大小、气泡颜色和气泡时间），通过更改气泡的大小和颜色，按时间变化将气泡制成动画视觉效果，能使数据探索更加方便。图4-23 为 2022 年全球各地区预期寿命、人均收入、人口数量之间的关系，横坐标表示对数人均 GDP，纵坐标表示预期寿命，气泡大小表示人口数量，图中最大的两个气泡分别表示中国和印度。结果显示，预期寿命随着人均收入的增加而呈现提高的趋势；同时左下角分散，右上角比较集中，说明随着人均收入的增加，预期寿命不断向上收敛。现代经济增长理论指出，经济增长呈现收敛的特征，经济增长收敛和预期寿命收敛，存在很大的相关性。

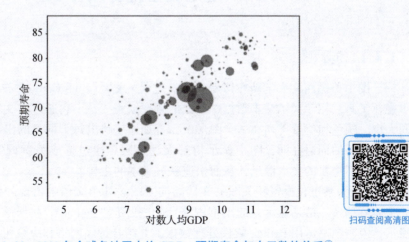

扫码查阅高清图

图 4-23 2022 年全球各地区人均 GDP、预期寿命与人口数的关系②

---

① 原始数据来源于国家统计局官网，其中左侧为负并不代表负数，只是为了更好地展示不同性别的差异。
② 原始数据来源于联合国网站：http://data.un.org/Default.aspx。人均 GDP 取对数后增强了可视化效果。

4.3.5 多变量—雷达图

雷达图，也称蛛网图，由德国社会学派梅尔提出，是指用若干个同心圆表示标志值大小的刻度，在此基础上把圆等分为不同的区域代表不同的变量，进一步将各标志值用线联结起来后，形成的一个不规则闭环图，因其形状类似雷达而得名。

雷达图主要应用于企业经营状况的评价。如对企业的收益性、生产性、流动性、安全性和成长性方面进行分析。图4-24为某上市公司财务指标实际值与行业平均值对比的雷达图。可以看出，经营净现金流量与总负债比率情况最好，将近达到6，而主营业务收入收益率、权益资本增长率等情况较差。

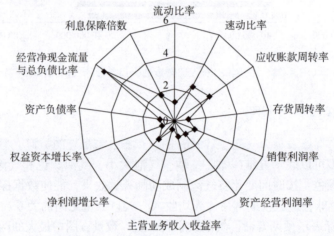

图4-24 某上市公司财务指标实际值与行业平均值对比的雷达图

4.4 复杂关系统计图显示

4.4.1 词云图

词云图由美国西北大学新媒体专业主任里奇·戈登（Rich Gordon）教授提出，是一种数据可视化工具，用于展示文本数据中词语的频率或重要性。它通过将文本数据中的词语以不同大小、颜色和位置排列在一个图形中，直观地反映出每个词语的出现频率或权重，频率或权重越高的词语在词云图中显示得越大越显眼。通过形成关键词"云层"或"渲染"，过滤掉大量不重要的文本信息，从而快速获取文本的主旨。

图4-25为某量化投资相关图书文档的词云图。其中文档中出现的词频越高，对应图中的字体就越大。结果显示，此图书围绕"量化投资""Python""数据挖掘""聚类"等关键词展示，说明图书运用Python软件处理数据，并结合神经网络和决策树等各种统计方法进行量化投资决策。

图 4-25　某量化投资相关图书文档的词云图

4.4.2　决策树图

决策树图，根据可能的情况（不同属性特征）将数据集划分为不同分支节点（数据子集），直到每一个节点的所有样本数据都属于同一类别分支属性停止划分，最终形成"树状"分支结构图形。通过决策树图，可以更方便直观地进行决策。

图 4-26 为蘑菇是否有毒的决策树图。首先是看颜色，如果颜色鲜艳，那就是有毒；不鲜艳，则需要结合蘑菇的形状和气味等条件进行判断。

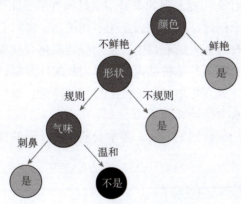

图 4-26　蘑菇是否有毒决策树

4.4.3　鱼骨图

鱼骨图由日本管理大师石川馨先生提出，是一种发现问题"根本原因"的图示。它看上去有些像鱼骨，其中问题或缺陷（即后果）标在"鱼头"处，在鱼骨上长出鱼刺，并罗列问题可能原因，从而有助于形象地理解与记忆，因此也称"因果图"。其特点是简洁实用、深入直观。

图 4-27 所示为患者误吸原因鱼骨图。患者误吸的原因有人、物、管理和方法四方面。如人的原因有病人有智障和甲减，具体包括表达能力差、自我保护能力差和肌力下降等，从而非常直观方便地发现问题出现的根本原因。

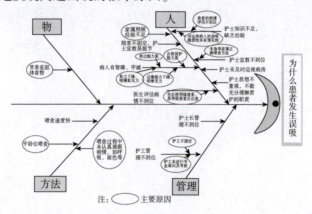

图 4-27　患者误吸原因鱼骨图

4.5　合理运用统计图表

政治家本杰明·迪斯雷利(Benjamin Disraeli)曾有一个著名的论断："世界上有三种谎言：谎言，该死的谎言以及统计。"统计常常被人们有意无意地滥用，比如，错误的统计定义、错误的图表展示、一个不合理的样本、数据的遗漏或逻辑错误等。某产品的抽样合格率是80%。乍看上去没有什么问题，但如果事实上只抽查了5件产品，有4件合格，这样的合格率显然不能说明什么问题。这看上去是用事实说话，实际上成了统计陷阱。

统计也往往被曲解。在有些人的心目中，使用统计就是寻找支持：他们可能有了某种结论，或者说希望看到符合需要的某种结论，而后去找统计数据进行支撑。如果数据分析的结果与预期的结论一致，就宣称用科学的方法得到的结论；如果不一致，要么对数据进行变形甚至篡改数据，要么对统计弃而不用。

实际应用中，正确运用统计图的同时，要学会鉴别统计图的优劣，并了解统计误用与滥用的常见场景。

4.5.1　鉴别统计图优劣的准则

统计图是对数据一种直观且形象的描述，能够让读者快速了解所描述现象的基本特征。好的统计图应包括以下基本特征。

（1）统计图能够简洁且连贯地展示数据集，给人以美感。统计图的出现最初就是对数据集的总结和描述，一般较小数据集用统计表能较容易地总结。通过统计图，读者可以快速发现数据显示的特征、现象之间的联系。

图 4-28 和图 4-29 所示是同一个内容。图 4-28 基本上按照 Excel 原有的形式展示，

没有做很多完善；图4-29进行了相应的完善，强调现有的创业信息主要来源于亲朋好友介绍，故线条更粗，同时对图例位置和各线条的名称进行简化，从而达到美观化。

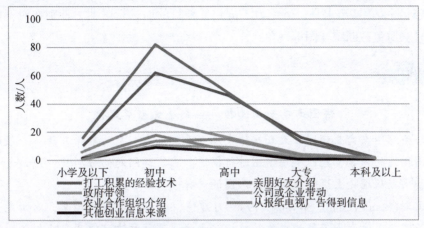

图 4-28　按照文化程度分类统计创业信息来源差异

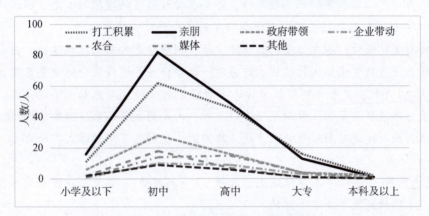

图 4-29　整理好的创业信息来源差异

（2）统计图服务于一个明确的目的，用较少的笔墨和空间，使读者在最短的时间抓住现象的本质。一个优秀的图表可以代替千言万语，但仍然可以清楚地被读者理解。统计图如果达不到目的，则用统计表或文字来描述，如表4-1所示。

表 4-1　按文化程度分类的创业信息来源差异　　　　　　　　　　　　　　人

文化程度	打工积累	亲朋介绍	政府带领	企业带动	农合介绍	媒体	其他
小学及以下	11	**16**	6	1	2	1	2
初中	62	**82**	28	10	18	14	9
高中	46	**49**	16	9	7	15	6
大专	16	**13**	4	3	1	4	1
本科及以上	2	**1**	2	0	0	0	0
总计	137	**161**	56	23	28	34	18

上述的图其实也可以用表进行表示。可以发现，不同文化程度的创业信息来源并没有很大的差异，主要来源都是亲朋好友介绍，政府、企业和农合组织的作用比较小。

（3）统计图必须实事求是，避免为了达到某种目的而进行歪曲。特别在对不同变量或数据比较时，避免截断统计图等现象。

同步案例

饼图与条形图选择——史蒂文斯幂定律

饼图与条形图在商业领域和大众媒体中几乎无处不在，应用非常广泛。一般而言，能够用条形图描述的内容，也能够用饼图进行描述。在实际问题的分析中，应该如何进行选择呢？史蒂文斯从理论上说明饼图与条形图的选择。

史蒂文斯（Stanley Smith Stevens，1906—1973），美国心理物理学家，以研究声音强度的感觉性而闻名。他提出了新的感觉等级评定方法，这种方法可以用来比较不同感官的感觉强度；还提出了心理物理的幂函数定律，弥补了传统心理物理学的不足。1946年当选为国家科学院院士，1960年获美国心理学会颁发的杰出科学贡献奖。

史蒂文斯曾就测量的基本性质把测量定义为，测量就是按照一定的法则，用数学方法对事物的属性进行数量化描述的过程。这是对一切事物差异进行区分的测量定义。

20世纪50年代，史蒂文斯用数量估计法研究了刺激强度与感觉大小的关系。研究发现，感知量并不随刺激量的上升而呈现直线上升，而是刺激量的乘方函数（或幂函数）。换句话说，感知的大小是与刺激量的乘方成正比例的。这种关系用数学式表示为：

$$S = k\,I^a$$

其中，S是感知量，k是由量表单位决定的常数，I是物理量，a是感知通道和刺激强度决定的幂指数，不同的刺激量是不一样的。

以上公式为史蒂文斯幂定律。定律具体给出了心理量与物理量关系的两类形式：

一是当幂指数a小于1时，心理量的增长慢于物理量的增长，这与费希纳的对数定律相似。

二是当幂指数a大于1时，心理量的增长会快于物理量的增长，它与费希纳的对数定律相反，但具有实际的心理意义。即人对有害刺激感觉敏感性的增长快于物理量的增长，因此，具有重要的保护意义并适应生存的作用。

图4-30分别用条形图和饼图表示2004年欧洲议会选举中分配给各个党派的席位数量。两个图都能描述席位的差异，那应该如何进行选择呢？

史蒂文斯从视觉理论上说明饼图与条形图的选择。

对于条形图和饼图而言，条形图用长度来说明各组的差异，饼图用面积说明各组的差异。

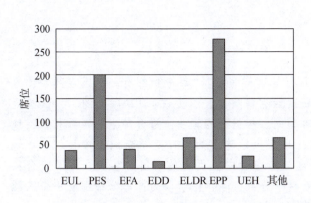
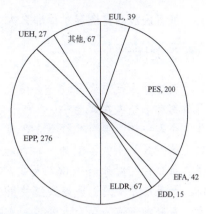

图 4-30　条形图与饼图表示同一数据

因此，如需要表现某组所占比例较大(如 25% 或 50% 以上等)，则适宜用饼图；如果各组之间差异不大，要显示组之间的区别，则适宜用条形图。

(根据网络资料整理)

4.5.2　统计的误用与滥用方式

随着计算机和绘图软件的普及，统计图表被广泛而经常地应用于报纸、杂志、商业和经济报告、研讨会等。但一个不容忽视的事实是，设计者为了达到某些目的，经常有意或无意用统计图误导读者。正如统计学家卡罗尔·戴维森·赖特(Carroll D. Wright)指出，数字不会说谎，但说谎的人会想出办法。1992 年，加拿大特许注册会计师协会研究了数以百计的大型企业年度报告后发现，8% 的报告中含有至少一种误导图，从而掩饰不良结果。因此，对财务统计图的制作应该规范。下面介绍统计图误导或欺骗读者的几种常用方式。

(1)截断统计图。顾名思义，为了达到目的，把相应的坐标截断。图 4-31 为三个厂商生产的牙膏合格率。其中 A 厂商的合格率为 98%，B 为 96.5%，C 为 94.2%，但是两图显示的结果存在较大的差异。左图显示三个厂商的牙膏合格率具有巨大的差异，右图显示的结果并没有很大的差异。

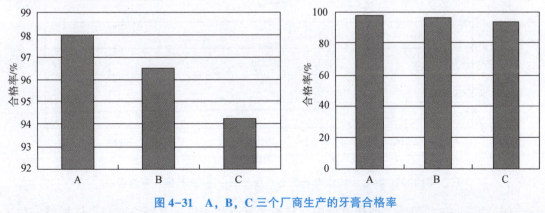

图 4-31　A，B，C 三个厂商生产的牙膏合格率

那究竟哪个图更符合实际？经过对比可知，左图的纵坐标是截断的，从 92% 开始，右图从 0 开始，则可知右图更符合实际。即三厂商生产的牙膏，合格率并没有本质上的差

异，或者说没有左图显示得那么大。

统计笑话

英国诗人捷尼逊写过一首诗，其中几行是这样写的："每分钟都有一个人在死亡，每分钟都有一个人在诞生……"有个数学家读后去信质疑，信上说："尊敬的阁下，读罢大作，令人一快，但有几行不合逻辑，实难苟同。根据您的算法，每分钟生死人数相抵，地球上的人数是永恒不变的。但您也知道，事实上地球上的人口是不断地在增长。确切地说，每分钟相对地有1.067人在诞生，这与您在诗中提供的数字出入甚多。为了符合实际，如果您不反对，我建议您使用17/16这个分数，即将诗句改为：每分钟都有一个人死亡，每分钟都有一又十六分之一人在诞生……"

（2）**统计图横纵坐标比例不一致**。具体就是通过改变横纵坐标的比例，拉长或缩短横坐标，从而达到目的。如图4-32所示，左上图是正常的图，右上图是横坐标缩短的图，下图是横坐标拉长的图，三个图都是显示2010—2012年的中国GDP增长率，这三个子图给读者的印象存在区别。具体而言，右上图感觉增长率下滑较快，下图感觉增长率下滑较慢。

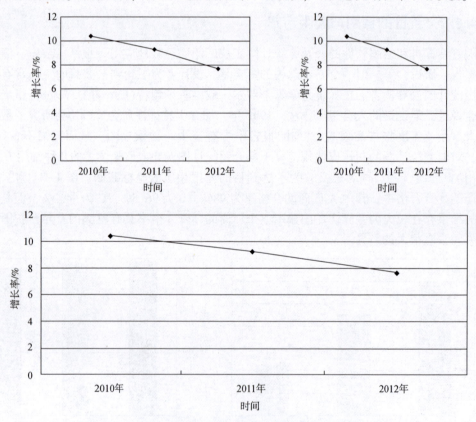

图4-32 2010—2012年不同方式显示的中国GDP增长率趋势

（3）**抽样方法的偏误**。抽样过程中，样本要具有代表性，其特性要与总体保持一致。只有满足这一要求，利用抽样得出的结论才能让人信服。但大多数的调查者并未遵循抽样的这一基本原则，甚至是为了得出某些观点而"选择性"抽样。这样的例子举不胜举。

历史上最著名的抽样偏差导致的"笑话"之一便是 1936 年的美国总统选举预测。那次大选前，著名的《文学文摘》通过电话对 1 000 万个订阅者进行调查，最后回收 200 多万份，调查得出"兰登（London）将在竞选中脱颖而出，并且与罗斯福（Roosevelt）所得票数比是 57∶43"的结论。然而竞选投票的结果截然相反，两者的得票率为 38∶62。是什么导致反差这么大的调查结果呢？《文学文摘》根据订阅该杂志的电话本上的地址随机发放问卷，但当时有能力使用电话的人均属于有钱且有势力的共和党人士，这部分受访者自然倾向于制定富人政策的兰登；实际投票时，未被调查的投票人多选择罗斯福。这样的方法抽出的样本与总体有很大的偏差，这直接导致《文学文摘》掉进自己挖出的统计陷阱，且再也没有出来——选举之后不久，该杂志便宣布破产。①

随着大数据时代的到来，许多公司与组织通过收集和分析大量数据来了解个人的行为及偏好。这些信息可以用于对用户进行广告定位、个性化推荐和其他目的。运用这些数据的过程中，必须符合《中华人民共和国数据安全法》，不能用来进行欺诈、钓鱼或诈骗。否则，这不仅仅是误用或者滥用，而且已经涉及违法层面了。

同步案例 ▶▶▶

"二战"飞机弹痕理论与幸存者偏差

幸存者偏差（Survivor Bias），是一种常见的逻辑谬误，指的是只能看到经过某种筛选而产生的结果，而没有意识到筛选的过程，因此忽略了被筛选掉的关键信息。日常表达为"沉默的数据""死人不会说话"等。

幸存者偏差最早来源于"二战"时期一个飞机防护的案例。在第二次世界大战中，联军轰炸机对德军进行猛烈的进攻，德军随即反击使联军轰炸机损失惨重。依照当时的航空技术，机体装甲只能局部加强，否则机体过重，会导致起飞困难及操控迟钝。为了降低被炮火击落的概率，英军在对返航的战斗机进行弹痕分析时，发现弹痕集中在机翼部位，那里"密密麻麻都是弹孔，最容易被击中"，于是加强对机翼部位的防护，但飞机返回率并没有提高。最后找了一群科学家专门研究如何让飞机有更多的生还率。

应军方的邀请，美国哥伦比亚大学统计学的沃德（Abraham Wald）教授，受委托分析德国地面炮火击中联军轰炸机的资料。沃德将联军轰炸机的弹着点资料描绘成图（见图 4-33），研究发现，机翼是最容易被击中的部位，而飞行员的座舱与机尾，则是最少被击中的部位。沃德基于此写了一篇《飞机应该怎样加强防护才能降低被炮火击落概率》文章。他建议加强座舱与机尾部位的装甲，那儿最少发现弹孔。具体原因有三：第一，他所统计的样本只是那些平安返回的飞机；第二，被炮火多次击中机翼的飞机，似乎还能够安全返回；第三，飞机机尾很少被击中并不是真相，而是万一中弹，其安全返航的概率就非常低。

详尽的资料分析，令英国皇家空军十分满意。但在研究成果报告的会议上，却发生一场激辩。

负责该项目的作战指挥官说："沃德教授的研究清楚地显示，联军轰炸机的机翼，弹孔密密麻麻，最容易中弹。因此，我们应该加强机翼的装甲。"沃德客气但坚定地说："将军，我尊敬你在飞行上的专业，但我有完全不同的看法，我建议加强飞行员座舱与机尾发

---

① 笔者根据网络资料整理。

动机部位的装甲，因为那儿最少发现弹孔。"在全场错愕怀疑的眼光中，沃德解释说："我所分析的样本中，只包含顺利返回基地的轰炸机。从统计的观点来看，我认为被多次击中机翼的轰炸机，似乎还是能够安全返航，而飞机很少发现弹着点的部位，并非真的不会中弹，而是一旦中弹根本就无法返航。"指挥官反驳说："我很佩服沃德教授没有任何飞行经验，就敢做这么大胆的推论，就我个人而言，过去在执行任务时，也曾多次机翼中弹严重受创，要不是我飞行技术老到，运气也不错，早就机毁人亡了，所以，我依然强烈主张应该加强机翼的装甲。"这两种意见僵持不下，皇家空军部部长陷入苦思。

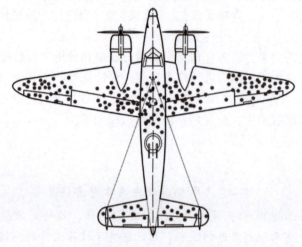

图 4-33　飞机弹痕分布图

他到底要相信这个作战经验丰富的飞将军，还是要相信一个独排众议的统计学家？

由于战况紧急，无法做更进一步的研究，部长决定接受沃德的建议，立刻加强座舱与机尾发动机的防御装甲。不久之后，联军轰炸机被击落的比例，果然显著降低。为了确认这个决策的正确性，一段时间后，英国军方动用了敌后工作人员，搜集了部分坠毁在德国境内的联军飞机残骸，它们中弹的部位，果真如沃德所预料，主要集中在座舱与发动机的位置。这个案例说明，不是数据说谎，而是没注意到"沉默的数据"（缺少了的样本）。因此数据分析者有足够广的视角和逻辑，才能从数据里挖掘出足够正确的东西。

（根据网络资料整理）

4.5.3　统计图扭曲程度的测定

统计图是否正确地反映了事实情况，可以通过撒谎因子和差异指数进行判断，具体如下。

1. 撒谎因子

撒谎因子是衡量统计图夸大或缩小事实数据的程度。具体而言，衡量公式为：

$$撒谎因子 = \frac{图显示效应的规模}{数据显示效应的规模}，其中\ 效应的规模 = \frac{第二个值 - 第一个值}{第一个值}。$$

如果撒谎因子大于1，说明图显示的作用程度大于实际程度；反之亦然。总之，保持撒谎因子为1是正确的选择。

图 4-31 的左图，以 A、C 厂商为例，数据显示的效应规模为：$\frac{98 - 94.2}{94.2} = 0.04$；统

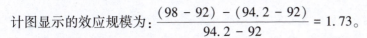

计图显示的效应规模为：$\dfrac{(98-92)-(94.2-92)}{94.2-92}=1.73$。

则撒谎因子为：$\dfrac{1.73}{0.04}=43.25$。可以看出，统计图的撒谎程度为43.25倍。

2. 差异指数

差异指数是衡量统计图显示的程度与数据显示的程度的差异。具体而言，衡量公式为：

$$差异指数 = 100\left(\dfrac{a}{b}-1\right)$$

其中，a指统计图描述变化的百分比，b指数据描述变化的百分比。

差异指数一般用于分析动态数据的误导程度。如果差异指数大于0，说明图显示的作用程度大于实际程度；反之亦然。总之，保持差异指数为0是正确的选择。

同步案例

统计陷阱

在信息爆炸的年代，我们将随时随地成为信息的接收者。散布在报纸、杂志、电视、广播中的信息良莠并存、真伪同在，我们该如何"借我一双慧眼"，看个清楚明白和真切呢？

从20世纪50年代说起，当时美国的各大媒体和宣传机构越来越重视利用统计——"这个神秘的语言"——说话。然而大量的统计数据、统计资料由于主、客观的原因被滥用，很难起到描述事实、传递信息的作用。相反，还往往对读者形成误导。一位具有深厚统计背景的新闻记者达莱尔·哈夫（Darrell Huff）发现了这一现象。他在广泛调查的基础上，从报刊和书籍中，并且从美国统计学会一些统计学家提供的实例中，收集了大量案例，最终于1954年写下了 *How to Lie with Statistics*。该书一出版，便畅销美国，成为美国20世纪50年代的畅销书之一，并受到了当时美国各种书评杂志的好评。《管理评论》认为："哈夫先生用如此生动的、充满人情味的方式来论述统计这个干巴巴的课题，真是一剂灵丹妙药。……我们太需要这本书了，它虽然娱乐性强、浅显易读，却十分具有说服力。"《图书期刊》如此评价："作者和制图者倾注了全力，给大家提供了一本十分轻松活泼的读物卡通画，它们能给你带来娱乐，又能引发思考，而且还揭穿了许多统计方法的谎言。"《大西洋》评价道："这是一本具有善意破坏性的书，读完它后，你对于'万能统计'的信任将大大降低。"正是由于融娱乐性和知识性为一体，这本书成为一本具有影响力的著作。

该书指出，用统计进行欺骗的手段有如下方式：有偏的样本、刻意挑选的平均数、遗漏某些重要的数据、样本的误差、统计图、平面图、不匹配的资料、混淆相关关系与因果关系以及不正确地使用资料。

最后，读者为了辨别是否利用统计图进行欺骗，需要对统计资料"提出五个问题"："谁说的？""如何知道的？""是否遗漏了什么？""是否偷换了概念？""资料是否有意义？"。

（资料来源：达莱尔·哈夫著，廖颖林译，《统计陷阱》，上海财经大学出版社）

第5章 数据概括性度量

要理解上帝的旨意，就必须学习统计学，因为统计是上帝意图的量度。

——弗洛伦斯·南丁格尔①

5.1 指标类型及其运用原则

根据描述的内容和范围的不同，指标可分为总量指标、相对指标、平均指标和波动指标等类型。其中平均指标和波动指标相对较复杂，后面再详述，此处仅介绍总量指标和相对指标。

5.1.1 总量指标和相对指标

1. 总量指标

总量指标是用来反映某现象在一定条件下的总规模和水平的统计指标，一般用绝对数表示，是最基本的统计指标。很多宏观经济现象都利用总量指标进行描述。如《中华人民共和国 2022 年国民经济和社会发展统计公报》指出，2022 年我国 GDP 达到 1 210 207 亿元；粮食产量达到 68 653 万吨；进出口总额达 420 678 亿美元；外汇储备达 31 277 亿美元。

总量指标按说明内容的不同，分为总体单位总量和总体标志总量。

总体单位总量是用来反映统计总体内包含总体单位个数多少的总量指标，可以表明总体的容量大小。如研究我国的人口状况时，统计总体是全国所有公民，总人口数表明总体单位的个数，是总体单位总量。又如研究某市区的第三产业发展状况时，统计总体是该市区的所有服务企业，该市现有服务企业总数即为总体单位总量。

总体标志总量是统计总体各单位某一方面数量标志值的总和。如研究第三产业发展状况调查中，该市区的每个服务企业是总体单位，职工人数是企业的一个数量标志，则该市全部服务企业职工人数就是总体标志总量。

2. 相对指标

相对指标，也称统计相对数，是指两个有联系指标对比所形成的比值，用来反映现象

---

① 原话为：To understand God's thoughts we must study statistics, for these are the measure of his purpose.

数量特征和数量关系的综合指标。这些比值包括发展程度、结构、强度、普遍程度和比例关系等，具体如表 5-1 所示。

相对指标通常有无名数和复名数这两种表现形式。其中无名数是一种抽象化的数值，多以系数、倍数、成数、百分数或千分数表示，如计划完成相对数、动态相对数和结构相对数等。复名数是用来表示强度的相对指标，以表明事物的密度、强度和普遍程度等。

表 5-1　相对指标类型及其含义

类型	公式	含义	案例
计划完成相对数	$\dfrac{\text{实际完成指标值}}{\text{计划完成指标值}}$	在某时期内实际完成指标值与计划完成指标值对比的结果	财政支出计划完成相对数
结构相对数	$\dfrac{\text{总体某部分指标值}}{\text{总体指标值}}$	在分组的基础上，以各组（或部分）的单位数（标志值）与总体单位总数（标志值）对比的结果	消费率、劳动者报酬占 GDP 比重、恩格尔系数等
比例相对数	$\dfrac{\text{总体 A 部分指标值}}{\text{总体 B 部分指标值}}$	总体内部某部分与另一部分数值对比的结果	男女性别比例、三产业结构比例、劳动者负担系数等
比较相对数	$\dfrac{\text{A 地区指标值}}{\text{B 地区指标值}}$	将不同地区（单位）之间的同类指标值对比的结果	中美 GDP 比值、中日能源利用效率比、中英能耗比
动态相对数	$\dfrac{\text{A 时间指标值}}{\text{B 时间指标值}}$	将不同时期的同一指标进行动态对比的结果	GDP 增长率、股价收益率
强度相对数	$\dfrac{\text{某指标值}}{\text{另一性质不同的指标值}}$	在同一地区（单位）两个性质不同但有联系的总量指标数值对比的结果	人口密度、人均粮食产量、人均病床数

同步案例

碳达峰背景下能源利用效率[①]

能源效率通常是指单位能源消耗产生的 GDP，而能源强度是指每生产一单位 GDP 所消耗的能源总量，能源强度越低，能源效率越高。

随着低碳经济的兴起和俄乌战争给国际能源形势带来的恶化，世界各国对能源问题愈加重视。目前，我国二氧化碳排放和能源消费总量都是世界第一，但我国的 GDP 水平与世界第一依然存在较大差距，分析能源效率有助于了解我国能源效率的国际差距及问题所在。表 5-2 选择了全球平均水平和几个代表性发达国家和地区，从地域和历史两个维度分析能耗特征，总结中国能源效率水平现状及差异。

[①]　整理自海南省绿色金融研究院相关报告。

表5-2　1971—2020年中国与世界主要发达国家(地区)能源强度对比

单位：艾焦/万亿美元

年份	全球	中国	美国	欧盟	德国	日本
1971	64.49	101.01	57.45	56.80	52.48	52.22
1975	40.25	81.07	41.28	30.27	27.65	26.83
1980	24.66	90.92	26.15	17.73	16.06	13.89
1985	23.60	71.54	16.75	22.57	21.16	11.53
1990	15.10	79.19	13.65	9.69	8.53	6.00
1995	11.72	50.74	11.47	7.51	5.53	3.87
2000	11.73	35.07	9.32	8.90	7.36	4.52
2005	9.61	33.11	7.43	5.70	5.01	4.67
2010	7.64	17.18	6.21	4.52	4.07	3.69
2015	7.29	11.48	5.09	4.52	4.05	4.29
2020	6.64	10.05	4.24	3.73	3.21	3.40

1971年以来，世界主要发达国家(地区)及中国能源强度均呈现了下降趋势且降幅较大。全球能源强度从1971年的64.49艾焦/万亿美元降至2020年的6.64艾焦/万亿美元，五十年间，全球单位GDP能耗整体水平下降了89.7%。

具体根据中国与发达国家的比较可以分为两阶段：

第一阶段：1971—2005年，中国能源强度降幅与全球存在一定差距。具体而言，全球能耗水平下降了85.1%。同期，美国、欧盟、德国及日本的降幅均高于全球平均水平，分别下降了87.07%、89.96%、90.45%及91.06%。而中国的降幅仅有67.22%。

第二阶段：2005—2020年，中国能源强度降幅快于全球。具体而言，全球单位GDP能耗仅下降了35.59%；中国下降幅度达到73.15%，下降幅度是同期全球水平的两倍。

总体看来，中国虽然在能源利用效率水平上和发达国家存在差距，但近几年的单位GDP能耗水平加速下降也体现了中国在提高能源利用效率水平上的努力和潜力。发达国家的发展经验已经证明，能源强度都会经历一个先上升后下降的过程，即能源强度曲线呈现出倒U形。中国目前的能源强度水平已经超过了峰值，处于能源强度倒U曲线的下降区间。中国要在保持经济稳定增长的前提下，适当控制能源消费增长，提高能源弹性系数，调整产业结构、走高质量发展道路，提高产品附加价值，保持人民币汇率稳定乃至适当升值，我国能源效率将会大大提高，未来在单位GDP能耗上与发达国家的差距缩小指日可待。

5.1.2　指标的核算方法与运用

1. 指标的核算方法

总量指标的核算方法有直接计算法和间接推算法两种。

直接计算法是通过直接的计数、点数和测量等方法，登记各单位的具体数值并加以汇总，得到总量指标。如统计报表或普查中的总量资料，基本上都是用直接计算法计算出来的。

间接推算法是利用社会经济现象之间的因果关系、比例关系或利用非全面调查资料进行推算等方法得到总量指标。如利用样本资料推断某种农产品的产量，利用平衡关系推算某种商品的库存量等。

大数据时代，可结合现代化技术(如遥感技术、终端系统和图像扫描等)对指标进行间接推算。如某作物因灾损失产量按以下公式进行估算：

$$(受灾面积-成灾面积)×作物亩产×(0.1~0.299)+(成灾面积-绝收面积)×$$
$$作物亩产×(0.3~0.799)+绝收面积×作物亩产×(0.8~1)$$

其中受灾和成灾面积等指标可以通过遥感技术获得的结果进行推算。

2. 指标运用时注意的问题

（1）明确每项指标的含义。

利用统计指标的首要问题就是要明确每项指标的含义。

如消费数据中，官方统计数据有居民消费、居民消费水平、城镇居民消费、农村居民消费和社会消费品零售总额，实际中应该如何选择，还需要根据研究目的而进行选择。如 GDP 指标，官方统计数据有生产法 GDP、收入法 GDP 和支出法 GDP，其中以生产法 GDP 为标准，如果研究消费与 GDP 的关系，则一定要使用支出法 GDP，从而保持口径的统一性。

（2）注意指标的可比性。

可比性，是指指标间的对比在含义、内容、范围、时间、空间和计算方法等口径方面是否协调一致。如各个时期的统计数字因行政区划、组织机构、隶属关系的变更，或因统计制度方法的改变，则应以报告期的口径为准，调整基期的数字。又如价值指标中，各期的数字进行对比，不能反映实际的发展变化程度，一般要按不变价格换算，以消除价格变动的影响。

比较时还需要保持计量单位的一致性。如进行国际比较时，需要看指标是否同时基于国际价格(如美元)计算，从而具有可比性。

同步案例 ⟫⟫⟫

国企利润数据背离

2023 年 5 月，国家统计局和财政部发布了两组关于国有企业利润的同比增长数据。统计局数据显示国企利润同比大幅下降，财政部数据显示国企利润同比明显增长，这两组数据出现这样明显的背离，引发了社会各界关注和热议，甚至引起了误解和误读。

国家统计局 2023 年 5 月 27 日发布的数据显示，1—4 月，全国规模以上工业企业实现利润总额 20 328.8 亿元，同比下降 20.6%(按可比口径计算)。1—4 月，规模以上工业企业中，国有控股企业实现利润总额 7 579.8 亿元，同比下降 17.9%。

财政部 5 月 26 日发布的《2023 年 1—4 月全国国有及国有控股企业经济运行情况》数据

显示：从营业总收入来看，1—4 月，国有企业营业总收入 262 281.9 亿元，同比增长 7.1%。从利润总额来看，1—4 月，国有企业利润总额 14 388.1 亿元，同比增长 15.1%。

国家统计局和财政部发布的数据差异，其实是国有企业利润数据的统计口径并不一致所致，其中统计局的国有企业仅包括规模以上的国有工业企业，而财政部的国有企业数据是全样本和全行业的国有企业。具体而言，国家统计局统计范围是全国规模以上工业企业，即年主营业务收入为 2 000 万元及以上的工业法人单位；而财政部统计范围是全国国有及国有控股企业，包括国资委、财政部履行出资人职责的中央企业、中央部门和单位所属企业以及各省(自治区、直辖市、计划单列市)的地方国有及国有控股企业、新疆生产建设兵团所属国有及国有控股企业，不含国有一级金融企业。

两组数据出现了明显背离的趋势，这反映出两个方面的关键信号：(1)2023 年 1—4 月，国内工业企业恢复要明显慢于服务业；(2)国有工业企业的利润增长形势不乐观。2023 年 1—4 月，国有非工业企业的利润同比出现了大幅增长。

(根据网络资料整理)

(3)不同指标相结合。

对某个现象进行描述，需要结合不同类型的指标，从而更好地进行描述。绝大多数相对指标都是两个有关的总量指标数值之比，用抽象化的比值来表明事物之间对比关系的程度，而不能反映事物在绝对量方面的差别。因此在一般情况下，相对指标离开了据以形成对比关系的总量指标，则不能深入地说明问题。

现象描述需要利用各种指标，从而对一个现象或者问题达到全面的认识和理解。如要去一个国家(地区)旅游之前，要初步了解这个国家(地区)的基本情况，如经济规模、人口总量、人均 GDP、产业结构和特产等，用不同的指标进行描述。

此外，把几种相对指标结合起来运用，可以比较、分析现象变动中的相互关系，更好地阐明现象之间的发展变化情况。由此可见，综合运用结构相对数、比较相对数、动态相对数等多种相对指标，有助于我们剖析事物变动中的相互关系及其后果。

5.2　平均指标

平均指标，也称为统计平均数，用以反映社会经济现象总体各单位某一数量标志在一定时间、地点条件下所达到的一般水平。平均指标把总体各单位标志值的差异抽象化了，代表总体的集中趋势，可以用来比较同类现象在不同单位的发展状况。

根据指标的特征，平均指标可分为数值平均数和位置平均数。其中数值平均数，顾名思义，为数值上的平均，包括算术平均数、调和平均数和几何平均数；位置平均数，顾名思义，根据标志值排序后位置上的平均，包括众数和中位数。

5.2.1　数值平均数

1. 算术平均数

算术平均数是计算平均指标最常用的方法，是总体标志总量除以单位总量。根据原始数据是否分组，算术平均数可分为简单算术平均数和加权算术平均数两种计算形式。

（1）简单算术平均数。

简单算术平均数适用于未分组的统计资料，具体公式如下：

$$\bar{x} = \frac{x_1 + x_2 + \cdots + x_n}{n} = \frac{\sum\limits_{i=1}^{n} x_i}{n}$$

其中，$\bar{x}$ 为均值，x_1，x_2，$\cdots$，x_n 分别为每个标志值，n 为单位个数。

（2）加权算术平均数。

加权算术平均数适用于分组统计资料，具体公式如下：

$$\bar{x} = \frac{x_1 f_1 + x_2 f_2 + \cdots + x_n f_n}{\sum\limits_{i=1}^{n} f_i} = \frac{\sum\limits_{i=1}^{n} x_i f_i}{\sum\limits_{i=1}^{n} f_i} = \sum\limits_{i=1}^{n} x_i \frac{f_i}{\sum\limits_{i=1}^{n} f_i} = \sum\limits_{i=1}^{n} x_i w_i$$

其中，f_i 为各标志值出现的次数，也称为频数或权数；$w_i = \dfrac{f_i}{\sum\limits_{i=1}^{n} f_i}$，为对应的权重，为标志值出现的次数与总次数的比例，也称为频率或比率。次数具有权衡各组变量值轻重的作用，某一组的次数越大，则该组的变量值对平均数的影响就越大，反之越小。

算术平均数是加权算术平均数的特殊情况。即利用加权算术平均数计算时，当各组标志值出现的次数或权重相等时，权数就失去了权衡轻重的作用，结果与简单算术平均数计算结果相同。

算术平均数具有如下特征：

①算术平均数是一系列数据的平衡点。如果我们把观察值标志在 x 轴上，标志值对应坐标点，其频数（权重）代表发生的次数，则这些数据在线段的平均数位置保持平衡。

②算术平均数的大小受两个因素的影响：一是受变量值大小的影响；二是受权数或权重的影响。

③算术平均数容易受到一个特别大或者特别小的离群观测值的影响。具体对于偏态分布，均值被拉向长尾巴的方向。

【例 5-1】现阶段，在校大学生刷视频和打游戏的情况比较普遍。其中 10 个在校大学生某天花费在手机或电脑游戏上的时间（单位：h）分别为：0，2，3，5，10，3，4，1，6，4，求他们的平均游戏时间。

【解】此为未分组数据，利用简单算术平均数公式计算可得：

$$\bar{x} = \frac{x_1 + x_2 + \cdots + x_n}{n} = \frac{0 + 2 + \cdots + 6 + 4}{10} = 3.8(\text{h})$$

这群大学生每天平均花费 3.8h 在手机和电脑游戏上。

【例 5-2】目前，大学生缺乏体育锻炼，身体素质有待进一步提高。某市场调查竞赛对大学生运动情况进行调查，收集了 100 个晨跑大学生每月跑步里程，整理后结果如表 5-3 所示，求这群大学生每月平均跑步里程。

表5-3 100个晨跑大学生每月跑步里程统计

组	频数(f_i)	组中值(x_i)	向上累计频数	乘积($x_i f_i$)
5.5~10.5km	10	8	10	80
10.5~15.5km	13	13	23	169
15.5~20.5km	20	18	43	360
20.5~25.5km	25	23	68	575
25.5~30.5km	18	28	86	504
30.5~35.5km	8	33	94	264
35.5~40.5km	6	38	100	228
合计	100	—	—	2 180

【解】考虑到这里是分组数据，则需要采用加权算术平均数，同时，每一组为组距式，因此分析时需要采取估算，各组的标志值一般取组中值近似，在此基础上进行计算可得：

$$\bar{x} = \frac{\sum\limits_{i=1}^{n} x_i f_i}{\sum\limits_{i=1}^{n} f_i} = \frac{10 \times 8 + \cdots + 6 \times 38}{100} = 21.8(\text{km})$$

同步案例 ▶▶▶

原子弹爆炸与平均气候态

气象学中，衡量气候的指标有平均气候态、标准气候态和气候参考态三个概念。其中平均气候态是指，特定地区内，一段气候相对稳定的时期内，气候要素的平均值所表征的气候特征和分布形态。标准气候态是指，根据世界气象组织(WMO)的定义，采用某个气象要素30年的平均值作为气候基准值来表征特定地区的一般气候特征和分布形态。气候参考态是指，具有确定性的动力学依据的，并且是唯一存在的，即在已知的确定太阳辐射与已知的确定地球自转速度和下垫面海陆分布及地面物理特征分布下的大气变量分布形态。

可以发现，这些概念其实就是平均数。它们在实际中有广泛的用途，甚至在关键时候呈现举足轻重的作用。如中国原子弹爆炸时间的确定。

中国第一颗原子弹成功爆炸是科学家克服各种困难而获得的成就(见图5-1)。其中原子弹爆炸地点的选择、引爆控制系统的设计、爆炸过程的拍摄以及试爆原子弹时的气候条件要求都非常高。具体到气象条件上，要求空气能见度达50千米以上，因为要从远处拍摄到蘑菇云。500米以下要求西风，3 000米以上要求西南风，以保证放射性尘埃既不落在试验场员工区，也不落在遥远的北京。低空风速要小，确保爆炸后尘埃不出试验区；但高空风速要大，利于放射云扩散。这样的气象条件要保持4小时以上，并且绝对不能下雨。这些要求看似吹毛求疵，但对于环境保护与减少核污染来说，又是必须的。

为了对气象进行精确的预报，中央决定派气象学家顾震潮院士带队提前五年对罗布泊及其周边的气候进行观测和研究。在当时，没有气象卫星和雷达，甚至连计算机都没有，所有的活都手工干，工作的艰巨可想而知。经历整整五年的观察，基本上掌握了这里气象变化的规律，摸清了这个让人捉摸不定的荒漠的脾气。

扫码查阅高清图

图 5-1 我国第一颗原子弹爆炸成功新闻

经过利用十几种不同的方法不断对气候进行预报，其中比较有效的是基于平均数方法的调整。具体统计过去每一天发生各种天气的概率，最后选择一段天气好概率高的日子，利用"日气候态"进行判断，就是历史上这一天的天气状态的平均。虽然看上去这种方法很原始，但是很有效。在 1964 年原子弹引爆前夕，顾震潮根据观测提交了在 1964 年 10 月 13—16 日这个时间段气象条件最合适的报告。接到顾震潮的报告以后，上级领导选定了一个中间数字，即 15 日为爆炸时间。但谨慎的顾震潮又对罗布泊的天气进行了观测研究，发现天气状况有变化，于是赶紧改变计划，最终把时间定在 16 日下午 3 点。

（根据网络材料整理）

2. 调和平均数

调和平均数根据原始数据是否分组，可分为简单调和平均数和加权调和平均数两种形式。在实际工作中，有时由于缺乏总体单位数资料，而不能直接计算平均数，这时就可采用调和平均数计算。因此在统计工作中，调和平均数常常被作为算术平均数的变形来使用。调和平均数常用在物理现象求平均速度、平均电流等。

（1）简单调和平均数。

简单调和平均数适用于未分组数据，具体公式如下：

$$H = \frac{n}{\dfrac{1}{x_1} + \dfrac{1}{x_2} + \cdots + \dfrac{1}{x_n}} = \frac{n}{\displaystyle\sum_{i=1}^{n} \frac{1}{x_i}}$$

其中，H 为调和均值；x_1，x_2，$\cdots$，x_n 分别为每个标志值；n 为单位个数。

（2）加权调和平均数。

加权调和平均数适用于已分组数据，具体公式如下：

$$H = \frac{n_1 + n_2 + \cdots + n_N}{\dfrac{n_1}{x_1} + \dfrac{n_2}{x_2} + \cdots + \dfrac{n_N}{x_N}} = \frac{\displaystyle\sum_{i=1}^{N} n_i}{\displaystyle\sum_{i=1}^{N} \dfrac{n_i}{x_i}}$$

其中，n_i 为各标志值出现的次数，与作用于算术平均数的权数（权重）类似，表示某标志值的重要性程度。

【例5-3】金融投资中，股票选取的一个重要指标是市盈率，具体指每股现行市场价格与每股净利润之比，即 PE=P/EPS。其中 PE 为市盈率；P 为每股现行市场价格；EPS 为每股净利润。这一比率反映了投资者对公司未来盈利的预期。比率越高，投资者对股票的预期越乐观，反之则不然。一般来说，那些快速发展的公司，这一比率比较高，而平稳发展的公司这一比率则相应较低。表5-4是某基金市场的两只股票的情况，求其平均市盈率。

表5-4　某基金市场两只股票的情况

股票	股本/亿股	每股股价/元	每股收益/元	总股价/亿元	市盈率
股票 A	1 000	10	0.5	10 000	20
股票 B	0.1	100	0.01	10	10 000

【解】考虑到此数据为加权数据，因此采用加权调和平均公式。具体如下：

$$H = \frac{\displaystyle\sum_{i=1}^{N} n_i}{\displaystyle\sum_{i=1}^{N} n_i / x_i} = \frac{10\,000 + 10}{\dfrac{10\,000}{20} + \dfrac{10}{10\,000}} = 20.02$$

由此可以看出，一个小盘股 B 是否加入计算，它的市盈率究竟是几十倍还是几亿倍，不会对此基金市场的平均市盈率产生巨大影响。如果采用算术平均数计算，发现股票的平均市盈率发生了很大的变化，这是有悖于常理的。

3. 几何平均数

几何平均数是指 n 个观察值连乘积的 n 次方根，根据资料是否分组，可分为简单几何平均数与加权几何平均数。几何平均值常常用于动态数据的分析，在金融领域较常见。

（1）简单几何平均数。

简单几何平均数适用于未分组数据，具体公式如下：

$$G = \sqrt[n]{x_1 \times x_2 \times \cdots \times x_n} = \sqrt[n]{\prod x_i}$$

其中，G 为均值；x_1，x_2，$\cdots$，x_n 分别为每个标志值；n 为单位个数。

（2）加权几何平均数。

加权几何平均数适用于已分组数据，具体公式如下：

$$G = \sqrt[\sum f_i]{x_1^{f_1} \times x_2^{f_2} \times \cdots \times x_n^{f_n}} = \sqrt[\sum f_i]{\prod x_i^{f_i}}$$

其中，f_i 为各标志值出现的次数。

【例5-4】上海交易所编号为 10501 与 10603 的国债，其票面利率分别为 4.44% 与 2.80%，且到期日分别为 2015 年 2 月 28 日与 2016 年 3 月 27 日，两只国债在 2013 年的月收益率分别如表 5-5 所示，求两只债券在 2013 年的月平均收益率。

表 5-5 两只国债的月收益率

时间	国债 10501/%	国债 10603/%
1 月	2.45	3.54
2 月	2.31	3.14
3 月	2.43	3.15
4 月	2.13	3.33
5 月	2.27	3.09
6 月	2.77	3.18
7 月	3.13	3.85
8 月	3.2	3.51
9 月	2.6	3.35
10 月	2.24	4.11
11 月	3.36	4.17
12 月	4.11	5

注：资料来源于 CEIC 数据库。

【解】考虑到数据的特征，此处选择简单几何平均数计算。其中：

编号为 10501 的国债收益率为：$G = \sqrt[12]{(1 + 0.024\ 5) \times \cdots \times (1 + 0.041\ 1)} = 1.027$，即平均收益率为 2.7%。

编号为 10603 的国债收益率为：$G = \sqrt[12]{(1 + 0.035\ 4) \times \cdots \times (1 + 0.05)} = 1.036$，即平均收益率为 3.6%。

经过比较可知，编号为 10603 的国债收益率更高，因此如果需要在这两只国债中选择的话，更倾向选择后者。

如利用 Excel 软件处理，其函数为"geomean"。

【例 5-5】某矿泉水的流水生产线前后衔接共五道工序，其中某天各工序产品的合格率分别为 90%，92%，98%，85% 及 90%，计算产品的平均合格率。

【解】考虑到生产工序在时间上具有先后顺序，因此利用简单几何平均数计算可得：$G = \sqrt[5]{90\% \times \cdots \times 90\%} = 90.9\%$。即此天矿泉水的平均合格率为 90.9%。

5.2.2 位置平均数

位置平均数是表现在位置上的集中趋势。包括众数和中位数，在一定条件下，也能很好地用它们反映变量数列的一般水平。

1. 众数

"众"从字面上讲，就是很多。众数，即为总体中出现次数最多的标志值(在连续变量分布中，则为分布值最高的那个点)，用 M_o 表示。

众数具有如下特征：

①众数从位置的角度大致反映总体平均水平，常用于名义数据和顺序数据资料集中趋势的说明。

②一组数据中的众数可能有多个，也可能不存在。如果数据的分布没有明显的集中趋势或最高峰点，众数也可能不存在；如果有两个最高峰点，也可以有两个众数。只有在总体单位比较多，而且又明显地集中于某个变量值时，计算众数才有意义。

③众数不受个别数据的影响，常用在数据缺陷较大或大致估计情况中。如在实际生活中，说明一个企业中工人最普遍的技术等级，消费者需要的衣服、鞋袜、帽子等最普遍的尺寸大小，农贸市场上某种农副产品最普遍的成交价格等，都可利用众数。

根据资料的不同，众数有以下几种计算方法。

（1）根据品质数据计算众数。

此时，众数则为出现次数最多的标志值。

【例5-6】某公司客户的地区分布资料如表5-6所示，根据资料求客户地区的众数。

表5-6　某公司客户的地区分布资料

客户来源	频数	客户来源	频数	客户来源	频数
上海	292	广东	834	甘肃	145
云南	166	广西	219	福建	259
内蒙古	224	新疆	38	西藏	10
北京	252	江苏	578	贵州	82
吉林	344	江西	139	辽宁	686
四川	392	河北	388	重庆	232
天津	304	河南	454	陕西	236
宁夏	38	浙江	415	青海	21
安徽	347	海南	104	黑龙江	636
山东	914	湖北	577	—	
山西	201	湖南	432	—	

【解】根据以上资料可知，客户来源最多的地区是山东，次数为914次，即客户来源地区的众数为山东。

如用 Excel 软件处理，其函数为"mode(Ai：Aj)"。

（2）根据未分组的变量数据资料计算众数。

此时，需要把数据从小到大排序，标志值出现的次数最多的那个数就是众数。

【例5-7】哈西特教授成立了一个数据咨询服务公司。该公司雇了几个初级顾问、资深顾问和文职人员，工资（单位：美元）水平分别为：300，300，300，940，300，300，400，300，400，450，800，450 和 1 050。根据数据求工资的众数。

【解】以上资料为未分组资料，因此把数据从小到大排列，为：

300 300 300 300 300 300 400 400 450 450 800 940 1 050

可见其中出现最多次数的为300，即众数为300。

（3）根据分组数据计算众数。

在单项式分组资料中，频数最多组的标志值即为众数。

【例5-8】某高校某级统计学专业新生入学年龄分布如表5-7所示，根据以下数据求年龄的众数。

表 5-7 某高校某级统计学专业新生入学年龄分布

年龄	频数
17	3
18	5
19	60
20	12
21	5
22	1
合计	86

【解】考虑到以上资料为单项式数列，因此众数是出现次数最多的那个标志值。根据上述资料可知是 19，即这群大学生的年龄众数为 19 岁。

（4）根据组距式资料计算众数。

此时，则只能按一定的方法来推算众数的近似值。常用的为切伯插值法。此种插值法是根据众数组次数分别与前后两组次数之差来确定，具体公式如下：

$$M_o = L + \frac{d_1}{d_1 + d_2}i = U - \frac{d_2}{d_1 + d_2}i$$

其中，M_o 为众数；$d_1 = f - f_{-1}$，$d_2 = f - f_{+1}$，f 为众数组频数，f_{-1} 与 f_{+1} 分别为众数前一组频数与后一组频数；L 与 U 分别表示众数组的下限与上限；i 表示组距。

从公式可知，当 $d_1 < d_2$ 时，众数 M_o 处在众数组组中值的左边；当 $d_1 > d_2$ 时，众数 M_o 处在众数组组中值的右边。

切伯插值法求 M_o 可根据几何中相似三角形法则确定，如图 5-2 所示。图中 d_1，d_2 与两条交叉虚线组成的两个三角形相似，其中左边三角形的底为 d_1，高为 $M_o - L$；右边三角形的底为 d_2，高为 $U - M_o$，则根据三角形相似的相关原理可知：

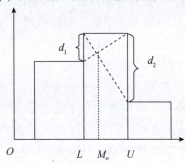

图 5-2 分组数据资料众数的确定

$$\frac{M_o - L}{U - M_o} = \frac{d_1}{d_2} \Rightarrow \frac{U - L}{U - M_o} = \frac{d_1 + d_2}{d_2} \Rightarrow M_o = U - \frac{d_2}{d_1 + d_2}(U - L)$$

其中，$i = U - L$，代入即可得：$M_o = U - \dfrac{d_2}{d_1 + d_2}i$。

【例 5-9】根据表 5-3 的资料，求上述 100 个大学生晨练者跑步里程的众数。

【解】以上资料为组距式分组数据，则根据切伯插值法计算，可得：

$$M_o = L + \frac{d_1}{d_1 + d_2}i = 20.5 + \frac{25 - 20}{(25 - 20) + (25 - 18)} \times 5 = 22.58(\text{km})$$

可知，这群学生每月跑步长度的众数为22.58km。

2. 中位数

中位数是将总体各单位标志值按大小顺序排列后，处于中间位置的那个数值，用 M_e 表示。根据未分组资料和分组资料都可确定中位数。

中位数具有以下两个基本特点：

①中位数是位置平均数，在所研究的数据中，有一半小于中位数，一半大于中位数。中位数也可作为所研究数据的代表值。在某些情况下，中位数等于算术平均数，如在一个等差数列或一个正态分布数列中，中位数就等于算术平均数。

②中位数具有稳健性，不受分布数列的极值影响，这在一定程度上提高了中位数对分布数列的代表性。因此，在数列中出现了极端变量值的情况下，用中位数作为代表值要比用算术平均数更好。

中位数的计算，根据资料的不同，有不同的计算方法。

（1）根据未分组的变量数据资料计算中位数。

此时，需要把数据从小到大排序，处于中间位置的标志值即为中位数，具体公式如下：

$$M_e = \begin{cases} \left[x_{\left(\frac{n}{2}\right)} + x_{\left(\frac{n}{2}+1\right)} \right]/2 & n \text{ 为偶数} \\ \\ x_{\left(\frac{n+1}{2}\right)} & n \text{ 为奇数} \end{cases}$$

其中，$x_{\left(\frac{n}{2}\right)}$ 表示经过大小排序后，排序为第 $\frac{n}{2}$ 的观察值，其余类似。

【例5-10】根据例5-7的资料，计算哈西特教授聘请人员的工资的中位数。

【解】此为未分组数据资料，因此排序取其处于中间位置的标志值即可。考虑到总共有13个数据，中间位置为7，则从小到大排序第7位的数据为400。因此中位数为400。

如用 Excel 软件处理，其函数为"median(Ai：Aj)"。

（2）根据单项式分组资料计算中位数。

此时，需要计算相应的累计频数，排序在中间频数对应的标志值即中位数。

【例5-11】根据表5-7的资料，求统计学专业录取学生年龄的中位数。

【解】考虑到此数据是单项式数列，需要计算累计频数，其中向上累计频数与向下累计频数如表5-8所示。资料中总人数为86，中间位置为43.5，即排名在第43.5的标志值，根据向上累计或向下累计频数可知中间位置在19岁，即录取学生年龄中位数为19岁。

表5-8　某高校某级统计学专业年龄分布

年龄	频数	向上累计频数	向下累计频数
17	3	3	86
18	5	8	83

年龄	频数	向上累计频数	向下累计频数
19	60	68	78
20	12	80	18
21	5	85	6
22	1	86	1
合计	86	—	—

（3）根据组距式分组资料计算中位数。

此时，中位数无法精确计算，需要采用均匀分布的假设进行估算，具体公式如下：

$$M_e = L + \left(\frac{\sum_{i=1}^n f_i}{2} - F_{m-1} \right) \frac{i}{f} = U - \left(F_{m+1} - \frac{\sum_{i=1}^n f_i}{2} \right) \frac{i}{f}$$

其中，L 与 U 分别为中位数所在组的下限与上限；i 和 f 为中位数所在组的组距和次数；F_{m-1} 为中位数组以下各组的累计次数；F_{m+1} 为中位数组以上各组的累计次数。需要注意的是，此处中位数的位置为 $\frac{\sum_{i=1}^n f_i}{2}$，而不是 $\frac{\sum_{i=1}^n f_i + 1}{2}$，因为组距式的中位数是利用均匀分布假设处理的，得到的结果是近似。

与众数一样，中位数可根据几何的方法进行确定，如图 5-3 所示。图中线段上边表示对应的标志值，最左端为中位数所处组的下限，右端为上限，M_e 表示需要确定的中位数；线段下边表示累计频数，F_{m-1} 表示中位数上组的累计频数，F_m 表示中位数所处组的累计频数，$n/2$ 表示中位数所处的位置，根据线段的分割的性质，可计算中位数。具体为：

$$\frac{M_e - L}{U - L} = \frac{n/2 - F_{m-1}}{F_m - F_{m-1}} \Rightarrow M_e = L + \frac{U - L}{F_m - F_{m-1}}(n/2 - F_{m-1})$$

其中，$i = U - L$，$f = F_m - F_{m-1}$，代入即可得：

$$M_e = L + \left(\frac{\sum_{i=1}^n f_i}{2} - F_{m-1} \right) \frac{i}{f}$$

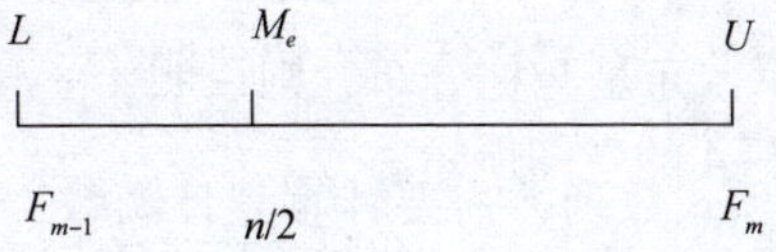

图 5-3　分组数据中位数的确定

【例 5-12】根据表 5-3 的资料，求上述 100 个大学生晨练跑步里程的中位数。

【解】此为组距式分组资料，则利用公式可得：

$$M_e = L + \left(\frac{\sum_{i=1}^n f_i}{2} - F_{m-1} \right) \frac{i}{f} = 20.5 + \left(\frac{100}{2} - 43 \right) \times \frac{5}{25} = 21.9 (km)$$

则可知大学生晨练跑步长度的中位数为 21.9km。

5.2.3 相关统计指标比较

1. 数值平均数的大小比较

根据广义均值的性质可知，算术平均数、调和平均数和几何平均数的大小关系可表示为：$H \leqslant G \leqslant \bar{x}$。

$$\frac{n}{\dfrac{1}{x_1} + \dfrac{1}{x_2} + \cdots + \dfrac{1}{x_n}} \leqslant \sqrt[n]{x_1 \times x_2 \times \cdots \times x_n} \leqslant \frac{x_1 + x_2 + \cdots + x_n}{n} = \frac{\sum\limits_{i=1}^{n} x_i}{n}$$

以 $n = 2$ 为例，可以证明 $\dfrac{2}{1/x_1 + 1/x_2} \leqslant \sqrt{x_1 \times x_2} \leqslant \dfrac{x_1 + x_2}{2}$。

对于右边，根据不等式可得 $x_1 + x_2 \geqslant 2\sqrt{x_1 \times x_2}$；

对于左边，根据不等式可得 $\dfrac{1}{x_1} + \dfrac{1}{x_2} \geqslant 2\sqrt{\dfrac{1}{x_1} \times \dfrac{1}{x_2}}$。

2. 平均数与相对数比较

从相对数的表现形式上看，带有"平均"的意义。如按人口计算的主要产品产量指标用"吨(千克)/人"表示；按全国人口分摊的每人平均国民收入用"元/人"表示。相对数与平均数都具有平均的含义，但两者存在根本的区别。

(1)指标的含义不同。相对数说明的是某一现象发展的强度、密度或普遍程度；而平均数说明的是现象发展的一般水平。

(2)计算方法不同。相对数分子与分母的联系，只表现为一种经济关系，且分子分母可以互换；而平均数是在一个同质总体内标志总量和单位总量的比例关系，分子是分母(总体单位)所具有的标志，对比结果是对总体各单位某一标志值的平均，且分子分母不能互换。

(3)计量单位的不同。相对数一般由对比双方原有的计量单位构成(如人口密度为人/平方千米)；平均数计量单位则与标志值指标计量单位相同(如平均分为78.5分)。

3. 算术平均数、中位数和众数大小比较

一般而言，不同分布特征的数据，算术平均数、中位数和众数存在一定的差异，且大小并不一致。具体而言，如果分布呈对称分布，则说明 $\bar{x} - M_o = 0$，此时有 $\bar{x} = M_o = M_e$，且处于分布的最高处，如图5-4的左图所示。

如果分布为左偏，则说明 $\bar{x} - M_o < 0$，此时均值处于最左端(最小)，众数处于最右端(最大)，中位数处于两者之间，即 $\bar{x} < M_e < M_o$，如图5-4的中图所示。

如果分布为右偏，说明 $\bar{x} - M_o > 0$，此时均值处于最右端(最大)，众数处于最左端(最小)，中位数位于两者之间，即 $M_o < M_e < \bar{x}$，如图5-4的右图所示。

英国统计学家卡尔·皮尔逊(Karl Pearson)根据三者之间的关系，归纳出皮尔逊经验法则：当数据分布为适当的偏态分布(或近似正态分布)时，三者之间的数量关系为：

$$|\bar{x} - M_o| \approx 3|\bar{x} - M_e|$$

但它并不总是真实，根据分布状态的不同，三个统计指标可以以任何顺序出现。实际过程中，究竟选择哪种指标作为集中趋势的代表，需要考虑以下四点：

(1)品质数据无法计算算术平均数和中位数，因此一般用众数表示数据集中趋势。

(2)在一般情况，即正态分布或适度偏态分布的情况下，一般用算术平均数表示。

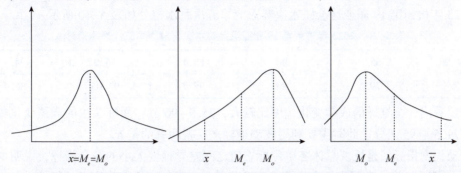

图 5-4　不同分布特征下均值、中位数、众数的关系

(3)均值更容易受到极端值的影响，而中位数和众数比较稳定。因此，对于偏态较严重的分布，常选择位置平均数如中位数作为集中趋势代表会更好。

(4)当数据的分布状态具有不同特征时，容易出现没有众数或多个众数的情况，因此除品质数据集中趋势代表之外，一般很少用众数表示。

算术平均数、中位数与众数的用法总结如表 5-9 所示。

表 5-9　算术平均数、中位数与众数的用法

	算术平均数	中位数	众数
定义	数值平均	排序后中间位置	出现次数最多
用法	间隔与比例数据	名义、间隔、比例数据	名义、排序、间隔、比例数据
注意	极值时慎用	极值时常用	可靠程度低

知识窗 >>>

利用平均数决策的误区

一家连锁餐厅根据顾客的消费账单，统计了吃螃蟹顾客的平均比例，据此得到每位顾客的平均螃蟹消费量以及螃蟹的市场平均售价，并以此为依据制定了促销价格，按照这个方式，认为每位顾客可以为餐厅带来 25 元的利润。

经过详尽的统计分析后，推出以螃蟹为主打的海鲜特惠自助餐促销。促销推出后大受好评，但没多久这一特惠促销却被餐厅叫停了，原因是按照平均数精心计算的促销价格居然抵不上顾客消费的成本！

这是因为单纯依据平均数计算顾客食量存在着严重的问题，当顾客要花 100 元消费一只螃蟹时他们会再三打算；但在自助餐中，消费越多越划算，每个人都会大大超出按只数计算时的消费量。错误地用平均消费量、平均价格代替各个价格段下的消费量及供求情况，最后让餐厅促销盈利的美好愿景变成了水月镜花。

(根据网络资料整理)

5.3　波动程度指标

2023 年杭州第 19 届亚运会跳水决赛冠亚军五次跳水得分如表 5-10 所示。

表 5-10　2023 年杭州第 19 届亚运会跳水决赛冠亚军五次跳水得分

| 全红婵 | 85.5 | 96 | 86.4 | 75.9 | 94.4 |
| 陈芋汐 | 79.5 | 80 | 95.7 | 94.05 | 86.4 |

可以看出，全红婵的成绩变化幅度比较大，75.9~96 分；而陈芋汐的成绩变化幅度比较小，79.50~95.7 分。此时需要利用波动指标来反映两者的差异。

波动程度指标，是反映总体各单位标志值之间差异程度大小的综合指标，说明的是变量的离中（散）趋势。常用指标有极差、四分位差、方差、标准差和变异系数等，其中方差和标准差最常用。

5.3.1　全距、四分位差和平均差

1. 全距

全距又称为极差，是总体单位中变量的最大值与最小值之差，一般用 R 表示。它是卡尔·皮尔逊在 1892 年提出的，具体公式如下：

$$R = X_{max} - X_{min}$$

其中，R 为全距；X_{max} 表示该组中的最大值；X_{min} 表示该组中的最小值。

全距为离散程度的最简单测度值，只利用到其中的两个值，易受极端值影响，且利用的信息非常少，往往不能充分反映社会经济现象的离散程度。其适用于等距变量、比率变量，不适用于名义变量或次序变量。

在实际工作中，全距常用来初步检查产品质量的稳定性和进行质量控制。在正常生产条件下，全距在一定范围内波动，若全距超过给定的范围，就说明有异常情况出现。因此，利用全距有助于及时发现问题，以便采取措施，保证产品质量。

2. 四分位差

将一组数据由小到大（或由大到小）排序后，用 3 个点将全部数据分为 4 等份，与这 3 个点位置上相对应的数值称为四分位数，分别记为 Q_1（第一四分位数）、Q_2（第二四分位数，即中位数）、Q_3（第三四分位数），其中 Q_3 到 Q_1 的距离差称为四分位差，记为 Q。具体公式如下：

$$Q = Q_3 - Q_1$$

四分位差反映了中间数据的离散程度，其数值越小，说明中间数据越集中；其数值越大，说明中间数据越分散。四分位差不受极值的影响。此外，由于中位数处于数据的中间位置，因此，四分位差的大小在一定程度上也说明了中位数对一组数据的代表程度。四分位差主要用于测度顺序数据的离散程度。对于数值型数据也可以计算四分位差，但不适合分类数据。

3. 平均差

上述仅用到两个数值计算离散程度。实际中，结合所有的数值计算会更科学。

平均差是总体各单位的标志值与其平均数的离差绝对值的算术平均数。其中离差是总体各单位的标志值与算术平均数之差。因离差和为零，因而对离差取绝对数确保平均差大于0。平均差综合反映了总体各单位标志值的变动程度。

平均差是反映各标志值与算术平均数之间的平均差异。平均差越大，表明各标志值与算术平均数的差异程度越大，该算术平均数的代表性就越小；反之亦然。与全距及四分位差比较，平均差利用了所有的数据信息，从而比较可靠。根据资料是否分组，有两种计算方法：简单平均差和加权平均差。

（1）未分组数据资料，采用简单平均差公式，具体为：

$$AD = \frac{\sum_{i=1}^{n} \mid x_i - \bar{x} \mid}{n}$$

其中，AD 表示平均差；x_i 表示各标志值；$\bar{x}$ 表示均值；n 表示单位数。

【例 5-13】根据表 5-10 资料，求全红婵和陈芋汐跳水成绩的平均差。

【解】根据平均差概念可知：

全红婵跳水成绩的平均差为：

$$AD = \frac{\mid 85.5 - 87.64 \mid + \cdots + \mid 94.4 - 87.64 \mid}{5} = 6.048$$

陈芋汐跳水成绩的平均差为：

$$AD = \frac{\mid 79.5 - 87.13 \mid + \cdots + \mid 86.4 - 87.13 \mid}{5} = 6.196$$

根据均值和平均差大小的比较，可以看出，全红婵的跳水成绩不仅高，而且更稳定。

如用 Excel 软件处理，其函数为"average(abs(Ai-average(Ai：Aj)))"，或者更简单的为：avedev(Ai：Aj)。

（2）分组数据资料，采用加权平均差公式，具体为：

$$AD = \frac{\sum_{i=1}^{n} \mid x_i - \bar{x} \mid f_i}{\sum_{i=1}^{n} f_i}$$

其中，f_i 表示各组的频数（权数）。

【例 5-14】根据表 5-7 中某高校统计学专业年龄分布资料，求年龄的平均差。

【解】考虑到数据资料为已分组，其中 $\bar{x} = 19.16$，选择分组数据的平均差公式计算可得：

$$AD = \frac{\mid 17 - 19.16 \mid \times 3 + \cdots + \mid 22 - 19.16 \mid \times 1}{86} = 0.51$$

即此统计学专业年龄的平均差为 0.51。

如用 Excel 软件处理，其函数为"sumproduct(abs(Ai：Aj-average(Ai：Aj))/count(Ai：Aj))"。

5.3.2 确定性与不确定性条件下方差与标准差

方差和标准差是衡量离散趋势最重要的指标。其中方差为各标志值与对应算术平均数离差平方和后求平均，通常以 σ^2 表示。方差最早产生于1918年，由罗纳德·费歇尔在对生物学家孟德尔遗传关系的猜想时提出。他最初的设想是用离差和表示，但考虑到离差和为零，于是对离差进行平方求和，为了消除样本个数的影响，增加可比性，将离差的平方和求平均值。

标准差又称均方差，是方差的平方根，从而保持与原数据的计量单位一致，一般用 σ 表示。标准差最早由卡尔·皮尔逊在1893年提出，并作为描述统计的一个指标而被推广。

方差和标准差的计算也分为简单平均法和加权平均法，另外，对于总体数据和样本数据，公式略有不同，具体分为以下情况。

1. 确定性条件下总体方差与标准差

(1)未分组数据采用简单的方差(标准差)的计算公式，具体如下：

$$\text{方差}: \sigma^2 = \frac{\sum_{i=1}^{n}(x_i - \bar{x})^2}{n} \quad \text{标准差}: \sigma = \sqrt{\frac{\sum_{i=1}^{n}(x_i - \bar{x})^2}{n}}$$

(2)已分组数据采用加权的方差计算公式，具体如下：

$$\text{方差}: \sigma^2 = \frac{\sum_{i=1}^{n}(x_i - \bar{x})^2 f_i}{\sum_{i=1}^{n} f_i} \quad \text{标准差}: \sigma = \sqrt{\frac{\sum_{i=1}^{n}(x_i - \bar{x})^2 f_i}{\sum_{i=1}^{n} f_i}}$$

【例5-15】根据表5-10资料，求全红婵和陈芋汐跳水成绩的方差与标准差。

【解】考虑到数据是未分组数据，利用简单的方差和标准差计算公式，具体如下：

全红婵跳水成绩的方差为：

$$\sigma^2 = \frac{(85.5 - 87.64)^2 + \cdots + (94.4 - 87.64)^2}{5} = 51.91$$

对应的标准差为：$\sigma = \sqrt{51.91} = 7.20$

陈芋汐跳水成绩的方差为：

$$\sigma^2 = \frac{(79.5 - 87.13)^2 + \cdots + (86.4 - 87.13)^2}{7} = 46.18$$

对应的标准差为：$\sigma = \sqrt{46.18} = 6.80$

可以看出，陈芋汐的成绩的标准差与方差都比全红婵的小。

如用Excel软件处理，方差函数为"var.p(Ai: Aj)"，标准差函数为"stdev.p(Ai: Aj)"。

【例5-16】表5-7中，某高校统计学专业年龄分布中，求年龄方差与标准差。

【解】考虑到数据是分组数据，则利用加权公式。具体如下：

年龄分布的方差为：

$$\sigma^2 = \frac{(17 - 19.16)^2 \times 3 + \cdots + (22 - 19.16)^2 \times 1}{86} = 0.65$$

对应的标准差为：$\sigma = \sqrt{0.65} = 0.80$

2. 确定性条件下样本方差与标准差

以上的方差与标准差对应的是总体数据情况。而在真实世界中，由于总体数量比较大，甚至为无限总体，因此总体方差与标准差难以获取，一般情况下是计算样本的方差与标准差。

样本方差(标准差)记为 s^2（s），是根据从总体中抽取出来的部分数据组成的集合进行计算的。样本方差(标准差)与总体方差(标准差)大致相同，只不过前面的系数有差异，相差一个"1"。同理也有两种计算方式：

(1)对于未分组数据，其计算公式为：

$$\text{方差：} s^2 = \frac{\sum_{i=1}^{n}(x_i - \bar{x})^2}{n-1} \qquad \text{标准差：} s = \sqrt{\frac{\sum_{i=1}^{n}(x_i - \bar{x})^2}{n-1}}$$

(2)对于单项式分组数据，其计算公式为：

$$\text{方差：} s^2 = \frac{\sum_{i=1}^{n}(x_i - \bar{x})^2 f_i}{\sum_{i=1}^{n}f_i - 1} \qquad \text{标准差：} s = \sqrt{\frac{\sum_{i=1}^{n}(x_i - \bar{x})^2 f_i}{\sum_{i=1}^{n}f_i - 1}}$$

(3)对于组距式分组数据，其计算公式为：

$$\text{方差：} s^2 = \frac{\sum_{i=1}^{n}(x_i - \bar{x})^2 f_i}{\sum_{i=1}^{n}f_i} \qquad \text{标准差：} s = \sqrt{\frac{\sum_{i=1}^{n}(x_i - \bar{x})^2 f_i}{\sum_{i=1}^{n}f_i}}$$

组距式分组数据的计算公式并没有减"1"，是因为在均值 $\bar{x}$ 的计算过程中，各组的标志值取中值是基于均匀分布的假定，是一个近似结果，基于此得到的方差也是近似值，再减 1 意义不大。

【例 5-17】为了考察一台机器的生产能力，利用抽样程序来检验生产出来的产品质量，搜集的数据如表 5-11 所示。

表 5-11 机器生产产品的尺寸 单位：cm

3.43	3.45	3.43	3.48	3.52	3.50	3.39
3.48	3.41	3.38	3.49	3.45	3.51	3.50

根据该行业通用法则，机器生产必须保持稳定性，即方差必须小于 0.005，否则该机器必须关闭待修。根据上述数据分析此时的机器是否必须关闭。

【解】根据已知数据，计算 $\bar{x} = 3.459$。

根据未分组数据计算公式，得 $s^2 = 0.002 < 0.005$。因此，该机器工作正常，不需要修理。如用 Excel 软件处理，方差函数为"var.s(Ai：Aj)"，标准差函数为"stdev.s(Ai：Aj)"。

【例 5-18】根据表 3-11 中 50 位 NBA 球员的体重频数分布，求体重分布的方差与标准差。

【解】此资料为组距式分组数据，则根据相应的计算公式可得：

$$\text{均值为：} \bar{x} = \frac{177.5 \times 4 + \cdots + 327.5 \times 1}{50} = 231$$

样本方差为：

$$s^2 = \frac{(177.5 - 231)^2 \times 4 + \cdots + (327.5 - 231)^2 \times 1}{50} = 950.25$$

样本标准差为：$s = \sqrt{950.25} = 30.83$

方差和标准差是一种表示分散程度的统计观念，广泛运用在股票以及共同基金投资风险的衡量上，主要是根据基金净值在一段时间内波动的情况进行计算。一般而言，方差（标准差）越大，表示净值的涨跌较剧烈，风险程度也较大。实务的运作上，一般同时将报酬率的风险因素考虑在内，引进单位风险报酬率。所谓单位风险报酬率是指衡量投资人每承担一单位的风险，所能得到的报酬。夏普指数最常为投资人运用。

【例5-19】标准差在股市分析中的应用。

股票价格的波动是股票市场风险的表现，因此股票市场风险分析就是对股票市场价格波动进行分析。波动性代表了未来价格取值的不确定性，这种不确定性一般用方差或标准差来刻画。表5-12是中国和美国部分时段的股票统计指标，数据来源于大智慧。

表5-12　2000—2013年上证综指与纳斯达克收盘指数（年线）

日期	上证综指	纳斯达克指数	日期	上证综指	纳斯达克指数
2000/12/29	2 073.47	2 470.52	2007/12/28	5 261.56	2 652.28
2001/12/31	1 645.97	1 950.4	2008/12/31	1 820.81	1 577.03
2002/12/31	1 357.65	1 335.51	2009/12/31	3 277.13	2 269.15
2003/12/31	1 497.04	2 003.37	2010/12/31	2 808.07	2 652.87
2004/12/31	1 266.49	2 175.44	2011/12/30	2 199.42	2 605.15
2005/12/30	1 161.05	2 205.32	2012/12/31	2 269.13	3 019.51
2006/12/29	2 675.47	2 415.29	2013/12/31	2 115.98	4 176.59

【解】根据未分组数据的相关公式分别计算其标准差。

纳斯达克指数的标准差为：$s = 812.987$

上证综指的标准差为：$s = 1\,064.607$

由此可知，纳斯达克指数离散程度小，上证综指的离散程度较大；长期来看，前者比后者更稳定。

3. 不确定性条件下方差与标准差

某变量 X 是离散随机变量，输出值为 X_1，X_2，$\cdots$，X_n，对应的概率为 P_1，P_2，$\cdots$，P_n，则对应的期望（均值）为：

$$E(X) = \sum_{i=1}^{n} P_i X_i$$

对应的方差为：

$$\mathrm{Var}(X) = \sum_{i=1}^{n} (X_i - E(X))^2 P_i$$

则标准差为：

$$\sigma_X = \sqrt{\sum_{i=1}^{n} (X_i - E(X))^2 P_i}$$

【例 5-20】某篮球运动员在 10 次投篮中命中次数的概率分布如表 5-13 所示，计算该运动员投篮均值与方差。

表 5-13　篮球运动员投篮命中概率

X	0	1	2	3	4	5	6	7	8	9	10
P	0	0.002	0.011	0.042	0.111	0.201	0.251	0.215	0.121	0.040	0.006

【解】对应的均值为：

$$E(X) = 0 \times 0 + 1 \times 0.002 + \cdots + 10 \times 0.006 = 6$$

对应的方差为：

$$\mathrm{Var}(X) = (0-6)^2 \times 0 + (1-6)^2 \times 0.002 + \cdots + (10-6)^2 \times 0.006 = 2.4$$

4. 标准差计算的经验法则

在单峰且对称分布的条件下，全距能够用来近似计量标准差，两者的关系为 $s = R/4$，即标准差大约是全距的四分之一，且数据量越大，得到的结果越精确。

【例 5-21】表 5-14 为正态分布中随机生成的 20 个数据，根据表中数据近似计算标准差。

表 5-14　20 个正态分布的随机数据

0.671 5	0.717 2	0.488 9	0.726 9	0.293 9	0.888 4	-1.068 9	-2.944 3	0.325 2	1.370 3
-1.207 5	1.630 2	1.034 7	-0.303 4	-0.787 3	-1.147 1	-0.809 5	1.438 4	-0.754 9	-1.711 5

【解】根据上述数据，可得全距为：

$$R = X_{\max} - X_{\min} = 1.630\,2 - (-2.944\,3) = 4.574\,5$$

其中样本标准差为 $s = \sqrt{\dfrac{\sum (x_i - \bar{x})^2}{n-1}} = 1.209$。根据经验公式 $s = R/4 = 1.144$，根据全距得到的估计值与真实值比较接近。

小案例

描述统计的运用——鳗鱼公共繁殖场所的猜测

本例子选自罗纳德·费歇尔(1952)的文章，说明如何由基本的描述统计量的知识引出的一个重要发现。20 世纪早期，哥本哈根卡尔堡实验室的施密特(J. Schmidt)发现不同地区所捕获的同种鱼类的脊椎骨和鳃线的数量有很大不同，甚至在同一海湾内不同地点所捕获的同种鱼类，也发现这样的倾向。然而，鳗鱼脊椎骨的数量变化不大。

施密特进一步从欧洲各地(如冰岛和亚速尔群岛)以及尼罗河等几乎分离的海域里所捕获的鳗鱼进行分析，根据样本计算，结果发现其均值和标准偏差几乎一致，由此，施密特推断所有各个不同海域内的鳗鱼是由海洋中某公共场所繁殖的。但这个结论还需要证实，后来名为"戴纳(Dana)"的科学考察船在一次远征中发现了确实存在这个场所。

(资料来源：C. R. 劳《统计与真理，怎样运用偶然性》)

5.3.3　变异系数

【例 5-22】表 5-15 为 A、B 两企业某年的月销售额，现需要比较 A、B 两企业销售额的稳定程度。

表 5-15　A，B 两企业某年的月销售额　　　　　　单位：万元

A	1	1.9	7.9	2.8	4.1	10.2	5.5	11	6.8	5.5	6.2
B	101.5	138.0	115.3	108.4	112.4	145.6	105.4	120.5	108.2	119.4	109.1

【解】利用样本标准差进行计算，可得：

A 企业销售额的标准差为：$s_A = \sqrt{\dfrac{\sum (x_i - \bar{x})^2}{n-1}} = 3.20$

B 企业销售额的标准差为：$s_B = \sqrt{\dfrac{\sum (x_i - \bar{x})^2}{n-1}} = 13.74$

由以上计算结果可知，B 企业的销售额的标准差大于 A 企业的，那是否意味着 B 企业的销售额更不稳定，或者说是 A 企业的平均销售额更具有代表性？此处不能仅通过以上离散趋势的衡量指标如标准差等指标进行判断，还需要看数据的规模大小才行。这就需要引进变异系数的概念。

变异系数也称离散系数，是一组数据的全距、平均差和标准差等指标与其均值之比，是测度数据离散程度的相对指标，其主要用于比较不同组别数据的离散程度。变异系数中最常用的为标准差系数。其中标准差系数又称标准差率，公式为：

$$V_s = \frac{s}{\bar{x}}$$

其中，V_s 为标准差系数；s 为样本标准差；$\bar{x}$ 为样本均值。

由上可知，当进行两个或多个资料变异程度的比较时，如果度量单位和（或）平均数相同，可以直接利用标准差来比较。如果单位和（或）平均数不同时，比较其变异程度就不能采用标准差，而需采用标准差与平均数的比值（相对值）来比较。

变异系数对由比率标量计算出来的数值有意义。如对于某地区气温的分布，使用开尔文或摄氏度来计算的话并不会改变标准差的值，但是温度的平均值会改变，因此使用不同的温标的话得出的变异系数是不同的。对于物体的长度，使用厘米还是英寸来衡量，并不会改变物体的变异程度，但如果仅用标准差进行衡量，则结果并不一致。这也需要利用变异系数。

【例 5-23】2013 年 3 月 20 日—2014 年 2 月 21 日上证 A 股几大股票收盘均值与标准差如表 5-16 所示，试分析对于风险爱好者和风险厌恶者应该如何选择投资。

表 5-16　2013 年 3 月 20 日—2014 年 2 月 21 日上证 A 股几大股票收盘均值与标准差

股票	均值	标准差	标准差系数
中国联通	3.327	0.199	0.060
建设银行	4.301	0.178	0.041
中国银行	2.707	0.101	0.037
交通银行	4.121	0.273	0.066
中国石油	7.921	0.280	0.035

续表

股票	均值	标准差	标准差系数
中国石化	4.645	0.335	0.072
工商银行	3.803	0.168	0.044
招商银行	11.064	0.601	0.054
农业银行	2.515	0.080	0.032
民生银行	8.859	0.914	0.103
光大银行	2.833	0.186	0.066
浦发银行	9.404	0.842	0.090

【解】根据上述资料，得到相应的标准差系数，由表可以看出，标准差系数最大的是民生银行，为 0.103；标准差系数最小的是农业银行，为 0.032。对于一个风险厌恶者，即需要股票价格波动较小，则选择标准差系数较小的股票，如农业银行；反之，风险偏好者，会选择价格波动大的股票，从而持有有更多机会的股票，如民生银行。

同步案例 >>>

威廉·夏普与资本资产定价模型（CAPM）

威廉·夏普（William Forsyth Sharpe），1934 年 6 月 16 日出生于美国马萨诸塞州的坎布里奇市，资本资产定价模型的奠基者。由于他在金融经济学方面的贡献，与默顿·米勒和哈里·马科维茨共同获得 1990 年诺贝尔经济学奖。

1951 年，夏普进入加州大学伯克利分校，计划通过主修科学而得到医学学位。但是，一年的课程学习之后，他失去了兴趣，并转学到加州大学洛杉矶分校，选择主修企业管理专业。在加州大学洛杉矶分校，他有幸成为金融教授弗雷德·威斯顿的研究助理，跟他学习课程，并在教授的指导下学习了哈里·马科维茨的著作。1956 年，夏普作为一名经济学家加入兰德公司，同时继续在加州大学洛杉矶分校攻读博士学位。1960 年，开始考虑他的博士论文题目，并向同在兰德公司的哈里·马科维茨求教。他们从此开始密切合作，开始研究"基于证券间关系的简化模型的证券组合分析"课题。

1961 年，夏普在华盛顿大学商学院接受了一个金融学方面的职务，更加重要的是他开始使博士论文最后一章中的均衡理论一般化。1962 年 1 月，他第一次在芝加哥大学公开这个方法，并撰写文章《资本资产价格：风险条件下的市场均衡理论》投向《金融》杂志，到 1964 年 9 月正式见刊。这篇文章为现今被称为资本资产定价模型（CAPM）的理论提供了主要基础。

他将哈里·马科维茨的分析方法进一步发展为著名的"资本资产定价模型"，用来说明在金融市场上如何建立反映风险和潜在收益的有价证券价格。在模型中，他把哈里·马科维茨的资产选择理论中的资产风险进一步分为资产的"系统"（市场）风险和"非系统"风险两部分。前者指总体股价变动引起的某种资产的价格变化，后者则是由影响股价的某些特殊要素引起的资产价格变动。并进一步指出，投资的多样性只能消除非规则风险，而不能消除规则风险，亦即投资于任何一种证券，都必须承担系统风险。

在此基础上，用夏普比率衡量资产调整风险后的收益。夏普比率不仅关注资产的收益，还关注资产的风险。由于夏普比率综合反映了资本市场的风险收益特征，现已广泛地用于评价资产组合的业绩、评判资本市场的运行效率、构建有效的资产组合、指导投资决策等方面。其数学表达式为：

$$Sharpratio = \frac{E(r_p) - r_f}{\sigma_p}$$

其中，$E(r_p)$表示投资组合预期年化报酬率；r_f表示年化无风险利率；σ_p表示投资组合年化报酬率的标准差。从统计的角度上看，夏普比率类似于变异系数。

理性的投资者将选择并持有有效的投资组合，即那些在给定的风险水平下使期望回报最大化的投资组合，或那些在给定期望回报率的水平上使风险最小化的投资组合，也就是夏普比率达到最大值。

（根据网络资料整理）

5.3.4 信息熵、泰尔指数与基尼系数

1. 信息量与信息熵

20世纪40年代，克劳德·艾尔伍德·香农（C. E. Shannon）借用热力学熵，提出信息熵的概念，用来描述各可能事件发生的不确定性，并给出了计算信息熵的数学表达式，从而解决了对信息的度量问题。

信息量是概率的函数。具体而言，在随机变量X中，事件x的信息量$I(X = x)$简写为$I(x) = -\log_2 p(x)$，单位为bit。

由此可见，变量的不确定性越大，信息量也就越大，意味着把它搞清楚所需要的成本也就越大。一个系统越是有序，信息熵就越低，所需要的信息量也就越小。

100%确定会发生的事情是没有信息量的，或者说没有额外信息的。如太阳会从东方升起，这是没有疑问的，信息量为0；相反，如彩票大奖、地震预报等小概率事件，所蕴含的信息量越大。

在此基础上，香农指出信息熵是平均信息量，对应的公式为：

$$H(x) = -\sum_{i=1}^{n} p_i \log_2 p_i$$

其中，p_i表示各种可能发生的概率。

【例5-24】一道选择题，有A，B，C，D四个选项，对于学习程度不同的学生而言，结果是不一样的。现有三种学生，一个什么都不学的学生，四个选项看起来都对，结果不确定性最大；一个是一知半解的学生，能够排除两个错误答案，而剩下两个无法确定；最后一个是学霸，能够清晰地排除三个错误答案，选择正确的答案。分别计算三个学生的信息熵，并比较大小。

【解】利用信息熵原理进行处理，具体如下：

（1）如果某同学什么都没有学，那么四个答案看起来是一样的，那么每个选项对应的概率都是0.25，此时信息熵为：

$$H(x) = -4 \times 0.25 \times \log_2 0.25 = 2$$

（2）如果某同学学了一点点，能够排除两个错误答案，还有两个答案看起来都对，那

么两个选项对应的概率为 0，另外两选项对应的概率为 0.5，此时信息熵为：

$$H(x) = -2 \times 0.5 \times \log_2 0.5 - 2 \times 0 \times \log_2 0 = 1$$

（3）如果某同学努力读书，一眼就看出来正确答案，那么其中三个选项对应的概率为 0，正确答案对应的概率为 1，此时信息熵为：

$$H(x) = -1 \times \log_2 1 - 3 \times 0 \times \log_2 0 = 0$$

可以看出，没有读书的同学，信息熵最大，对应的不确定性最大，也就是说，要学习很多内容才能减少这种不确定性；而读书很认真的同学，信息熵为 0，对应不确定性为 0，也就是说，不需要再获取额外信息就能解决问题了。

上述信息熵与方差的概念存在一定的关联。因为信息熵和方差都是衡量不确定性的，而且不确定性越大，两者也越大，说明两者存在正相关。

为了更好地理解信息熵概念，进一步利用方差对上述的不确定性进行衡量。同时为了方便计算，把四个选项 A，B，C，D 分别赋值 1，2，3 和 4，则对应的三种情况下的方差如下：

（1）第一种情况。先求均值：$\overline{X} = 0.25 \times (1 + 2 + 3 + 4) = 2.5$。

再求方差：$\delta^2 = 0.25 \times (1 - 2.5)^2 + 0.25 \times (2 - 2.5)^2 + 0.25 \times (3 - 2.5)^2 + 0.25 \times (4 - 2.5)^2 = 1.25$。

（2）第二种情况。假设 1 和 3 是错误答案，2 和 4 不知道如何选择，经计算可得方差为 1。[①]

（3）第三种情况的方差为 0。

可以看出，随着不确定性的减少，方差也呈现下降。因此，在一定程度上可以认为，信息熵是广义的方差（标准差），也是波动程度的度量指标，只是信息熵应用范围更广，能够衡量非数值型数据的不确定性。

同步案例

从宇宙熵寂到情绪熵增

热力学第二定律指出：热量可以自发地从温度高的物体传递到较冷的物体，但不可能自发地从温度低的物体传递到温度高的物体；也就是说，随着时间的推移，一个孤立体系中的熵不会减小。

对于宇宙，在不断膨胀的宇宙中，熵不断在增加，可利用的能量不断减少。在遥远的未来，宇宙中的可用能量会逐步消耗殆尽，只留下一个平淡无奇、死气沉沉的世界。这就是宇宙的终极游戏规则，谁也无法改变。

那么宇宙必然会继续扩张，也会变得更为无序，并且当宇宙生存时间足够长，其中的物质将会均匀分布、熵值最高，最终导致"热死亡"。在上述过程中，可能存在一些几乎可视作无限小的波动，但是除了那些波动，宇宙终将走向灭亡。

物理学中的熵增定律在生命中也同样适用。著名物理学家薛定谔曾指出：熵增过程也必然体现在生命体系之中，并在其著作《生命是什么》中将"生命是非平衡系统并以负熵为

---

① 有人可能发现当正确答案可能是 1 或 4 时，方差却为 2.25，要大于第一种情况。此时应该把所有可能的排列组合情况都计算方差，然后再求平均会更合理，请读者自行计算。笔者为了方便仅取一个特殊情况。

生"列为基本观点。因此，对于人来说，由于熵增的必然性，生命体不断地从有序走向无序，人的自然衰老即是因此而发生的。

精神分析学派大师卡尔·古斯塔夫·荣格（Carl Gustav Jung）在心理动力研究中也提出心理熵增原理，即心理能量的分布和流动是有方向的，如果两种心理值（能量强度）有着不同的强度，心理能量倾向于从较强的一方转移到较弱的一方，直到两方趋于平衡，这种方向性是为了优质心灵所有结构之间的平衡。

精神系统内的绝对平衡不可能完全实现，原因是人的精神并不是一个完全封闭的系统。来自外界的能量总是使心灵处于不平衡状态，使人产生种种紧张感、压迫感、冲突感和扭曲感，就像热力学的能量流动一样，结构之间的能量极差越大，人所体验到的紧张感和冲突感就越强烈。

在正常情况下，这些新增加的能量可以为人的精神所接纳而不致发生严重的心理失调。但如果由于能量配置的不均衡，人的精神先已处于不稳定状态，或者外来的刺激过分强大以致难以驾驭和控制，人就有可能建造一种封闭的硬壳来进行自我保护；或者在"内耗"的情况下，人的心理能量是混乱的，无法有秩序地发生流动和转换。

荣格认为，正常人则通过各种方式来保护自己，以达到接近"熵的状态"，而精神病人为了逃避无法对付的强烈刺激，便环绕自身建立一层外壳保护自己，由于把自己封闭起来拒不接受新鲜事物，他们就可能趋于熵最大死寂状态。

因此，生命的某种意义即是：进化出熵减的能力，即抵抗自身熵增的能力。

（根据薛定谔《生命是什么》和网络资料整理）

2. 泰尔指数

泰尔指数是在经济管理领域学术研究中常见的评价发展是否平衡的一种方法，最早由泰尔与亨利提出，基本思想是利用每个地区的人均收入和总人口数进行加权计算，比较一个地区的不同地方发展是否平衡，泰尔指数具体公式如下：

$$T = -\sum_{i=1}^{n} \frac{y_i}{\bar{y}} \ln \frac{y_i}{\bar{y}}$$

其中，y_i 为 i 区域人均收入，$\bar{y}$ 为所有区域人均收入。

泰尔指数作为收入不平等程度的测度指标具备良好的可分解性质，即将样本分为多个群组时，泰尔指数可以分别衡量组内差距与组间差距对总差距的贡献。

泰尔指数作为一种重要的不平等指标，可以帮助我们了解收入或财富分配的不平等程度，并根据泰尔指数的分解结果深入分析不平等的来源和影响因素。然而，泰尔指数的应用需要结合其他指标和方法，以全面准确地评估不平等状况，并制定有效的政策措施，促进社会经济的公平和可持续发展。感兴趣的读者可参考其他文献进一步思考。

3. 基尼系数与洛伦茨曲线

基尼系数是科拉多·基尼（Corrado Gini）提出的判断收入分配公平程度的指标，是衡量一国贫富差距的标准。洛伦茨曲线是1905年由经济学家马克斯·洛伦茨（Max O. Lorenz）提出的表示收入分配的曲线。

基尼系数的计算方式如图 5-5 所示。假定一定数量的人口按收入由低到高排序，分为人数相等的 n 组，从第 1 组到第 i 组人口累计收入占全部人口总收入的比重为 w_i，横坐标表示人口按收入从低到高的累积百分比，纵坐标表示收入累计百分比，其中对角线为绝对平等线，曲线表示洛伦茨曲线。区域 A 为绝对平等线与洛伦茨曲线围成的面积，区域 B 为下三角形余下的部分，则基尼系数为：

$$GI = \frac{A}{A + B}$$

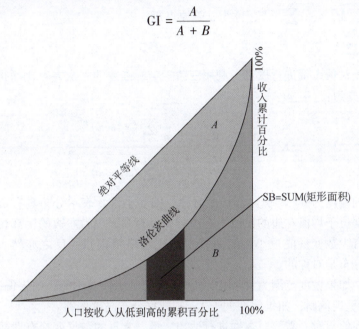

图 5-5　绝对平等线与洛伦茨曲线

可以看出，基尼系数的数值范围只能为 0~1，最大为 1，最小等于 0。前者表示收入分配绝对不平均（即所有收入都集中在一个人手里，其余的国民没有收入），而后者则表示居民之间的收入分配绝对平均，即人与人之间收入绝对平等。基尼系数越小，收入分配越平均，基尼系数越大，收入分配越不平均。

联合国有关组织规定：若低于 0.2 表示收入平均；0.2~0.3 表示相对平均；0.3~0.4 表示相对合理；0.4~0.5 表示收入差距大；0.6 以上表示收入差距悬殊。

5.4　偏度与峰度

5.4.1　偏度

偏度是对变量分布偏斜方向和程度的度量，表明变量的非对称程度。实际常用矩表示。

1. 原点矩与中心矩

矩是表示数列中各变量值 x_i 对特定值（c）的 k（$k = 1$，2，3，4，…）次方的算术平均数，称为变量 x 关于 c 的 k 阶矩，其定义公式为：

$$M_k = \frac{1}{n} \sum_{i=1}^{n} (x_i - c)^k$$

当 $c = \bar{x}$ 时，$M_k = \frac{1}{n} \sum_{i=1}^{n} (x_i - \bar{x})^k$ 称为 k 阶中心矩。

当 $c = 0$ 时，$M_k = \frac{1}{n} \sum_{i=1}^{n} x_i^k$，称为 k 阶原点矩。

2. 偏度计算

偏度常用相对偏态量进行度量，利用三阶矩与标准差的三次方对比而得，称为偏态系数 SK，具体公式为：

$$SK = \frac{M_3}{\sqrt{M_2^3}} = \frac{M_3}{\sigma^3} = \frac{\frac{1}{n} \sum_{i=1}^{n} (x_i - \bar{x})^3}{\left(\sqrt{\frac{1}{n} \sum_{i=1}^{n} (x_i - \bar{x})^2} \right)^3}$$

正态分布的偏度为 0，两侧尾部长度对称。偏度小于 0 表示分布具有负偏离，也称左偏态，此时数据位于均值左边的比位于右边的少，直观表现为左边的尾部相对于右边的尾部要长，因为有少数变量值很小，使曲线左侧尾部拖得很长；反之亦然。当偏度接近 0 时，则可认为分布是对称的。

一般而言，如果偏度范围为 -0.5 ~ 0.5，则数据是比较对称的；如果偏度范围为 0.5 ~ 1，则数据分布呈现偏斜；如果偏度大于 1，则数据分布高度偏斜。

当分布出现偏斜时，需要对数据进行适当变换。常见的数据变换有对数变换、均方根变换和 Box-Cox 变换。

5.4.2 峰度

峰度是指变量分布曲线顶峰的尖平程度，是变量分布的又一重要特征。统计上，常以正态分布曲线为标准，来观察比较某一变量分布曲线的顶端为尖顶或平顶以及尖平程度的大小。

根据变量值的集中与分散程度，峰度一般可表现为三种形态：尖顶峰度、平顶峰度和标准峰度。当变量值的次数在众数周围分布比较集中，使变量分布曲线比正态分布曲线顶峰更为隆起尖峭时，称为尖顶峰度；当变量值的次数在众数周围分布较为分散，使变量分布曲线较正态分布曲线更为平缓时，称为平顶峰度。可见，尖顶峰度或平顶峰度都是相对正态分布曲线的标准峰度而言的。

峰度的测定，即以四阶中心矩 M_4 为测定依据，将 M_4 除以其标准差的四次方即 σ^4，以消除单位量纲的影响，便于不同次数分布曲线的峰度比较，从而得到以无名数表示的相对数，即为峰度的测定值（K）。其计算公式为：

$$K = \frac{M_4}{\sqrt{M_2^4}} = \frac{M_4}{\sigma^4} = \frac{\frac{1}{n} \sum_{i=1}^{n} (x_i - \bar{x})^4}{\left(\sqrt{\frac{1}{n} \sum_{i=1}^{n} (x_i - \bar{x})^2} \right)^2}$$

具体有以下几种情况：①当 $K = 3$ 时，为正态分布曲线时，以此为标准就可比较分析各种次数分布曲线的峰度；②当 $K > 3$ 时，表示分布曲线呈尖顶峰度，为尖顶曲线，说明变量值密集地分布在众数的周围，K 值越大，分布曲线的顶端越尖峭；③当 $K < 3$ 时，表示分布曲线呈平顶峰度，为平顶曲线，说明变量值的次数分布比较均匀地分散在众数的两侧，K 值越小，则分布曲线的顶峰就越平缓；④当 $K = 1.8$ 时，分布曲线呈水平矩形分布形态，说明各组变量值的次数相同；⑤当 $K < 1.8$ 时，次数分布曲线趋向"U"形分布。

实际分析中，通常将偏度和峰度结合起来运用，以判断变量是否接近于正态分布，如 Jarque-Bera 正态分布检验，对应公式为：

$$JB = \frac{SK^2}{6/n} + \frac{(K - 3)^2}{24/n}$$

其中，n 是观测数（或自由度）；SK 是样本偏度；K 是样本峰度。

峰度是对实值随机变量的概率分布的"尾部"度量。通常用于标识给定数据集中的异常值。由于用于识别离群值，因此使用尾部两端的极值进行分析。

同步案例

统计识别《联邦党人文集》和《红楼梦》作者

1787 年 5 月，根据美国邦联国会的邀请，在乔治·华盛顿的主持下，在费城举行了全国代表会议。会议的原定目的是：修改执行已有八年之久的《邦联条例》。但是，经过了近三个月的秘密讨论以后，会议不仅否定了这个条例，而且重新制定了一部取而代之的新宪法。因此，这次会议就成了美国历史上著名的制宪会议。

新宪法在费城会议通过后，要由十三个州的代表会议分别批准，而且规定有九个州同意即可生效。但是，在各州的批准过程中，对新宪法有两种截然相反的意见：一种拥护，一种反对。因此就发生了美国历史上一场最激烈的论战。

三位作者亚历山大·哈密尔顿（Alexander Hamilton）、约翰·杰伊（John Jay）和詹姆斯·麦迪逊（James Madison）为了说服纽约人认可宪法，匿名发表了著名的 85 篇论文，这些论文后来被辑录为《联邦党人文集》（*The Federalist Papers*），如图 5-6 所示。这些论文的大多数作者已经得到了确认，但是，其中 12 篇论文的作者身份引起了争议。

1964 年，两位英国统计学家用统计方法开始对其进行考证。开始，用"平均句长"对哈密尔顿和麦迪逊的其他文章进行分析，结果是两位作者的"平均句长"几乎相同，无显著差异。后来，对两位作者的"用词习惯"进行统计分析，发现这两位作者在某些词的使用上有明显差异。哈密尔顿在他的 18 篇文章中，有 14 篇用了"enough"这个词，麦迪逊在其 14 篇文章中根本不用"enough"；哈密尔顿喜欢用"while"，而麦迪逊总是用"whilst"；哈密尔顿喜欢用"upon"，而麦迪逊则很少用。两位统计学家将哈密尔顿和麦迪逊的写作习惯和风格与署名为 Federalist 的文章进行对比及检验，最后确定麦迪逊是真正的作者，从而平息了长期的争论。

图 5-6　联邦党人文集

　　无独有偶，我国古典小说《红楼梦》一书的作者鉴定也用了类似的统计分析方法。众所周知，《红楼梦》一书共 120 回，一般认为前 80 回为曹雪芹所写，后 40 回为高鹗所续，长期以来对这个问题一直有争议。能否从统计上作出论证？1985 年和 1986 年复旦大学李贤平教授带领他的学生做了这项有意义的工作。他们创造性的想法是将 120 回看成 120 个样本，然后从中统计与情节无关的虚词(之所以选择虚词进行统计，是因为在同一情节大家描述的内容都差不多，但由于个人写作特点和习惯的不同而导致虚词存在较大差异)。

　　在此基础上，用多元分析中的聚类分析法，根据不同虚词的数量对每一回进行分类，结果发现前 80 回为一类，后 40 回为一类，不是出自同一人的手笔。

　　之后又进一步分析前 80 回是否为曹雪芹所写。这时又找了曹雪芹的其他著作，做了类似计算，结果证实了用词手法完全相同，因此断定为曹雪芹一人手笔。

　　对于争议最大的后 40 回，是否为高鹗写的呢？论证结果推翻了后 40 回是高鹗一个人所写的说法。这个论证在红学界轰动很大，他们用多元统计分析方法支持了红学界观点，使红学界大为赞叹，之后他们还综合运用多元统计分析中其他方法做了一系列有意义的工作。

　　正因为后 40 回并不是高鹗一人所写，2008 年人民文学出版社将《红楼梦》作者改为曹雪芹与无名氏。

（根据网络材料整理）

第 6 章

时间数列

未来是不可预测的，不管人们掌握了多少信息，都不可能存在能做出正确决策的系统方法。

——卡利安普迪·拉达克里希纳·拉奥[1]

6.1 时间数列及类型

6.1.1 时间数列概念

时间数列是指同类社会经济现象在不同时间上发展变化的一系列统计指标。时间数列有两个构成要素：一个是时间，另一个是不同时间上相应的统计指标。如图 6-1 所示为 2022 年 1 月—2023 年 7 月 USDCNY 货币对周线收盘价走势。

时间数列具有以下作用：

（1）通过时间数列的编制和分析，可以从现象在不同时间上的量变过程中，认识其发展变化的方向、程度、趋势和规律，为进一步制定政策、规划和决策提供相应依据。

（2）利用不同的时间数列对比，可以揭示各种现象的不同发展方向和规律，从而认识现象之间相互联系的程度及动态演变关系。

（3）利用时间数列对现象发展变化趋势与规律的分析，从而进行动态预测。

图 6-1 2022 年 1 月—2023 年 7 月 USDCNY 货币对周线收盘价走势[2]

---

① 印度裔美国科学院院士，英国皇家统计学会会员，当代国际著名的统计学家。

② 数据来自英为财情网：https://cn.investing.com/。

6.1.2　时间数列的分类

与第 5 章类似，时间数列根据指标的性质不同，可分为总量指标时间数列、相对指标时间数列与平均指标时间数列。

1. 总量指标时间数列

总量指标时间数列是指将反映某种社会经济现象的一系列总量指标按时间的先后顺序排列而形成的数列，它能够反映出社会经济现象总量在各个时期所达到的绝对水平及其发展变化过程。

根据总量指标时间的性质不同，又可分为时期数列和时点数列，具体如下。

时期数列是指由时期总量指标编制而成的时间数列。在时期数列中，每个指标都反映某社会经济现象在一定时期内发展过程的总量。

时点数列是指由时点总量指标编制而成的时间数列。在时点数列中，每个指标所反映的社会经济现象都是在某一时点（时刻）上所达到的水平。

两者具有以下几个特点：

（1）时期数列中每个指标，都是表示社会经济现象在一定时期内发展过程的总量；时点数列指标则表示社会经济现象在某时点（时刻）上的数量。

（2）时期数列中各指标可以相加；而时点数列指标不能相加。如时期数列 GDP 是一年中四个季度 GDP 相加的结果，每个季度的 GDP 又是每月的 GDP 之和。

（3）时期数列中，每个指标数值的大小与时期长短有直接关系；而时点数列指标与时间长短无关。时期越长指标数值就越大，反之就越小。

（4）时期数列中指标数值，通常都是通过连续不断的登记取得的；而时点数列中指标数值通常都是定期（间断）登记取得的。

图 6-2 为 1950 年 1 月—2020 年 1 月 Nino 3.4 温度与平均温度的离差值变动趋势。其中离差值连续 3 个月大于 0.5℃ 则认为存在厄尔尼诺现象。这是一个时点数列，其中温度离差值是一个时间点的数值。

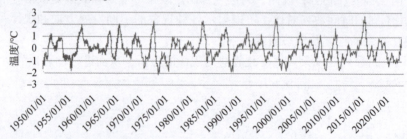

图 6-2　1950 年 1 月—2020 年 1 月 Nino 3.4 温度与平均温度的离差值变动趋势①

知识窗 ▶▶▶

厄尔尼诺现象

进入 20 世纪 70 年代后，全世界出现的异常天气，有范围广、灾情重和时间长等特

---

① 数据来源于美国国家海洋和大气管理局相关网站：https：//origin. cpc. ncep. noaa. gov/。

点。在这一系列异常天气中，科学家发现一种作为海洋与大气系统重要现象之一的"厄尔尼诺"潮流起着重要作用。

在南美洲西海岸、南太平洋东部，自南向北流动着一股著名的秘鲁寒流，每年11月至次年3月正是南半球的夏季，南半球海域水温普遍升高，向西流动的赤道暖流得到加强。恰逢此时，全球的气压带和风带向南移动，东北信风越过赤道受到南半球自偏向力（也称地转偏向力）的作用，向左偏转成西北季风。西北季风不但削弱了秘鲁西海岸的离岸风——东南信风，使秘鲁寒流深层冷水上行趋势减弱甚至消失，而且吹拂着水温较高的赤道暖流南下，使秘鲁寒流的水温反常升高。这股悄然而至、不固定的洋流被称为"厄尔尼诺暖流"（见图6-3）。

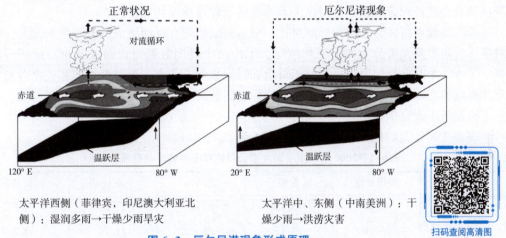

图6-3 厄尔尼诺现象形成原理

厄尔尼诺现象是发生在热带太平洋海温异常增暖的一种气候现象，大范围热带太平洋增暖，会造成全球气候的变化，但这个状态要维持3个月以上，才认定是真正发生了厄尔尼诺事件。在厄尔尼诺现象发生后，紧随其后的是东太平洋海水相比年均值显著降温，也就是拉尼娜现象。

为了对厄尔尼诺现象进行科学研究和预测，气象学家具体利用卫星、系泊浮标、漂移浮标、海平面分析和船舶获得对应各种温度和气压数据，并在此基础上制定了相应的标准来描述和衡量厄尔尼诺现象的程度。最常用的是"厄尔尼诺南方涛动指数"（ENSO 指数，El Niño-Southern Oscillation），该指数是通过计算太平洋赤道区域的海表温度和气压的平均值和离差得到的。其中"常年平均值"基准，一般用 1981—2010 年或 1991—2020 年的数据。具体选取 5°S—5°N，170°W—120°W 这个范围的平均海表温度，作为检测冷暖的标准。

厄尔尼诺南方涛动指数在每个月的第二个星期四发布一致的预报。根据 ENSO 指数的数值，科学家们将厄尔尼诺现象分为"正常""弱""中等""强烈"四个等级。其中，ENSO指数大于 0.5℃被认为是厄尔尼诺现象的开始，而大于 1.5℃ 则被认为是强烈的厄尔尼诺现象。

除了 ENSO 指数，气象学家们还使用了其他指标来描述厄尔尼诺现象，例如太平洋海温异常分布图和厄尔尼诺 3.4 区域海温指数，通过这些指标更全面地了解厄尔尼诺现象的特征和影响，为全球气候的预测和调整提供科学依据。

厄尔尼诺现象会引起全球气候异常变化，包括降雨量、风向和气温等。在厄尔尼诺现象发生期间，东南亚地区和澳大利亚等地的降雨量明显增加，而南美洲的降雨量则大幅减少。此外，厄尔尼诺现象还会导致全球温度升高，引发海平面上升，对海岸地区造成威胁。

（根据网络资料整理）

2. 相对指标时间数列

相对指标时间数列是指一系列相对指标按照时间先后顺序排列所组成的时间数列，用来反映社会经济现象之间数量对比关系的发展变化过程及其规律。

考虑到相对指标为总量指标的对比，根据时间数列有时期数列和时点数列之分，则相对指标时间数列又可分为如下三种情况：①由两个时期数列对比而成的相对指标时间数列；②由两个时点数列对比而成的相对指标时间数列；③由一个时期数列和一个时点数列对比形成的相对指标时间数列。在相对指标时间数列中，由于每个指标都是相对数，因而各个指标是不能直接相加的。

表6-1所示是时期数列与时点数列对比形成的相对指标。

表6-1　2000年以来不同上市公司的每股净资产收益率（ROE）

年份	贵州茅台	浦发银行	万科A	上海机场	四川长虹
2000	68.86	13.75	10.69	13.01	2.1
2001	26.79	15.13	12.21	11.76	0.7
2002	13.86	16.67	11.54	11.37	1.37
2003	18.65	13.96	12.98	11.15	1.57
2004	21.32	15.17	15.39	18.54	−32.59
2005	23.99	17.21	19.54	16.35	2.95
2006	27.67	19.39	21.9	15.59	3.33
2007	39.3	20.1	23.75	15.62	4.01
2008	39.01	36.71	13.24	7.22	0.34
2009	33.55	25.86	15.37	5.63	1.25
2010	30.91	23.27	17.79	9.74	3.01
2011	40.39	20.07	19.83	10.17	3.44
2012	45	20.95	21.45	10.03	2.43
2013	39.43	21.53	21.54	11.36	3.71
2014	31.96	21.02	19.17	11.77	0.42
2015	26.23	18.82	19.14	13.05	−15.1
2016	24.44	16.35	19.68	13.17	4.49
2017	32.95	14.45	22.8	15.53	2.75

续表

年份	贵州茅台	浦发银行	万科 A	上海机场	四川长虹
2018	34.46	13.14	23.24	15.85	2.35
2019	33.09	12.29	22.47	16.7	0.46
2020	31.41	10.81	20.13	-4.14	0.35
2021	29.9	8.75	9.78	-4.12	2.17
2022	30.26	12.84	9.48	-8.24	3.49

数据来源：各上市公司财务报表。

3. 平均指标时间数列

平均指标时间数列是由一系列同类平均指标组成的时间数列。它反映的是社会经济现象一般水平的发展过程及其变动趋势。表 6-2 所示的 1995—2020 年不同类型单位的年平均工资，就是一个平均指标时间数列。

表 6-2　1995—2020 年不同类型单位的年平均工资　　　　单位：元

年份	国有单位	城镇集体单位	其他单位
1995	5 553	3 934	7 728
2000	9 441	6 241	11 238
2005	18 978	11 176	18 362
2010	38 359	24 010	35 801
2015	65 296	46 607	60 906
2020	108 132	68 590	92 721

资料来源：国家统计局官网。

6.2　时间数列水平分析

6.2.1　发展水平指标

发展水平是时间数列中各具体时间条件下的数值，又称为发展量，反映事物的发展变化在一定时期内或时点上所达到的总体规模或水平，是计算所有动态分析指标的基础。常见的发展水平指标有国民生产总值、国民收入、财政收入和支出等，用来反映一个国家经济发展水平。

根据发展水平在时间数列中的位置不同，发展水平有最初水平、中间水平和最末水平三种。在同一个时间数列中，最早出现的发展水平称为最初水平，用符号 a_0 表示；最晚出现的发展水平称为最末水平，用符号 a_n 表示；其余所有中间时间的发展水平称为中间水平，用符号 a_1，a_2，$\cdots$，a_{n-1} 表示。

6.2.2　平均发展水平及其计算

平均发展水平是指将时间数列中各个发展水平加以平均而得到，也称序时平均数或动态平均数，用以反映现象在一段时间内发展变化所达到的一般水平。

平均发展水平作为一种总量指标时间数列的平均数，与普通平均数(第5章)的相同点在于，它们都抽象了现象的个别差异，以反映现象总体的一般水平。但两者存在明显的区别，主要表现在：平均发展水平抽象的是现象在不同时间上的数量差异，因而它能够从动态上说明现象在一定时期内发展变化的一般趋势；普通平均数抽象的是总体各单位某一数量标志值在同一时间上的差异，因此，它是从静态上说明现象总体各单位的一般水平。

由于不同时间序列中观察值的表现形式不同，平均发展水平有不同的计算方法。总量指标时间数列计算平均发展水平是最基本的方法，相对指标与平均指标的平均发展水平都是建立在前者基础上的。

1. 总量指标时间数列的平均发展水平

总量指标时间数列平均发展水平的计算方法是最基本的，它是计算相对指标或平均指标时间数列平均数的基础。根据时期数列和时点数列之分，平均发展水平的计算方法也有所区别。

(1)时期数列的平均发展水平。

若时期数列在连续(以日为时间单位)且间隔时间一致的情况下，其计算公式与算术平均数公式一致，为：

$$\bar{a} = \frac{a_1 + a_2 + \cdots + a_n}{n} = \frac{\sum\limits_{i=1}^{n} a_i}{n}$$

其中，$\bar{a}$ 表示平均发展水平；a_1，a_2，$\cdots$，a_n 表示各时期的发展水平；n 表示时期项数(发展水平的个数)。

若时期数列为连续且间隔时间不一致，则利用加权平均数：$\bar{a} = \dfrac{\sum\limits_{i=1}^{n} a_i f_i}{\sum\limits_{i=1}^{n} f_i}$。其中 f_i 为各标志值出现的次数。

【例6-1】某商场某周的销售额如表6-3所示，根据表中资料计算此周的平均销售额。

表6-3　某商场某周销售额　　　　　　　　　　单位：万元

时间	周一	周二	周三	周四	周五	周六	周日
销售额	3.5	4.2	3.8	4.0	4.5	6.2	5.9

【解】销售额为时期数据，且连续，则此周每天平均销售额为：

$$\bar{a} = \frac{3.5 + 4.2 + \cdots + 5.9}{7} = 4.59(万元)$$

【例6-2】行为金融学认为投资者的关注度是有限的，由于精力和时间限制，投资者并不对所有信息进行关注，只会选择那些吸引其注意力的信息进行关注，也只有这些信息才会对投资者的投资行为产生影响。一般而言，投资者越关注某个证券或公司，其交易量和股价波动性就越大。这是因为，投资者的关注程度会影响他们的投资决策，从而影响股票的供求关系，导致股价波动。

投资者关注度可以通过多种方式来衡量，比如股票交易量、新闻报道数量和社交媒体讨论数量等。通过 Python 爬虫获取互动易网站汇川技术股票(代码：300124)投资者讨论数量，数据汇总的结果如表 6-4 所示。根据表中数据计算平均关注度。

表 6-4 某年连续 8 个月汇川技术关注度[①]

时间	3 月	4 月	5 月	6 月	7 月	8 月	9 月	10 月
数量	26	18	14	25	23	32	16	17

【解】连续 8 个月的关注度为时期数列，间隔时间一致。利用公式计算可得：

$$\bar{a} = \frac{26 + 18 + 14 + \cdots + 17}{8} = 21.38$$

(2)时点数列的平均发展水平。

时点数列根据数列是否连续，计算的方法也不同。一般而言，判断连续与否的标准是以"1 天"作为最小时间单位：其中根据 1 天计算而得到的数列为连续数列；根据大于 1 天计算而得到的数据为间断数列。不同数列计算方法略有不同。

1)连续时点数列平均发展水平。

若时点为连续且间隔时间相等，则平均发展水平计算公式为：

$$\bar{a} = \frac{a_1 + a_2 + \cdots + a_n}{n} = \frac{\sum_{i=1}^{n} a_i}{n}$$

【例 6-3】货币对是由两种货币组成的外汇交易汇率。其中第一个代码代表"基本货币"，另一个则是"二级货币"。如 USDCNY 货币对中，基本货币是美元，二级货币是在岸人民币。某年 1 月 1—13 日 USDCNY 货币对收盘价格如表 6-5 所示。

表 6-5 某年 1 月 1—13 日 USDCNY 货币对收盘价数据

日期	1 月 2 日	1 月 3 日	1 月 4 日	1 月 5 日	1 月 6 日	1 月 9 日	1 月 10 日	1 月 11 日	1 月 12 日	1 月 13 日
收盘价	6.898 6	6.913 5	6.887 5	6.88	6.837	6.77	6.777	6.77	6.736 5	6.701

请根据表中价格计算日平均收盘价。

【解】数据为时点数列，且为连续。利用公式计算，两个星期内日平均收盘价为：

$$\bar{x} = \frac{6.898\,6 + 6.913\,5 + \cdots + 6.701}{10} = 6.817\,1$$

2)若时点为连续且间隔时间不等，则平均发展水平计算公式为：$\bar{a} = \dfrac{\sum_{i=1}^{n} a_i f_i}{\sum_{i=1}^{n} f_i}$。

【例 6-4】某班级某周统计学课程的出勤人数如表 6-6 所示，根据表中资料计算此周平均出勤人数。

表 6-6 某班级某周统计学课程的出勤人数 单位：人

时间	周一、周二	周三	周四	周五
人数	80	82	78	75

【解】此数列为连续时点数列，且间隔时间不一致。则利用公式计算可得：

① 关注度数据利用互动易投资者提问次数进行统计。

$$\overline{a} = \frac{80 \times 2 + 82 + 78 + 75}{5} = 79$$

3）间断时点数列平均发展水平。

在实际统计工作中，统计每一个时点上数据往往显得不必要，通常只能每隔一定的时间统计一次，时点一般定在期初或期末（如月初、月末、年初、年末等）。这种情况下，可以根据资料所属时间的间隔特点计算平均发展水平。

对于间隔相等的资料，采用"首末折半"的方法，计算公式如下：

$$\overline{a} = \frac{\dfrac{a_1 + a_2}{2} + \dfrac{a_2 + a_3}{2} + \cdots + \dfrac{a_{n-1} + a_n}{2}}{n - 1} = \frac{\dfrac{a_1}{2} + a_2 + \cdots + a_{n-1} + \dfrac{a_n}{2}}{n - 1}$$

上述公式表明，等间隔时点数列的平均发展水平是"数列指标之和，首尾两项各半，项数减 1 去除"，故又称为"首末折半法"。与前面计算方法的根本不同之处在于，这里需要多利用一期的资料才能得到平均水平。

对于间隔不等的资料，采用"间隔加权"的方法计算平均发展水平，具体加权平均公式为：

$$\overline{a} = \frac{\dfrac{a_1 + a_2}{2} f_1 + \dfrac{a_2 + a_3}{2} f_2 + \cdots + \dfrac{a_{n-1} + a_n}{2} f_{n-1}}{f_1 + f_2 + \cdots + f_{n-1}}$$

【例 6-5】外汇储备指为了应付国际支付的需要，各国的中央银行及其他政府机构所集中掌握并可以随时兑换成外国货币的外汇资产，其主要来源是贸易顺差和资本流入。外汇储备同黄金储备、特别提款权以及在国际货币基金组织中可随时动用的款项一起，构成一国的官方储备（储备资产）总额。某年 3—10 月末中国外汇储备数量如表 6-7 所示，根据表中结果计算第二季度和第三季度平均外汇储备。

表 6-7　某年 3—10 月末中国外汇储备数量　　　　　　　　　单位：亿美元

时间	3 月	4 月	5 月	6 月	7 月	8 月	9 月	10 月
数量	31 879.94	31 197.20	31 277.80	30 712.72	31 040.71	30 548.81	30 289.55	30 524.27

【解】根据资料可知这是间断时点数列，且间隔时间相等，因此利用首尾折半求平均的方法可得：

第二季度对应 4 月、5 月和 6 月，则需要利用 3—6 月末数据进行计算，对应的季平均外汇储备为：

$$\overline{a} = \frac{\dfrac{31\ 879.94 + 31\ 197.20}{2} + \dfrac{31\ 197.20 + 31\ 277.80}{2} + \dfrac{31\ 277.80 + 30\ 712.72}{2}}{3}$$

$$= 31\ 257.11 （亿美元）$$

同理计算第三季度平均外汇储备为 30 696.885 亿美元。

2. 相对指标或平均指标时间数列的平均发展水平

相对指标和平均指标是两个指标对比求得，用符号表示即 $c = \dfrac{a}{b}$。因此，由相对指标或平均指标数列计算平均发展水平，不能直接根据该相对指标或平均指标数列中各项观察值简单平均计算，而应当先分别计算构成该相对指标或平均指标的分子数列和分母数列的平均发展水平，再对比求得。用公式表示为：

$$\bar{c} = \frac{\bar{a}}{\bar{b}}$$

其中，$\bar{c}$ 代表相对指标或平均指标时间数列的平均发展水平；$\bar{a}$ 代表分子数列的平均发展水平；$\bar{b}$ 代表分母数列的平均发展水平。其中 a、b 数列既可以是时期数列，也可以是时点数列，各自平均水平的计算，与总量指标时间数列的平均发展水平相同。

【例 6-6】某企业某年下半年各月的产量、职工人数和劳动生产率统计资料如表 6-8 所示，要求计算下半年平均月劳动生产率(另知该厂 12 月末职工人数为 910 人)。

表 6-8 某企业某年下半年各月的产量、职工人数和劳动生产率统计资料

时间	7 月	8 月	9 月	10 月	11 月	12 月	平均
总值/万元	70.61	73.71	76.14	83.83	90.10	108.24	83.77
月初职工人数/人	790	810	810	830	850	880	838

【解】劳动生产率的分子(总产值)是时期指标，分母(职工人数)是时点指标，因此先计算出分子、分母的平均数，然后再相除。

产量的平均发展水平为：

$$\bar{a} = \frac{70.61 + 73.71 + 76.14 + 83.83 + 90.10 + 108.24}{6} = 83.77(万元)$$

职工人数的平均发展水平为：

$$\bar{b} = \frac{\frac{790}{2} + 810 + 810 + 830 + 850 + 880 + \frac{910}{2}}{6} = 838(人)$$

则下半年月平均劳动生产率为：$\bar{c} = \frac{837\ 700}{838} = 1\ 000(元/人)$

该工厂下半年劳动生产率 $n \times \bar{c} = 6 \times 1\ 000 = 6\ 000(元/人)$

【例 6-7】中国经济在快速增长的过程中，呈现出结构性的问题，具体表现之一为，拉动经济增长的"三驾马车"中，消费需求一直被外界认为不足。2015—2020 年中国年度 GDP、最终消费统计资料如表 6-9 所示，根据表中数据求中国 2016—2020 年五年间的平均消费率。

表 6-9 2015—2020 年中国年度 GDP、最终消费统计资料

时间	2015	2016	2017	2018	2019	2020
GDP/万亿元	69.21	74.60	82.90	91.58	99.07	102.56
最终消费/万亿元	37.19	41.08	45.65	50.61	55.26	56.08

【解】根据资料可知，GDP 和最终消费都是时期数据，因此根据时期数列的平均水平计算方法，可知 2015 年数据为多余的，利用 2016—2020 年数据计算，GDP 的平均发展水平为：$\bar{a} = \frac{74.60 + \cdots + 102.56}{5} = 90.14(万亿元)$

最终消费的平均发展水平为：$\bar{b} = \frac{41.08 + \cdots + 56.08}{5} = 49.74(万亿元)$

消费率的平均发展水平为：$\bar{c} = \dfrac{49.74}{90.14} = 55.18\%$

【例6-8】人均GDP是衡量经济发展程度的重要指标之一。中国2015—2020年GDP、年末人口数统计数据如表6-10所示，根据表中数据求2016—2020年5年间的中国人均GDP的平均发展水平。

表6-10　中国2015—2020年GDP、年末人口数与人均GDP统计数据

时间	2015	2016	2017	2018	2019	2020
GDP/亿元	685 571.2	742 694.1	830 945.7	915 243.5	983 751.2	1 005 451.3
年末人口数/万人	138 326	139 232	140 011	140 541	141 008	141 212

【解】根据表中资料可知，年末人口数是时点数据，其平均计算方法为：首尾折半求平均；GDP为时期数据，可以直接加总求平均，则人均GDP的结果为：

$$\bar{c} = \dfrac{\dfrac{742\,694.1 + \cdots + 1\,005\,451.3}{5}}{\dfrac{\dfrac{138\,326 + 139\,232}{2} + \cdots + \dfrac{141\,008 + 71\,828}{2}}{5}} = \dfrac{895\,617.16}{140\,112.2} = 6.39(万元／人)$$

6.2.3　增长量与平均增长量

1. 增长量

增长量为时间数列中不同时间的发展水平之差，也称为绝对速度。在对时间数列中的发展水平进行比较分析时，通常将要分析研究的那个时期的发展水平称为报告期水平，将作为比较基础时期的发展水平称为基期水平。其计算公式为：

$$增长量 = 报告期水平 - 基期水平$$

若报告期水平与基期水平之差为正数，则表明现象发展呈增长（正增长）状态，若报告期水平与基期水平之差为负数，则表明现象发展呈下降（负增长）状态。

根据选择基期的不同，增长量可分为逐期增长量和累积增长量。

（1）逐期增长量。

逐期增长量是报告期水平与其前一期水平之差，说明本期较上期增减的绝对数量，说明现象逐期增长的数量，用公式表示为：$a_i - a_{i-1}$，其中$i = 1, 2, \cdots, n$。

（2）累积增长量。

累积增长量是报告期水平与某一固定基期水平之差，是报告期与某一固定时期相比增减的绝对数量，说明一定时期内的总增长量。用公式表示为：$a_i - a_0$，其中$i = 1, 2, \cdots, n$。

逐期增长量与累积增长量之间存在以下关系：各逐期增长量的和等于相应时期的累积增长量；两相邻时期累积增长量之差等于相应时期的逐期增长量。用公式分别表示为：

$$\sum_{i=1}^{n}(a_i - a_{i-1}) = a_n - a_0$$
$$(a_i - a_0) - (a_{i-1} - a_0) = a_i - a_{i-1}$$

2. 平均增长量

平均增长量是时间数列中的逐期增长量的平均水平，它表明现象在一定时段内平均每期增加(减少)的数量，描述现象在观察期内平均增长的数量，用记号 $\overline{\Delta}$ 表示。其计算公式为：

$$\overline{\Delta} = \frac{a_n - a_0}{n}$$

其中，n 表示逐期增长量项数。

6.3　时间数列速度分析

6.3.1　发展速度和增长速度

1. 发展速度

发展速度是反映社会经济发展程度的相对指标，它是现象报告期水平与基期水平对比，表示某一事物在这段对比时期内发展变化的方向和程度，分析研究事物发展变化规律，常用百分比或倍数表示。

根据选择基期的不同，发展速度分为环比发展速度和定基发展速度。

(1)环比发展速度。

环比发展速度也称逐期发展速度，是报告期水平与前一期水平之比，说明报告期水平相对于前一期水平的发展程度，用来反映现象短期的发展方向和发展程度。

其计算公式为：

$$\frac{a_1}{a_0}, \frac{a_2}{a_1}, \cdots, \frac{a_i}{a_{i-1}}, \cdots, \frac{a_n}{a_{n-1}}$$

其中，a_0 表示基期发展水平，a_n 表示报告期发展水平，n 表示项数。环比发展速度的连乘积等于相应时期的定基发展速度。

(2)定基发展速度。

定基发展速度是报告期水平与某一固定时期水平(通常为最初水平或者特定时期水平)之比，用来反映某一较长时期的发展趋势和发展程度。

其计算公式为：

$$\frac{a_1}{a_0}, \frac{a_2}{a_0}, \cdots, \frac{a_i}{a_0}, \cdots, \frac{a_n}{a_0}$$

从上述公式可以看出，相邻时期的定基发展速度之商等于相应时期的环比发展速度。

发展速度一般用百分数表示，当比例数较大时，则用倍数表示较为合适。如某地固定资产投资 1994 年为 366 亿元，1993 年为 328 亿元，1994 年与 1993 年比，$366 \div 328 = 1.12$，这就是发展速度，用百分数表示为 112%，用倍数表示则是 1.12 倍。

2. 增长速度

增长速度则是以相减和相除结合计算的动态比较指标，与发展速度一致，也分为环比增长速度和定基增长速度。

定基增长速度计算公式为：

$$\frac{a_1 - a_0}{a_0}, \ \frac{a_2 - a_0}{a_0}, \ \cdots, \ \frac{a_i - a_0}{a_0}, \ \cdots, \ \frac{a_n - a_0}{a_0}$$

环比增长速度计算公式为：

$$\frac{a_1 - a_0}{a_0}, \ \frac{a_2 - a_1}{a_1}, \ \cdots, \ \frac{a_i - a_{i-1}}{a_{i-1}}, \ \cdots, \ \frac{a_n - a_{n-1}}{a_{n-1}}$$

从上可知，增长速度=发展速度−1。

【例6-9】2010—2022年中国GDP及其增长相关数据如表6-11所示，根据表中资料计算相应的逐期增长量、累积增长量和增长速度。

表6-11　2010—2022年中国GDP及其增长相关数据

年份	名义GDP/亿元	GDP指数	实际GDP/亿元	逐期增长量/亿元	累积增长量/亿元	增长率/%
2010	412 119.3	110.6	412 119.3	—	—	10.6
2011	487 940.2	109.6	451 682.8	39 563.5	—	9.6
2012	538 580	107.9	487 365.7	35 682.9	75 246.4	7.9
2013	592 963.2	107.8	525 380.2	38 014.5	113 260.9	7.8
2014	643 563.1	107.4	564 258.3	38 878.1	152 139.0	7.4
2015	688 858.2	107	603 756.4	39 498.1	191 637.1	7
2016	746 395.1	106.8	644 811.9	41 055.4	232 692.6	6.8
2017	832 035.9	106.9	689 303.9	44 492.0	277 184.6	6.9
2018	919 281.1	106.7	735 487.3	46 183.4	323 368.0	6.7
2019	986 515.2	106	779 616.5	44 129.2	367 497.2	6
2020	1 013 567	102.2	796 768.0	17 151.6	384 648.7	2.2
2021	1 149 237	108.4	863 696.6	66 928.5	451 577.3	8.4
2022	1 204 724.0	103	889 607.5	25 910.9	477 488.2	3

注：①GDP单位为亿元；②GDP指数为上年=100；③实际GDP以2010年为基期；④数据来源于国家统计局官网。

【解】计算GDP增长量时，需要剔除价格因素，名义数据无法直接比较。而统计数据中，GDP指数正好剔除了价格等因素，具体有两种：一种是上年=100，意即以上年的购买力进行比较，本年相当于上年何种水平；一种是1978年=100，即以1978年的购买力进行比较，本年相当于1978年何种水平。此处选择上年=100进行计算。实际GDP=上年实际GDP×GDP指数/100，2010年实际GDP为当年名义GDP。逐期增长量为本期实际GDP−上期实际GDP，累积增长量为本期实际GDP−2010年实际GDP，增长率为GDP指数−100。具体计算结果如表6-11所示。

知识窗

上年同月、上年同期与上月

宏观经济统计指标中，经常遇到同一指标具有上年同月、上年同期与上月等不同形式。如表 6-12 中描述的是 2022 年全国居民消费者价格指数(CPI)的变化趋势。其中上年同期和上年同月是同比指标,具体"上年同期"是指剔除季节性因素,以上年同一时期(从 1 月份开始至计算月)的指标进行比较;"上年同月"同样是剔除季节性因素,以上年同月的指标进行比较;而"上月"是环比指标,与前一个月指标进行比较。

如表中 5 月份"上年同期",是指 2022 年 1—5 月的统计数据与 2021 年 1—5 月的统计数据进行比较;而"上年同月"是指 2022 年 5 月与 2021 年 5 月数据进行对比;"上月"指 2022 年 5 月与 2022 年 4 月数据进行对比而得。

表 6-12　2022 年全国居民消费者价格指数变化趋势

时间	上年同月=100	上年同期=100	上月=100
2022 年 1 月	100.9	100.9	100.4
2022 年 2 月	100.9	100.9	100.6
2022 年 3 月	101.5	101.1	100
2022 年 4 月	102.1	101.4	100.4
2022 年 5 月	102.1	101.5	99.8
2022 年 6 月	102.5	101.7	100
2022 年 7 月	102.7	101.8	100.5
2022 年 8 月	102.5	101.8	99.9
2022 年 9 月	102.8	102	100.3
2022 年 10 月	102.1	102	100.1
2022 年 11 月	101.6	102	99.8
2022 年 12 月	101.8	102	100

6.3.2　平均发展速度和平均增长速度

平均发展速度是各个时期环比发展速度的几何平均数,说明社会经济现象在较长时期内速度变化的平均程度,是一个十分重要并得到广泛运用的动态分析指标。在实际中,该指标不仅经常用来对比不同发展阶段的不同发展速度,还用来对比不同国家或地区经济发展的不同情况。其计算方法有两种:几何平均法(水平法)和代数平均法(累积法或方程式法)。但必须注意的是,这两种方法计算结果经常不一致,有时甚至会得出相反的结论。

平均增长速度由平均发展速度计算出来,具体为:平均增长速度=平均发展速度-1。

1. 水平法计算平均发展速度

水平法是以末期的水平同基期水平对比来计算平均每年增长(或下降)速度,即累积发展速度的 n 次方根,也称几何平均法。具体为:

$$\bar{v} = \sqrt[n]{\frac{a_1}{a_0} \times \frac{a_2}{a_1} \times \cdots \times \frac{a_n}{a_{n-1}}} = \sqrt[n]{\frac{a_n}{a_0}}$$

其特点是:从最初水平 a_0 出发,每期按平均发展速度发展,经过 n 期后,达到最末水平 a_n。

2. 累积法计算平均发展速度

累积法是以间隔期内各年水平的总和同基期水平对比来计算平均每年增长(或下降)速度,也称代数平均法或方程法。

累积法是基于时间数列各期发展水平之和等于累积发展水平,以累积发展水平与基期水平之比为基础来计算的。具体为:

$$\bar{v} + \bar{v}^2 + \cdots + \bar{v}^n = \frac{\sum a_i}{a_0}$$

这个方程式的正根,即为平均发展速度。其中,$\bar{v}$ 表示平均发展速度;$\sum a_i$ 表示累计发展水平;a_0 表示基期水平。

【例6-10】2010—2020年中国GDP增长指数如表6-13所示,求平均发展速度与平均增长速度。

表6-13 2010—2020年中国GDP增长指数(上年=100)[①]

时间	2011	2012	2013	2014	2015	2016	2017	2018	2019	2020
指数	109.6	107.9	107.8	107.4	107	106.8	106.9	106.7	106	102.2

【解】根据资料,其中GDP增长指数为本期GDP除以上期GDP,即对应环比发展速度,利用几何平均法进行计算,可得:

平均发展速度:$\bar{v} = \sqrt[n]{x_0 x_1 \cdots x_n} = \sqrt[10]{1.096 \times 1.079 \times \cdots \times 1.022} = \sqrt[10]{1.933} = 1.068$

平均增长速度为平均发展速度减1,则平均增长速度为6.8%。

在实际分析中,一般情况下常采用水平法,如果时间序列存在时增时减等不定的现象,或者出现由负到正的水平,则此时适宜用累计法。

3. 增长1%的绝对值

增长1%的绝对值是进行动态分析的指标,它反映同样的增长速度,在不同时间条件下所包含的绝对水平。具体而言,增长1%绝对值是逐期增长量与环比增长百分点之比,用以说明报告期比基期每增长1%的绝对数量是多少。用公式表示为:

$$增长1\%的绝对值 = \frac{逐期增长量}{环比增长速度} \times 1\% = \frac{前期水平}{100}$$

增长速度指标虽然能够说明现象增长的程度,但不能反映现象增长的实际效果。为更全面地对现象的发展程度和水平进行分析,在比较现象的速度指标之外,往往需要结合水平指标的分析才能得出正确结论。

4. 翻番速度指标的概念

"翻番",在数量上是指"倍增"。顾名思义,"翻番"指标是指以"倍"为基础的递增,是速度指标的一种特殊表现形式。根据这一含义,翻一番即第一个倍增,就是比基期增加一倍,为基期的两倍。翻两番即第二个倍增,就是在翻一番的基础上再翻一番,则比基期增加了三倍,为基期的四倍。以此类推。例如,基期数值为100,翻一番即为200;翻两番即在200的基础上再翻一番,即为400。

【例6-11】中国2022年GDP约为121万亿元,GDP增长速度为3%,按此增长速度,

---

① 数据来源于国家统计局官网。

翻一番大概需要多少年？

【解】翻一番为两倍，$(1 + 0.03)^n = 2$，经过计算，$n = 23.45$（年）。

也即按此速度增长下去，大约需要 24 年才能翻一番。

【例 6-12】2022 年，中国 GDP 为 18 万亿美元，平均增长速度为 5%；美国 GDP 为 25 万亿美元，平均增长速度为 2%。按此增长速度，中国需要多少年才能超过美国？

【解】中国要赶超美国，必须使：$18 \times (1 + 0.05)^n \geq 25 \times (1 + 0.02)^n$，经过计算，$n = 11.33$（年）。

按此速度增长下去，中国还需要 12 年，即到 2034 年前后就可以超过美国。

同步案例

马尔萨斯与人口原理

托马斯·罗伯特·马尔萨斯（Thomas Robert Malthus），英国教士、人口学家、政治经济学家，最著名的著作为《人口原理》。《人口原理》是以议论人具有食欲和性欲这两个"本性"开始的。其主要内容可以用"两个前提、三个定理"来概括。其中两个前提是：①食物是人类生存所必需的；②两性间的情欲是必然的，而且几乎会保持现状。

从这两个"人类本性的固定法则"出发，可以得出一个最基本的经济比例：食物或生活资料的增长与人口的增殖之间的关系。马尔萨斯说，由于任何生物都是随时间按指数方式增长，人作为特殊的生物总群，也是按几何级数增长的；而由于土地报酬递减规律的作用，生活资料则只按算术级数增长，因此人口的增殖比生活资料的增长要快。具体而言，如果缺乏人口控制，人类将以几何级数增加（1，2，4，8，16，…），食物以算术级数增加（1，2，3，4，5，…）。

在此基础上，他提出，保持两个级数平衡的唯一出路就是抑制人口的增长。他把所谓支配人类命运的永恒的人口自然法则，归纳成以下三个原理。

第一点是人口的制约原理，说明人口与生活资料之间必然存在某种正常的比例，即"人口的增长，必然要受到生活资料的限制"。

第二点是人口的增殖原理，即"生活资料增加，人口也常随着增加"。

第三点是马尔萨斯人口原理的核心，称为人口的均衡原理，即"占优势的人口繁殖力为贫困和罪恶所抑制，因而使现实的人口得以与生活资料保持平衡"。这个原理与前两个原理是紧密相连的，它说明人口与生活资料之间最终将实现均衡，但是这种均衡不是自然实现的，而是种种"抑制"的产物。

马尔萨斯认为，动植物的生长繁衍因为空间和滋养物的缺乏会受到抑制，人类的生长繁衍则会因为食物的缺乏而受到抑制。但是人类的抑制分为预防抑制和积极抑制两种。预防抑制主要是道德的抑制，即考虑到无力负担家庭而不结婚或者推迟结婚（马尔萨斯反对堕胎和避孕）。起决定性作用的主要是积极抑制，即战争、瘟疫、繁重劳动、贫困和饥荒等。

我国系统宣传马尔萨斯人口论的，应以 1918 年出版的陈长蘅的《中国人口论》一书为开端。作者认为，中国今日民贫的最大原因，"厥为人民孳生太繁，土地有限，生育无限，以有限供无限则殆，生计憔悴岂偶然哉"。他在 1930 年写的《三民主义与人口政策》一书的第十章中也有形象论述。他认为，人口问题是个社会问题，是中国一切社会问题的根本问题，是启开一切社会问题的钥匙。

时过境迁，现今，困扰大量发达国家和一些发展中国家的问题已经不再是人口生育率过高或者人口增长较快的问题，而是低生育率背景下老龄化和高龄化问题。随着生活水平的提升，中国未来老龄化比重急剧提升，如何在"人口红利"消失的现实背景下，挖掘"人才红利"，是当下重要的议题。

（根据网络资料整理）

6.4 时间数列长期分析

6.4.1 时间数列的分解

客观现象的发展变化是多种因素影响的综合结果，由于各种因素的影响方向和程度不同，使时间数列呈现出不同的变化形态和趋势。时间数列的长期分析就是要对构成时间数列的各种因素加以分解和测定，把原来不易看出现象变化趋势的时间数列，通过处理后，使现象的变化趋势明显化的方法，以便对未来状况做出判断和预测。

根据影响时间数列因素的性质和作用不同，具体可分解为以下四种。

1. 长期趋势

长期趋势是时间数列中最基本的特征。长期趋势，是指现象在一个相当长的时期内持续发展变化的总态势，如持续上升、下降和基本持平，是由于现象受到各个时期普遍的、持续的、决定性的基本因素影响的结果。

2. 季节变动

季节变动，是指时间数列受自然季节变换和社会习俗等因素影响而发生的有规律的周期性波动。例如某些商品的销售额、旅游人数、农产品产量等，随季节变动而呈淡旺季之分。季节变动的周期一般为一年或一年以内(如一月、一周等)。

3. 循环变动

循环变动，也称周期性变动，是指社会经济发展中的一种近乎规律性的盛衰交替变动。其成因比较复杂，周期一般在一年以上，长短不一。循环变动按引起的原因和周期长短不同又可分为四种类型。即长期循环变动，主要是受重大技术革命影响的结果，周期可长达 50~60 年；中长期循环变动，周期在 20 年左右，造成这种循环变动的物质基础是由于建筑业的周期性波动；中期循环变动，周期为 8~10 年，其变动的物质基础是周期性的固定资产的大规模更新；短期循环变动，周期为 2~4 年，其形成原因可能是固定资产更新和周期性的技术变革。

4. 不规则变动

不规则变动，是指除了上述各种变动以外，现象因临时的、偶然的因素而引起的随机变动，这种变动无规则可循，如地震、水灾、战争等所引起的变动。从长期来看，有些偶然因素的影响可以互相抵消。

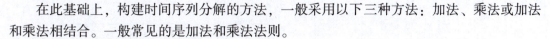

在此基础上，构建时间序列分解的方法，一般采用以下三种方法：加法、乘法或加法和乘法相结合。一般常见的是加法和乘法法则。

加法法则：$x_t = T_t + C_t + S_t + I_t$。

乘法法则：$x_t = T_t \times C_t \times S_t \times I_t$。

其中，x_t 表示原序列数据；T_t 表示时间数列分解后得到的长期趋势序列；C_t 表示时间数列分解后得到的周期性序列；S_t 表示时间数列分解后得到的季节性序列；I_t 表示时间数列分解后剩下的不规则部分。

可以看出，加法法则是把时间数列数据分解为四个部分，其中各部分的数据相加等于原始数列；乘法法则是各部分的数据相乘得到原始数列。

同步案例

心电图时间序列

心电图记录的是电压随时间变化的曲线。心电图记录在坐标纸上，坐标纸由 1mm 宽和 1mm 高的小格组成。横坐标表示时间，纵坐标表示电压。通常采用 25mm/s 纸速记录，横坐标 1 小格 = 0.04s，纵坐标 1 小格 = 0.1mV。

心电图的基本组成部分并不复杂，但如何理解其波形代表的心脏节律、心肌供血及结构改变等异常并不简单。

心电图的构成具体如图 6-4 所示。

(1)P 波。正常心脏的电激动从窦房结开始。由于窦房结位于右心房与上腔静脉的交界处，所以窦房结的激动首先传导到右心房，通过房间束传到左心房，形成心电图上的 P 波。P 波代表了心房的激动，前半部代表右心房激动，后半部代表左心房激动。P 波时限为 0.12s，高度为 0.25mV。当心房扩大，两房间传导出现异常时，P 波可表现为高尖或双峰。正常状态下的心电图报告第一句话都是：窦性心律，看到这几个字，就能判断心电是从窦房结发出来的，符合正常状态。

(2)PR 间期。PR 间期代表由窦房结产生的兴奋经由心房、房室交界和房室束到达心室并引起心室肌开始兴奋所需要的时间，故也称为房室传导时间。正常 PR 间期在 0.12~0.20s。当心房到心室的传导出现阻滞，则表现为 PR 间期的延长或 P 波之后心室波消失。

(3)QRS 波群。激动向下经希氏束、左右束支同步激动左右心室形成 QRS 波群。QRS 波群代表了心室的除极，激动时限小于 0.11s。当出现心脏左右束支的传导阻滞、心室扩大或肥厚等情况时，QRS 波群出现增宽、变形和时限延长。

(4)J 点。QRS 波结束，ST 段开始的交点，代表心室肌细胞全部除极完毕。

(5)ST 段。心室肌全部除极完成，复极尚未开始的一段时间。此时各部位的心室肌都处于除极状态，细胞之间并没有电位差。因此正常情况下 ST 段应处于等电位线上。当某部位的心肌出现缺血或坏死的表现，心室在除极完毕后仍存在电位差，此时表现为心电图上 ST 段发生偏移。

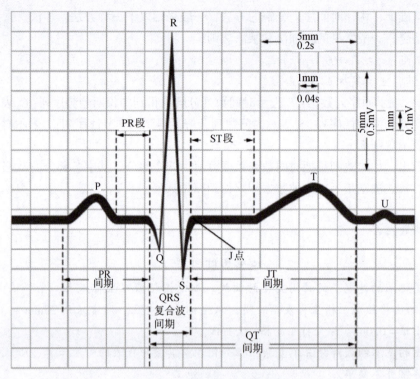

图6-4 心电图时间序列特征

（6）T波。之后的T波代表了心室的复极。在QRS主波向上的导联，T波应与QRS主波方向相同。心电图上T波的改变受多种因素的影响。例如心肌缺血时可表现为T波低平倒置。T波的高耸可见于高血钾、急性心肌梗死的超急期等。

（7）U波。某些导联上T波之后可见U波，目前认为与心室的复极有关。

（8）QT间期。代表了心室从除极到复极的时间。正常QT间期为0.44s。由于QT间期受心率的影响，因此引入了矫正的QT间期（QTc）的概念。其中一种计算方法为QTc＝QT/$\sqrt{RR}$。QT间期的延长往往与恶性心律失常的发生相关。

心电图检查是一种常见的心脏病检查手段，大多数人在心脏有问题时会选择心电图检查来帮助他们诊断疾病，了解人们的心脏健康状况，查出其是否患有和心脏相关的疾病。

心电图是心脏生理活动信号的一种图形化展示，能够辅助医生诊断心脏疾病。现在利用心电自动识别系统，通过提取波形的特征，再利用成熟的机器学习算法对心电图类别进行分类。如利用LSTM（Long Short-Term Memory）人工神经网络模型识别心电图是否为健康心律或者心律不齐。

（根据网络资料整理）

6.4.2 长期趋势的测定

1. 长期趋势及其作用

长期趋势是指在相当长的时期内，社会现象表现为持续增长或持续下降的趋势。

在统计分析中，研究长期趋势的主要作用是：

（1）测定社会现象向上成长或向下降低的趋势，确定其发展方向和发展速度。这对正确认识客观事物发展的规律性，指导国民经济发展和企业的生产、经营活动具有重要意义。

（2）测定长期趋势有助于进行经济预测。

2. 长期趋势测定方法

长期趋势是根据时间数列资料测定的。测定方法包括定性方法和定量方法。其中定性方法有散点图法；定量方法有移动平均法、线性趋势法等。

（1）散点图法。

散点图法是一种定性判断的方法。利用数据处理软件画出其散点图，并进一步添加拟合趋势线，研究其变化趋势。如图 6-5 所示为 2010—2024 年不变价当季 GDP 规模增长趋势，从中可以看出，季度 GDP 大致呈现指数上升的趋势。

散点图这种定性方法简单易行，缺点是只能大致看出时间序列的变化趋势，无法定量分析变化的大小。

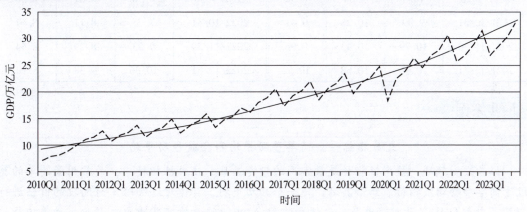

图 6-5 2010—2024 年不变价当季 GDP 规模增长趋势①

（2）移动平均法。

移动平均法是对原有的时间数列，根据数列变化的特征，选取时间长度（如每三年、每四年或每五年等），采用逐项推移的方法，依次计算一系列的平均数，形成由平均数组成的新的时间数列。这种移动平均数形成的时间数列，消除了短期的偶然因素的影响，使长期趋势更加明显。

【例 6-13】旅游行业受到季节性影响非常大。旅游业相关的股票也与此有紧密的联系，以长白山股票为例，股票 2021—2022 年的月度收盘价经历上下波动，因此利用移动平均法对其变化趋势进行分析，如表 6-14 所示。

【解】考虑以上资料数据没有明显的周期性特征，选择项数为 3 和项数为 5 的移动平均法进行计算，如三项移动平均中，2021 年 3 月末具体为 1 月、2 月和 3 月末的股票价格的平均数（7.44+8.02+8.5）=7.99，其余的数据以此类推（见表 6-14）。

移动平均起修匀作用，原数列中包含的一些偶然因素引起的变动得以削弱，从而显现出现象在较长时期发展变化的基本趋势。

---

① 数据来源于国家统计局官网。

表 6-14　2021—2022 年长白山上证 A 股月度收盘价格　　　　单位：元

日期	收盘	3 项平均	5 项平均	日期	收盘	3 项平均	5 项平均
2021/1/31	7.44	—	—	2022/1/31	10.35	10.70	10.52
2021/2/29	8.02	—	—	2022/2/28	9.62	10.31	10.34
2021/3/30	8.5	7.99	—	2022/3/29	9.07	9.68	10.16
2021/4/27	8.31	8.28	—	2022/4/26	7.49	8.73	9.50
2021/5/31	7.83	8.21	8.02	2022/5/31	8.33	8.30	8.97
2021/6/29	8.03	8.06	8.14	2022/6/28	9.54	8.45	8.81
2021/7/31	8.18	8.01	8.17	2022/7/31	8.34	8.74	8.55
2021/8/31	10.35	8.85	8.54	2022/8/30	9	8.96	8.54
2021/9/28	10.5	9.68	8.98	2022/9/30	7.58	8.31	8.56
2021/10/31	9.99	10.28	9.41	2022/10/31	7.75	8.11	8.44
2021/11/30	10.79	10.43	9.96	2022/11/29	9.53	8.29	8.44
2021/12/31	10.96	10.58	10.52	2022/12/31	10.86	9.38	8.94

同步案例 》》》

交易指标——简单移动平均和指数移动平均

证券投资领域，技术性指标是最常用的投资工具。技术性指标中，最常用最简单的莫过于简单移动均线指标。正如其名，是一个移动平均，具体对过去给定时间段的价格进行平均，由于 OHLC（开盘、最高、最低和收盘价）中，收盘价非常重要，因此移动平均指的是对收盘价进行平均；其中"移动"是指随着时间的推移，对应的收盘价也随之更新，移动平均名称来源于此。

对应的公式如下：

$$\text{SMA}_t = \frac{C_t + C_{t-1} + \cdots + C_{t-K}}{K} = \text{SMA}_{t-1} + \frac{1}{K}(C_t - C_{t-k-1})$$

其中，SMA_t（Simple Moving Average）表示当期移动平均指标（在证券交易系统中一般称为 MA），C_t（Close）表示收盘价，K 表示计算移动平均的时期数。后面等式用 SMA_{t-1} 表示 SMA_t，简单可以看成递推公式，方便后续的迭代计算。[①]

从表达式可以看出，SMA_t 对前面每期收盘价都给予相同的系数（即权重）$\frac{1}{K}$，说明每期收盘价对当前 SMA_t 的计算同样重要，得到的结果表示所有价格的平均值。一般而言，当价格处于下降趋势过程中时，前 K 期的价格处于高位，当期价格低位，则平均后的价格相对比当前价格要高；反之，当价格处于上升趋势过程中时，前 K 期的价格处于低位，当期价格处于高位，则平均后的价格要比当前价格低。连续的均值连接起来，就是移动平均线。毫无疑问，这种移动平均线变化滞后于当前价格的变化。

---

① 符号意义同下。如下面再涉及相同符号，则不再说明。

实际过程中，常用的参数 K 对应有 10 期(10 日对应半月)、20 期(20 日对应一月)、60 期(60 日对应一季)。① 对应不同时间参数的移动平均指标如图 6-6 所示。可以看出，SMA(10)紧紧跟随价格波动，SMA(20)相对较慢，而 SMA(60)最慢，但平滑性最好。

但这种简单的移动平均对所有价格赋予相同的权重(即重要性)可能并不一定合理。一般而言，越是靠得近的收盘价越重要，特别是当价格大幅波动时，前一日的收盘价显得特别重要，此时重要性通过权重来衡量。

图 6-6　贵州茅台 K 线与不同周期移动平均线

EMA 指标，即指数移动平均数指标(Exponential Moving Average，EXPMA 或 EMA)，也是一种趋向类指标。其构造原理是：对收盘价进行加权算术平均，用于判断价格未来的变动趋势。具体公式如下：

$$\mathrm{EMA}_t = \frac{2}{K+1} C_t + (1 - \frac{2}{K+1})\mathrm{EMA}_{t-1}$$

从指标含义来看，其中当日收盘价的权重为 $\dfrac{2}{K+1}$，而前一日的 EMA 对应的权重为 $1 - \dfrac{2}{K+1}$，两者加总为 1，其中 K 越大，说明当日收盘价的权重越小，过去的权重也就越大。这是递推表达式，方便计算用，但这种递推表达式不利于很好理解"指数"一词的含义，这需要借助迭代方法进行展开，具体如下：

$$\mathrm{EMA}_t = \frac{2}{K+1}(C_t - \mathrm{EMA}_{t-1}) + \mathrm{EMA}_{t-1} = \frac{2}{K+1} C_t + \frac{K-1}{K+1}\mathrm{EMA}_{t-1}$$

$$\mathrm{EMA}_t = \frac{2}{K+1} C_t + \frac{K-1}{K+1}(\frac{2}{K+1} C_{t-1} + \frac{K-1}{K+1}\mathrm{EMA}_{t-2})$$

$$\mathrm{EMA}_t = \frac{2}{K+1}\left[C_t + \frac{K-1}{K+1} C_{t-1} + (\frac{K-1}{K+1})^2 C_{t-2} + (\frac{K-1}{K+1})^3 C_{t-3} + \cdots + (\frac{K-1}{K+1})^{K-1}\mathrm{EMA}_{t-K} \right]$$

---

① 实际一月大概 22 天，但投资过程中，一般取整数，这是一种行为金融学的表现。

从最后的结果可以看出，随着时间的推移，离当前时间越远的收盘价，对应的权重越小，说明越不重要，而且重要性呈指数方式衰减，这正是指数移动平均数名称的来源。如图 6-7 所示为格力电器股价 K 线、MA(30) 均线与 EMA(30) 均线指标。

扫码查阅高清图

图 6-7　格力电器股价 K 线、MA(30) 均线与 EMA(30) 均线指标

从数值上看，EMA 对邻近数值更敏感。这也就是通常所说的，EMA 对价格反映更迅速。但无论如何敏感，毫无疑问，这些指标都存在滞后性，而且 K 值越大，对应的滞后性越强。

均线的作用是把价格走势进行"平滑"，相比单纯的 K 线图，一条平滑的曲线能更直观地反映出当前的趋势。从股票价格中短期趋势角度来看，若股票价格长期呈上涨趋势，则均线会处于上升曲线；若股票价格长期呈下跌趋势，则均线会处于下跌曲线。因此，在一定程度上可以根据均线的方向性来判断股票价格的整体趋势，从而判断交易时机。

（根据付志刚等《量化投资基础、方法与策略》整理）

(3) 线性趋势法。

线性模型指的是指标数据围绕直线周围上下波动的时间数据，曲线趋势指的是指标数据围绕曲线(如抛物线、指数曲线等)周围上下波动的时间数据。其基本思想是将原时间数列加工成以时间 t 为自变量和指标数据为因变量的两变量，并用线性模型(曲线模型)对两者关系进行拟合。此处只介绍线性趋势的拟合方法。

线性趋势法是测定长期趋势最常用的方法。

具体而言，令长期趋势为直线形式，且为时间的函数，并记为 $\hat{y}_t = a + bt$。其中，$\hat{y}_t$ 为直线趋势，即真实数据(y_t)的拟合值，a，b 分别为需要估计的系数。如果两系数估计出来，则时间序列的线性趋势得到确定。

对系数 a，b 的估计方法有很多种，常见的方法是最小二乘法，具体是使真实值(y_t)与线性趋势值($\hat{y}_t$)的离差平方和 Q 最小。

$$\text{Min：} Q = \sum_{i=1}^{n} (y_{t_i} - \hat{y}_{t_i})^2 = \sum_{i=1}^{n} (y_{t_i} - a - bt_i)^2$$

对未知数 a、b 求偏导，并令其等于零，可得：

$$\frac{\partial Q}{\partial a} = -2\sum_{i=1}^{n}(y_{t_i} - a - bt_i) = 0$$

$$\frac{\partial Q}{\partial b} = -2\sum_{i=1}^{n}(y_{t_i} - a - bt_i)t_i = 0$$

经过整理可得下面两表达式：

$$\sum_{i=1}^{n} y_{t_i} = na + b\sum_{i=1}^{n}t_i$$

$$\sum_{i=1}^{n} y_{t_i}t_i = a\sum_{i=1}^{n}t + b\sum_{i=1}^{n}t_i^2$$

并基于上述方程组进行求解可得：

$$b = \frac{n\sum_{i=1}^{n}t_i y_{t_i} - \sum_{i=1}^{n}t_i \sum_{i=1}^{n}y_{t_i}}{n\sum_{i=1}^{n}t_i^2 - (\sum_{i=1}^{n}t_i)^2} = \frac{\sum_{i=1}^{n}(y_{t_i} - \bar{y})(t_i - \bar{t_i})}{\sum_{i=1}^{n}(t_i - \bar{t_i})^2}$$

$$a = \bar{y} - b\bar{t_i}$$

在实际计算过程中，为了简化计算，往往对时间项 t 进行处理，使其均值为零。具体而言，当时间序列为奇数项时，一般设 t 为…，-2，-1，0，1，2，…；当时间序列为偶数项时，一般设 t 为…，-5，-3，-1，1，3，5，…则对应的公式简化为：

$$b = \frac{\sum_{i=1}^{n}t_i y_{t_i}}{\sum_{i=1}^{n}t_i^2} = \frac{\sum_{i=1}^{n}(y_{t_i} - \bar{y})t_i}{\sum_{i=1}^{n}t_i^2}$$

$$a = \bar{y}$$

同理，如需要对未来进行预测时，则相应按时间间隔项递推。

【例 6-14】2013 年股票"黄山旅游"月度收盘价格（用 y 表示）如表 6-15 所示。可知收盘价格大致呈现一个下降的趋势，现根据线性趋势法测定收盘价的长期趋势，并预测 2014 年 1 月底的收盘价。

表 6-15 2013 年股票"黄山旅游"月度收盘价格长期线性趋势测定

日期	t_i	y_i / 元	t_i^2	$t_i(y_i - \bar{y})$
2013/1/31	−11	14.42	121	−30.63
2013/2/28	−9	13.31	81	−15.07
2013/3/29	−7	13.5	49	−13.05
2013/4/26	−5	12.37	25	−3.67
2013/5/31	−3	12.62	9	−2.95
2013/6/28	−1	10.21	1	1.43
2013/7/31	1	10.3	1	−1.34

日期	t_i	y_i / 元	t_i^2	$t_i(y_i - \bar{y})$
2013/8/30	3	10.92	9	-2.15
2013/9/30	5	10.83	25	-4.03
2013/10/31	7	10.16	49	-10.33
2013/11/29	9	10.73	81	-8.15
2013/12/31	11	10.26	121	-15.13
合计	0	139.63	572	-105.07

【解】 利用线性趋势法进行拟合。为了方便，取 t 从-11 到 11，保持对称，从而简化计算，并利用最小二乘法公式计算，可得：

$$b = \frac{\sum (t - \bar{t})(y - \bar{y})}{\sum (t - \bar{t})^2} = \frac{\sum t(y - \bar{y})}{\sum t^2} = \frac{-105.07}{572} = -0.184$$

$$a = \bar{y} - b\bar{t} = 11.64$$

因此，该线性趋势为：$\bar{y} = 11.64 - 0.184t$，可以看出趋势一直处于下降趋势。

根据线性趋势法，预测 2014 年 1 月底的收盘价为：

$$\bar{y} = 11.64 - 0.184 \times 13 = 9.248\ (\text{元})$$

6.5 时间数列季节变动分析

6.5.1 季节变动概念

季节变动是指社会经济现象随季节的变动而产生的周期性波动，季节变动分析的目的在于掌握事物的变动周期、数量界限及其规律性，以便更好地安排生产，适应市场需求，满足人民的生活需要。图 6-8 为 1995—2000 年北京市月平均气温的季节性波动。

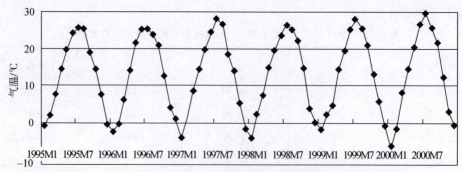

图 6-8　1995—2000 年北京市月平均气温季节性波动

有些现象的季节影响很明显，如服装、饮料及交通运输等，确定季节性影响的大小及其变化规律，有利于安排生产及预测等。

考虑到季节变动是小于一年内的循环变动，而周期波动是大于一年的循环变动，在很多统计分析中，把季节变动和周期波动放在一起进行研究。

同步案例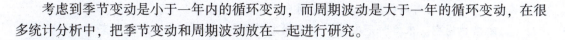

经济周期波动

经济周期一般以 GDP 为衡量指标，是指经济活动沿着经济发展的总体趋势所经历的有规律的扩张和收缩，是国民总产出、总收入和总就业的波动，是国民收入或总体经济活动扩张与紧缩的交替或周期性波动变化。经济周期可分为繁荣阶段、衰退阶段、萧条阶段和复苏阶段(见图 6-9)。在这 4 个阶段中，GDP 随着经济周期的波动而变化。

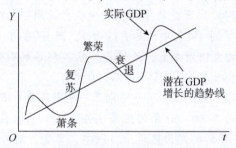

图 6-9　经济周期不同阶段

(1)繁荣阶段。此阶段生产能力得到充分利用，产量增加，消费者信心高涨，个人和企业投资增加，产出也增加，产品价格也处于较高水平。此时生产率增长不断放缓，产能受限，通货膨胀上升。政府通过紧缩的财政政策或货币政策，如加息、提升存款准备金等手段，使过热的经济回到可持续增长路径。GDP 增长仍保持在较高水平。

(2)衰退阶段。此阶段出现供过于求，市场需求开始萎缩，企业的盈利能力较弱，商品价格下跌，经济增长速度减缓。随着需求下降，企业的产能利用率降低，消费者信心下降，投资减少，导致整体需求下降。GDP 增长率低于潜在经济增长率。

(3)萧条阶段。此阶段社会需求不足，资产缩水，失业率处于较高的水平。企业出现产能过剩，消费者信心低迷，投资萎缩。这些因素导致需求持续低迷，使得经济陷入深度低迷。GDP 增长缓慢，产能过剩和大宗商品价格下跌使得通胀率较低。利润微薄导致企业实际收益率下降。

(4)复苏阶段。此阶段，政府通过政策刺激经济发展，需求开始恢复，生产逐渐活跃，企业逐渐增加生产，消费者信心逐渐恢复，投资也可能开始回升。在复苏中，宽松的货币政策逐步开始奏效，经济增长开始加速。

常见的经济周期理论主要有以下五类：

(1)基钦周期。基钦周期是一个短周期，是 1923 年英国经济学家基钦提出的一种为期 3~4 年的经济周期。他在分析了美国与英国 30 年的数据后，发现除了在大周期之外，对国民收入有重大影响的经济指标，如存货、物价、就业，每隔 40 个月左右时间，也会出现一次有规则的波动。具体而言，当厂商生产过多时就会形成存货，从而减少生产，经济向下波动。库存减少，厂商又会加大生产，经济向上波动。从这一现象出发，基钦把重点关注对象放在了库存上，认为存货的变化，能够体现出市场供需和预期的变化，进而导致经济波动。所以基钦周期也被称为"存货周期"。

（2）朱格拉周期。朱格拉周期是一个中周期，是由 1860 年法国经济学家朱格拉提出的一种为期 9~10 年的经济周期。他在研究人口、结婚、出生、死亡等统计时开始注意到经济事物存在着有规则的波动现象。他认为，存在着危机或恐慌并不是一种独立的现象，而是社会经济运动三个阶段中的一个，这三个阶段是繁荣、危机与萧条。三个阶段的反复出现就形成了周期现象。周期波动是经济自动发生的现象，与人民的行为、储蓄习惯以及他们对可利用的资本与信用的运用方式有直接联系。

（3）建筑周期。建筑周期也称库兹涅茨周期，是由美国经济学家库兹涅茨于 1930 年提出的一种为期 15~25 年，平均长度为 20 年左右的经济周期。他根据对美、英、法、德、比利时等国 19 世纪初叶到 20 世纪初期 60 种工、农业主要产品的生产量和 35 种工、农业主要产品的价格变动的时间数列资料的分析，发现从水泥周期（建筑业周期）看，价格周期从谷到谷的时间为 1880 年到 1913 年前后（33 年），产量周期从 1894 年到 1918 年前后（24 年）。从 1890 年以后的生铁周期看，价格周期从谷到谷的时间为 1895 年到 1915 年前后（20 年），产量周期从 1895 年到 1925 年前后（30 年）。

（4）康德拉季耶夫周期。康德拉季耶夫周期是一个长周期，是由 1926 年俄国经济学家康德拉季耶夫提出的一种为期 50~60 年的经济周期。他对英、法、美等资本主义国家 18 世纪末到 20 世纪初 100 多年的批发价格水平、利率、工资、对外贸易等 36 个指标进行统计分析发现，从 18 世纪末期以后，经历了三个长周期。第一个长周期从 1789 年到 1849 年，上升部分为 25 年，下降部分为 35 年，共 60 年。第二个长周期从 1849 年到 1896 年，上升部分为 24 年，下降部分为 23 年，共 47 年。第三个长周期从 1896 年起，上升部分为 24 年，1920 年以后进入下降期。全过程为 140 年，包括了两个半的长周期，显示出经济发展中平均为 50~60 年一个周期的长期波动。他认为，长周期产生的根源是资本主义经济实质固有的那些东西，尤其与资本积累密切相关。

（5）熊彼特周期。1936 年，熊彼特以他的"创新理论"为基础，对各种周期理论进行了综合分析后提出。熊彼特认为，每一个长周期包括 6 个中周期，每一个中周期包括三个短周期。短周期约为 40 个月，中周期为 9~10 年，长周期为 48~60 年。他以重大的创新为标志，划分了三个长周期。第一个长周期从 18 世纪 80 年代到 1842 年，是"产业革命时期"；第二个长周期从 1842 年到 1897 年，是"蒸汽和钢铁时代"；第三个长周期为 1897 年以后，是"电气、化学和汽车时期"。在每个长周期中仍有中等创新所引起的波动，这就形成若干个中周期。在每个中周期中还有小创新所引起的波动，形成若干个短周期。

（根据网络资料整理）

6.5.2　季节变动的测定

季节变动的测定，通常有两种方法：按月（季）平均法与趋势剔除法。下面主要介绍按月（季）平均法。

测定季节变动最常用的方法是按月（季）平均法。它是通过计算季节指数（也称季节比率）来反映现象季节变动的周期性规律。季节比率可以按月计算，也可以按季计算。

利用按月（季）平均法测定季节变动，需要根据若干年（一般至少为三年）的分月（季）资料，计算出同月（季）平均数和所有月（季）的总平均数，然后，用各月（季）的平均

数与所有月(季)的总平均数相对比,求得季节指数。其计算公式为:

$$季节指数(\%) = \frac{同月(季)平均数}{月(季)总平均水平}$$

则季节变动可由季节指数来得到反映。若某月(季)的季节指数大于100%,则表示现象在该月(季)的发展处于高峰期或旺季;反之,若小于100%,则表示现象处于低谷期或淡季;等于100%说明不受季节变动因素的影响。

【例6-15】房地产市场有"金九银十"的说法,说明房地产销售额具有非常强的季节性。2009—2013年中国房地产季度销售额如表6-16所示,根据表中资料分别计算季节比率和对应的季节指数。

表6-16 2009—2013年中国房地产季度销售额 单位:亿元

年份	1 季度	2 季度	3 季度	4 季度	全年
2009	5 058.64	10 740.93	11 732.32	16 462.65	43 994.54
2010	7 976.8	11 843.05	12 096.73	20 562.14	52 478.72
2011	10 151.91	14 437.51	14 722.12	19 807.55	59 119.09
2012	8 672.03	14 642.01	17 039.63	24 102.12	64 455.79
2013	13 991.63	19 384.78	20 651.72	27 400.15	81 428.28
季平均数	9 170.20	14 209.66	15 248.50	21 666.92	15 073.82
合计	45 851.01	71 048.28	76 242.52	108 334.61	301 476.42
季节指数	60.84%	94.27%	101.16%	143.74%	400.01%

【解】(1)计算各年的销售额合计。如:

2009年合计=5 058.64+10 740.93+11 732.32+16 462.65+43 994.54=43 994.54(亿元)

(2)计算所有年份同季的合计数和季平均数。如:

1季度的合计数=5 058.64+7 976.8+10 151.91+8 672.03+13 991.63

$\qquad$ =45 851.01(亿元)

1季度的平均数=45 851.01/5=9 170.20(亿元)

其他月份平均数以此类推。

(3)计算所有年份总合计数以及总月平均数。

计算所有年份的总合计数可以通过各季合计的总和得到,也可以通过各年合计的总和得到。

总合计数=20季的数值之和=301 476.42(亿元)

或 总合计数=43 994.54+52 478.72+59 119.09+64 455.79+81 428.28

$\qquad$ =301 476.42(亿元)

在此基础上计算总的季平均数。

$$总的季平均数 = \frac{\sum 各季平均数}{4} = 15\ 073.82(亿元)$$

或 $$总的季平均数 = \frac{总合计数}{总季数} = \frac{301\ 476.42}{20} = 15\ 073.82(亿元)$$

（4）计算季节指数，即用同季的平均数与总的季平均数相对比。

1 季度季节指数 = 9 170. 20/15 073. 82 = 60. 84%

具体结果如表 6-16 所示。

从表 6-16 中可以看出，房地产销售呈现出比较明显的季节波动。在一年当中，一、二季度的季节指数是 60. 84% 与 94. 27%，小于 100%，表现为销售淡季；三、四季度的季节指数是 101. 16% 与 143. 74%，大于 100%，表现为销售旺季，其中四季度达到销售最高点。

第 7 章

统计指数与综合评价指数

我们必须小心，不要把数据与抽象分析相混淆。

——威廉·詹姆士①

7.1 统计指数相关概念

1. 统计指数

统计指数是指反映不同种类的复杂现象在数量上综合变动情况的一种相对数。当然，还有一个广义的统计指数概念，是泛指社会经济现象数量变动的相对指标，如前面的结构相对数、比较相对数、动态相对数、增长速度和发展速度等。本章主要研究的是狭义上的概念。

统计指数的产生源于分析不同种类的商品价格的变化。一般而言，比较单一商品的价格或数量变化时，可以直接对比进行分析，如 32 英寸窄边网络 3D 的康佳牌电视机上个月价格为 2 400 元，这个月的价格为 2 300 元，利用绝对数（2 300-2 400=-100）分析和相对数（2 300/2 400=95.83% 或 2 300/2 400-1=-4.17%）分析等方式进行衡量。

实际生活中，衡量的不仅仅是一种商品价格的变化，更多的是多种商品综合价格的变化。如 CPI（居民消费价格指数），衡量的是日常所消费商品价格的变化。平时消费的商品包括衣食住行等各类商品，具体有八大类，这些类别存在较大的差异。不仅如此，就是同类消费品都存在差异，比如饮食方面，大米的计量单位是千克，食用油的计量单位是桶，食盐的计量单位是包，对于这些不同计量单位的商品，如何衡量这些商品总体价格的变化，这就需要用到统计指数。

2. 统计指数的性质

从统计指数的概念可以看出，统计指数具有以下特征。

（1）相对性。指数是描述现象在不同场合下对比形成的相对数，它可以度量现象在不同时间或不同空间的相对变化，如一种商品的价格或数量相对变动。它也可用于反映一组

---

① 原话为：We must be careful not to confuse data with the abstractions we use to analyze them. 威廉·詹姆士为"美国心理学之父"，美国心理学会的创始人之一。

商品价格或数量的相对变动。

（2）综合性。指数是反映现象在不同场合下的综合变动水平，是多种商品或项目的综合对比形成，如 CPI 价格指数反映日常衣食住行等各方面价格的综合变动情况。

（3）平均性（代表性）。指数是总体现象水平的代表值，是一个平均指标，类似于集中趋势。如衣食住行众多商品中，不可能选取所有产品来计算统计指数，实际分析只能选取代表性的商品进行分析；有些商品价格上涨，有些下降或者不变，总体看其平均变化趋势。

3. 统计指数的作用

（1）综合反映社会经济现象总变动方向及幅度。

在实践中，经常要研究多种商品价格、销售量或产量的总变动。统计指数能够把不能直接相加总的现象过渡到能够加总对比，从而反映复杂经济现象的总变动方向及变动幅度，总体反映现象价格变化趋势（向上、向下或者不变）和变动程度（数量）。

（2）分析现象总变动中各因素变动的方向及程度。

利用统计指数体系可以测定复杂社会经济现象总变动中，各构成因素的变动对现象总变动的影响情况，并对经济现象变化作综合评价。如对某企业多种商品的销售额变动，主要来源于两个因素：销售价格变动和销售数量变动，运用指数法编制销售价格指数和销售数量指数，可分析两者的变动分别对销售额变动的方向和程度。

（3）反映现象长期变动趋势。

编制一系列反映同类现象变动情况的指数形成指数数列，可以反映被研究现象的变动趋势。如根据 1980—2022 年共 43 年的零售商品价格资料，编制 42 个环比价格指数，构成价格指数数列，从而能够揭示价格的变动趋势，研究物价变动对经济建设和人民生活水平的影响程度。此外，利用统计指数还可以进行地区经济综合评价、对比，并研究计划执行情况。

4. 统计指数的分类

根据分析目的和要求不同，统计指数常见有如下分类：

（1）按反映对象范围的不同，分为个体指数和总指数。

个体指数是说明个别事物（如某种商品或产品等）数量变动的相对数，是同一种现象的报告期指标数值与基期指标数值对比而得的发展速度指标，通常用 $\dfrac{p_1}{p_0}$ 代表个体价格指数，用 $\dfrac{q_1}{q_0}$ 代表个体物量指数。

总指数是指不同类型事物数量或价格综合变动的相对指数，如多种不同的产品的价格综合变动水平就是总指数。

（2）按所反映的社会经济现象特征不同，分为数量指标指数和质量指标指数。

数量指标指数，简称数量指数，主要是指反映现象的规模、水平变化的指数，如商品销售量指数、工业产品产量指数等。

质量指标指数，简称质量指数，是指综合反映生产经营工作质量变动情况的指数，如商品价格指数、单位产品成本指数与劳动生产率指数等。

（3）按照常用的计算总指数的方法或形式不同，分为综合指数和平均指数。

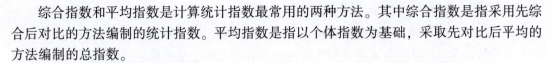

综合指数和平均指数是计算统计指数最常用的两种方法。其中综合指数是指采用先综合后对比的方法编制的统计指数。平均指数是指以个体指数为基础，采取先对比后平均的方法编制的总指数。

5. 统计指数的起源与发展

指数的编制最早起源于物价指数。早在 1675 年，英国经济学家赖斯·沃恩（Rice Vaughan）首创个体物价指数 $\dfrac{p_1}{p_0}$，用于分析单一商品物价的变化状况。

18 世纪中叶，金银大量流入欧洲，导致物价飞涨，引起社会不安，于是为反映物价变动的要求，反映总体商品的物价指数应运而生。1738 年，法国调查员杜托用价格总和 $\dfrac{\sum p_1}{\sum p_0}$ 计算综合物价指数。1764 年，英国经济学家鲍利（Arthur Lyon Bowley）采用对个体价格指数求算术平均数 $\dfrac{1}{n}\sum \dfrac{p_1}{p_0}$ 表现多种价格总变动。1863 年，英国经济学家杰文斯提出用简单几何平均法 $\sqrt[n]{\dfrac{p_1^{(1)}}{p_0^{(1)}} \times \dfrac{p_1^{(2)}}{p_0^{(2)}} \times \cdots \times \dfrac{p_1^{(n)}}{p_0^{(n)}}} = \sqrt[n]{\prod \dfrac{p_1^{(i)}}{p_0^{(i)}}}$ 计算价格指数。

1812 年，英国经济学家杨格采用个体价格指数加权平均的形式计算价格总指数，权数按各种商品在消费结构中的重要性确定，成为加权指数编制的开端。1864 年，德国统计学家拉斯贝尔（Etienne Laspeyres）主张从维持基期生活水准出发，采用基期消费量为权数，建立价格总指数为 $\bar{k}_p = \dfrac{\sum p_1 q_0}{\sum p_0 q_0}$。1874 年，另一个德国统计学家帕舍（Hermann Paasche）提出以报告期消费量为权数，求价格总指数 $\bar{k}_p = \dfrac{\sum p_1 q_1}{\sum p_0 q_1}$。1922 年，美国经济学家欧文·费雪（Irving Fisher）认为拉氏、帕氏指数的几何平均数（即 $\bar{k}_p = \sqrt{\dfrac{\sum p_1 q_0}{\sum p_0 q_0} \times \dfrac{\sum p_1 q_1}{\sum p_0 q_1}}$）是理想的指数。

同步案例 >>>

郁金香热

郁金香热指在 1636—1637 年，荷兰出现了一股争相求购郁金香的热潮，导致郁金香价格急速上升。当时很多人变卖家财，参与投机郁金香。到 1637 年后期，郁金香泡沫爆破，很多人遭受巨大损失，引发历史上第一次金融危机，也就是第一次金融泡沫的诞生。

这段历史要从 1562 年讲起，不知是谁从地中海东岸的康斯坦丁运了一箱郁金香到安特卫普。那独特、艳丽的色彩和奇妙的花形逐渐吸引了荷兰贵族，郁金香成为他们喜爱的鲜花，也成为金钱与地位的象征。一些聪明的商人从中看到了赚钱的机会，他们囤积居奇，使花价飞涨。无论贫富老少，荷兰人几乎全都被卷入了这场疯狂的郁金香交易热潮中。有的人甚至典了房子、典了地去买郁金香。

到 17 世纪 30 年代，一朵郁金香价值一两万荷兰盾，最贵的可以达到相当于现在数万美元的价格，而当时洗衣妇、护士的年收入却只有几美元。有记载说，一朵郁金香花根的价值可以跟以下任何一样物品同价：4 吨小麦、4 头牛、8 只猪或 12 只羊。最疯狂的时候，有人用一朵郁金香换了一辆新马车，外加全套挽具和两匹灰马。

有本书上还记载了这样一个故事。有位水手远航归来，给一位商人带回了不少珍贵的物品。那位商人十分高兴，便送了鲱鱼给水手吃。其时，商人正在"炒卖"郁金香，桌上就放着一朵白色郁金香。水手吃完了鱼，商人忽然发现郁金香不见了，不禁大惊失色，连忙四处寻找。年轻水手见状，一拍脑袋说："我说今天的洋葱味道怎么不一样。"原来，商人的宝贝被当成了洋葱，早已进了水手的肚里。要知道，那朵郁金香当时价值 3 000 荷兰盾，大约相当于现在的 2 万美元，水手的一船货物也未必能值那么多钱。结果是水手被送进了监狱，商人则因损失惨重而痛苦不已。

郁金香供不应求，中间人便不断出现。在商业传统悠久的荷兰，人们彼此十分信任，所以，许多交易便演变成了合同的买卖。合同从你的手里转到他的手里，价格不停地向上走。买者付的不是钱，是一张纸（信贷），而卖者得到的也是一张纸，花在哪里？谁也不去多管，反正都是买空卖空。更有甚者，有的股市还推出了选择权，为降低买卖的门槛，把一朵郁金香分为几分之一，使交易者可以买卖几分之一的郁金香。选择权一出现，郁金香的价格又往上涨了几番。

1636 年，这场投机热达到了高潮，合同的买卖便登堂入室，进了阿姆斯特丹的证券交易所，成了类似于股票期货买卖。荷兰全国各地也都出现了郁金香交易市场。有的地方干脆就在酒会上交易，参加者通常有数百人之多，大家一边饮酒一边喊价，热闹非常。1637 年 2 月，谁也说不清是什么原因，这场热潮急剧降温，花价狂降不止。有的人一夜之间倾家荡产；有的人签了合同不愿照价付钱，东躲西藏。随后，便是一场经济衰退袭来，谁也逃脱不了。

（根据网络资料整理）

7.2 统计指数编制的基本方法

表 7-1 是某商场销售的三种不同商品的有关资料。现以这三种商品为代表，分析报告期比基期总体价格水平变化的相对程度。

表 7-1 某商场销售的三种不同商品的有关资料

商品名称	计量单位	基期		报告期	
		销售量	单价/元	销售量	单价/元
		q_0	p_0	q_1	p_1
牛奶	箱	1 000	50	1 050	50
大米	kg	2 000	3.2	2 010	3.5
电视	台	100	6 000	150	5 800

如果是计算单个价格的变化，则非常简单，直接利用不同时期的价格对比，如计算电视机价格的变化，则可利用个体指数计算得：5 800/6 000＝96.67%。

如果是求不同商品的价格相对变化，而不同商品的计量单位各异，如牛奶用箱计量，大米用千克计量，则需要考虑以下几种方法。

7.2.1　简单指数法

简单指数法就是利用相对指标及其类似的方法，对资料进行对比分析。根据相对数的概念，可知常见的方法就是不同商品的价格加总求对比，或不同商品的价格对比加总等，具体如下。

1. 简单加总法

这种方法是把不同时间期的价格简单加总后再进行对比。

$$\bar{k} = \frac{\sum p_1}{\sum p_0} = \frac{50 + 3.5 + 5\ 800}{50 + 3.2 + 6\ 000} = 96.70\%$$

该结果显示价格出现了下降，且报告期只是基期的 96.70%。

这种方法的计算比较简单，直接把不同时期的价格相加进行对比。但这种方法的计算结果受计量单位影响，且受价值高的商品影响大。比如把大米的单位千克变成克，则单价发生变化，会造成指数的变化。按理不同时期价格的对比与商品的单位不会有关系。因此这种方法并不合理。

2. 简单算术平均法

这种方法是模拟算术平均法，把不同时期价格对比然后加总求平均，得到相应的价格变化，即价格指数。具体如下：

$$\bar{k} = \frac{1}{n} \sum \frac{p_1}{p_0} = \frac{1}{3}\left(\frac{50}{50} + \frac{3.5}{3.2} + \frac{5\ 800}{6\ 000}\right) = 102.01\%$$

该结果显示价格出现了上升，且报告期比基期上升了 2.01%，与简单加总法得到的结果恰好相反。

这种计算方法也比较简单，对比后求平均，且剔除了计量单位对结果的影响。但这种方法将各个体指数权数视为相等，与商品重要性和价格变动的实际影响不符。如电视机的价格虽然高，但其重要性比较小，因为销售量不高，而大米和牛奶价格虽然比较低，但其销售量非常高，因此比较重要，从这种方法中无法显示出这个特征。

进一步，与求均值的方法类似，模仿调和平均法和几何平均法，构造调和的价格指数、几何平均法价格指数，但这些方法经济意义不明确，实践中也很少采纳。

总体而言，简单指数法没有结合商品的重要性和影响力，计算结果只是粗略的概况，不是编制指数的完美方法。从经济分析的角度看，各种商品的重要性程度是有差异的，简单平均指数不能反映这种差异，因而难以满足分析的要求。

目前国际上指数编制实践中，基本上不采用简单指数法。但实际中由于种种客观条件的现值而无法取得权数资料时，简单指数法仍不失为测算指数的一种手段。

7.2.2　综合指数法

既然简单加总法的结果无法满足要求，则需要采用一定的方法进行对比。如使用简单加总法时，容易受到计量单位的影响，于是想办法把不同单位的商品同时化为相同的量，即销售额，再进行对比。这就是综合指数法的原理。实际分析中有两种综合指数：帕氏综合指数和拉氏综合指数。

1. 帕氏综合指数

帕氏综合指数在计算价格的相对变化时，在价格加总之前分别乘以各自的销售量，且把销售量固定在报告期。

$$\bar{k}_p = \frac{\sum p_1 q_1}{\sum p_0 q_1} = \frac{50 \times 1\,050 + 3.5 \times 2\,010 + 5\,800 \times 150}{50 \times 1\,050 + 3.2 \times 2\,010 + 6\,000 \times 150} = \frac{929\,535}{958\,932} = 96.93\%$$

该结果显示报告期价格比基期价格下降了3.07%。

同理，可以计算销售量的综合指数，此时把同度量因素(价格)放在报告期，得到的结果如下：

$$\bar{k}_q = \frac{\sum q_1 p_1}{\sum q_0 p_1} = \frac{50 \times 1\,050 + 3.5 \times 2\,010 + 5\,800 \times 150}{50 \times 1\,000 + 3.5 \times 2\,000 + 5\,800 \times 100} = \frac{929\,535}{637\,000} = 145.92\%$$

从上可以看出，帕氏综合指数有以下三个特点：

(1)指数化因素。如价格综合指数中，需要分析的是总体价格的变化，则价格被称为指数化因素。其中价格是变化的，具体分子确定在报告期，分母确定在基期。

(2)同度量因素，顾名思义，就是使原来不能直接相加的价格通过乘以数量过渡到可以相加，并进行对比。同度量因素同时固定某一期(此处把同度量因素固定在报告期)，首先是"同度量"的作用，其次是权数的作用，从而重要的商品权数较大，不重要的商品权数较小。

(3)总体来看，其计算特点是先综合加总后对比，因此称之为综合指数。

这种把同度量因素放在报告期的方法称为帕氏综合指数，是德国经济学家帕舍于1874年首创的。他主张不论是数量指标指数，还是质量指标指数，都采用报告期同度量因素(权数)的指数。

2. 拉氏综合指数

当然，研究销售价格指数时，可采用与上述相反的方法，即把同度量因素销售量固定在基期，得到的结果如下：

$$\bar{k}_p = \frac{\sum p_1 q_0}{\sum p_0 q_0} = \frac{50 \times 1\,000 + 3.5 \times 2\,000 + 5\,800 \times 100}{50 \times 1\,000 + 3.2 \times 2\,000 + 6\,000 \times 100} = \frac{637\,000}{656\,400} = 97.04\%$$

该结果显示，报告期价格比基期价格下降了2.96%。

进一步，可以计算销售量的综合指数，把同度量因素价格固定在基期，得到的结果如下：

$$\bar{k}_q = \frac{\sum q_1 p_0}{\sum q_0 p_0} = \frac{50 \times 1\,050 + 3.2 \times 2\,010 + 6\,000 \times 150}{50 \times 1\,000 + 3.2 \times 2\,000 + 6\,000 \times 100} = \frac{958\,932}{656\,400} = 146.09\%$$

这种把同度量因素放在基期的方法称为拉氏综合指数。拉氏指数是德国经济学家拉斯贝尔于1864年首先提出的。他主张无论是数量指标指数还是质量指标指数，都采用基期同度量因素(权数)的指数。

3. 拉氏综合指数与帕氏综合指数的经济意义

拉氏综合指数与帕氏综合指数把同度量因素分别固定在基期和报告期,这种不同导致了不同的经济意义。

(1)拉氏综合指数的经济意义。

研究拉氏综合指数的经济意义时,对拉氏综合指数的分子与分母的差异进行分析,即利用分子与分母相减。

其中拉氏价格指数的分子分母之差为:$\sum p_1 q_0 - \sum p_0 q_0 = \sum (p_1 - p_0) q_0$,这说明消费者若要维持基期消费水平,现期需要支付的费用相对于基期的变化,反映了基期消费模式下的通货膨胀情况。

拉氏价格指数在一定程度上高估通货膨胀程度。拉氏价格指数未考虑到消费者因价格变动调整购买行为。实际上,如果某种商品物价上涨,消费者会出现替代效应,即减少高价商品的消费,而增加其他替代品的消费。

拉氏数量指数的分子分母之差为:$\sum p_0 q_1 - \sum p_0 q_0 = \sum (q_1 - q_0) p_0$,这说明在基期价格结构下,现期商品总量的变动情况。

拉氏数量指数常用于分析不受价格变动影响的经济总量增长,但同样未考虑替代效应,可能高估增长。实际上,如果高价商品的数量增加,消费者会考虑调整消费结构。

拉氏价格指数由于在相对较长的时间里保持权数不变(如每 5 年或每 10 年才更新一次权数),所以能较好地反映纯价格比较原则,但代表性较差,尤其是在商品更新换代快的时期。

(2)帕氏综合指数的经济含义。

研究帕氏综合指数的经济意义时,对帕氏综合指数的分子与分母的差异进行分析,即利用分子与分母相减。

其中帕氏价格指数的分子分母之差为:$\sum p_1 q_1 - \sum p_0 q_1 = \sum (p_1 - p_0) q_1$,说明报告期实际销售的商品由于价格变化而增减了多少销售额,反映了当前消费模式下的通货膨胀情况。帕氏价格指数考虑了消费者因价格变化调整购买行为的影响,反映了更现实的消费情况。

帕氏价格指数同样未考虑替代效应,通常低估通货膨胀程度。由于权重基于现期消费量,若某些商品价格上涨,消费者可能减少购买,从而降低高价商品对指数的影响。

帕氏数量指数的分子分母之差为:$\sum p_1 q_1 - \sum p_1 q_0 = \sum (q_1 - q_0) p_1$,说明基于现期价格衡量商品数量的变化,能更准确反映实际市场情况。

帕氏数量指数适合短期分析,但同样未考虑替代效应,可能低估增长。如果高价商品的数量减少,帕氏数量指数可能会低估数量增长,因为它采用的是现期价格作为权重,可能导致低估某些商品的增长影响。

根据拉氏综合指数和帕氏综合指数的特点,确定统计指数同度量因素所属时期一般原则是:编制数量指数时,以基期的质量因素作为同度量因素;编制质量总指数时,以报告期的数量因素作为同度量因素为宜。

拉氏综合指数与帕氏综合指数数量指数与价格指数总结如表7-2所示。

表7-2 拉氏综合指数和帕氏综合指数计算公式

	拉氏综合指数	帕氏综合指数
数量指数	$\bar{k}_q = \dfrac{\sum q_1 p_0}{\sum q_0 p_0}$	$\bar{k}_q = \dfrac{\sum q_1 p_1}{\sum q_0 p_1}$
价格指数	$\bar{k}_p = \dfrac{\sum p_1 q_0}{\sum p_0 q_0}$	$\bar{k}_p = \dfrac{\sum p_1 q_1}{\sum p_0 q_1}$

【例7-1】某农贸市场四种蔬菜的销售资料如表7-3所示，分别用拉氏综合指数和帕氏综合指数编制四种蔬菜的销售量总指数和价格总指数。

表7-3 某农贸市场四种蔬菜的销售资料

品　种	销售量/kg		销售价格/(元·kg⁻¹)	
	基期(q_0)	报告期(q_1)	基期(p_0)	报告期(p_1)
空心菜	550	560	1.60	1.80
小白菜	224	250	2.00	1.90
黄瓜	308	320	1.00	0.90
毛豆	168	170	14.50	13.00

【解】根据拉氏综合指数和帕氏综合指数的公式计算如下：

拉氏销售量总指数：

$$\bar{k}_q = \frac{\sum q_1 p_0}{\sum q_0 p_0} = \frac{560 \times 1.60 + 250 \times 2.00 + 320 \times 1.00 + 170 \times 14.50}{550 \times 1.60 + 224 \times 200 + 308 \times 1.00 + 168 \times 14.50} = \frac{4\ 181}{4\ 072}$$

$$= 102.68\%$$

拉氏销售价格总指数：

$$\bar{k}_p = \frac{\sum p_1 q_0}{\sum p_0 q_0} = \frac{1.80 \times 550 + 1.90 \times 224 + 0.90 \times 308 + 13.00 \times 168}{1.60 \times 550 + 2.00 \times 224 + 1.00 \times 308 + 14.50 \times 168} = \frac{3\ 876.8}{4\ 072}$$

$$= 95.21\%$$

帕氏销售量总指数：

$$\bar{k}_q = \frac{\sum q_1 p_1}{\sum q_0 p_1} = \frac{560 \times 1.80 + 250 \times 1.90 + 320 \times 0.90 + 170 \times 13.00}{550 \times 1.80 + 224 \times 1.90 + 308 \times 0.90 + 168 \times 13.00} = \frac{3\ 981}{3\ 876.8}$$

$$= 102.69\%$$

帕氏销售价格总指数：

$$\bar{k}_p = \frac{\sum p_1 q_1}{\sum p_0 q_1} = \frac{3\ 981}{4\ 181}$$

$$= 95.22\%$$

通过不同统计指数计算的结果存在差异。在实际过程中，应该以拉氏销售量指数和帕氏销售价格指数为准进行分析计算。

7.2.3　平均指数法

在现实中，获得不同时期的销售量与价格资料是相当烦琐的，特别是商品非常多时，整理起来极其复杂。如计算商品价格指数时，必须有报告期与基期的销售量、价格才能得到 $p_1 q_1$ 及 $p_0 q_1$ 的数据，但实际上按基期价格计算 $p_0 q_1$ 资料难以取得。考虑到在实际分析中，常常更容易获得的是基期销售额 $q_0 p_0$（见表7-4），因此，在统计学中，一般会借助平均指数法计算总体价格指数，并进行分析。

表7-4　某商店销售三种日用品的有关资料　　　　　　　单位：元

商品名称	计量单位	价格		基期销售额	报告期销售额
		基期（p_0）	报告期（p_1）	（$q_0 p_0$）	（$q_1 p_1$）
牛奶	箱	50	50	50 000	52 500
大米	kg	3.2	3.5	6 400	7 035
电视	台	6 000	5 800	600 000	870 000

1. 平均指数法的计算

在资料数据有限的条件下，无法再继续使用综合指数法进行计算。但是，可以从综合指数找出蛛丝马迹，利用帕氏价格指数的变形进行分析，具体如下：

$$\bar{k}_p = \frac{\sum p_1 q_1}{\sum p_0 q_1} = \frac{\sum p_1 q_1}{\sum p_1 q_1 \times \dfrac{p_0}{p_1}} = \frac{\sum p_1 q_1}{\sum p_1 q_1 / k_p}$$

可以看出，以上变形后，恰好能够利用表7-4中的全部数据。经过计算，可得：

$$\bar{k}_p = \frac{\sum p_1 q_1}{\sum p_1 q_1 / k_p} = \frac{52\ 500 + 7\ 035 + 870\ 000}{52\ 500 \times \dfrac{50}{50} + 7\ 035 \times \dfrac{3.2}{3.5} + 870\ 000 \times \dfrac{6\ 000}{5\ 800}} = \frac{929\ 535}{958\ 932} = 96.93\%$$

以上计算结果与综合价格指数结果一致。由于这种方法与集中趋势指标中的调和平均数计算类似，其中权数为报告期的销售额 $\sum p_1 q_1$，标志值为 k_p，根据各标志值求的是平均值 $\bar{k}_p$，因此称为加权调和平均指数。

同理，销售量指数也可以通过类似变形得到，计算方法为：

$$\bar{k}_q = \frac{\sum p_0 q_1}{\sum p_0 q_0} = \frac{\sum p_0 q_0 \times \dfrac{q_1}{q_0}}{\sum p_0 q_0} = \frac{\sum p_0 q_0 \times k_q}{\sum p_0 q_0} = \frac{958\ 932}{656\ 400} = 146.09\%$$

这种计算销售量的指数方法与加权算术平均对应。其中权数为基期的销售额 $\sum p_0 q_0$，标志值为销售量的个体指数 k_q，需要计算的结果为平均值 $\bar{k}_q$。因此称为加权算术平均指数。

其计算方式与加权算术平均和加权调和平均的计算方式一致，先对比求个体指数，并进一步加权平均（或调和平均），得到相应的平均指数，因此称之为平均指数。

当然，价格指数和数量指数还可以采取另一种变形方式，具体如下：

计算价格指数时，对销售量进行变形，计算方法为：

$$\bar{k}_p = \frac{\sum p_1 q_1}{\sum p_0 q_1} = \frac{\sum p_1 q_1}{\sum p_0 q_0 \times \frac{q_1}{q_0}} = \frac{\sum p_1 q_1}{\sum p_0 q_0 \times k_q} = \frac{929\,535}{958\,932} = 96.93\%$$

计算销售量指数时，对销售价格进行变形，计算方法为：

$$\bar{k}_q = \frac{\sum p_0 q_1}{\sum p_0 q_0} = \frac{\sum p_1 q_1 \times \frac{p_0}{p_1}}{\sum p_0 q_0}$$

$$= \frac{52\,500 \times \frac{50}{50} + 7\,035 \times \frac{3.2}{3.5} + 870\,000 \times \frac{6\,000}{5\,800}}{50\,000 + 6\,400 + 600\,000} = \frac{958\,932}{656\,400} = 146.09\%$$

不过，这种计算方式已经不再与调和平均和算术平均法对应，因此不能称为平均指数，这只是一种变形后的方便计算方法，没有明确的含义及专业术语与之对应，且也没有明显的经济含义。

平均指数法的价格指数与数量指数总结如表7-5所示。

表7-5 平均指数法价格指数和数量指数的计算公式

	价格指数（加权调和平均）	数量指数（加权算术平均）
平均指数法	$\bar{k}_p = \dfrac{\sum p_1 q_1}{\sum p_1 q_1 / k_p}$	$\bar{k}_q = \dfrac{\sum p_0 q_0 \times k_q}{\sum p_0 q_0}$

2. 平均指数法与综合指数法的关系

平均指数法与综合指数法都能对统计指数进行计算，两者关系非常紧密。

（1）两者的联系。

①平均指数与综合指数都可以反映复杂现象的综合变动方向和程度，都能以相对数的形式说明现象的变动方向和程度，且得到的结果是一致的。

②平均指数和综合指数有变形关系。在一定的权数条件下，两者可以相互转化，综合指数可以变形为平均指数，平均指数也可变形为综合指数。平均指数更多地适用于非全面资料，对资料的要求比较灵活，从而解决了综合指数的计算要求全面资料的局限性。

（2）两者的区别。

①两者解决同度量问题的思路不同。综合指数是通过引进同度量因素，先综合后对比，而平均指数则是通过计算个体指数进行加权，先对比后综合。

②两者所需要的资料有别。综合指数通常依据总体的全面调查资料，而平均指数则一般使用总体的非全面调查资料。

③综合指数的资料是总体的有明确的经济内容的总量指标。因此，综合指数除可表明复杂总体的变动方向和程度外，还可从指数化指标变动的绝对效果上进行因素分析。

平均指数的分子、分母之差没有明确的经济含义，这使得平均指数只能表明复杂现象总体的变动方向和程度，而不能从绝对量上说明价值总量指标的增减额。

7.2.4　其他统计指数法

1. 固定加权平均指数法

固定加权平均指数法是以指数化因素的个体指数为基础，使用固定权数对个体指数或类指数进行加权平均计算的一种方法。所谓固定权数是指加权平均法计算中的权数用比重形式固定下来，在一段时间内不作变动并固定使用的权数。

其中固定加权价格指数为 $\bar{k}_p = \dfrac{\sum \dfrac{p_1}{p_0} W}{\sum W} = \dfrac{\sum k_p W}{\sum W}$；固定加权数量指数为 $\bar{k}_q =$

$\dfrac{\sum \dfrac{q_1}{q_0} W}{\sum W} = \dfrac{\sum k_q W}{\sum W}$。其中 $W = \dfrac{p_w q_w}{\sum p_w q_w}$ 为某一固定时期的权数。

此公式为美国学者 Lowe 提出，故称罗氏公式，又称固定加权综合指数。

实际工作中，无论是加权算术平均数指数或者是加权调和平均数指数，往往采用经济发展比较稳定的某一时期的价值总量结构作为固定的权数，一经确定便沿用 5~10 年不变。如我国各种物价指数 CPI 等常用固定权数加权平均指数编制，一般 5 年保持不变。

2. 马歇尔—艾奇沃斯指数

1887 年，英国学者马歇尔（Alfred Marshall）提出以基期与报告期的实物平均量作权数的综合价格指数，后又被英国统计学家艾奇沃斯（Francis Ysidro Edgeworth，1845—1926）所推广，具体价格指数为：

$$\bar{k}_p = \frac{\sum p_1(q_0 + q_1)/2}{\sum p_0(q_0 + q_1)/2} = \frac{\sum p_1 q_0 + \sum p_1 q_1}{\sum p_0 q_0 + \sum p_0 q_1}$$

对应的数量指数为：

$$\bar{k}_q = \frac{\sum q_1(p_0 + p_1)/2}{\sum q_0(p_0 + p_1)/2} = \frac{\sum p_0 q_1 + \sum p_1 q_1}{\sum p_0 q_0 + \sum p_1 q_0}$$

3. 费雪理想指数法

美国经济学家费雪系统地总结了各种指数公式的特点，并提出了检验指数优劣的三种标准：①时间互换检验。具体而言，就是指计算期对基期的指数和基期对计算期的指数乘积应等于 1。②因子互换检验。具体而言，就是指价格指数和相应的数量指数的乘积应等于价值指数（即销售额指数）。③循环检验。具体而言，就是指第一个时期对基期的指数和第二个时期对第一个时期指数的乘积，应等于第二个时期对基期的指数。

最后对以上各统计指数进行检验，发现上述指数都不满足标准。于是根据标准在 1911 年提出了交叉计算的指数公式，即拉氏与帕氏公式的几何平均。具体如下：

价格指数为：$\bar{k}_p = \sqrt{\dfrac{\sum p_1 q_0}{\sum p_0 q_0} \times \dfrac{\sum p_1 q_1}{\sum p_0 q_1}}$；数量指数为：$\bar{k}_q = \sqrt{\dfrac{\sum p_1 q_1}{\sum p_1 q_0} \times \dfrac{\sum p_0 q_1}{\sum p_0 q_0}}$。

但是，理想公式缺乏明确的经济意义，而且需要非常多的数据资料，计算比较麻烦，因此在实际中，这些指数都较少用到。

7.3　指数体系与因素分析法

指数体系是根据分析现象的需要，能够全面、准确反映研究对象数量关系及特征，存在互相联系的一套指标。一般来说，在分析某复杂现象时，无法用一个指标更好地说明，需要借助多个相关指标组成的体系才能进行分析。如对销售额的变动进行分析时，影响因素有销售价格和销售数量两方面，具体两者对销售额造成多大的影响，则需要运用到价格指数、销售量指数和销售额指数进行分析，这三个指数构成一个整体，即指数体系，对销售额的变化构成及影响程度进行分析。

指数体系具有以下四个特征：

(1)具备三个或三个以上的指数。如分析销售额的变动时，需要利用到价格指数、销售量指数和销售额指数。

(2)相对数角度，将总指数分解为各构成因素连乘积的指数体系，指数在数量上能相互推算。

如分析销售额变动的相对数联系为销售额指数＝销售量指数×销售价格指数；分析企业成本变动的相对数联系为总成本指数＝产品产量指数×单位产品成本指数；分析企业利润变动的相对数联系为销售利润指数＝销售量指数×销售价格指数×销售利润率指数。

(3)绝对数角度，现象总变动差额等于各个因素变动差额的和。如分析销售额的绝对变动时，三者的联系为：销售额的变动＝销售量造成的变动＋销售价格造成的变动。

$$\sum p_1 q_1 - \sum p_0 q_0 = \left(\sum p_1 q_1 - \sum p_0 q_1 \right) + \left(\sum p_0 q_1 - \sum p_0 q_0 \right)$$

(4)指数体系也是确定同度量因素时期的根据之一。从而要求计算价格指数和数量指数时，把同度量因素固定在不同的时期。

销售额指数为报告期销售额与基期销售额之比：$k_{pq} = \dfrac{\sum p_1 q_1}{\sum p_0 q_0}$。

如果数量指数和价格指数的同度量因素同时选择基期，其结果为：

$$\frac{\sum p_1 q_1}{\sum p_0 q_0} \neq \frac{\sum p_1 q_0}{\sum p_0 q_0} \times \frac{\sum p_0 q_1}{\sum p_0 q_0}$$

即 $\bar{k}_{pq} \neq \bar{k}_p \times \bar{k}_q$，三者并不存在数量上的联系；同理，同度量因素同时选择报告期，结果也一样。

为了进行指标间数量上的分析，分别把同度量因素固定在不同的时期，如数量指数把同度量因素固定在基期，价格指数把同度量因素固定在报告期，得到的结果为：

$$\frac{\sum p_1 q_1}{\sum p_0 q_1} \times \frac{\sum p_0 q_1}{\sum p_0 q_0} = \frac{\sum p_1 q_1}{\sum p_0 q_0}$$

即 $\bar{k}_{pq} = \bar{k}_p \times \bar{k}_q$。因此可以用来进行因素分析。

同理，如果数量指数的同度量因素固定在报告期(帕氏指数)，价格指数的同度量因素固定在基期(拉氏指数)，得到的结果也能满足要求。进一步根据拉氏指数和帕氏指数的经济含义，实际分析中，数量指数选择拉氏指数，价格指数选择帕氏指数。

【例7-2】某商场三种不同商品的销售量和价格资料如表7-6所示，根据以下资料计算销售额指数、销售量指数和销售价格指数，并进行因素分析。

表7-6 商品销售量和商品价格资料

商品名称	计量单位	销售量		价格/元	
		基期 q_0	报告期 q_1	基期 p_0	报告期 p_1
甲	件	480	600	25	25
乙	kg	500	600	40	36
丙	米	200	180	50	70

【解】根据资料，计算如下：

销售额指数为：$\dfrac{\sum q_1 p_1}{\sum q_0 p_0} = \dfrac{49\ 200}{42\ 000} = 117.14\%$

销售量指数为：$\dfrac{\sum q_1 p_0}{\sum q_0 p_0} = \dfrac{48\ 000}{42\ 000} = 114.29\%$

销售价格指数为：$\dfrac{\sum q_1 p_1}{\sum q_1 p_0} = \dfrac{49\ 200}{48\ 000} = 102.5\%$

用指数体系进行分析可得：

相对数分析：$\dfrac{\sum p_1 q_1}{\sum p_0 q_1} \times \dfrac{\sum p_0 q_1}{\sum p_0 q_0} = \dfrac{\sum p_1 q_1}{\sum p_0 q_0}$，

$102.5\% \times 114.29\% = 117.14\%$

绝对数分析：$\left(\sum q_1 p_1 - \sum q_0 p_0\right) = \left(\sum q_1 p_0 - \sum q_0 p_0\right) + \left(\sum q_1 p_1 - \sum q_1 p_0\right)$

$(49\ 200 - 42\ 000) = (48\ 000 - 42\ 000) + (49\ 200 - 48\ 000)$，即 $7\ 200 = 6\ 000 + 1\ 200$。

分析表明：从相对变动来看，报告期销售额比基期上升了17.14%，其中是由于销售量变动导致销售额上升14.29%，由销售价格变动导致销售额上升2.5%；从绝对变动来看，报告期销售额比基期增加了7 200元，是由于销售量变动导致销售额增加6 000元，由销售价格变动导致销售额增加1 200元。

同步案例 >>>>

财务杜邦分析法

1912年，在美国杜邦公司做了3年销售业务的法兰克·唐纳德森·布朗(Frank Donaldson Brown)，为了向公司管理层阐述公司运营效率问题，写了关于"要分析用公司自己的钱赚取的利润率"的报告，并且将这个比率进行拆解，拆解后的比率可以解释公司业务的盈利、资产使用效率和债务负担。这份报告中体现的分析方法后来被杜邦公司广泛采用，称为"杜邦分析法"。杜邦分析法中的主要财务指标关系为：

$$净资产收益率（ROE）=资产净利率×权益乘数$$

其中：资产净利率=销售净利率×资产周转率。

最后得到如下表达式：

$$净资产收益率=销售净利率（NPM）×资产周转率（AT）×权益乘数（EM）$$

这就是说，净资产收益率由三部分决定，分别为销售净利率、资产周转率和权益乘数（杠杆）。

其中各指标含义如下：

（1）净资产收益率（Return on Equity）是一个综合性最强的财务分析指标，是杜邦分析系统的核心，也是股东最关注的指标。如年初投100万元，年末收益为10万元，净资产收益率就是10%。上市公司中，贵州茅台的ROE平均每年能达30%，说明公司具有持续的盈利能力。巴菲特说过，如果只能挑选一个指标来选股，他会选净资产收益率。

（2）销售净利率（Net Profit Margin）是指公司实现净利润与销售收入的对比关系，用于衡量企业在一定时期的销售收入获取的能力。销售净利率反映企业生产经营效率，在一定程度上衡量企业的盈利水平和能力。

（3）资产周转率（Asset Turnover）是考察企业资产运营效率的一项很重要的指标，体现企业经营期间全部资产从投入到产出的流转速度，反映企业全部资产的管理质量和利用效率。通过该指标的对比分析，能反映企业本年度以及以前年度总资产的运营效率和变化，发现企业和同类企业在资产利用上的差距，促进企业挖掘潜力，积极创收，提高产品市场占有率，也提高资产利用率。一般情况下，这个数值越高，表明企业总资产周转速度越快，销售能力就越强，资产利用效率就越高。

（4）权益乘数（Equity Multiply）表示企业的负债程度，反映了公司利用财务杠杆进行经营活动的程度。资产负债率高，权益乘数就大，这说明公司负债程度高，公司会有较多的杠杆利益，但风险也高；反之，资产负债率低，权益乘数就小，这说明公司负债程度低，公司会有较少的杠杆利益，但相应所承担的风险也低。

从公式可以看出，杜邦分析最显著的特点是将若干个用于评价企业经营效率和财务状况的比率按其内在联系有机地结合起来，形成一个完整的指标体系，并最终通过权益收益率来综合反映。采用这一方法，可使财务比率分析的层次更清晰、条理更突出，为报表分析者全面仔细地了解企业的经营和盈利状况提供方便。

杜邦分析法有助于企业管理层更加清晰地看到权益资本收益率的决定因素，以及销售净利润率与总资产周转率、债务比率之间的相互关系，给管理层提供了一张明晰的考察公司资产管理效率和是否最大化股东投资回报的路线图。

实际上，上述3个指标可以进一步进行分解，如东方财富网上贵州茅台股票的杜邦分解法（见图7-1）。

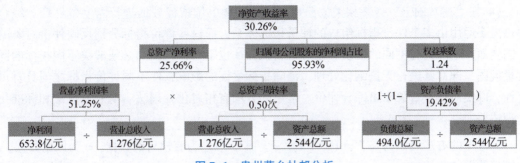

图7-1　贵州茅台杜邦分析

可以发现，贵州茅台的高 ROE 主要来源于营业净利润率（也就是销售净利率），高达 51.25%。

（根据网络资料整理）

7.4　综合评价指数相关概念

1. 综合评价指数

综合评价指数是指对复杂现象分析时，运用多个相互联系的指标构成的指标体系，对现象不同方面进行定量分析，并在此基础上，综合各个指标所提供的信息，得到一个综合评价值，对研究对象作出整体性评判，以此进行横向或纵向的比较。

综合评价指数在经济社会等各个领域运用非常广泛。如国家竞争实力、地区市场化程度、企业经济效益等，都是一个复杂和整体的概念，要对这些方面进行衡量，可以构建综合评价指数进行分析。

2. 综合评价指数编制步骤

进行综合评价时，主要采取以下几个步骤：

（1）根据研究的目的和要求，确定综合评价指数的基础和依据。只有目标明确，才有针对性。不同的评价目的，后续所选用的指标体系和权重都存在差异。

（2）构建评价指标体系的各项统计指标。根据评价目的及评价对象的主要属性，选择合适的统计指标，建立一个能够从不同角度、不同侧面反映评价对象本质特征的评价指标体系。以大学排名为例，大学排名是一个复杂的概念，包括软件和硬件等各方面的设施，如中国网大的排名指标体系中，选取声誉、学术资源、学术成果、学生情况、教师资源和物资资源等六个一级指标，同时进一步选择合适的指标分别对一级指标进行细化，如学术资源包括社科引文索引 SSCI 和国家重点学科等，形成多级指标组成大学排名评价体系。

（3）根据不同指标的重要性，采用适当的方法，确定指标体系各指标权重。评价指标的权重是指各个评价指标在整个评价指标体系中相对重要性的数量表现。如果评价指标体系是单一层次的，则所有指标权数之和等于100%；如果是多层次的，则每层各部分权数之和等于100%。如大学指标体系中，根据实际情况给各级指标赋予不同的权重，其中声誉（15%）、学术资源（20%），学术资源中二级指标博士点数（4.4%）等。

（4）在上述基础上，搜集相关数据并对不同计量单位指标数据进行同度量处理。综合评价需要运用由多个评价指标组成的评价指标体系，而这些评价指标分别反映评价对象的不同侧面，一般具有不同的性质，且计量单位往往也不一样，因而必须解决不同指标的同度量问题，即对其进行无量纲化处理，消除指标量纲的影响，使不同评价指标之间具有可比性，以便对评价对象作出综合评价。常用的方法有相对化处理法、功效系数法和标准化处理法等。

如常见的方法之一为：$x_i^* = (x_i - \bar{x}) / \bar{x}$。其中，$x_i^*$ 为变换后的数据，x_i 为原始数据，$\bar{x}$ 为原始数据的均值。

（5）对指标数据汇总，计算出综合评价指数或综合评价分值。经过上述各项工作之后，还必须选择评价方法，建立一个综合评价模型，将经过无量纲化处理过的评价值植入模型，计算出综合评价结果。综合评价的方法很多，可以根据评价对象的属性特点来选择不同的方法，建立相应的评价模型，如综合评分法、综合指数法、模糊综合评价等。

如对于各级指标都采用加权算术平均法进行加总。用公式表示为：$x_{Ti} = \sum x_{ij}^* w_{ij}$。其中，$x_{Ti}$ 为第 i 级指标加总后最终结果，x_{ij}^* 为第 i 级指标中第 j 个指标值，w_{ij} 为对应的权重。

（6）最后根据评价指数或分值对参评单位进行综合评价并得出结论，分析各自的优势、劣势、差距或不足，据此查找原因并提出相应的对策措施。

3. 综合评价方法的局限性

（1）综合评价结果具有相对性。综合评价结果用数值来表达，但一般不具有统计的独立意义，而只有相对意义，评价对象的比较和排序只能在同一参照系内进行，评价的结论也只有在同一参照系内才有可比性。

（2）综合评价结果不具有唯一性。综合评价可采用的方法很多，选择不同的评价方法，可能有不同的结果。即使采用同一种方法，也会由于诸如评语等级的拟定、各等级所赋予的分值的拟定、单因素评价方法的评定、评价的相对标准的拟定、单因素评价结果的合成等环节上的不同而出现不同的综合评价结果。

（3）综合评价结果常带有主观性。在综合评价中，评价标准以及权重的确定，常常需要依靠有关专家，不同的专家给出的标准和权重会有所差异，因此，综合评价的结果往往带有一定的主观性。

7.5　综合评价指数常见方法

综合评价指数构建过程中，关于权重的选择，主要分为主观赋权和客观赋权两种。

主观赋权法主要依赖少数"专家"的权重或多数个体的评判偏好，如打分排队法、功效系数法和层次分析法。客观赋权法根据各指标间相关关系或各指标值变异程度来确定权数，如主成分分析法、TOPSIS法、灰色关联法、熵权法、模糊评价法、数据包络法和神经网络法等。客观赋权法依赖于数据本身，本质上与数据间的大小和方差有关。

7.5.1　层次分析法

层次分析法（Analysis Hierarchy Process，AHP）是一种以数学和心理学为基础，组织和分析复杂决策的结构化技术，由美国运筹学家、匹兹堡大学教授托马斯·塞蒂（Thomas L. Saaty）于 20 世纪 70 年代创立的一种系统分析与决策的综合评价方法。层次分析法基于多层指标体系，通过成对比较，利用个别专家的经验来估计各层的权重，然后结合指标数据计算出综合评分指数对评价对象进行评价，并根据得分多少确定评价对象的优劣等级。

层次分析法具体步骤如下：

（1）建立指标体系。根据科学的方法，选择合适的指标形成不同层次的指标体系。

（2）构造判断（成对比较）矩阵。按两两比较结果构成的矩阵称作判断矩阵。在确定各层次各指标之间的权重时，如果只是定性的结果，则常常不容易被别人接受，因而塞蒂等人提出一致矩阵法，即采用相对重要性进行两两相互比较，以尽可能减少性质不同的诸因素相互比较的困难，以提高准确度。塞蒂给出的 9 个重要性等级及其赋值如表 7-7 所示。

表 7-7　两两比较重要性等级及其赋值

因素 i 比 j 重要	同等	稍微	较强	强烈	极端	两相邻中间值
量化值	1	3	5	7	9	2，4，6，8

假如有 4 个变量，两两比较后得到的结果如表 7-8 所示。

表 7-8　4 个变量两两比较的结果

	A	B	C	D
A	1	2	$\frac{1}{4}$	3
B	$\frac{1}{2}$	1	5	$\frac{1}{2}$
C	4	$\frac{1}{5}$	1	7
D	$\frac{1}{3}$	2	$\frac{1}{7}$	1

利用矩阵表示：

$$\begin{bmatrix} 1 & 2 & \frac{1}{4} & 3 \\ \frac{1}{2} & 1 & 5 & \frac{1}{2} \\ 4 & \frac{1}{5} & 1 & 7 \\ \frac{1}{3} & 2 & \frac{1}{7} & 1 \end{bmatrix}$$

（3）层次单排序。对矩阵各行进行归一化处理后记为 W。归一化后，各行元素相加为 1，意味着各元素值即为权重值，展示变量的相对重要性，这一过程称为层次单排序。

（4）加总得最终结果并排序。按照相同方法对各层次进行排序，并计算各指标的权重

（C_i），根据权重和原始数据（P_i），可得样本的得分（GI），具体为：

$$GI = \sum_{i=1}^{n} P_i C_i$$

GI 的高低显示优劣（强弱）。

【例7-3】对上市公司竞争力综合评价需要构建指标体系进行衡量。其中上市公司竞争力评价的一级指标分别为盈利能力、偿债能力、成长能力和营运能力。为方便起见，假设盈利能力对应的二级指标分别为净资产收益率、净利率和毛利率，后面三个一级指标只有一个二级指标，分别为流动比率、主营业务收入增长率和存货周转率。指标体系结构如表7-9所示。

表7-9　上市公司竞争力评价体系

	一级指标	二级指标
竞争力评价体系	盈利能力	净资产收益率、净利率和毛利率
	偿债能力	流动比率
	成长能力	主营业务收入增长率
	营运能力	存货周转率

结合层次分析法原理，构建指标权重并结合原始数据对特定上市公司进行综合评价。

【解】根据层次分析法原理，综合评价方法具体步骤如下：

（1）根据相关方法对一级指标四个能力进行两两比较，假设比较后的结果用矩阵表示为：

$$\begin{bmatrix} 1 & 3 & 6 & 3 \\ \dfrac{1}{3} & 1 & 2 & \dfrac{1}{5} \\ \dfrac{1}{6} & \dfrac{1}{2} & 1 & 4 \\ \dfrac{1}{3} & 5 & \dfrac{1}{4} & 1 \end{bmatrix}$$

计算每个元素的临时权重：

$$W_i' = \sqrt[m]{a_{i1} a_{i2} \cdots a_{im}}$$

则 $W_1' = \sqrt[4]{1 \times 3 \times 6 \times 3} = 2.71$，$W_2' = 0.60$，$W_3' = 0.76$，$W_4' = 0.80$。

对权重进行归一化处理，具体如下：

$$W_1 = \frac{W_1'}{W_1' + W_2' + W_3' + W_4'} = \frac{2.71}{2.71 + 0.60 + 0.76 + 0.80} = 0.56$$

其他三个分别为：$W_2 = 0.12$，$W_3 = 0.16$，$W_4 = 0.16$。

（2）根据上述方法构建盈利能力二级指标体系的矩阵及其相关权重，如净资产收益率、净利率和毛利率的权重分别为：0.51，0.23 和 0.26。

三者对应的最终权重为：$0.56 \times 0.51 = 0.29$，$0.56 \times 0.23 = 0.13$，$0.56 \times 0.26 = 0.15$。

（3）最后得到六个二级指标的权重，其中前三个分别为：$C_1 = 0.29$，$C_2 = 0.13$，$C_3 = 0.15$，后三个二级指标继承一级指标的权重，分别为：$C_4 = 0.12$，$C_5 = 0.16$ 和

$C_6 = 0.16$。

（4）如有 5 家上市公司的原始数据如表 7-10 所示，根据样本得分公式计算 GI，并进行排序（见表 7-10）。

表 7-10　5 家上市公司层次分析法排序

评价指标	权重系数	A	B	C	D	E
净资产收益率	0.29	47.26	17.52	11.02	4.4	2.75
净利率	0.13	2.44	19.24	6.35	3.88	4.02
毛利率	0.15	13.93	36.52	18.62	14.60	25.23
流动比率	0.12	10.03	12.03	33.26	4.45	18.97
主营业务收入增长率	0.16	25.33	−5.28	12.74	52.64	2.39
存货周转率	0.16	311.42	8.47	1.52	589.79	4.35
综合评价指数 GI	—	71.19	15.01	13.09	107.29	8.50
评价排序	—	2	3	4	1	5

7.5.2　优劣解距离法

TOPSIS 法（Technique for Order Preference by Similarity to an Ideal Solution）是 Ching-Lai Hwang 和 Kwangsun Yoon 于 1981 年首次提出的，原意为逼近理想解排序法，现一般称为优劣解距离法。TOPSIS 法是根据有限个评价对象与理想化目标的接近程度进行排序的方法，是在现有的对象中进行相对优劣的评价。TOPSIS 法能充分利用原始数据的信息，其结果能精确地反映各评价方案之间的差距。

TOPSIS 法的步骤如下：

（1）原始矩阵正向化。所谓的原始矩阵正向化，就是要将所有的指标类型统一转化为极大型指标。不同类型指标及特点如表 7-11 所示。

表 7-11　不同类型指标及特点

指标类型	特点	案例
效益型指标	越大越好	GDP 增长率、毛利率
成本型指标	越小越好	污染程度
中间型指标	越接近某个值越好	水 pH 值
区间型指标	处于某个区间最好	体温、税率、血压、心率

其中效益型指标越大越好，利用原始值；成本型指标越小越好，则利用 $X' = \text{Max} - X$ 进行处理。对于中间型指标，处理如下：

$$X' = \begin{cases} \dfrac{2(X - \text{Min})}{\text{Max} - \text{Min}} & X < \dfrac{\text{Min} + \text{Max}}{2} \\[2ex] \dfrac{2(\text{Max} - X)}{\text{Max} - \text{Min}} & \dfrac{\text{Min} + \text{Max}}{2} \leq X \end{cases}$$

对于区间型指标，处理方法为：

$$X' = \begin{cases} 1 - \dfrac{a - X}{M} & X < a \\ 1 & a \leqslant X \leqslant b \\ 1 - \dfrac{X - b}{M} & X \geqslant b \end{cases}$$

其中，X 表示原始数据，Max 表示最大值，Min 表示最小值；a 表示最优区间下限，b 表示最优区间上限，$M = \max\{a - \text{Min}, \text{Max} - b\}$。

通过上述处理，不同类型的指标化为同种类型，即都随着数据的增加而增加。

实际过程中，处理方法有多种，如成本型指标也可以利用倒数进行处理，具体为 $X' = \dfrac{1}{X}$，可以根据需要进行合理的选择。

【例7-4】成人在安静、清醒的情况下正常心率范围为 60~100 次/分。心率大于 160 称为心动过速，心率低于 60 称为窦性心动过缓。六位成人的心率如表 7-12 所示，请根据表中数据进行正向化处理。

表 7-12 六位成人心率及正向化处理结果

序号	1	2	3	4	5	6
心率	80	40	110	120	35	160
转换后结果	1	0.67	0.83	0.67	0.58	0

【解】心率是区间型指标，利用区间型指标处理方法。

先计算 M：$M = \max\{a - \text{Min}, \text{Max} - b\} = \max\{60 - 35, 160 - 100\} = 60$。

当心率为 40 时，利用区间型指标公式转换后结果为：$1 - (60 - 40)/60 = 0.67$，其他同理计算，得到的结果如表 7-12 所示。

(2) 对正向化的矩阵进行标准化处理以消除各指标量纲的影响，并找到有限方案中的最优方案和最劣方案。

如经过正向化的矩阵为：

$$\begin{bmatrix} x_{11} & x_{12} & \cdots & x_{1m} \\ x_{21} & x_{22} & \cdots & x_{2m} \\ \vdots & \vdots & \ddots & \vdots \\ x_{n1} & x_{n2} & \cdots & x_{nm} \end{bmatrix}$$

在此基础上进行标准化，记为 $\mathbf{Z}$，$\mathbf{Z}$ 中每个元素的结果为：

$$z_{ij} = \frac{x_{ij}}{\sqrt{\sum\limits_{i=1}^{n} x_{ij}^2}}$$

其中最优方案为列最大值，具体为：

$$\mathbf{Z}^+ = (Z_1^+, Z_2^+, \cdots, Z_m^+) = (\max\{z_{11}, z_{21}, \cdots, z_{n1}\}, \cdots, \max\{z_{1m}, z_{2m}, \cdots, z_{nm}\})$$

最劣方案为列最小值，具体为：

$$\mathbf{Z}^- = (Z_1^-, Z_2^-, \cdots, Z_m^-) = (\min\{z_{11}, z_{21}, \cdots, z_{n1}\}, \cdots, \min\{z_{1m}, z_{2m}, \cdots, z_{nm}\})$$

(3) 分别计算各评价对象与最优方案和最劣方案间的距离，获得各评价对象与最优方案的相对接近程度，以此作为评价优劣的依据。

上述标准化矩阵为：

$$\begin{bmatrix} z_{11} & z_{12} & \cdots & z_{1m} \\ z_{21} & z_{22} & \cdots & z_{2m} \\ \vdots & \vdots & \ddots & \vdots \\ z_{n1} & z_{n2} & \cdots & z_{nm} \end{bmatrix}$$

在此基础上分别计算第 i 个评价对象对列最大值和最小值的距离。

则第 i 个评价对象与最大值的距离为：

$$D_i^+ = \sqrt{\sum_{j=1}^m \left(Z_j^+ - z_{ij} \right)^2}$$

第 i 个评价对象与最小值的距离为：

$$D_i^- = \sqrt{\sum_{j=1}^m \left(Z_j^- - z_{ij} \right)^2}$$

（4）在此基础上计算第 i 个评价对象的未归一化得分，具体如下：

$$S_i = \frac{D_i^-}{D_i^- + D_i^+}$$

可以发现，$0 \leqslant S_i \leqslant 1$，且 S_i 越大，D_i^+ 越小，越接近最大值。

（5）最后在此基础上将得分归一化，公式为：

$$\widetilde{S}_i = \frac{S_i}{\sum_{i=1}^n S_i}$$

【例7-5】地区竞争力指数能够体现一个地区的竞争能力。中国地区综合竞争力评价指标体系包括经济、社会、环境和文化4个系统，由综合经济竞争力、人力资本教育竞争力等10项一级指标、50项二级指标和216项三级指标等综合计算而成。为方便起见，此处仅选择GDP总量、GDP增长率、财政支出和人均可支配收入等四个指标进行衡量。现有中部5个省份，分别为江西、湖北、安徽、河南和湖南，依据表7-13数据计算五个省份的地区竞争力。

表7-13　2022年中部地区城市竞争力代表性指标

地区	GDP 总量/亿元	GDP 增长率	财政支出/亿元	人均可支配收入/元
江西	32 074.7	4.7	7 288.3	32 419
湖北	53 734.9	4.3	8 626	32 914
安徽	45 045	3.5	8 378.9	32 745
河南	61 345.1	3.1	10 644.6	30 957
湖南	48 670.4	4.5	9 005.3	34 036

【解】上述指标都是正向化，越大越好。对应的原始矩阵为：

$$\begin{bmatrix} 32\ 074.7 & 4.7 & 7\ 288.3 & 32\ 419 \\ 53\ 734.9 & 4.3 & 8\ 626 & 32\ 914 \\ 45\ 045 & 3.5 & 8\ 378.9 & 32\ 745 \\ 61\ 345.1 & 3.1 & 10\ 644.6 & 30\ 957 \\ 48\ 670.4 & 4.5 & 9\ 005.3 & 34\ 036 \end{bmatrix}$$

对上述矩阵进行标准化。如对江西省 GDP 增长率进行标准化，对应为：

$$z_{12} = \frac{x_{12}}{\sqrt{\sum_{i=1}^{n} x_{i2}^2}} = \frac{4.7}{\sqrt{4.7^2 + 4.3^2 + 3.5^2 + 3.1^2 + 4.5^2}} = \frac{4.7}{9.093} = 0.517$$

其他各项同理计算，得到的标准化矩阵为：

$$Z = \begin{bmatrix} 0.292 & 0.517 & 0.368 & 0.444 \\ 0.489 & 0.473 & 0.436 & 0.451 \\ 0.410 & 0.385 & 0.423 & 0.449 \\ 0.558 & 0.341 & 0.538 & 0.424 \\ 0.443 & 0.495 & 0.455 & 0.466 \end{bmatrix}$$

进一步计算指标与最优及最劣向量之间的差距，如对江西省进行处理：

$$D_1^+ = \sqrt{\sum_{j=1}^{m} (Z_j^+ - z_{ij})^2} = \sqrt{(0.558 - 0.292)^2 + \cdots + (0.466 - 0.444)^2} = 0.316$$

$$D_1^- = \sqrt{\sum_{j=1}^{m} (Z_j^- - z_{ij})^2} = \sqrt{(0.292 - 0.292)^2 + \cdots + (0.424 - 0.444)^2} = 0.177$$

在此基础上得到各地区的评价得分及排名如表 7-14 所示。

表 7-14　2022 年各地区评价得分及排名

地区	D_i^+	D_i^-	S_i	$\tilde{S}_i$	排序
江西	0.316	0.177	0.359	0.136	5
湖北	0.132	0.248	0.653	0.247	1
安徽	0.230	0.140	0.378	0.143	4
河南	0.181	0.316	0.636	0.240	2
湖南	0.144	0.236	0.622	0.235	3

可以发现，湖北省综合排名第一，江西省综合排名垫底。

7.5.3　熵权法

熵权法是熵理论的一个组成部分，是指利用信息熵原理对指标体系中不同指标的权重进行处理的方法。熵权法的基本思路是根据指标变异性的大小来确定客观权重。一般来说，若某个指标的信息熵越小，表明指标值的变异程度越大，提供的信息量越多，在综合评价中所能起到的作用也越大，其权重也就越大；反之亦然。

熵权法进行综合评价时的步骤如下：

（1）对数据进行标准化，处理数据量纲不一致、正向指标和逆向指标。

其中正向指标处理方式为：$x = \dfrac{X - \text{Min}}{\text{Max} - \text{Min}}$，逆向指标处理方式为：$x = \dfrac{\text{Max} - X}{\text{Max} - \text{Min}}$。

（2）构建 m 个单位、n 个评价指标构成的标准化数据矩阵。

$$X = \begin{bmatrix} x_{11} & x_{12} & \cdots & x_{1m} \\ x_{21} & x_{22} & \cdots & x_{2n} \\ \vdots & \vdots & \ddots & \vdots \\ x_{m1} & x_{m2} & \cdots & x_{mn} \end{bmatrix}$$

(3) 计算第 i 个单位第 j 个指标的比重值。

$$p_{ij} = \frac{x_{ij}}{\sum\limits_{i=1}^{m} x_{ij}}$$

在此基础上计算第 j 个指标的熵值：

$$e_j = -\frac{1}{\ln m} \sum\limits_{i=1}^{m} p_{ij} \ln p_{ij}$$

(4) 利用熵值计算第 j 指标的熵权。

$$w_j = \frac{1 - e_j}{\sum\limits_{j=1}^{n}(1 - e_j)}$$

(5) 结合标准化后的数据和权重，计算 m 个单位的综合得分。

$$S_i = \sum\limits_{j=1}^{n} w_j x_{ij}$$

总体而言，熵权法是一种更准确判断特定变量对整体影响程度的方法，可以确保在确定指标权重时不受主观因素的影响，可以用于任何需要确定权重的过程，也可以结合其他方法共同使用，从而使评价结果更加客观、准确和科学。

【例 7-6】企业偿债能力是指企业用其资产偿还长期债务与短期债务的能力，是反映企业财务状况和经营能力的重要标志。企业偿债能力同样需要构建综合指数进行评价，为方便起见，选择流动比率、速动比率、现金比率、利息支付倍数、股东权益比率和资产负债率等指标进行衡量。2023 年三季度五个上市公司偿债能力数据如表 7-15 所示，利用熵权法对公司偿债能力进行综合评价。

表 7-15　2023 年三季度五个上市公司偿债能力数据

公司	流动比率	速动比率	现金比率	利息支付倍数	股东权益比率	资产负债率
方直科技	21.63	21.5	1 068.5	−1 877.9	96.59	3.41
澜起科技	2.2	2.2	59.19	−3 653.5	90.07	9.93
大华股份	2.63	2.2	85.15	−845.8	68.75	31.25
国电电力	0.48	0.44	18.82	375	26.98	73.02
中海油服	1.49	1.37	45.49	748.5	50.94	49.06

【解】具体步骤如下：

(1) 对数据进行标准化处理。流动比率、速动比率、现金比率、利息支付倍数和股东权益比率是正向指标，资产负债率为逆向指标。根据上述对应公式计算，结果矩阵为：

$$X = \begin{bmatrix} 1 & 1 & 1 & 0.403 & 1 & 1 \\ 0.081 & 0.084 & 0.038 & 0 & 0.906 & 0.906 \\ 0.102 & 0.084 & 0.063 & 0.638 & 0.600 & 0.600 \\ 0 & 0 & 0 & 0.915 & 0 & 0 \\ 0.048 & 0.044 & 0.025 & 1 & 0.344 & 0.344 \end{bmatrix}$$

(2) 在此基础上分别计算各元素的概率，按列计算得到概率矩阵为：

$$
\boldsymbol{P} = \begin{bmatrix}
0.813 & 0.826 & 0.887 & 0.136 & 0.351 & 0.351 \\
0.066 & 0.069 & 0.034 & 0 & 0.318 & 0.318 \\
0.083 & 0.069 & 0.056 & 0.216 & 0.211 & 0.211 \\
0 & 0 & 0 & 0.310 & 0 & 0 \\
0.039 & 0.036 & 0.023 & 0.338 & 0.121 & 0.121
\end{bmatrix}
$$

（3）分别计算各元素的熵。当某项概率为 0 时，得到的信息熵 $p_{ij}\ln p_{ij}$ 为 0。在此基础上计算出各指标的熵值，其中流动比率的熵值为：

$$
e_j = -\frac{1}{\ln m}\sum_{i=1}^{m} p_{ij}\ln p_{ij} = -\frac{1}{\ln 5}(0.813 \times \ln 0.813 + \cdots + 0.039 \times \ln 0.039) = 0.423
$$

同理得到指标的熵值向量为：$e = \begin{bmatrix} 0.423 & 0.403 & 0.291 & 0.828 & 0.817 & 0.817 \end{bmatrix}$

进一步得到指标的熵权向量为：

$$
w = \begin{bmatrix} 0.238 & 0.247 & 0.293 & 0.071 & 0.076 & 0.076 \end{bmatrix}
$$

（4）根据标准化后数据和熵权向量，计算综合得分并进行排序，结果如表 7-16 所示。

表 7-16 五个上市公司偿债能力综合评价得分及排序

公司	流动比率	速动比率	现金比率	利息支付倍数	股东权益比率	资产负债率	得分	排序
方直科技	1.000	1.000	1.000	0.403	1.000	1.000	0.958	1
澜起科技	0.081	0.084	0.038	0.000	0.906	0.906	0.188	3
大华股份	0.102	0.084	0.063	0.638	0.600	0.600	0.199	2
国电电力	0.000	0.000	0.000	0.915	0.000	0.000	0.065	5
中海油服	0.048	0.044	0.025	1.000	0.344	0.344	0.153	4
指标权重	0.238	0.247	0.293	0.071	0.076	0.076	—	—

结果显示，方直科技的综合得分最高，排序第一；而国电电力的偿债能力综合得分最低，位于最后。

实际进行综合评价时，还需要考虑各样本单位之间的可比性。如上述各公司中，行业不同、所有制不同，对资产负债率和流动比率等指标的要求肯定也存在差异。因此，上述比较中，如果是选择同一行业、同一所有制的上市公司进行比较，结果更有说服力。

7.6 常见统计指数与综合评价指数

7.6.1 股票价格指数

股票价格指数是从所有股票中选择出具有代表性和敏感性的样本股票，以其在某一时点上平均市场价格计算的动态相对数，用来反映某一股市股票价格总变动趋势。习惯上用"点"表示，即以基期为 100（或 1 000），每上升或下降 1 个单位为 1 点。

由于股票价格波动剧烈，具体某一种股票的价格变化，投资者容易了解，而对于多种股票的价格变化，则需要依靠编制出股票价格指数来综合判断股市的变动趋势。投资者据此就可以检验自己投资的效果，并用于预测股票市场的动向。股票价格指数即股票指数，是由证券交易所或金融服务机构编制的表明股票行市变动的一种供参考的指示数字。

市场上现有的股票价格指数可分两类：一类是某一国家(地区)的股票市场上所有股票的综合指数，如纽约证券交易所综合指数、我国的上海证券交易所综合指数和深证综合指数等；另一类是某一国家(地区)部分股票的成分股指数，如道琼斯工业股价平均指数、标准普尔 500 股票价格指数、上证 180 指数和深证成分指数等，反映的是某一方面的情况。常用股票价格指数如表 7-17 所示。

表 7-17　常用股票价格指数

股票价格指数	样本范围	编制
道琼斯工业股价平均指数	纽约证券交易所工业股票 30 家著名的工业公司	道琼斯公司
标准普尔 500 指数	美国主要交易所上市的公司	标准普尔公司
日经 225 指数	东京证券交易所第一市场上市的公司	日本经济新闻社
恒生指数	香港交易所上市的公司	恒生指数服务有限公司
上证综合指数	上交所上市的公司	上海证券交易所
纳斯达克指数	纳斯达克证券市场上市的公司	美国全国证券交易商协会

股票价格指数计算方法很多。一般用发行量为权数进行加权综合。

股票价格指数具体编制步骤如下：

(1)选择股票样本。根据上市公司的行业分布、经济实力、资信等级等因素，选择适当数量的有代表性的股票，作为编制指数的样本股票。当然可随时变换或作数量上的增减，以保持良好的代表性。

(2)按期到股票市场上采集样本股票的价格，简称"采样"。采取的时间间隔取决于股价指数的编制周期。以往的股票价格指数较多为按天编制，采样价格即为每一交易日结束时的收盘价。近年来，股票价格指数的编制周期日益缩短，由"天"到"时"直至"分"，采样频率由一天一次变为全天随时连续采样。采样价格也从单一的收盘价发展为每时每刻的最新成交价或一定时间周期内的平均价。一般来说，编制周期越短，股票价格指数的灵敏性越强，越能及时地体现股价的涨落变化。

(3)利用科学的方法计算出指数值。股票价格指数常用综合指数法进行计算。

股票价格指数是一种定基指数，它是以某个特定的年份或具体日期为基期(基期的股价水平为100)，将报告期的股价水平与基期的股价水平相比计算出来的百分比率，用百分数或百分点表示。一般将报告期的股价水平与上一期的股价水平相比求得环比指数，然后利用环比指数与定基指数之间的关系算出报告期股票价格指数，即：

$$报告期股票价格指数(定基指数)=上期价格指数(定基指数)\times$$
$$报告期价格指数(环比指数)$$

这种求股票价格指数的方法，叫作连环法。当变更样本或基期后需要对报告的指数值进行调整时，也可按此法从新基期往回溯源至旧基期，以保持股票价格指数的可比性。

(4)向社会公众公开发布。为保持股票价格指数的连续性，使各个时期计算出来的数值具有可比性，有时还需要对指数值作相应调整。

小案例

上证综合指数编制方案[①]

上证综合指数由在上海证券交易所上市的符合条件的股票与存托凭证组成样本，反映上海证券交易所上市公司的整体表现。

(1)指数基日和基点。该指数以 1990 年 12 月 19 日为基日，以 100 点为基点。

(2)样本选取方法。①样本空间。上证综合指数的样本空间由在上海证券交易所上市的股票和红筹企业发行的存托凭证组成。ST、＊ST 证券除外。②选样方法。上证综合指数选取所有样本空间内证券作为指数样本。

(3)指数计算。上证综合指数计算公式：

$$报告期指数 = \frac{报告期样本总市值}{除数} \times 100$$

其中，报告期样本总市值＝∑（证券价格×发行股本数）。除数修正方法参见指数计算与维护细则。

(4)指数样本调整。上市以来日均总市值排名在沪市前 10 位的证券于上市满三个月后计入指数，其他证券于上市满一年后计入指数。样本被实施风险警示的，从被实施风险警示措施次月的第二个星期五的下一交易日起将其从指数样本中剔除；被撤销风险警示措施的，从被撤销风险警示措施次月的第二个星期五的下一交易日起将其计入指数。当样本退市时，将其从指数样本中剔除。样本公司发生收购、合并、分拆、停牌等情形的处理，参照指数计算与维护细则处理。

7.6.2　消费者价格指数

消费者价格指数(CPI)是反映一定时期城乡居民所购买的生活消费品价格与服务项目价格的变动趋势和程度的一种相对数。通过消费者价格指数，可以观察消费价格的变动水平及对消费者货币支出的影响，研究实际收入和实际消费水平的变动状况。通过城镇居民消费价格指数，可以分析生活消费品和服务项目价格变动对职工货币工资的影响，为研究职工生活和制定工资政策提供依据。

居民消费价格指数的编制采用抽样方法，定人、定点、定时，派调查员登记代表商品和服务项目的价格。在计算平均价格和个体价格指数的基础上，按加权算术平均数指数公式，从小类、中类到大类加权计算出它们的居民消费价格指数，最后将各大类居民消费价格指数再加权平均，计算出城乡居民消费价格总指数。指数编制步骤具体如下：

(1)根据居民消费情况选择代表商品和规格品。

从消费的八大类(食品烟酒、衣着、居住、生活用品及服务、交通通信、教育文化娱乐、医疗保健、其他用品及服务)中选择代表性的商品和规格品。其中各大类中又有很多小类，共 268 个基本分类。

(2)选择调查市县和调查点。采用划类选择法抽选价格调查市县和价格调查点。

国家统计局和地方统计部门首先根据全国城乡居民家庭消费支出的抽样调查资料分级

---

① 摘自上交所官网。

确定用于计算 CPI 的商品与服务项目，同时在全国抽取约 500 个市县，并在被抽到的市县中确定约 6.3 万个采集价格的调查网点。调查网点涵盖食杂店、百货店、超市、便利店、专业市场、专卖店、购物超市、农贸市场以及服务消费单位等城乡居民日常消费的场所。

（3）价格数据的搜集与计算。各地统计机构指派调查员前往事先抽取好的调查网点进行现场价格采集工作。价格采集工作按照"三定"原则进行，即"定人、定点、定时"。定人，即在一定时期内指派固定的调查人员进行价格数据采集工作，目的是避免因人员变动而导致的人为误差的产生。定点，即确保在一个调查周期内每次采集数据均前往同一被抽取的采集地点，从而保障数据采集的连贯性和可比性。定时，即选择固定的日期和时间前往调查网点进行数据采集工作。对于某些商品，如生鲜食物等，其在一天内不同时间的价格往往存在较大差异，若两次采集选择一天中的不同时间前往，则会导致误差的产生。

代表规格品的平均价格采用简单算术平均法计算。如表 7-18 所示为某种大米（基本分类）中的特粳散装大米平均价格的计算。

表 7-18　某种大米的平均价格计算

大米	单位	规格等级	第一次调查	第二次调查	第三次调查	平均价格
某农贸市场	元/kg	特粳散装	2.60	2.58	2.68	2.62
某粮油商店	元/kg	特粳散装	2.49	2.60	2.30	2.46
某集市贸易	元/kg	特粳散装	2.38	2.58	2.50	2.49
总平均价格	元/kg	—	—	—	—	2.52

将报告期平均价格除以基期平均价格便是代表规格品的单项指数（即个体指数）。

如已知该地上月特粳散装大米每千克为 2.45 元，这种规格大米的单项指数为：
（2.52÷2.45）×100% = 102.86%。

（4）权数的确定。通过对 10 万多户城乡居民家庭进行调查，统计居民家庭的消费支出结构，以此为标准确定权数。其中全省（区）城市和农村权数分别根据全省（区）城镇居民家庭生活消费支出调查资料和农村居民家庭生活消费现金支出资料整理计算；全省（区）权数根据城市和农村权数按城乡人均消费支出金额和人口加权平均计算；全国权数根据各省、自治区、直辖市的权数按各地人均消费支出金额和人口加权平均计算。

某市某年居民消费价格指数食品大类的权数计算如表 7-19 所示。

表 7-19　某市某年居民消费价格指数食品大类的权数计算

类别及品名	消费品零售额或居民购买食品支出额/元		权数/‰
一、食品	1 773 120.43		1 000
1. 粮食	140 659.37		79
米		55 298.36	393
面粉		58 272.85	414
粮食制品		4 326.52	31
其他		22 761.64	162
2. 淀粉及薯类	23 307.92		13

类别及品名	消费品零售额或居民购买食品支出额/元		权数/‰	
3. 干豆类及豆制品	33 578.26		19	
4. 油脂	72 273.66		41	
5. 肉禽及其制品	388 620.82		219	
6. 蛋	129 694.39		73	
7. 水产品	16 007.76		9	
8. 菜	196 281.13		111	
9. 调味品	35 963.18		20	
10. 糖	19 566.59		11	
11. 茶及饮料	92 453.22		52	
12. 干鲜瓜果	109 449.84		62	
13. 糕点饼干	174 043.14		98	
14. 奶及奶制品	60 003.07		34	
15. 在外用膳食品	29 749.62		17	
16. 其他食品及加工服务费	251 468.46		142	

大类权数为大类支出额占所在大类支出额之和的比重；中类权数为中类支出额占所在大类支出额的比重；基本分类权数为基本分类支出额占所在中类支出额的比重。

如粮食分类中的米(基本分类)权数 = 55 298.36/140 659.37×1 000‰ = 393‰，面粉、粮食制品和其他的权数分别为414‰，31‰和162‰，四者相加恰好为1 000‰。

食品分类中的粮食(中类)权数 = 140 659.37/1 773 120.43×1 000‰ = 79‰，淀粉及薯类权数为13‰，其他食品及加工服务费权数为142‰，16个中类权数相加正好为1 000‰。

(5)价格指数的计算。

1)基本分类指数的计算。

基本分类指数分别包括环比价格指数和定基价格指数，具体如下。

环比价格指数根据所属代表规格品价格变动相对数，采用几何平均法计算，计算公式为：

$$K_t = \sqrt[n]{G_{t1} \times G_{t2} \times \cdots \times G_{tn}} \times 100\%$$

其中，G_{t1}，G_{t2}，$\cdots$，G_{tn} 分别为第1个至第 n 个规格品报告期(t)价格与上期($t-1$)价格对比的相对数。

定基价格指数为环比价格指数的连乘积，计算公式为：

$$I_t = K_1 \times K_2 \times \cdots \times K_t$$

其中，K_1，K_2，$\cdots$，K_t 分别表示基期至报告期各期的环比价格指数。

2)类别及总指数逐级加权平均计算，公式为：

$$L_t = \left(\sum W_{t-1} \frac{P_t}{P_{t-1}} \right) \times L_{t-1}$$

其中，W 表示权数；P 表示价格；t 和 $t-1$ 分别表示报告期和上一时期；$\frac{P_t}{P_{t-1}}$ 表示环比指数。

7.6.3 国民幸福指数

国民幸福总值（Gross National Happiness，GNH）是模仿 GDP 和 GNP 概念，用来衡量人们对自身生存和发展状况的感受与体验，即人们的幸福感的一种指数。

GNH 这个术语由不丹前国王吉格梅·辛格·旺楚克于 1972 年提出，他创造性地提出了由政府善治、经济增长、文化发展和环境保护 4 项内容组成的"国民幸福总值"（GNH）指标，主张政府应该关注幸福，并应以实现幸福为目标。

经过不断的发展，9 个领域被用于反映 GNH 价值的整体范围。这 9 个领域是：心理健康、健康、教育、时间利用、文化多样性和复原力、善治、社区活力、生态多样性和恢复力以及生活水平。联合国把幸福指数体系大致分为三级，包括 9 个一级指标、33 个二级指标、124 个三级指标，其中一级指标如表 7-20 所示。

表 7-20 联合国全球国民幸福指数一级指标

一级指标	指标描述
教育	包括 7 个方面的内容，同时涉及教育不公平等问题
健康	死亡率和发病率等情况
环境	土地利用、水质污染、空气污染等情况
政府治理	政府效率、民主文化、对机构和领导者的信任度、反腐败等情况
时间	时间在工作、家庭等方面的分配情况
文化	认同感、核心价值、信仰、习俗等，以及参与节日、体育、歌曲等文化活动的程度等情况
社区活力	奉献和志愿服务，社会凝聚力，安全，家庭，以及住在社区的时间等情况
内心幸福	生活满意度、情感幸福、精神性或灵性、压力等情况
生活水平	经济生活标准和报告的快乐水平等情况

2023 年，美国盖洛普调研公司公布最新全球幸福指数报告（见表 7-21）。该报告基于对全球 137 个国家和地区的调查，通过询问各地区 1 000 位民众，以满分 10 分作为快乐程度的衡量指数，并以预期寿命、人均 GDP、社会救助、腐败程度、自由程度，以及人们照顾彼此的慷慨程度等作为评判标准。

表 7-21 2023 年不同国家（地区）的幸福指数

排名	国家（地区）	分数	排名	国家（地区）	分数
1	芬兰	7.804	16	美国	6.894
2	丹麦	7.586	19	英国	6.796
3	冰岛	7.530	27	中国台湾	6.535

续表

排名	国家(地区)	分数	排名	国家(地区)	分数
4	以色列	7.473	47	日本	6.139
5	荷兰	7.403	57	韩国	5.951
6	瑞典	7.395	64	中国	5.818
7	挪威	7.315	70	俄罗斯	5.661
8	瑞士	7.240	82	中国香港	5.308
9	卢森堡	7.228	136	黎巴嫩	2.392
10	新西兰	7.123	137	阿富汗	1.859

注：数据来源于 https：//worldhappiness. report/。

第 8 章　参数估计与假设检验

零假设从来无法证明或建立，但在检验过程中可以被否定。[①]

——罗纳德·费歇尔

8.1　常见抽样分布

抽样分布是指样本估计量的分布，也称统计量分布、随机变量函数分布。以样本平均数为例，它是总体平均数的一个估计量，如果按照相同的样本容量、相同的抽样方式，反复地抽取样本，每次可以计算一个平均数，所有可能样本的平均数所形成的分布，就是样本平均数的抽样分布。

从已知的总体中以一定的样本容量进行随机抽样，由样本的统计数所对应的概率分布称为抽样分布。抽样分布是统计推断的理论基础。

8.1.1　抽样推断的基本概念

1. 参数与统计量

参数全称为总体参数，是根据总体各个单位的标志值或标志属性计算出来的，能反映总体某种属性或特征的综合指标。由于总体单位数非常大，因此参数一般是未知数。常用的参数有总体平均数(成数)、总体方差(标准差)。

统计量，顾名思义，是指"统计出来的量"，既然能够统计(计算)出来，可见这个量是基于样本的，因此也被称为样本统计量。具体而言，统计量由样本各单位标志值计算出来，反映样本特征，用来估计总体的统计指标。

一般而言，现象的总体是唯一且确定的，且总体单位数量较多甚至不可数，所以参数也是唯一的且未知，需要用统计量进行估计。统计量随着样本取值的不同而发生变化，是随机变量。如对某地区的消费水平进行研究，则该地区平均消费水平为总体参数，由于该地区人口众多，利用普查方法得到平均消费水平在实际中往往不可行，此时从中抽取若干单位(如 100 人或 1 000 人等)组成样本，基于样本得到的平均消费估计值称为统计量。不

---

①　原话为：The null hypothesis is never proved or established, but is possibly disproved, in the course of experimentation。

同的样本，得到的消费水平是不同的，因此统计量是随机的。

2. 重复抽样与不重复抽样

（1）概念。

按照样本抽选时每个单位是否允许被重复抽中，简单随机抽样可分为重复抽样和不重复抽样两种。在抽样调查中，特别在对社会经济抽样调查时，简单随机抽样一般是指不重复抽样。

重复抽样是从总体单位中抽取一个单位进行观察、记录后，再放回总体中，然后再抽取下一个单位，这样连续抽取样本的方法，也称为有放回抽样或重置抽样。一般用于样本容量非常大的总体。

不重复抽样是从总体单位中抽取一个单位进行观察、记录后，不放回总体中，在余下的总体中抽取下一个单位，这样连续抽取样本的方法，也称为无放回抽样或不重置抽样。一般用于样本容量比较小的总体。

由于不重复抽样每次从总体中抽取的样本单位，经检验之后不再放回总体，因此在下次抽样时不会再次抽到前面已抽中过的样品单位。这意味着总体每经一次抽样，其样品单位数就减少一个，因此每个样品单位在各次抽样中被抽中的概率是不同的。

（2）样本可能数目。

样本可能数目指按一定的抽样方法和抽样组织形式，从总体 n 个单位中随机抽取 m 个单位构成样本，一共可以抽出的不同样本的数量。

考虑到抽样方法有重复抽样和不重复抽样，在实际抽样过程中，还有考虑顺序和不考虑顺序的情况。

1）考虑顺序的不重复抽样数目。

考虑顺序意味着 AB 排列与 BA 排列不一样。每抽取一次，剩下的单位被抽取的概率增加。记样本可能数目为 A_n^m，则根据排列组合的相关知识可得：

$$A_n^m = n(n-1)(n-2)\cdots(n-m+1) = \frac{n!}{(n-m)!}$$

其中，n 与 m 分别表示总体单位数和样本单位数。

2）考虑顺序的重复抽样数目。

重复抽样意味着每次抽取的概率都相等，记样本可能数目为 B_n^m，则有：

$$B_n^m = n \times n \times \cdots \times n = n^m$$

3）不考虑顺序的不重复抽样数目。

不考虑顺序意味着样本 AB 与 BA 是一样的，这里样本数目比考虑顺序的重复抽样数目要少。记样本可能数目为 C_n^m，则有：

$$C_n^m = \frac{n(n-1)\cdots(n-m+1)}{m!} = \frac{n!}{m!\,(n-m)!}$$

4）不考虑顺序的重复抽样数目。

记样本可能数目为 D_n^m，则有：

$$D_n^m = C_{n+m-1}^m = \frac{(n+m-1)(n+m-2)\cdots n}{m!}$$

从上可知，抽样可能的数目，与总体大小（n）、样本容量（m）、抽样方法和抽样组织形式有关，具体如表 8-1 所示。

表 8-1　不同抽样方法和不同组织形式的样本可能数目

	不重复抽样	重复抽样
考虑顺序	$A_n^m = \dfrac{n!}{(n-m)!}$	$B_n^m = n^m$
不考虑顺序	$C_n^m = \dfrac{n!}{m!(n-m)!}$	$D_n^m = \dfrac{(n+m-1)(n+m-2)\cdots n}{m!}$

【例 8-1】总体 A，B，C，D 四个单位，用以上四种方法从中抽 2 个单位构成一个样本，求其样本可能数目。

【解】总共有四种情况，分别为：

考虑顺序不重复抽样的样本可能数目为：$A_n^m = \dfrac{n!}{(n-m)!} = \dfrac{4!}{2!} = 12$。具体如下：AB，AC，AD，BA，BC，BD，CA，CB，CD，DA，DB，DC。

考虑顺序重复抽样的样本可能数目：$B_n^m = n^m = 4^2 = 16$。具体如下：AA，AB，AC，AD，BA，BB，BC，BD，CA，CB，CC，CD，DA，DB，DC，DD 共 16 种。

不考虑顺序不重复抽样的样本可能数目为：$C_n^m = \dfrac{n!}{m!(n-m)!} = \dfrac{4!}{2! \times 2!} = 6$。具体如下：AB，AC，AD，BC，BD，CD。

不考虑顺序重复抽样的样本可能数目为：

$$D_n^m = \frac{(n+m-1)(n+m-2)\cdots n}{m!} = \frac{5 \times 4}{2} = 10$$。具体如下：AA，AB，AC，AD，BB，BC，BD，CC，CD，DD。

常见的抽样分布有正态分布、卡方（X^2）分布、t 分布和 F 分布等。

8.1.2　正态分布

正态分布（Normal Distribution）是自然界和社会现象中最常见的、最一般的分布，因其广泛性，被称为正常（Normal），由"数学王子"高斯提出。

定义：若随机变量 x 服从均值为 μ、方差为 σ^2 的正态分布，其分布密度函数可表示为：

$$f(x) = \frac{1}{\sqrt{2\pi}\,\sigma}\,\mathrm{e}^{-\frac{(x-\mu)^2}{2\sigma^2}}$$

简记 $x \sim N(\mu, \sigma^2)$。

当 $\mu = 0$ 和 $\sigma^2 = 1$ 时，正态分布简化为标准正态分布：

$$f(x) = \frac{1}{\sqrt{2\pi}}\,\mathrm{e}^{-\frac{x^2}{2}}$$

正态分布有以下特征：

（1）μ 是正态分布的位置参数，描述变量集中趋势位置。正态分布以 μ 为对称轴，左右完全对称，此时均值、中位数与众数相同。

（2）σ^2 是正态分布的形状参数，描述变量的离散程度。σ^2 越大，数据分布越分散，曲线越扁平，反之数据分布越集中，曲线越瘦高。

（3）正态分布能够进行标准化变换。具体令 $z = \dfrac{x - \mu}{\sigma}$ 转化为标准正态分布，通过查标准正态分布表就可以直接计算出原正态分布的概率值。

统计人物 ▶▶▶

数学王子高斯与正态分布

约翰·卡尔·弗里德里希·高斯（Johann Carl Friedrich Gauss），德国著名数学家、物理学家、天文学家、大地测量学家，生于布伦瑞克，卒于哥廷根，被认为是人类有史以来"最伟大的四位数学家之一"（另三位分别为阿基米德、牛顿和欧拉）。

高斯的母亲是一个贫穷石匠的女儿，父亲曾做过工头、商人的助手和一个小保险公司的评估师。当高斯3岁时便能够纠正他父亲的借债账目的错误，这件轶事流传至今。

高斯9岁时利用很短的时间就计算出了小学老师提出的问题：自然数从1到100的求和。他所使用的方法是：对50对构造成和为101的数列求和（1+100，2+99，3+98…），同时得到结果：5050。

1801年1月，天文学家朱赛普·皮亚齐（Giuseppe Piazzi）发现了一颗从未见过的光度八等星在移动，这颗现在被称作谷神星（Ceres）的小行星在夜空中出现6个星期，扫过8°角后就在太阳的光芒下没了踪影，无法观测。而留下的观测数据有限，难以计算出它的轨道，天文学家也因此无法确定这颗新星是彗星还是行星，这个问题很快成了学术界关注的焦点。随后全世界的科学家利用皮亚齐的观测数据开始寻找谷神星，但是根据大多数人计算的结果来寻找谷神星都没有结果。高斯当时已经是很有名望的年轻数学家了，这个问题也引起了他的兴趣。高斯一个小时之内就计算出了行星的轨道，并预言了它在夜空中出现的时间和位置。1801年12月31日夜，德国天文爱好者奥伯斯（Heinrich Olbers）根据高斯计算出来的轨道重新发现了谷神星。高斯为此名声大震，但是高斯当时拒绝透露计算轨道的方法，直到1809年高斯系统地完善了相关的数学理论后，才将他的方法公布于众，而其中使用的数据分析方法，就是以正态误差分布为基础的最小二乘法。

高斯的贡献主要在数学领域，在统计领域具有如下贡献：

（1）提出了最小二乘法并加以完善。在学生时代建立最小二乘法，高斯就开始了最小二乘法的研究。1794年，他读了数学家兰伯特（J. H. Lambert）的作品，讨论如何运用平均数法，从观察值 (Y_i, x_i) 中确定线性关系 $Y = \alpha + \beta x$ 中的两个系数。1795年，设想了以残差平方和 $\sum (Y_i - \alpha - \beta x_i)^2$ 为最小的情况下，求得 α 与 β。1798年完成最小二乘法的整个思考结构，正式发表于1809年。

（2）根据曲面与曲线的计算，成功得到高斯钟形曲线（正态分布曲线）。其函数被命名为标准正态分布（或高斯分布），并在概率统计中得到广泛的使用。高斯发现分布调查、观察或测量中的误差，不仅是不可避免的，而且一般是无法把握的。高斯以他丰富的天文观察和在1821—1825年土地测量的经验，发现观察值 x 与真实值 μ 的误差变异，大量服从现代人们最熟悉的正态分布。他运用极大似然法及其他数学知识，推导出测量误差的概率分布公式。"误差分布曲线"这个术语就是高斯提出来的，后人为了纪念他，称这种分布曲线为高斯分布曲线，也就是今天的正态分布曲线。高斯所发现的一般误差概率分布曲线以及据此来测定天文观察误差的方法，不仅在理论上，而且在应用上都有极重要的意义。

正态分布又称高斯分布。德国的 10 马克纸币，以高斯为人像，人像左侧有一正态分布的密度表达式及其图形(见图 8-1)。高斯在数学上有诸多贡献，但在 10 马克的纸币挑出来与他相随的是正态分布。可见正态分布不只在统计上，在数学上亦很重要。

图 8-1　德国货币人物高斯

(根据网络资料整理)

8.1.3　卡方分布

$\chi^2(n)$ 分布是一种连续型随机变量的概率分布。这个分布是由别奈梅(Benayme)、赫尔默特(Helmert)与皮尔逊分别于 1858 年、1876 年与 1900 年发现的，它是由正态分布派生出来的。

定义：若 x_1, x_2, $\cdots$, x_n 相互独立，且都服从标准正态分布 $N(0, 1)$，则

$$\sum_{i=1}^{n} x_i^2 = x_1^2 + x_2^2 + \cdots + x_n^2 \sim \chi^2(n)$$

其中，参数 n 称为自由度。

从定义可以看出，标准正态分布的平方和为卡方分布，其分布特征如下：

(1) $E(\chi^2(n)) = n$，$D(\chi^2(n)) = 2n$。意味着卡方分布的均值为 n，方差为 $2n$。

(2)独立分布变量的可加性。若 $X_1 = \chi^2(n_1)$，$X_2 = \chi^2(n_2)$，且 X_1，X_2 相互独立，则 $X_1 + X_2 \sim \chi^2(n_1 + n_2)$。

(3)趋近于正态分布。$n \to \infty$ 时，$\chi^2(n) \to$ 正态分布。

(4)对给定的实数 $\alpha(0 < \alpha < 1)$，称满足条件：$P\{\chi^2 > \chi_\alpha^2(n)\} = \int_{\chi_\alpha^2(n)}^{+\infty} f(x)\,dx = \alpha$ 的点 $\chi_\alpha^2(n)$ 为 $\chi^2(n)$ 分布的水平 α 的上侧分位数，简称为上侧 α 分位数(见图 8-2)。对不同的 n 对应的函数分布图及其不同 α 分位数的值可以用软件计算得到(见图 8-3)。

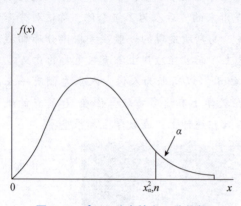

图 8-2 $\chi^2(n)$ 分布的上 α 分位数

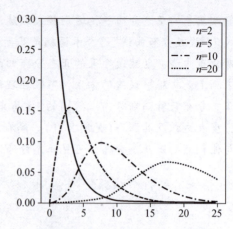

图 8-3 $\chi^2(n)$ 分布的密度函数图

【例 8-2】已知正态分布总体 $x_i \sim N(\mu, \sigma^2)$ （ $i = 1, 2, \cdots, N$ ），现从中随机抽取 n 个单位组成样本，其样本方差为 $s^2 = \dfrac{1}{n-1} \sum\limits_{i=1}^{N} (x_i - \bar{x})^2$ ，则样本方差与总体方差有如下关系：$\dfrac{(n-1)s^2}{\sigma^2} \sim \chi^2(n-1)$ 。

【证】$(n-1)s^2 = \sum\limits_{i=1}^{N} (x_i - \bar{x})^2 = \sum\limits_{i=1}^{N} [(x_i - \mu) - (\bar{x} - \mu)]^2$

$$= \sum_{i=1}^{N} (x_i - \mu)^2 + \sum_{i=1}^{N} (\bar{x} - \mu)^2 - 2 \sum_{i=1}^{N} (x_i - \mu) \times (\bar{x} - \mu)$$

$$= \sum_{i=1}^{N} (x_i - \mu)^2 + n(\bar{x} - \mu)^2 - 2(\bar{x} - \mu) \sum_{i=1}^{N} (x_i - \mu)$$

$$= \sum_{i=1}^{N} (x_i - \mu)^2 + n(\bar{x} - \mu)^2 - 2(\bar{x} - \mu) \times n(\bar{x} - \mu)$$

$$= \sum_{i=1}^{N} (x_i - \mu)^2 - n(\bar{x} - \mu)^2$$

则有：

$$\frac{(n-1)s^2}{\sigma^2} = \frac{\sum\limits_{i=1}^{N} (x_i - \mu)^2}{\sigma^2} - \frac{n(\bar{x} - \mu)^2}{\sigma^2} = \sum_{i=1}^{N} \left(\frac{x_i - \mu}{\sigma}\right)^2 - \left(\frac{\bar{x} - \mu}{\frac{\sigma}{\sqrt{n}}}\right)^2$$

其中：$\dfrac{x_i - \mu}{\sigma} \sim N(0, 1)$ ，$\dfrac{\bar{x} - \mu}{\frac{\sigma}{\sqrt{n}}} \sim N(0, 1)$ ，且相互独立。

则根据卡方分布的独立可加性质可知：$\dfrac{(n-1)s^2}{\sigma^2} \sim \chi^2(n-1)$ 。

统计人物 »»»

卡尔·皮尔逊——现代统计科学创立者

卡尔·皮尔逊(Karl Pearson, 1857—1936)是 19 世纪和 20 世纪之交罕见的百科全书式的学者，是英国著名的统计学家、生物统计学家、应用数学家，同时也是一位身体力行的社会改革家。

卡尔·皮尔逊从儿童时代起，就有着广泛的兴趣范围、非凡的知识活力，善于独立思考，不轻易相信权威，重视数据和事实。他就各种社会问题发表了一系列独到的见解，提出了一整套系统的解决方案。

皮尔逊在导师 Francis Galton 的影响下，从 19 世纪 90 年代初开始研究生物统计学。他认为生物现象需要在一般定性叙述的基础之上，用数量描述和定量分析。同时，他把概率论引入数理统计领域，把生物统计方法提炼成为一般处理统计资料的通用方法，发展了统计方法论，把概率论与统计学两者熔为一炉。他被公认是"旧派理学派和描述统计学派的代表人物"，并被誉为"现代统计科学的创立者"。

不过，晚年皮尔逊控制欲太强，以至于与另一位伟大的统计学家费歇尔(F 分布提出者)有了很大的分歧，当年费歇尔投稿《生物统计》，结果被皮尔逊百般习难，最终导致费歇尔不再投稿这一杂志，而改投其他杂志，而且几乎以后所有文章也都不再发表在《生物统计》上。两人之间的分歧一直是统计学的一大遗憾。

皮尔逊在统计学方面的贡献非常多，主要如下：

(1)导出一般化的次数曲线体系。在他之前的观点普遍认为，几乎所有社会现象都是接近于正态分布的。而皮尔逊认为，正态分布只是一种分布形态，他在导师的启示下，在 1894 年和 1895 年先后发表了《关于不对称曲线的剖析》与《同类资料的偏斜变异》等论文，指出自然和社会现象的分布并非只有正态分布，而是有正态分布、矩形分布、J 形分布、U 形分布等 13 种曲线分布形式，并给出相应的方程式。他的这一成果，打破了以往次数分布曲线的"唯正态"观念，推进了次数分布曲线理论的发展和应用，为大样本理论奠定了基础。这就是现在的统计学中的曲线分布形态内容。

(2)提出卡方(χ^2)分布和检验。皮尔逊认为，理论上，不管得到的分布如何完美，它与实际现象总会存在差异，这些差异原因是样本不够大，还是随机误差造成，或者是由于所选配的理论分布本身就与实际分布有实质性差异？这需要借助统计方法进行判别。1900年，皮尔逊提出卡方统计量，用来检验实际值的分布数列与理论数列是否在合理范围内相符合，即用以测定观察值与期望值之间的差异显著性。卡方检验提出后得到了广泛的应用，在现代统计理论中占有重要地位。

(3)发展了相关和回归理论。皮尔逊推广了导师相关分析中的结论和方法，推导出人们称之为"皮尔逊相关系数"的公式，给出了简单的计算。他意识到只有通过回归才能回答 Walter Frank Raphael Weldon 提出的关于出现相关器官的选择问题。进一步他提出了净相关、复相关、总相关、相关比等概念，发明了计算复相关和净相关的方法及相关系数的公式。

(4)重视个体变异的数量表现和数据处理。他认为，在各个个体之间真正变异性的概念，与在估算一个单值方面的误差之间的机遇变异有着很大的差别。对这个观念的强调，是他对生命了解的真正贡献之一。他在 1894 年那篇关于不对称次数曲线的论文中，提出了"标准差"及其符号 σ。

(5)值得一提的是，皮尔逊还发明了一种用于二项分布的器械装置。他对算术平均数、众数、中位数之间的关系进行了深入的研究。他发现，在完全对称分布的资料中，算术平均数、众数和中位数三者是重合在一起的，而当资料的分布不对称时，则算术平均数、众数和中位数三点是分开的。如果这种不对称的程度不严重，则三点可构成一固定关系，这个关系被称为皮尔逊经验法则。

皮尔逊的这些成就和贡献，受到了统计学家们的推崇，使整个一代的西方的统计学家在他的影响下成长起来。

（根据网络资料整理）

8.1.4　t分布

t分布是由英国统计学家 William Sealy Gosset 在 1908 年以"student"的笔名首次发表的，故也称为学生分布，这个分布在数理统计中也占有重要的位置。t分布改进了正态分布，虽然在样本数量大（超过 30 个）时，可以应用正态分布来求得近似值，但正态分布用在小样本会产生很大的误差，因此必须改用t分布以求准确。

定义：设 $X \sim N(0, 1)$，$Y \sim \chi^2(n)$，X 与 Y 相互独立，$T = \dfrac{X}{\sqrt{Y/n}}$，则称 T 服从自由度为 n 的 t分布，简记为 $T \sim t(n)$。

从定义可以看出，t分布中的分子为标准正态分布，分母为卡方分布除以自由度后开根号，其分布特征如下：

（1）t分布 $f_n(t)$ 为对称的偶函数，且趋近正态分布 $\varphi(t)$。具体为：

$$f_n(t) \to \varphi(t) = \frac{1}{\sqrt{2\pi}} \mathrm{e}^{-\frac{t^2}{2}}, \quad n \to \infty$$

（2）对给定的实数 $\alpha(0 < \alpha < 1)$，称满足条件 $P\{T > t_\alpha(n)\} = \displaystyle\int_{t_\alpha(n)}^{+\infty} f(x)\mathrm{d}x = \alpha$ 的点 $t_\alpha(n)$ 为 $t(n)$ 分布的水平 α 的上侧分位数（见图 8-4）。由密度函数 $f(x)$ 的对称性，可得 $t_{1-\alpha}(n) = -t_\alpha(n)$。类似地，我们可以给出 t分布的双侧分位数：

$$P\{|T| > t_{\alpha/2}(n)\} = \int_{-\infty}^{-t_{\alpha/2}(n)} f(x)\mathrm{d}x + \int_{t_{\alpha/2}(n)}^{+\infty} f(x)\mathrm{d}x = \alpha，\text{显然有 } P\{T > t_{\alpha/2}(n)\} = \frac{\alpha}{2};$$

$P\{T < -t_{\alpha/2}(n)\} = \dfrac{\alpha}{2}$。对不同的 n，t分布与正态分布的关系如图 8-5 所示。

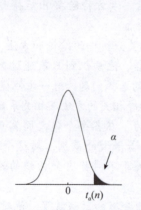

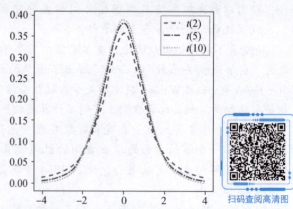

扫码查阅高清图

图 8-4　t分布的上 α 分位数　　　图 8-5　t分布的密度函数图

【例 8-3】已知正态分布总体 $x \sim N(\mu, \sigma^2)$，现从中随机抽取 n 个单位组成样本，其样本方差为 $s^2 = \dfrac{1}{n-1} \sum (x_i - \bar{x})^2$，证明：

$$\frac{\bar{x} - \mu}{s/\sqrt{n}} \sim t(n-1)$$

【证】$x \sim N(\mu, \sigma^2)$，则有：$\bar{x} \sim N(\mu, \frac{\sigma^2}{n})$，即：$z = \frac{\bar{x} - \mu}{\sigma/\sqrt{n}} \sim N(0, 1)$。

又从上例可知：$\frac{(n-1)s^2}{\sigma^2} \sim \chi^2(n-1)$。令 $y = \frac{(n-1)s^2}{\sigma^2}$。则根据 t 分布构造特征可得：

$$t(n-1) = \frac{z}{\sqrt{\frac{y}{n-1}}} = \frac{\frac{\bar{x} - \mu}{\sigma/\sqrt{n}}}{\sqrt{\frac{(n-1)s^2}{\sigma^2}/(n-1)}} = \frac{\bar{x} - \mu}{\frac{s}{\sqrt{n}}}$$

此种分布常用在小样本且总体方差未知时的推断，如置信区间的估计和假设检验。

统计人物 >>>

戈赛特与小样本分布

威廉·戈赛特(William Sealy Gosset)，生于英国堪特伯雷，是一位化学家、数学家与统计学家，同时拥有数学和化学双学位(这在当时似乎并不是很少见，不少学者都同时拥有两个甚至以上的学位)。戈赛特是一个非常谦逊的人，当时两位统计学大家皮尔逊和费歇尔之间的矛盾很深，他作为两者之间的调和人，协助他们在各自领域里做出了不少贡献，而且做了很多穿针引线的事情，保持几位统计学大家的关系。费歇尔很尊重他的意见，常把自己工作的抽印本送给戈赛特请他指教，在当时，能受到费歇尔如此看待的学者为数不多。

1899 年，英国统计学家戈赛特在都柏林的一家酿酒公司担任酿造化学技师，从事统计和实验分析工作。他想弄清楚啤酒发酵时需要加多少酵母最合适，于是进行实验设计。但戈赛特首先碰到的困难是供应实验用的麦子数量有限，无法采用当时通行的大样本观察和推断理论，而且每批进厂原料的质量都有所波动，对温度的变化也很敏感。万般无奈，戈赛特着手从小样本开始分析实验数据。小样本数据存在两个问题：一是误差怎样解决，二是如何从中尽可能得到较为可靠的结果。

通过努力，戈赛特最终发现了小样本的分析规律，并奠定了小样本分析的基础。现在的人通常称他为小样本理论的鼻祖。考虑一下当时的条件，戈赛特得经过多少次的计算才能得出这一结论。他需要一次一次地计算均数、标准误差，以确定相关数据的概率分布。

戈赛特得出了结果并准备将其发表，可惜他所在的是酿酒行业，贸然发表的话会招致泄露机密之嫌。但他确实想发表这一文章，因此采取了折中的办法：匿名发表。他使用了笔名"student"，于 1908 年在《生物计量》杂志上发表了 *The Probable Error of the Mean*，提出了 t 分布，这也是至今我们仍在广泛应用的 t 检验的基础。

在当时正态分布一统天下的情况下，戈赛特的 t 分布没有被外界理解和接受，只能在他的酿酒厂中使用，直到 1923 年英国统计学家费歇尔给出分布的严格推导并于 1925 年编制了 t 分布表后，t 分布才得到学术界的承认，并获得迅速的传播、发展和应用。

戈赛特在 20 世纪前三十年是统计界的活跃人物，他的成就不限于《均值的概率误差》，同年他发表了在总体相关系数为 0 时，二元正态样本相关系数的精确分布，这是关于正态样本相关系数的第一个小样本结果。后来，戈赛特又连续发表了《相关系数的概率误差》

（1909）、《非随机抽样的样本平均数分布》（1909）和《从无限总体随机抽样平均数的概率估算表》（1917）等。在这些论文中，他比较了平均误差与标准误差的两种计算方法，同时研究了泊松分布应用中的样本误差问题，还建立了相关系数的抽样分布，这些论文为小样本理论奠定了基础，也为以后的样本资料的统计分析与解释开创了一条崭新的道路。

由于戈赛特开创的理论使统计学开始由大样本向小样本、由描述向推断发展，因此，有人把戈赛特推崇为推断统计学（尤其是小样本理论研究）的先驱者。戈赛特的一些思想，对他日后与奈曼合作建立其假设检验理论有着启发性的影响，奈曼说："我认为现在统计学界中有非常多的成就都应归功于戈赛特"。[①] 费歇尔称他为"统计学史中的法拉第"。

（根据网络资料整理）

8.1.5 F 分布

F 分布是 1924 年英国统计学家费歇尔提出，并以其姓氏的第一个字母命名的。F 分布是随机变量的另一种重要的小样本分布，应用也相当广泛。它可用来检验两个总体的方差是否相等，多个总体的均值是否相等。F 分布还是方差分析和正交设计的理论基础。

定义：设 $X \sim \chi^2(n)$，$Y \sim \chi^2(m)$，且 X 与 Y 相互独立，令 $F = \dfrac{X/n}{Y/m}$ 则称 F 服从第一自由度为 n，第二自由度为 m 的 F 分布，简记为 $F \sim F(n, m)$。

可以看出，F 分布为两个卡方分布（分别除以自由度后）之比。具有以下特征：

（1）若 $F \sim F(n, m)$，则 $1/F \sim F(m, n)$。

（2）若 $X \sim t(n)$，则 $X^2 \sim F(1, n)$。

（3）对给定的实数 $\alpha\,(0 < \alpha < 1)$，称满足条件 $P\{F > F_\alpha(n, m)\} = \displaystyle\int_{F_\alpha(n, m)}^{+\infty} f(x)\,\mathrm{d}x = \alpha$ 的点 $F_\alpha(n, m)$ 为 $F(n, m)$ 分布的水平 α 的上侧分位数（见图 8-6）。F 分布的上侧分位数通过软件计算可得。其中不同自由度下 F 分布特征如图 8-7 所示。

（4）$F_\alpha(m, n) = \dfrac{1}{F_{1-\alpha}(n, m)}$。常用来求 F 分布表中没有列出的某些上侧分位数。

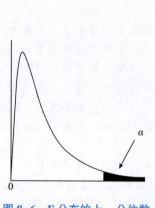

图 8-6 F 分布的上 α 分位数

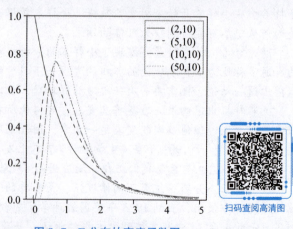

扫码查阅高清图

图 8-7 F 分布的密度函数图

---

① 引自 E. L. Lehmann 著，姚慕生译：《奈曼：现代统计学家》，上海翻译出版公司，1987。

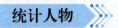

统计人物

费歇尔——现代统计学奠基者

罗纳德·费歇尔(Ronald Fisher),生于英国伦敦,英国统计与遗传学家,现代统计科学的奠基人之一,对达尔文进化论做了基础澄清的工作,被安德斯·哈尔德(Anders Hald,丹麦统计学家)誉为"一位几乎独自建立现代统计科学的天才"。

费歇尔以天文学学士毕业于剑桥大学,也因对天文观测误差的分析,开始探讨统计的问题。毕业后几年,他曾到加拿大务农,工作于投资公司,也当过私立学校的老师。1919年他拒绝在皮尔逊手下工作,任职于洛桑农业实验场。他负责的主要工作是植物播殖实验的设计,希望通过尽量少的时间、成本与工作量,得到尽量多的有用信息;另外是整理该实验场60年来累积的实验资料。费歇尔在这里发展他的方差分析理论,研究假说检验,并且提出实验设计的随机化原则,推动科学实验可以同时进行多参数之检测,并减少样本偏差。

他在洛桑的工作将统计分析的方法带入演化论,在为达尔文演化论澄清迷雾的巨著《自然选择的遗传理论》(1930)中,说明孟德尔的遗传定律与达尔文的理论并不像当时部分学者认为的互相矛盾,而是相辅相成的,并且认为演化的驱动力主要来自选择的因素,它远重于突变的因素。他的研究理论为解释现代生物学的核心理论打下坚实的基础。也因这本著作,费歇尔于1933年获得伦敦大学的职位。

费歇尔一生先后共写作论文395篇。在世界各国流传最广泛的统计学著作是:1925年出版的《研究工作者的统计方法》、1930年出版的《自然选择的遗传原理》、1935年出版的《试验设计》、1938年与Frank Yates合著出版的《供生物学、农学与医学研究用的统计表》、1938年出版的《统计估计理论》、1950年出版的《对数理统计的贡献》、1956年出版的《统计方法和科学推断》等。

他在统计学方面居世界领先地位,他的贡献是多方面的,主要有:

(1)强调统计学是一门通用方法论。费歇尔认为,无论是对各种自然现象还是对社会生活现象的研究,统计方法及其计算公式"正如同其他数学科目一样,这里同一公式适用于一切问题的研究"。他指出"统计学是应用数学的最重要部分,并可以视为对观察得来的材料进行加工的数学"。他在1925年所著《研究工作者的统计方法》影响力超过半世纪,遍及全世界。

(2)假设无限总体。费歇尔认为,在研究各种事物现象,包括社会经济现象时,必须把具体物质内容的信息舍弃掉,让统计处理的只是"统计总体"。比如说,"如果我们已有关于一万名新兵身高的资料,那么,统计研究的对象不是新兵的整体,而是各种身高尺寸的总体"。显然,费歇尔只是对构成统计总体各因素的某些标志感兴趣而不是各因素的本身。其目的就是使问题简化,便于统计上的处理。他在1922年所写的《关于理论统计学的数学基础》中提出了"假设无限总体"的概念。"所谓假设的无限总体,即现有的资料就是它的随机样本"。

（3）抽样分布。费歇尔跨进统计学界就是从研究概率分布开始的。1915年，他在《生物计量学》杂志上发表《无限总体样本相关系数值的频率分布》。由于这篇论文对相关系数的一般公式作了论证，对后来的整个推断统计的发展有一定贡献。因此，有人把这篇论文称为现代推断统计学的第一篇论文。1922年，费歇尔导出相关系数 r 的 Z 分布，后来还编制了《Z 曲线末端面积为 0.05、0.01 和 0.001 的 Z 数值分布表》。1924年，费歇尔对 χ^2 分布和 Z 分布加以综合研究，使戈赛特的 t 检验也能适用于大样本，也使皮尔逊的统计学发展 χ^2 检验也能适用于小样本。1938年，费歇尔与 Frank Yates 合编了《F 分布显著性水平表》，为该分布的研究与应用提供了方便。

（4）方差分析。由费歇尔于1918年在《孟德尔遗传试验设计间的相对关系》一文中首创。方差分析也称变异数分析，其系统研究开始于1923年费歇尔与 Mackenzie 合写的《对收获量变化的研究》一文中。而于1925年，费歇尔在《供研究人员用的统计方法》中对方差分析以及协方差分析进一步做了完整的叙述。"方差分析法是一种在若干能相互比较的资料组中，把产生变异的原因加以区分开来的方法与技术"。方差分析简单实用，大大提高了试验分析效率，对大小样本都可使用。

（5）试验设计。自1923年起，费歇尔陆续发表了关于在农业试验中控制试验误差的论文。1925年，他提出随机区组法和拉丁方法；1926年，费歇尔发表了试验设计方法的梗概；这些方法在1935年进一步得到完善，并首先在卢桑姆斯坦德农业试验站中得到检验与应用，后来又被他的学生推广到许多其他科学领域。

（6）随机化原则。费歇尔在创建试验设计理论的过程中，提出了十分重要的"随机化"原则。他认为这是保证取得无偏估计的有效措施，也是进行可靠的显著性检验的必要基础。所以，他把随机化原则放在极重要的地位，"要扫除可能扰乱资料的无数原因，除了随机化方法外，别无它法"。1938年，他和 Frank Yates 合作编制了有名的"Fisher Yates 随机数字表"。利用随机数字表保证总体中每一元素有同等被抽取的机会。这样，费歇尔就把随机化原则以最明确、最具体化的形式引入统计工作与统计研究中。

（7）把统计学应用到遗传学等领域。他提出的一些数学原理和方法对人类遗传学、进化论和数量遗传学的基本概念以及农业、医学方面的试验均有很大影响。他在1915年和1918年发表两篇重要文章，前者探讨相关系数的分布，后者证明遗传上的连续变异，可用许多遵守孟德尔律的基因变异所叠加来解释。他在统计和生物方面的研究兴趣与才华，已经清楚地表现出来。

总体看来，费歇尔在统计发展史上的地位是显赫的。这位多产作家的研究成果来源于农业与生物学领域，但他的影响已经渗透到一切应用统计学，由此所提炼出来的推断统计学已越来越被广大领域所接受。因此，美国统计学家 P. O. Johnson 于1959年出版的《现代统计方法：描述和推断》一书中指出："从1920年起一直到今天的这段时期，称之为统计学的费歇尔时代是恰当的。"

（根据网络资料整理）

8.2　点估计

8.2.1　点估计概念

参数估计是推断统计学的重要内容之一，主要是利用样本信息对总体进行估计，包括点估计与区间估计。

点估计是以抽样得到的样本指标作为总体指标的估计量，并以样本指标的实际值直接作为总体未知参数的估计值的一种推断方法。

当总体某方面特征未知时，需要借助相应的方法进行推断。统计学中，这种未知的总体特征一般用参数来表示，如总体均值(μ)与总体方差(σ^2)。

常见的推断方法就是从总体中抽取若干个代表性的单位组成样本，利用样本来对总体的性质进行判断，如矩估计、最小二乘估计、最大似然估计和贝叶斯估计等。

如要了解自己居住城市的生活消费水平，常见的指标是平均月消费额，最合理的方法是对此城市的所有人进行调查，从而加总得到平均消费额，但这种方法实际中很少用。通常的做法就是，随机抽取若干人的消费额(如自己和几位朋友的月消费额)，并且对这些消费额求平均后，利用此平均消费额近似表示居住城市的消费情况。上述方法中，居住城市所有人的月平均消费额为总体参数μ，以自己和朋友几个少数单位的平均消费额($\bar{x}$)，对此城市平均消费额(μ)进行近似的估计，这种方法就是点估计。

【例8-4】美国运输局统计部门为了研究从旧金山到华盛顿航班所花的时间，从中随机选择 10 架飞机，其机载时间(以分钟计)如表 8-2 所示。

表 8-2　10 次从旧金山到华盛顿航班的机载时间　　　　单位：min

270	256	267	285	274	275	266	258	271	281

估计从旧金山到华盛顿所有航班的平均时间及其方差。

【解】根据以上资料可知，所有航班的飞行时间未知，因此以 10 架飞机为样本，利用样本推断总体，由样本数据可知：

$$\sum x_i = 2\,703,\ \sum x_i^2 = 731\,373,\ n = 10,\ s^2 = \frac{\sum(x_i - \bar{x})^2}{n-1} = \frac{752.1}{9} = 83.57。$$

总体的平均机载时间，利用样本均值来估计：$\hat{\mu} = \dfrac{\sum x_i}{n} = \dfrac{2\,703}{10} = 270.3$(分钟)。

机载时间的方差，利用样本方差来估计：$\hat{\sigma}^2 = s^2 = \dfrac{\sum(x_i - \bar{x})^2}{n-1} = \dfrac{752.1}{9} = 83.57$(分钟)。

8.2.2　点估计的优良性准则

事实上，对总体参数进行估计时，可选的样本统计量有多个。比如对上述平均消费额进行估计时，除了用样本均值(平均消费额)来估计，还可以采用样本的众数(大多数人的消费额)、中位数(中间位置的消费额)等进行估计,具体看下面的例子。

【例8-5】某大学为了调查网络对大学生阅读习惯的影响,随机抽取20名大学生,对学生在网络上一周内花费的学习时间进行调查,得到的数据如表8-3所示(为了进行分析,数据从小到大进行了排序)。

表8-3　随机抽取的20名大学生网络学习时间　　　　　　　　　　单位：h

1.7	3.8	4.7	9.6	11.7	12.3	12.3	12.4	12.6	13.4
14.1	14.2	15.8	15.9	18.7	19.4	21.2	21.9	23.3	28.2

对大学生每周在网络上平均学习时间进行估计。

【解】根据以上数据,可以采用以下几种方法对总体平均学习时间进行估计。

第一个常用的指标为样本均值,即:

$$\bar{x} = \sum_{i=1}^{n} \frac{x_i}{n} = \frac{1.7 + 3.8 + \cdots + 28.2}{20} = 14.36(h)$$

则可以认为平均学习时间为14.36h。

第二个常见的指标为样本中位数,根据排序后取其中间两个值求平均,具体为13.75(h),即认为平均学习时间为13.75h。

第三个指标,考虑到尾部值对均值的影响,故前后各去除2个极端值,即10%的截尾均值(只利用中间16个观察值)经过计算为14.39(h),即认为平均学习时间为14.39h。

从上可知,不同的样本统计量,得到的估计值具有差异。具体如何选取,则需要考虑抽样分布的特征,如图8-8所示。

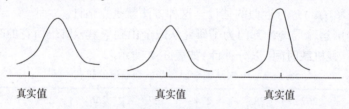

图8-8　不同抽样分布与总体真实值

图中显示了三种不同抽样分布统计信息及其对应的总体真实值。其中左图中分布的统计量很大程度上偏离真实值。因为从中随机抽取的不同样本,计算出来的平均值多数情况会大于真实值,可见其代表性较差,这就是所谓的有偏性。

中图是以真实值为中心的分布,从中随机抽取不同的样本,有些样本的平均值会大于真实值,有些会小于平均值,又有一些会近似等于平均值。总体来看,这些样本平均值再求平均会等于真实值,这就是所谓的无偏性。但不同的样本的均值可能存在较大的偏差。

右图也是以真实值为中心的分布,不过其变异程度更小,即标准差(方差)更小,也就是说,从中抽取不同的样本,其平均值总是比中图更靠近真实值(即稳定性更强)。这就是下面所说的有效性。

由此得到以下判断统计量优劣的三个标准。

(1)无偏性。

设θ为被估计参数(如总体均值、总体比例或总体标准差等),若有估计量$\hat{\theta}$,如果$E(\hat{\theta}) = \theta$,则称$\hat{\theta}$为θ的无偏估计量;反之$E(\hat{\theta}) \neq \theta$,则称$\hat{\theta}$为$\theta$的有偏估计量。

若 $E(\hat{\theta}) - \theta = b$，则称 b 为估计量 $\hat{\theta}$ 的偏差。

从上可以看出，一个好的估计量从平均上看应该等于所估计的那个指标，其直观意义是样本估计量的数值在参数的真值周围摆动而无系统误差。

不论是重复抽样或不重复抽样，也不论样本容量大小，样本均值及样本比例都是总体均值和总体比例的无偏估计，即 $E(\bar{x}) = \mu$，$E(p) = \pi$，但样本方差 s_n^2 并不是总体方差 σ^2 的无偏估计量。这是因为如果我们把 s_n^2 定义为 $s_n^2 = \dfrac{1}{n} \sum_{i=1}^{n} (x_i - \bar{x})^2$，则：

$$E(s_n^2) = E\left[\frac{1}{n} \sum_{i=1}^{n} (x_i - \bar{x})^2 \right] = \frac{1}{n} E\left\{ \sum_{i=1}^{n} \left[(x_i - \mu) - (\bar{x} - \mu) \right]^2 \right\}$$

$$= \frac{1}{n} E\left\{ \sum_{i=1}^{n} (x_i - \mu)^2 - 2 \sum_{i=1}^{n} (x_i - \mu)(\bar{x} - \mu) + n(\bar{x} - \mu)^2 \right\}$$

$$= \frac{1}{n} \left\{ \sum_{i=1}^{n} E(x_i - \mu)^2 - 2nE(\bar{x} - \mu)^2 + nE(\bar{x} - \mu)^2 \right\}$$

$$= \frac{1}{n} \left\{ n\sigma^2 - n\left(\frac{\sigma^2}{n}\right) \right\} = \sigma^2 - \frac{\sigma^2}{n} = \frac{n-1}{n} \sigma^2$$

产生偏差的原因是总体方差的无偏估计应该是 $\sigma^2 = \sum_{i=1}^{n} (x_i - \mu)^2 / n$，但抽样时由于 μ 是未知的，因而用估计量 $\bar{x}$ 来代替。根据最小平方原理，变量 x 距样本均值 $\bar{x}$ 的离差平方和为最小，因此 $\sum_{i=1}^{n} (x_i - \bar{x})^2$ 就小于 $\sum_{i=1}^{n} (x_i - \mu)^2$，从而用 $\bar{x}$ 代替 μ 计算的方差就低估了 σ^2，为了得到 σ^2 的无偏估计，令 $s^2 = \dfrac{1}{n-1} \sum_{i=1}^{n} (x_i - \bar{x})^2$，这时由于 $E(s^2) = \sigma^2$，$s^2 = \dfrac{1}{n-1} \sum_{i=1}^{n} (x_i - \bar{x})^2$ 就是 σ^2 的无偏估计了。

【例 8-6】均值无偏性的证明。为简单起见，设某总体的总体容量为 5，其数值具体为 2，4，6，8，10。现从中随机抽取容量为 3 的样本，考察样本均值的无偏性。

【解】以上总体均值为：$\mu = \dfrac{2+4+6+8+10}{5} = \dfrac{30}{5} = 6$。

进一步，从容量为 5 的总体中抽取的容量为 3 的所有可能样本有 $C_5^3 = \dfrac{5!}{3! \times 2!} = 10$ 个，这 10 个样本的样本单位及其对应的样本平均值如表 8-4 所示。

表 8-4　所有可能样本及其平均值

样本序号	样本单位	样本均值
1	2, 4, 6	4
2	2, 4, 8	14/3
3	2, 4, 10	16/3
4	2, 6, 8	16/3
5	2, 6, 10	6

样本序号	样本单位	样本均值
6	2，8，10	20/3
7	4，6，8	6
8	4，6，10	20/3
9	4，8，10	22/3
10	6，8，10	8
合计	—	60

根据上述可知，样本均值的期望为：$E(\bar{x}) = \dfrac{4 + \dfrac{14}{3} + \cdots + 8}{10} = \dfrac{60}{10} = 6$，等于总体均值。

可知两者相等，即样本均值是一个无偏估计量。

（2）有效性。

设 $\hat{\theta}_1$，$\hat{\theta}_2$ 是未知总体参数的两个不同的估计量，若 $\mathrm{Var}(\hat{\theta}_1) \leqslant \mathrm{Var}(\hat{\theta}_2)$，则称 $\hat{\theta}_1$ 比 $\hat{\theta}_2$ 有效。

有效性反映了估计量分布的集中程度，估计量的分布越是集中在参数真值附近，表示离散程度越小，或者说其方差越小，则其估计效率越高。

【例8-7】某随机变量服从正态分布 $x \sim N(\mu, \sigma^2)$，根据无偏性的原则，样本均值 $\bar{x}$ 及样本中位数 M_e 均可以用来估计，现证明样本均值 $\bar{x}$ 更有效。

【解】由于 $\bar{x} = \dfrac{1}{n} \sum x_i$，可知均值的抽样分布为 $\bar{x} \sim N(\mu, \dfrac{\sigma^2}{n})$，则 $\mathrm{Var}(\bar{x}) = \dfrac{\sigma^2}{n}$。进一步，根据数理统计相关知识，可以得出中位数 M_e 的抽样分布为 $M_e \sim N(\mu, \dfrac{\pi \sigma^2}{2n})$，$\mathrm{Var}(M_e) = \dfrac{\pi \sigma^2}{2n}$。则可知 $\mathrm{Var}(\bar{x}) < \mathrm{Var}(M_e)$。根据有效性的原则，可知 $\bar{x}$ 比 M_e 有效，即用样本均值 $\bar{x}$ 来估计总体的均值比用中位数 M_e 来估计总体的均值效率高。

（3）一致性。

设 $\hat{\theta}$ 为未知参数 θ 的估计量，若随着样本量的增大，$\hat{\theta}$ 值越来越接近真实值 θ，则 $\hat{\theta}$ 为 θ 的一致估计量。

一致性是从极限意义上来说明统计量与总体参数的关系的。这种性质只有当样本容量很大时才起作用。另外，符合一致性的统计量也不止一个，因此，仅考虑一致性是不够的。事实上，我们也可以证明，当总体为正态分布时，中位数这一统计量也符合一致性的要求。

【例8-8】某随机变量服从正态分布 $x \sim N(\mu, \sigma^2)$，证明样本均值的一致性。

【解】根据切比雪夫不等式：$P(|\bar{X} - \mu| < K\sigma_{\bar{x}}) \geqslant 1 - \dfrac{1}{K^2}$

令 $K\sigma_{\bar{x}} = \varepsilon$，则 $K = \dfrac{\varepsilon}{\sigma_{\bar{x}}}$，且 $\sigma_{\bar{x}} = \sigma/\sqrt[2]{n}$，可得：$P(|\bar{X} - \mu| > K\sigma_{\bar{x}}) \leqslant \dfrac{1}{K^2} = \dfrac{\sigma_{\bar{x}}^2}{\varepsilon^2} = \dfrac{\sigma^2}{n \varepsilon^2}$

当 $n \to \infty$ 时 $\dfrac{\sigma^2}{n\varepsilon^2} \to 0$，即 $P(\,|\,\overline{X} - \mu\,| < \varepsilon) = 1$。

同理，也可以得到样本方差 $s^2 = \dfrac{1}{n-1}\sum\limits_{i=1}^{n}(x_i - \overline{x})^2$ 与 $s_n^2 = \dfrac{1}{n}\sum\limits_{i=1}^{n}(x_i - \overline{x})^2$ 都是总体方差的一致性估计量。

同步案例

调查问卷的信度与效度

信度分析在于研究数据是否真实可靠，也称"可靠性分析"，通俗地讲就是测试受访者是否真实地回答问题，显示了不受偶然因素影响的程度。如用问卷对调研对象进行测量时，可能受到被调查者的心情、态度和日期等因素的影响，从而导致结果不一定可靠。

而效度分析在于研究题项是否有效地表达研究变量或者维度的概念信息，通俗地讲研究题项设计是否合适，即测试调查者是否科学设计问题，或者题项表示某个变量是否合适。信度与效度的特征可用图8-9形象表示。

可靠且有效　　　　　　有效但不可靠　　　　　　可靠但不有效

图8-9　信度与效度的三种情况

信度主要有重测信度、评分者信度、复本信度、内部一致性信度四种。

(1)重测信度。考虑到受访者情绪、环境或外部环境可能会影响准确回应，重测信度是不同的时间点对同一组被调查人员采用相同的调查问卷，在不同的时间点先后调查两次，然后计算两组结果之间的相关性，以此分析两次调查结果之间的差异程度。重测信度反映了随机误差的影响。

在评估重测信度时，必须注意重测间隔的时间。如人格测验，重测间隔在两周到6个月比较合适。

(2)评分者信度。评分者信度用来衡量同一事物的不同人观察或评估的一致程度，通过计算不同结果集之间的相关性进行判断。考虑到不同的观察者对情况和现象的看法存在差异，当研究人员利用一个或多个变量进行评分时，可以帮助减轻观察者的偏见。如果所有研究人员都给出了相似的评分，则相关性很高，那么该测试具有很高的参与者间可靠性。

如一组研究人员观察了患者伤口愈合的进展。为了记录愈合的阶段，使用了评分量表，并制定了一套标准来评估伤口的各个方面。不同研究人员对同一组患者的评估结果进行了比较，如果所有结果之间都有很强的相关性，则表示信度很高。

(3)复本信度。复本信度是指对同一组被试者进行某种测试时，使用两种功能等值但是表面内容并不相同的测试形式，然后考察在这两种等值的测试中被试者取得的分数之间的相关程度。两者之间的高相关性表示高的并联形式可靠性。

如在教育评估中，通常有必要创建不同版本的测试，以确保学生无法提前获得问题。

衡量复本信度的最常见方法是生成一大组问题来评估同一事物，然后将这些问题随机分为两个问题集。同一组受访者回答了这两组问题，然后计算结果之间的相关性。

(4)内部一致性信度(同质性信度)。内部一致性信度指反映同一测试内容的各个题目之间的得分一致性程度，它考察了同一项测试中的若干题目是否确实都是在测量同一个内容或特质。因此只有一个数据集时，这是评估可靠性的好方法。

如在满意度调查过程中，向一组受访者提供了一组旨在衡量乐观和悲观心态的陈述。被调查者对每一句话的一致性进行评分，评分范围从1到5。如果测试内部一致，乐观的受访者通常应该对乐观指标给予高评级，对悲观指标给予低评级。相关性是在所有对"乐观"言论的回应之间计算的，但相关性非常弱。这表明该测试的内部一致性较低。

目前最常用测度信度的方法是Cronbach信度系数法。美国心理学家和教育学家Lee Joseph Cronbach提出了一套常用的衡量心理或教育测验可靠性的方法——Cronbach's coefficient alpha，建立了一个用于确定测量误差的统计模型，用来测量一组同义或平行"总和"的信度，具体如下：

假设有n项量表式问题，总方差为SD_X^2，每项(单个问题)的方差为SD_i^2，则统计量Cronbach's α为：

$$\alpha = \frac{n}{n-1} \cdot \frac{SD_X^2 - \sum_{i=1}^{n} SD_i^2}{SD_X^2}$$

一般而言，系数愈高，即问卷的信度愈高(见表8-5)。在基础研究中，信度至少应达到0.80才可接受，在探索性研究中，信度只要达到0.70就可接受，介于0.70~0.98均属高信度，而低于0.35则为低信度，必须予以拒绝。

表8-5 系数结果判断问卷设计优劣标准

系数	$\alpha < 0.5$	$0.5 \leqslant \alpha < 0.6$	$0.6 \leqslant \alpha < 0.7$	$0.7 \leqslant \alpha < 0.8$	$0.8 \leqslant \alpha < 0.9$	$\alpha \geqslant 0.9$
标准	差	较差	一般	好	较好	非常好

实际研究中，应该选择合适的方法进行信度分析(见表8-6)。但在只能收集一次数据的背景下，只能进行内部一致性信度衡量，也正是如此，在大多数调查问卷中，看到的信度检验只有Cronbach's α系数。

表8-6 不同信度方法的使用

研究目的	信度选择
测量一个你期望在一段时间内保持不变的属性	重测信度
多名研究人员对同一主题进行观察或评分	评分者信度
使用两种不同的测试来测量相同的东西	复本信度
使用多项目测试，其中所有项目都旨在测量同一变量	内部一致性信度

效度主要有四种，分别为结构效度、内容效度、表面效度和准则效度。

(1)结构效度。结构效度用来评估无法直接观察到的概念或特征，但可以通过观察与之相关的其他指标来衡量，如个体的智力、肥胖、工作满意度或抑郁特征；也可以是应用于组织或社会团体的更广泛的概念，如性别平等、企业社会责任或言论自由。结构效度用来测量问题是否真的代表了我们感兴趣的测量对象。

如在实际中，没有一个被称为"抑郁"的客观、可观察的实体可以直接测量。但基于现有的心理学研究和理论，可以根据一系列症状和指标来衡量抑郁症，比如自信心低下和能量水平低下。

结构效度是指确保测量方法与你想要测量的结构相匹配。如果你制定了一份诊断抑郁症的问卷，你需要知道：问卷真的能衡量抑郁症的构成吗？还是它实际上是在衡量受访者的情绪、自尊或其他一些结构？

为了实现结构有效性，你必须确保你的指标和测量是在相关现有知识的基础上精心制定的。问卷必须只包括测量已知抑郁症指标的相关问题。

(2)内容效度。为了产生有效的结果，测试、调查或测量方法的内容必须涵盖其目标测量对象的所有相关部分。如果测量中遗漏了某些方面(或者包含了不相关的方面)，则研究可能存在遗漏的变量偏差。

如一位数学老师为她的班级开发了期末代数测试。这项测试应该涵盖课堂上教授的每一种代数形式。如果忽略了某些类型的代数，那么结果可能不能准确地反映学生对该学科的理解。同样，如果测试包含了与代数无关的问题，那么结果就不再是代数知识的有效衡量标准。

内容效度是指一份考卷的内容对所要考查的全部内容的代表程度，代表性越好就越能达到测量目标。因此，内容效度所涉及的实质上是一个考试内容的抽样问题。另外，如用生理的内容去测试生化的掌握程度，显然内容效度不满足要求。

内容效度是分析合格考试质量的有效方法，适用于学业成绩考试的质量检验。

(3)表面效度。表面效度指外行人从表面上看测验是否有效，测验题目与测验目的是否一致。表面效度不是真正的效度指标，但它容易和内容效度搞混。表面效度是外行对测验作表面上的检查确定的，而内容效度是专家对测验进行详尽的、系统的评价建立的。

表面效度是指从外表看就可以明白考试是要测量什么的。如某次考试能使被试者乐于接受或认可，以积极的态度完成，这次考试的表面效度就是好的。如果考生看了考卷以后，不知要考什么，语言不清，印刷质量又不好，该考试的表面效度较差。

又如明尼苏达个性调查表中有这样的题目："我的喉咙里总好像有一块东西堵着似的。"表面上看来这种题目似乎与个性无关，但在临床上，回答"是"的人很可能是癔病或神经衰弱患者。

由于表面效度是一种主观衡量标准，它通常被认为是最薄弱的有效性形式。然而，在开发方法的初始阶段，它可能是有用的。

(4)准则效度。准则效度是同一概念可能有多种测量方法，假如其中一种成为准则，另外一种就可以与之比较而判断其效度。准则是一种公认的有效衡量标准，被广泛认为是有效的，有时被称为"金标准"。标准有可能很难找到。

为了评估标准有效性，需要计算测量结果与标准测量结果之间的相关性。如果相关性很高，这就很好地表明你的测试正在测量它想要测量的东西。

如一位大学教授创建了一个新的测试来衡量申请人的英语写作能力。为了评估这项测试对学生写作能力的衡量效果，她找到了一项被认为是有效衡量英语写作能力的现有测试，并比较了同一组学生参加两项测试的结果。如果结果非常相似，则新测试具有较高的标准有效性。

（根据网络资料整理）

8.3 区间估计

8.3.1 区间估计的概念

从上节可以看出，点估计结果直观、计算简单，但是在实际估计中，总是存在一定误差，而点估计无法知道估计值与真实值的差距和可靠性程度。

区间估计就是以一定的概率水平保证包含总体参数的一个估计区间。具体而言，区间估计是指在点估计的基础上，给出总体参数一个区间的范围，该区间通常由样本统计量加减相应的估计误差得到。

如消费者在购买汽车时，非常重视汽车燃油耗量指标，某车型标记的平均油耗量为10L，这只是一个平均油耗量，消费者无法了解具体这辆车油耗量与10L到底有多少差距，其可靠度如何，因此为了让消费者进一步了解其信息，汽车销售员说，我们有90%的把握保证汽车油耗量范围为9~11L。这种说法能够让消费者对汽车油耗方面了解得更具体和全面。

从上可以看出，区间估计包括以下两个基本要素：

（1）一定的概率水平，即置信水平，是指被测量参数的测量值的可信程度或可靠性程度，也称置信度。置信水平一般用百分比表示，因此置信水平为0.95的置信区间也可以表达为95%置信区间。

（2）包含总体参数（真实值）的区间，即置信区间。置信区间的两端被称为置信极限，其中小的一端称为下限，大的一端称为上限。对一个给定情形的估计来说，置信水平越高，所对应的置信区间就会越大。

【例8-9】根据美联社《2009年上半年东亚统计年鉴》可知，中国人的平均身高为169.7cm。其实这个数值是根据少数中国人口身高而得到的估计值，真实平均身高未知，同样可以抽取多个样本，得到其他平均身高的估计值。如从中国成年人中随机抽取1 000人构成样本，利用这1 000人的平均身高对总体的平均身高进行推断。根据抽取的样本不同，平均身高可能是170.2cm、168.3cm、169.1cm和171.0cm等，有多少个样本，就有多少个这样类似的均值。研究发现，这些平均身高总是围绕着真实的平均身高上下波动，且接近真实身高的数值较多，离真实身高数值较远的数值较少。根据抽样分布理论可知，样本的平均身高服从以真实平均身高为均值的正态分布。进一步根据正态分布的特征，样本的平均身高分别落在真实平均身高的1个标准差范围之内的概率为68.27%，2个标准差之内的概率为95.45%，3个标准差之内的概率为99.73%，如图8-10所示。

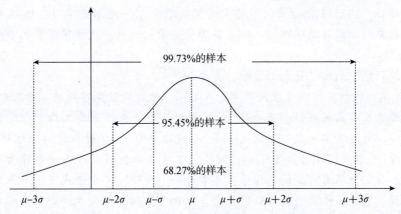

图 8-10 正态分布不同置信水平下的置信区间

不过，实际估计时，情况恰好相反：样本均值（$\bar{x}$）是已知的，而总体均值（μ）未知，由于 μ 与 $\bar{x}$ 是对称的，如果某个样本的平均值 $\bar{x}$ 落在总体均值 μ 的两个标准差之内，反过来，μ 也就被包括在以 $\bar{x}$ 为中心的左右约两个标准差之内，因此反过来可以认为，约有 95.45% 的样本均值为中心所构造的左右两个标准差的区间会包括 μ。

这里需要注意的是，对于一个已经抽取的样本，以此计算的置信区间，要么包含真实值，要么不包含真实值。所以 95% 的置信区间的意思为：构造出 100 个这样的区间，其中有 95 个包含真实值，有 5 个不包含真实值。我们希望这个区间是 95 个中的一个，但也可能是 5 个中的一个，只不过后者的概率非常小。如图 8-11 所示，有 50 个置信区间，其中有 3 个不包含真实值的情况，可得出相应的置信水平为 96%。

图 8-11 50 个样本均值的估计区间包含真实值的情况

同步案例

奈曼——来自生活的统计学家

J. 奈曼（J. Neyman，1894—1981），美国统计学家，生于俄国宾杰里，卒于美国伯克利。1917—1921 年在乌克兰哈尔科夫理工学院任讲师。1921 年到波兰深造，曾师从谢尔品斯基等数学家，其间到法国跟埃米尔·波莱尔（Emile Borel）学过概率论，1923 年在华沙

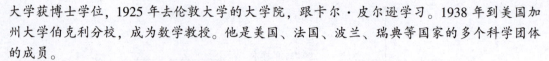

大学获博士学位，1925年去伦敦大学的大学院，跟卡尔·皮尔逊学习。1938年到美国加州大学伯克利分校，成为数学教授。他是美国、法国、波兰、瑞典等国家的多个科学团体的成员。

奈曼在统计学中做出了巨大的贡献，主要如下：

（1）奈曼是假设检验的统计理论的创始人之一。假设检验是罗纳德·费歇尔提出来的，但他的假设检验没有最优理论。奈曼从1928年开始的一系列重要工作中，发展了假设检验的系列理论。他与卡尔·皮尔逊的儿子E.S.皮尔逊合著《统计假设试验理论》，提出假设检验的奈曼-皮尔逊（Neyman-Pearson）理论，其要旨是把假设检验问题作为一个最优化问题来处理。他们把所有可能的总体分布族看作一个集合，其中考虑了一个与原假设相对应的备择假设，引进了检验功效函数的概念，以此作为判断检验程序好坏的标准。这种思想使统计推断理论变得非常明确。该理论对后世也产生了巨大影响，现今是高等数理统计教科书中不可缺少的一个组成部分。

（2）奈曼从数学上定义可信区间，提出了置信区间的概念，建立置信区间估计理论。早在奈曼工作之前，区间估计就已是一种常用形式。奈曼从1934年开始的一系列工作，把区间估计理论置于柯尔莫哥洛夫概率论公理体系的基础之上，因而奠定了严格的理论基础，而且他还把求区间估计的问题表达为一种数学上的最优解问题，这个理论与奈曼-皮尔逊假设检验理论，对于数理统计形成一门严格的数学分支起了重大作用。

在应用方面，奈曼将统计理论应用于遗传学、医学诊断、天文学、气象学及农业统计学等方面，取得丰硕的成果。他获得过国际科学奖，并在加利福尼亚大学创建了一个研究机构，后来发展成为世界著名的数理统计中心。

对奈曼感兴趣的读者，可以进一步阅读《奈曼：来自生活的统计学家——伟人与时代》（上海科学技术出版社，2001）。

8.3.2　单个总体均值区间估计

构造置信区间需要运用到样本的信息。但是利用样本暂时还只能构造点估计，因此早期就有学者提出，在点估计的基础上加减一个误差，从而保证一定的可靠性程度在此误差范围之内。后来由奈曼（1934）把置信区间理论系统化，基于柯尔莫哥洛夫概率论公理体系，并进一步利用抽样分布的知识来进行估计。

具体而言，构造置信区间先要构造相应的统计量，使统计量满足无偏性、有效性等三个性质，然后构造统计量的抽样分布，最后利用抽样分布完成构造置信区间。以下分别对总体均值和方差的置信区间进行分析。

研究参数 μ 与 σ^2 的区间估计，具体设 $x_1, x_2, \cdots, x_n$ 为 $N(\mu, \sigma^2)$ 的样本，给定置信水平 $1 - \alpha$，其中 $0 < \alpha < 1$。

1. 大样本（一般指 $n>30$）或小样本、方差已知且服从正态分布条件下总体均值的区间估计

在上述前提下，求 μ 的置信水平为 $1 - \alpha$ 的区间估计。考虑 μ 的点估计为 $\bar{x}$，在此基础上构造抽样分布，根据正态分布的性质，可知 $\bar{x} \sim N(\mu, \dfrac{\sigma^2}{n})$，现需要确定 $a(a > 0)$，

$b(b > 0)$，使 $P(A) = P\{\bar{x} - a < \mu < \bar{x} + b\} = 1 - \alpha$。

利用标准正态分布变换事件 A，则有：$A = \left\{-\dfrac{a}{\sigma/\sqrt{n}} < \dfrac{\mu - \bar{x}}{\sigma/\sqrt{n}} < \dfrac{b}{\sigma/\sqrt{n}}\right\}$。

其中 $z = \dfrac{\mu - \bar{x}}{\sigma/\sqrt{n}} \sim N(0, 1)$。

可以看出，我们可以选择不同的 a，b 组合，使事件 A 发生的概率为 $1 - \alpha$，即这样的区间有非常多个，因此再加上一个约束条件，即选择且使区间长度尽可能小的那个。为使 $P(A) = 1 - \alpha$，又要尽量使 $a + b$ 最小，亦即使 $\dfrac{a + b}{\sigma/\sqrt{n}}$ 最小。从 $N(0, 1)$ 密度函数的特点来看，只有取两者相等，$\dfrac{a}{\sigma/\sqrt{n}} = \dfrac{b}{\sigma/\sqrt{n}} = z_{\alpha/2}$，即事件 $A = \left\{\left|\dfrac{\mu - \bar{x}}{\sigma/\sqrt{n}}\right| < z_{\alpha/2}\right\}$。从而所求的区间是：

$$\bar{x} - z_{\alpha/2}\frac{\sigma}{\sqrt{n}} < \mu < \bar{x} + z_{\alpha/2}\frac{\sigma}{\sqrt{n}}$$

简记为：

$$\mu = \bar{x} \pm z_{\alpha/2}\frac{\sigma}{\sqrt{n}} \tag{8-1}$$

在参数估计时，总体方差往往是不知道的，则可用以往的、类似的、估计的总体方差代替，亦可用样本方差代替总体方差，只要样本容量 n 足够大（大样本），仍可用正态分布来估计总体平均数的置信区间。

【例 8-10】美国人口普查局对房车价格进行了调查，我们从中随机抽取 36 辆新的房车的销售价格，如表 8-7 所示。

表 8-7　随机抽样的 36 辆房车销售价格　　　　　　　　单位：千美元

67.8	68.4	59.2	56.9	63.9	62.2	55.6	72.9	62.6	67.1	73.4	63.7
57.7	66.7	61.7	55.5	49.3	72.9	49.9	56.5	71.2	59.1	64.3	64.0
55.9	51.3	53.7	56.0	76.7	76.8	60.6	74.5	57.9	70.4	63.8	77.9

利用以上数据估计总体房车平均价格置信区间（置信水平为 95%）。

【解】根据点估计的原理，用样本均值估计总体均值，得到 $\bar{x} = \dfrac{\sum x_i}{n} = \dfrac{2\,278}{36} = 63.28$（千美元）。其标准差为 $s = \sqrt{\dfrac{1}{n-1}\sum(x_i - \bar{x})^2} = 7.94$，查表可得：$z_{\alpha/2} = z_{0.025} = 1.96$。

考虑到样本数量为 36，为大样本，因此构造大样本的置信区间为：

$$\bar{x} - z_{\alpha/2}\frac{\sigma}{\sqrt{n}} < \mu < \bar{x} + z_{\alpha/2}\frac{\sigma}{\sqrt{n}}$$

分位点也可利用 Excel 中正态分布相关函数，在 Excel 某个单元格中输入："=NORM. S. INV(0.025)"，得到结果为 -1.96，根据对称性，则可知两分位点为 ±1.96。

代入可得：

$$63.28 - 1.96 \times \frac{7.94}{\sqrt{36}} < \mu < 63.28 + 1.96 \times \frac{7.94}{\sqrt{36}}$$

即 $60.68 < \mu < 65.87$。则可以认为，房车平均价格 95% 的置信区间为 $(60.68，65.87)$。

【例 8-11】 一个市场调查人员想估计一个汽车销售员销售雪佛兰爱唯欧大概需要多长时间，具体随机抽取了 50 辆汽车，其平均销售时间为 54 天，假定其标准差为 6 天，则求其 90% 的置信区间。

【解】 由于样本量为 50，故其为大样本，样本均值服从大样本，则：$\bar{x} = 54$，$\sigma = 6$，$n = 50$，查表可得：$z_{\alpha/2} = 1.65$。

其中分位点利用 Excel 中正态分布相关函数，具体为：$= \text{NORM.S.INV}(0.05)$，得到结果为 -1.645，根据对称性，则可知两分位点为 ± 1.645。

根据公式：$\bar{x} - z_{\alpha/2} \dfrac{\sigma}{\sqrt{n}} < \mu < \bar{x} + z_{\alpha/2} \dfrac{\sigma}{\sqrt{n}}$，代入计算可知：$52.60 < \mu < 55.40$。

即这款车平均销售时间 90% 的置信区间为 $(52.60，55.40)$。

2. 小样本 $n < 30$，总体方差 σ^2 未知且服从正态分布时，总体均值的估计

若样本容量 $n < 30$，且总体方差 σ^2 又未知，需采用 t 分布进行区间估计，具体分布运用到样本标准差 s。此时无法用公式（8-1）进行分析，因为小样本容量下，样本方差不等于总体方差。此时需要根据 t 分布来构造置信区间。此时有：$t(n-1) = \dfrac{\bar{x} - \mu}{s/\sqrt{n}}$。

此抽样分布具有对称特征，根据大样本置信区间的类似分析有：

$$P(A) = P\left\{ \left| \frac{\bar{x} - \mu}{s/\sqrt{n}} \right| < t_{\alpha/2}(n-1) \right\} = 1 - \alpha$$

则根据不等式：$\left| \dfrac{\bar{x} - \mu}{s/\sqrt{n}} \right| < t_{\alpha/2}(n-1)$，可求出总体平均数 μ 的置信区间为：

$$\bar{x} - t_{\alpha/2}(n-1) \frac{s}{\sqrt{n}} < \mu < \bar{x} + t_{\alpha/2}(n-1) \frac{s}{\sqrt{n}}$$

简记为：

$$\mu = \bar{x} \pm t_{\alpha/2}(n-1) \frac{s}{\sqrt{n}} \tag{8-2}$$

【例 8-12】 一生一般只有一次婚礼，因此婚礼的攀比越来越严重，所花的费用也越来越多，美国也不例外。根据美国《新娘》杂志，婚礼的成本有接待费用、订婚戒指费用、婚纱费用等。该杂志对美国 20 对新婚夫妻的婚礼成本做了统计，具体如表 8-8 所示。

表 8-8　随机抽取的 20 对新婚夫妻婚礼成本　　　　　单位：美元

19 496	23 789	18 312	14 554	18 460	27 806	21 203	29 288	34 081	27 896
30 098	13 360	33 178	42 646	24 053	32 269	40 406	35 050	21 083	19 510

假设变量服从正态分布，求平均婚礼成本 90% 的置信区间。

【解】根据以上数据可知，$\bar{x} = \dfrac{\sum x_i}{n} = \dfrac{526\ 538}{20} = 26\ 327$，$s = 8\ 278.07$，$n = 20$，$t_{0.05}(19) = 1.729$。

分位点利用 Excel 中 t 分布相关函数，具体为：=T.INV.2T(0.05，9)，得到结果为 2.262。根据对称性，则可知两分位点为 ±1.729。

由于样本容量为 20，比较小，故需要用 t 抽样分布来分析，具体公式为：

$$\bar{x} - t_{\alpha/2}(n-1)\frac{s}{\sqrt{n}} < \mu < \bar{x} + t_{\alpha/2}(n-1)\frac{s}{\sqrt{n}}$$

代入可得：$26\ 327 - t_{0.05}(19)\dfrac{8\ 278.07}{\sqrt{20}} < \mu < 26\ 327 + t_{0.05}(19)\dfrac{8\ 278.07}{\sqrt{20}}$

即：(23 126.32，29 527.68)。

可知美国平均婚礼费用 90% 的置信区间为 (23 126.32，29 527.68)。

【例 8-13】据相关资料报道，正常人每天睡眠需要 6～8h，现随着生活压力越来越大，一些人，特别是一些职业经理人的睡眠时间达不到正常睡眠时间。某公益机构为了对中国人的睡眠时间进行调查，随机调查了 10 个成年人，调查得到平均时间是 6.1h，标准差为 0.78h，求 95% 的置信区间（假设变量服从正态分布）。

【解】根据以上资料可知：$n = 10$，$\bar{x} = 6.1$，$s = 0.78$，其中，95% 的双边 t 分布自由度为 9 的临界值为 $t_{\alpha/2} = 2.262$，利用小样本均值置信区间的公式，经过计算可得：$5.54 < \mu < 6.66$。即平均睡眠时间的 95% 的置信区间为 (5.54，6.66)。

【例 8-14】随着城市化进程加快，住房需求一直比较旺盛，装修费用也随之水涨船高。某年长沙市岳麓区某小区 12 套 90m² 住宅的装修费用如表 8-9 所示。

表 8-9　某年长沙市岳麓区某小区 12 套 90m² 住宅装修费用　　　　单位：万元

10.2	9.5	8.7	7.9	10.5	9.9
9.1	8.9	9.2	18.8	8.5	10.1

假设装修费用服从正态分布，求平均装修费用 99% 的置信区间。

【解】根据以上资料可知：$n = 12$，$\bar{x} = 10.11$，$s = 2.84$，其中，99% 的双边 t 分布自由度为 15 的临界值为 $t_{\alpha/2} = 2.95$，利用小样本均值置信区间的公式，经过计算可得：$8.01 < \mu < 12.20$。即平均装修费用 99% 的置信区间为 (8.01，12.20)。

分位点利用 Excel 中 t 分布相关函数，具体为：=T.INV.2T(0.01，15)，得到结果为 2.945，根据对称性，则可知两分位点为 ±2.95。

同步案例

布林带通道——常用的投资指标

布林带（Bollinger Bands）指标是股市技术分析的常用工具之一。该指标由约翰·布林提出，基于 K 线图画出三条线，其中上下两条线可以分别看成是股价的压力线和支撑线，而在两条线之间还有一条股价平均线。布林线的交易规则比较复杂，可适用于震荡行情、单边行情、开口和缩口等不同情况，熟练运用需要结合行情进行分析。

布林线均线、上限和下限对应的公式分别为：

$$M_t = \mathrm{SMA}(20)$$
$$U_t = M_t + 2 \times \mathrm{sd}(20)$$
$$D_t = M_t - 2 \times \mathrm{sd}(20)$$

其中，M_t 表示中轨线，对应20日简单移动平均；U_t 表示上轨线，对应中轨线加上20日标准差的2倍；D_t 表示下轨线，对应中轨线减去20日标准差的2倍。

从统计学原理来看，这就是经典的2倍标准差的置信区间。

第一，如果价格服从正态分布，即某时间段价格处于一个盘整的区间，这个置信区间能够很好地表达做多和做空的机会。2倍标准差从正态分布的角度来看，对应95.45%的概率，意即有95.45%的数值都位于2倍标准差内，只有5%左右的数值位于2倍标准差外，这个是小概率事件。一旦出现这样的机会，可以立即根据处于上下轨线的位置进行合理做多或做空，因为剩下来更多时间是在2倍标准差内，即意味着行情会出现反转。这种情形就是盘整阶段的情形。

第二，实际上，价格并不服从正态分布，而是存在大量的小幅波动和较多的极端分布，同时波动具有聚集性，如图8-12所示。考虑到这个特征，价格经常会超出对应的下轨线或上轨线之外。简单地说，某时间段，收益率会大幅波动，而另一时间段，收益率却只有微小的波动。这种波动的聚集性，造成了标准差具有突变的特征，这就是对应布林带的喇叭口与缩小口。

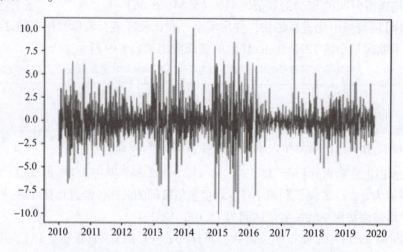

图8-12　2010—2020年浦发银行日线收益率波动聚集性特征

布林线在投资领域有很多用途，既可以充当趋势指标，也可以充当价格反转指标。如价格反转指标中一个运用是发现M顶（或W底）信号。

如图8-13所示为NZD/USD货币对在2019年第27至28周四小时布林线指标与W底、M顶。其中第一个价格低点接触布林指标下轨线，有时候也可能会处于下轨线之下；随后价格向中线移动，然后以中线为阻力位，继续下行；此后出现第二个价格低点，这个价格低点一般情况下会比第一个价格低点略低，但价格一般位于布林下轨线之上；最后以下轨线为支撑位向上运动，然后突破原价格高点继续上行。可以看出，在这当中，布林线在一定程度上充当了支撑位和阻力位。

扫码查阅高清图

图 8-13　NZD/USD 货币对四小时布林线指标与 W 底、M 顶

布林线与移动均线一样，存在滞后性，因此，有大量投资者根据布林线的原理，进行了相应的变形或改进，如把 SMA 转换成 EMA，或者转换成 SuperSmoother 均线，如果标准差利用 ATR 指标进行替代，则可以得到 Keltner Channels。

（资料来源：付志刚，等.《量化投资基础、方法与策略》，电子工业出版社）

8.3.3　总体比率的区间估计

总体比率（成数）的区间估计，类似于均值的区间估计，只不过这里研究的是比率。

若样本容量 $n>30$，而 np 和 $n(1-p)$ 均大于 5 时，可根据标准正态分布用样本比率估计未知的总体比率 π，其中 $E(p)=\pi$，$\mathrm{Var}(p)=\dfrac{\pi(1-\pi)}{n}$。根据正态分布可知：$z=\dfrac{p-\pi}{\sqrt{\pi(1-\pi)/n}} \sim N(0,1)$，则有总体比率的区间估计为：

$$p-z_{\alpha/2}\sqrt{\frac{\pi(1-\pi)}{n}} \leqslant \pi \leqslant p+z_{\alpha/2}\sqrt{\frac{\pi(1-\pi)}{n}}$$

在实际抽样时，由于总体比率 π 常常是未知数，方差 $\dfrac{\pi(1-\pi)}{n}$ 也难获知。可用样本比率 p 代替上述公式中的总体比率 π，具体为：$\pi=p \pm z_{\alpha/2}\sqrt{\dfrac{p(1-p)}{n}}$。

【例 8-15】最近对 150 户个体企业的空调使用情况进行调查，其中有 54 户使用中央空调，求个体企业拥有中央空调比例 95% 的置信区间。

【解】根据上述资料可知：$p = \dfrac{x}{n} = \dfrac{54}{150} = 0.36$，$1 - p = 0.64$，$z_{0.025} = 1.96$。根据比率的置信区间公式：$\pi = p \pm z_{\alpha/2} \sqrt{\dfrac{p(1 - p)}{n}}$，则有：

$$\pi = 0.36 \pm 1.96 \sqrt{\dfrac{0.36 \times 0.64}{150}} = 0.36 \pm 0.077$$

即个体企业拥有中央空调95%的置信区间为（28.3%，43.7%）。

【例8-16】盖洛普调查公司对学生助学贷款的情况进行了调查，发现1 404个学生当中，有323个学生是通过学生贷款方式上完大学的，则学生通过贷款完成学业的90%的置信区间。

【解】$p = \dfrac{x}{n} = \dfrac{323}{1\ 404} = 0.23$，$1 - p = 0.77$，$z_{\alpha/2} = 1.650$ 根据比率的置信区间公式：$\pi = p \pm z_{\alpha/2} \sqrt{\dfrac{p(1 - p)}{n}}$，则有：$0.211 < \pi < 0.249$。即通过贷款完成学业的90%的置信区间为（21.1%，24.9%）。

最后，根据不同条件，参数区间估计的公式如表8-10所示。

表8-10　参数估计置信区间总结

抽样分布	置信区间	适用情况
$z = \dfrac{\bar{x} - \mu}{\sigma/\sqrt{n}}$	$\bar{x} \pm z_{\alpha/2} \dfrac{\sigma}{\sqrt{n}}$	大样本、小样本方差已知的均值估计
$t = \dfrac{\bar{x} - \mu}{s/\sqrt{n}}$	$\bar{x} \pm t_{\alpha/2}(n - 1) \dfrac{s}{\sqrt{n}}$	小样本、正态分布且方差未知的均值估计
$\chi^2 = \dfrac{(n - 1)s^2}{\sigma^2}$	$\left[\dfrac{(n - 1)s^2}{\chi^2_{1-\alpha/2}(n - 1)}, \dfrac{(n - 1)s^2}{\chi^2_{\alpha/2}(n - 1)} \right]$	正态分布下的方差估计
$F(n_1 - 1, n_2 - 1) = \dfrac{s_1^2/s_2^2}{\sigma_1^2/\sigma_2^2}$	$\left[\dfrac{s_1^2/s_2^2}{F_{\alpha/2}(n_1 - 1, n_2 - 1)}, \dfrac{s_1^2/s_2^2}{F_{1-\alpha/2}(n_1 - 1, n_2 - 1)} \right]$	正态分布的方差比例估计
$z = \dfrac{p - \pi}{\sqrt{\dfrac{\pi(1 - \pi)}{n}}}$	$p \pm z_{\alpha/2} \sqrt{\dfrac{p(1 - p)}{n}}$	大样本的比率估计

8.3.4　样本容量的确定

在样本数目一定的条件下，对于某总体参数进行估计时，要提高估计结果的可靠性，就需要扩大置信区间，这就要增加估计中的误差。可见在样本数目一定的条件下，估计的精确性和估计的可靠性不能同时得到满足。既要提高估计的精确性，减少误差，又要提高可靠性的办法就是增加样本容量。但是增加样本就要同时增加抽样调查的成本，同时又可能延误时间。因此就需要研究能够满足对估计的可靠性和精确性要求的最小的样本数问题。

以均值满足正态分布为例，$z = \dfrac{\bar{x} - \mu}{\sigma / \sqrt{n}} \sim N(0, 1)$，在置信度水平为 $1 - \alpha$ 的条件下，根据样本均值抽样分布的结果，有：$P\left(|\bar{x} - \mu| < z_{\alpha/2} \dfrac{\sigma}{\sqrt{n}} \right) = 1 - \alpha$。

上式中的 $|\bar{x} - \mu|$ 表示估计所允许的最大误差，用 Δ 表示。于是有：$\Delta = z_{\alpha/2} \dfrac{\sigma}{\sqrt{n}}$，则可以得到满足最大误差所需要的样本容量为：$n = \dfrac{z_{\alpha/2}^2 \cdot \sigma^2}{\Delta^2}$。

由此只要规定了允许误差的大小 Δ 和总体的标准差 σ，由置信度 $1 - \alpha$ 查表得到相应的 $z_{\alpha/2}$，代入公式就可以得到样本的大小。

上述公式适用于重复抽样或无限总体不重复抽样时的情形。但对于有限总体不重复抽样的情形公式变为如下的形式：$\Delta = z_{\alpha/2} \cdot \dfrac{\sigma}{\sqrt{n}} \cdot \sqrt{\dfrac{N - n}{N - 1}}$。

由此可求得：

$$n_0 = \frac{N \cdot z_{\alpha/2}^2 \cdot \sigma^2}{(N - 1) \Delta^2 + z_{\alpha/2}^2 \cdot \sigma^2}$$

其中，N 为有限总体的个体数，$1 - \alpha$ 为置信度水平，$z_{\alpha/2}$ 为根据置信度水平下查表或利用软件计算可得到的分位数值，Δ 为允许最大误差。

从上可以看出，在估计总体均值的问题中，必要的样本大小，与以下三个方面相关：

（1）允许的估计误差或估计区间 Δ 的大小，或者说允许的估计值与实际值之间的最大偏离值是多少。一般而言，估计误差越大，最小样本容量越小。

（2）置信水平（$1 - \alpha$）。也就是实际的抽样误差不超过所规定的误差的可信度。一般而言，置信水平越大，最小样本容量越大。

（3）总体标准差 σ。一般而言，总体的标准差越小，最小样本容量越小，反之亦然。

8.3.5　Bootstrap 抽样估计

1. Bootstrap 简介

从区间估计原理可以发现，要对总体做出某种推断，需要已知样本的抽样分布才行。实际中，很多总体的分布是未知的，其抽样分布则无法确定，同时更多情况下，也无法获得总体所有的单位。此时在分布未知且无法从总体中进行多次随机抽样的情况下，可以利用 Bootstrap 抽样进行统计推断。

Bootstrap 是一类非参数 Monte Carlo 方法，其实质是对观测信息进行再抽样，进而对总体的分布特性进行统计推断。具体通过有放回地重新采样现有的样本数据，生成新的数据样本，然后对新的数据样本进行统计分析，重复这个过程很多次，最终得到一组样本分布情况和相关统计指标，从而可以得到原始数据样本的分布情况和相关统计指标。

该方法充分利用了给定的观测信息，不需要模型其他的假设和增加新的观测，并且具有稳健性和效率高的特点。1980 年以来，随着计算机技术被引入统计实践中，此方法越来越受欢迎，在机器学习领域应用也很广泛。

2. Bootstrap 抽样估计步骤

（1）抽样。假设原始数据的样本容量为 n，从原始数据中进行 K（K 大于 5 000）次有放回的采样，得到样本容量仍为 n，即样本数据同原始样本数目一样。此时得到的样本为 Bootstrap 样本。

（2）估计。用 Bootstrap 样本估计相关统计量，如均值和方差等，K 次抽样有 K 个这样的统计量。

（3）重复。重复上述两个步骤，并取平均值作为估计结果，如均值为 K 个抽样均值的平均数，方差则为 K 个抽样方差的平均数。

如果需要进行区间估计，常用以下两种方法处理。

（1）正态近似法。计算 K 个统计量（均值或方差等）的标准差，即为原始样本的统计量标准误差的估计值，在 K 非常大的条件下，抽样近似正态分布，根据区间估计原理，则可以构造统计量的置信区间。

（2）百分位法。由于 Bootstrap 样本分布是近似抽样分布，因此也需依赖正态性假设。此时可以使用 Bootstrap 样本分布的百分位数来估计置信区间。将 K 个统计量按照数值从小到大排序，其中第 2.5% 位置和第 97.5% 位置的数值就构成了 95% 的置信区间。

实际应用中，因为使用的是样本数据而不是总体数据，上面两种估计可能会导致估计偏差，因此有学者提出偏差校正百分位 Bootstrap 法，对估计量的偏差进行校正。感兴趣的读者可进一步研究。

【例 8-17】现从总体中抽取出 10 个数据的样本，具体为 [1, 2, 4, 4, 7, 9, 2, 6, 6, 1]，现利用 Bootsrap 抽样方法对总体均值进行估计。

【解】由于需要抽取 5 000 甚至更多的 Bootstrap 样本，因此后续步骤全部用软件进行处理。此处为方便起见，仅简介步骤。

（1）在原样本的基础上，采用有放回抽样，抽取容量为 10 的样本，假如随机抽取 10 次得到这样的结果：[1, 1, 2, 4, 7, 6, 7, 6, 1, 4]。

（2）计算均值为 3.9。

（3）重复（1）（2）步骤 10 000 次，把各次均值再求平均，可得到总体均值的估计值。

同步案例 >>>

Efron 与 Bootstrap 抽样

布拉德利·埃弗龙（Bradley Efron，见图 8-14），斯坦福大学统计学和生物统计学教授，致力于理论和应用主题的结合，主要负责斯坦福医学院的生物医学咨询项目。他获得过统计学领域几乎所有著名的奖项，包括著名的 Wilks 奖章、Parzen 奖和 Rao 奖。在 2007 年 7 月 27 日，为了表彰他在统计学领域所做出的杰出贡献，时任美国总统乔治·布什在白宫举行特别仪式向他亲自颁发美国国家科学奖章。

1979 年，埃弗龙发表 Bootrap Methods：Another Look at the Jacknife 一文，指出 Bootstrap[①] 一词来源于 18 世纪德国文学家 Rudolf Erich Raspe 的小说《巴龙历险记》（Adventures of Baron Munchausen）（或译为"终极天将"），里面记述道："巴龙掉到湖里沉到湖底，在他绝望的

---

① Bootstrap 是用原样本自身的数据抽样得出新的样本及统计量，根据其意现在普遍将其译为"自助法"。

时候，他用自己靴子上的带子把自己拉了上来。"现意指不借助别人的力量，凭自己的努力，终于获得成功。

图 8-14　Bradley Efron (埃弗龙) 教授

根据统计理论可知，当样本来自正态分布总体时，其抽样分布也为正态，对总体做出推断比较方便；当样本来自的总体不是正态分布时，如何描述其抽样分布，如何进行区间估计？如果样本非常大时，可以用渐进分析法进行分析；如果样本较小时，则可以借助自助法。Bootstrap 的奥妙在于：既然样本是抽出来的，那何不从样本中再抽样？具体而言，就是从给定样本集中有放回地均匀抽样，也就是有放回地重复抽样。

假设我们的估计量为 θ，样本大小为 N，从样本中有放回地再抽样 N 个样本，原来每一个样本被抽中的概率相同，均为 $1/N$，得到新的样本，我们称为 Bootstrap 样本，重复 B 次之后我们得到 B 个 Bootstrap 样本集，在第 i 个样本集上都有对应的估计量 θ_i，对于 B 个，我们可以计算得到均值、标准误和置信区间等统计量。

实际应用中，Bootstrap 有非参数和参数化两种形式。其中参数化的 Bootstrap 假设总体的分布已知或总体的分布形式已知，可以由样本估计出分布参数，再从参数化的分布中进行再采样；非参数化的 Bootstrap 是从样本中再抽样，而不是从分布函数中进行再抽样。

基于 Bootstrap 的模拟抽样统计推断，通过对样本的重复抽样来计算所要求的统计量和统计分布，在样本量很小的情况下效果尤为明显。在计算机技术高度发展的今天，Bootstrap 使统计研究及其应用跃上了一个新台阶。

(根据网络资料整理)

8.4　假设检验的基本问题

8.4.1　假设检验问题的提出

假设检验，简单地说就是对做出的假设进行检验，具体而言，假设检验是以样本统计量来验证假设的总体参数是否成立，主要用于判别一个总体是否属于原先已经明确的总体，或者与原先的已经明确的总体是否有差异，借以决定采取适当决策的统计方法。这与参数估计的思想恰好相反。假设检验就是利用反证法和小概率事件进行分析。

如某地区比较贫穷落后，可能会导致孕妇在怀孕期间没有足够的营养维持胎儿所需，因此可能会对新生儿造成影响。要分析是否会造成影响，则需要量化，选取新生儿发育常见的指标如体重和身高，进一步如以新生儿的体重为依据进行分析。正常情况下，新生儿的平均体重为 3.2kg，如果是营养不良对新生儿造成影响，则可能导致该地区新生儿的平均体重下降，即小于 3.2kg。若测得平均体重为 3.15kg，差别为 0.05kg，这个差别是由抽样过程中代表性的误差造成，还是由根本性的营养不良造成的，需要利用抽样分布的理论进行检验。

8.4.2 原假设与备择假设

从上看出，假设检验是已知总体的某种性质特征(如平均体重为 3.2kg)，在此基础上需要判断某样本是否来自该总体(该贫困地区新生儿体重是否为 3.2kg)。假设检验理论中，需要做出相应的假设，分别称为原假设和备择假设，具体如下。

1. 原假设与备择假设

假设检验中通常把所要检验的假设称作原假设或零假设(Null Hypothesis)，记作 H_0。如要检验上述新生儿体重均值 $\mu = 3.2$ 这个假设是否正确，就可记为 $H_0: \mu = 3.2$。

这种零假设主要基于以下两种考虑：

(1)如果对一般地区和贫困地区的情况没有更多的了解，就没有理由相信这两个群体之间存在差异。也就是说，对变量间的关系没有任何了解，你能做的最好的就是去猜测，认为某总体比另一总体更好，但这种猜测可能存在错误，没有先验的(在事实之前)证明，那么只能假定两者相等。

(2)提供比较的基准，基于此可分析样本与假定值存在差异的原因，是由偶然性引起(这是零假设的论点)，还是由偶然性之外的因素(这可能是其他变量影响的结果)引起。

可以看出，零假设是变量间无关的陈述，研究假设(Research Hypothesis)或备择假设(Alternative Hypothesis)是变量有关系的明确陈述，一般是研究者需要支持或验证的假设。如对于之前陈述的零假设，有一个对应的备择假设，用 H_1 表示，记为 $H_1: \mu \neq 3.2$。

一般而言，原假设与备择假设满足穷尽和互斥原则。肯定原假设，意味着放弃备择假设；否定原假设，则意味着接受备择假设。

2. 单侧检验与双侧检验

根据实际情况，可选择不同的原假设与备择假设，不同的假设对应着不同的检验，具体如下。

(1)双侧检验。其中原假设为 $H_0: \mu = 3.2$，对应的备择假设为 $H_1: \mu \neq 3.2$。这种双侧检验，关心的是两者是否有差异，并不关心两者大小方向，实际结果可能大于假定值，也可能小于假定值。

(2)单侧检验。单侧检验分为两个，即右侧检验和左侧检验，这种检验关心两者之间的大小，具体可以根据备择假设进行判断。

①右侧检验（或右尾检验）。其中原假设为 H_0：$\mu \leqslant 3.2$，对应的备择假设为 H_1：$\mu > 3.2$。右侧检验关心的是检验的样本是否大于假定值，对应备择假设的区间 $\mu > 3.2$。

②左侧检验（或左尾检验）。其中原假设为 H_0：$\mu \geqslant 3.2$，对应的备择假设为 H_1：$\mu < 3.2$。左侧检验关心的是检验的样本是否小于假定值，对应备择假设的区间 $\mu < 3.2$。

8.4.3　小概率事件原理与两类错误

1. 显著性水平、小概率事件与检验 P 值

上述新生儿案例中，体重差异的 0.05kg，到底是来自随机性的误差，还是由根本性的营养不良造成的，这里需要利用抽样分布理论，将事件设定一个临界水平，利用统计量的值与之相比较进行判断。

这个临界水平用两种形式表示：临界值或显著性水平。显著性水平是指事先给定的一个小概率，在此概率水平下，当原假设为正确时拒绝。通常取 $\alpha = 1\%$（或 0.01），$\alpha = 5\%$（或 0.05）及 $\alpha = 10\%$（或 0.1）。这表明，当做出接受原假设的决定时，其正确的可能性（概率）为 99%，95% 及 90%。临界值是根据抽样分布显著性水平对应分位数的值。如在正态分布且 5% 显著性水平下，双侧检验的临界值为 ± 1.96，10% 显著性水平对应的临界值为 ± 2.58。

如果原假设 H_0：$\mu = 3.2$ 发生的概率非常小，于是就可以认为这样的事件在某一次抽样中不可能发生，因此可以否定原假设 H_0：$\mu = 3.2$，转而只能接受备择假设 H_1：$\mu \neq 3.2$。

这种拒绝正确事件的原理为小概率事件原理。简而言之，小概率事件是指发生的概率比较小，既然较小，则有理由拒绝它，那多少程度为小？则需要事件给定一个临界概率（值）。具体而言，小概率事件是指发生概率小于给定的显著性水平（如 1%，5% 或 10%）的事件。

如在正态分布且 5% 显著性水平下，双侧检验的临界值为 ± 1.96，根据临界值可确定拒绝原假设的区域，称为拒绝域，具体为 $(-\infty, -1.96) \cup (1.96, +\infty)$，得到的统计量值如处于此区域，则拒绝原假设，反之则不拒绝原假设；在 10% 的显著性水平下，双侧检验的临界值为 ± 2.58，此时对应的拒绝域为：$(-\infty, -2.58) \cup (2.58, +\infty)$。

可用显著性检验的 P 值进行分析。P 值是当原假设为真时，根据样本统计量的值和抽样分布得到的概率。如果 P 值很小，说明原假设情况的发生概率很小，就有理由拒绝原假设，且 P 值越小，拒绝原假设的理由越充分。但是检验的结果究竟是显著的、中度显著的还是高度显著的，需要根据 P 值的大小和实际问题来确定。如在正态分布下，有一个样本均值为 2.86，在双侧检验下，得到的概率值为 0.013。如在 5% 的显著性水平下，则拒绝原假设；如在 1% 的显著性水平下，则不拒绝原假设，为方便起见，称为接受原假设。

不过应该强调指出，在假设检验中"接受原假设"的意思仅仅意味着没有充分的统计证据拒绝它，即使样本统计量落在 95% 的面积内，实际上也并不能证明原假设 H_0 就是正确的。因为只有在知道了总体参数的真实值与假设值完全相同才能证明假设正确，但我们无法知道总体参数的真实值。

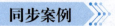

同步案例

女士品茶

在英国剑桥一个夏日的午后，一群大学的绅士和他们的夫人们，还有来访者，正围坐在户外的桌旁，享用着下午茶。在品茶过程中，一位女士坚称：把茶加进奶里，或把奶加进茶里，不同的做法，会使茶的味道品起来不同。在场的一帮科学精英们，对这位女士的"胡言乱语"嗤之以鼻。这怎么可能呢？他们不能想象，仅仅因为加茶加奶的先后顺序不同，茶就会发生不同的化学反应。然而，在座的一个身材矮小、戴着厚眼镜、下巴上蓄着的短尖髭开始变灰的先生，却不这么看，他对这个问题很感兴趣。他兴奋地说道："让我们来检验这个命题吧！"并开始策划一个实验。在实验中，坚持茶有不同味道的那位女士被奉上一连串的已经调制好的茶，其中，有的是先加茶后加奶制成的，有的则是先加奶后加茶制成的。

接下来，在场的许多人都热心地加入到实验中来。几分钟内，他们在那位女士看不见的地方调制出不同类型的茶来。最后，在决战来临的气氛中，蓄短胡须的先生为那位女士奉上第一杯茶，女士品了一小会儿，然后断言这一杯是先倒的茶后加的奶。这位先生不加评论地记下了女士的说法，然后，又奉上了第二杯……

设计实验时的问题是，如果只给那位女士一杯茶，那么即使她没有区分能力，她也有50%的机会猜对。如果给两杯茶，她仍可能猜对。事实上，如果她知道两杯茶分别以不同的方式调制，她可能一下子全部猜对(或全部猜错)。同样，即便这位女士能做出区分，她仍然有猜错的可能。或者是其中的一杯与奶没有充分地混合，或者是泡制时茶水不够热。

假设我们要检验那位女士能否品尝出两杯茶的不同：是把牛奶倒进了茶水里，还是把茶水倒进牛奶里。我们给她两杯茶，告诉她一杯是茶水倒入牛奶里，另一杯是牛奶倒入茶水中。她尝了尝，正确区别开了这两杯茶。有可能她是凭猜测，猜对的机会是一半对一半。我们再给她同样的这样两杯茶，她又说对了。如果她仅仅靠猜测，那么连续两次都猜对的机会是四分之一。如果我们再给她两杯茶，假如她仍然能正确地分辨出来，此时猜对的机会则只有八分之一。我们继续两杯两杯地让她品尝更多杯茶，而她依然每次都能够正确地识别出来。某种意义上，我们就不得不相信她真的能品尝出其中的差别了。

最后，费歇尔没有描述这项实验的结果，但史密斯教授告诉我，那位女士竟然正确地分辨出了每一杯茶。

（资料来源：戴维·萨尔斯伯格著，刘清山译，《女士品茶》，江西人民出版社）

2. 两类错误

假设检验是根据小概率来进行判断的，因此有可能判断失误。实际上在任何显著性水平下检验某个假设都是可能的，但是必须注意不管选择什么样的显著性水平，都存在假设为真而被拒绝的可能性。在检验同一个假设时，使用的显著性水平越高，原假设为真时而被拒绝的概率也越高。对于同一组样本的均值 $\bar{x}$ 的位置，在 $\alpha = 0.10$ 的显著性水平下可能是接受零假设的，而在 $\alpha = 0.05$ 的显著性水平下拒绝零假设。这就需要研究假设检验中的错误。

在假设检验中，如果原假设正确而被拒绝时，称为犯了第一类错误，称为"弃真"错误，记作 α；相反，如果原假设错误而被接受时，称为犯了第二类错误，称为"取伪"错误，记作 β（见表8-11）。这两种错误是互相替补的，这就是说，在样本容量一定的情况下，要减少第一类错误的概率就不得不增加发生第二类错误的概率，反之亦然。实际上，为了减少第一类错误的概率 α 就要增大接受区域，减少拒绝区域。但此时由于接受区域的增大，不正确的原假设也被接受的概率也随之增大，即 β 增加了。

表8-11 两类错误之间的关系

	接受 H_0	接受 H_1
H_0 为真	正确	弃真，第一类错误概率 α
H_0 为假	取伪，第二类错误概率 β	正确

由于两类错误之间的这种替补关系，在管理上决定检验第一类错误或第二类错误的显著性水平时就要具体考察同这两类错误相联系的费用和可能造成的损失。如需要同时减少这两类错误，只能依靠增加样本容量。

同步案例 》》》

究竟选择哪个零假设？

2008年10月8日，卫生部、工业和信息化部、农业部、国家工商行政管理总局和国家质量监督检验检疫总局联合发布公告，制定三聚氰胺在乳与乳制品中的临时管理值：婴幼儿配方乳粉中三聚氰胺的限量值为 1mg/kg，高于 1mg/kg 的产品一律不得销售。液态奶（包括原料乳）、奶粉、其他配方乳粉中三聚氰胺的限量值为 2.5mg/kg，高于 2.5mg/kg 的产品一律不得销售。含乳 15% 以上的其他食品中三聚氰胺的限量值为 2.5mg/kg，高于 2.5mg/kg 的产品一律不得销售。

王某某受质检总局的委托，去调查某婴幼儿奶粉的三聚氰胺含量，现从其中抽取 64 件样品，发现这些样品均值为 1.045mg/kg，其标准差为 1.825 mg/kg，则这批牛奶是否合格（取显著性水平 $\alpha = 0.05$）？

他根据日常经验，建立如下零假设：$H_0: \mu \leqslant 1$，则备择假设为：$H_1: \mu > 1$

检验统计量 $z = \dfrac{\bar{x} - \mu_0}{\sigma / \sqrt{n}} = \dfrac{1.045 - 1}{1.825/8} = 0.197$，小于临界值 $z_{0.05} = 1.645$，说明不拒绝原假设，即认为符合标准。

反之，如果建立如下零假设：$H_0: \mu \geqslant 1$，则备择假设为 $H_1: \mu < 1$。

检验统计量 $z = 0.197$，大于临界值 $-z_{0.05} = -1.645$，说明不拒绝原假设，即认为不符合标准。

也就是说，不管选择何种原假设，都不拒绝。那此时到底应该如何选择？这就是两类错误。其中假设检验主要控制第一类错误，而在样本容量一定条件下两类错误无法同时得到控制，因此，犯第二类错误的概率不确定，有可能非常大。

那么对于前面的假设检验，第一类错误具体为：当产品合格被判断为不合格的概率得到控制，犯错概率仅为 0.05；而产品不合格判断为合格的概率没有得到控制，可能比较大，这充分说明对厂家有利，而对消费者不利。

而对于后面的假设检验，则对消费者有利，而对厂家不利。

因此，到底需要做何种选择，那就看王某某从消费者还是从企业的视角出发了。

如果根据理论指出，原假设是研究者想收集证据予以反对的假设。从企业角度出发的话，企业想收集证据反对的假设 $H_0: \mu \geq 1$，那么上述的结果反而对企业不利。

当然，如果真的遇到这种情况，最好重新抽样，利用新样本数据再进行检验是更合理的做法。

（根据网络资料整理）

8.5 常用参数的假设检验

8.5.1 假设检验的基本步骤

进行假设检验时，具体采用的步骤如下：

(1) 提出假设：原假设与备择假设。

提出原假设 H_0 和备择假设 H_1。原假设和备择假设必须由实际情况进行决定。在一般情况下总是把检验目的作为备择假设，这样可以有充分的把握拒绝原假设。

关于总体平均数 μ 的假设有三种状况。

如果样本均值高于或低于假设的总体均值很显著时都拒绝原假设，我们称作双侧检验。具体为：$H_0: \mu = \mu_0$；$H_1: \mu \neq \mu_0$。

若只有在样本的均值高于（或低于）假设的总体均值很显著时才拒绝原假设，这就称作单侧检验。单侧检验只有一个拒绝区域。

如果只有在样本均值低于假设的总体均值很显著时才拒绝原假设则称作左侧检验，具体为：$H_0: \mu \geq \mu_0$；$H_1: \mu < \mu_0$。

若假设检验只有在样本均值高于假设的总体均值很显著时才拒绝原假设，这种假设检验称作右侧检验。具体为：$H_0: \mu \leq \mu_0$；$H_1: \mu > \mu_0$。

(2) 选择显著性水平，从而确定检验的拒绝域或临界点。显著性水平 α 通常情况取 0.1，0.05 或 0.01。

(3) 确定样本的统计量和分布。样本统计量又称检验统计量。不同的统计量具有不同的分布，用于检验不同的假设，要根据所检验的假设来正确地选择检验统计量。这与参数估计中统计量的抽样分布是一样的。

(4) 计算检验统计量。根据样本数据计算出检验统计量的值。不同的检验统计量有不同的计算公式，基本形式可表述为：

$$检验统计量 = \frac{样本统计量 - 被假设参数}{统计量的标准差}$$

（5）做出决策。即比较计算的检验统计量和理论分布值，决定是否接受原假设。采用双侧检验时，检验统计量落在接受区域内，接受原假设；反之，则拒绝原假设（见图 8-15）。采用单侧检验时，若检验统计量的绝对值大于理论临界值的绝对值，则拒绝原假设（见图 8-16）；反之，则接受原假设。

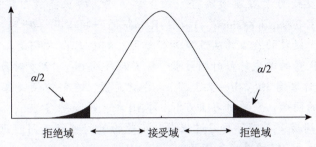

图 8-15　双侧假设检验对应的拒绝域与接受域

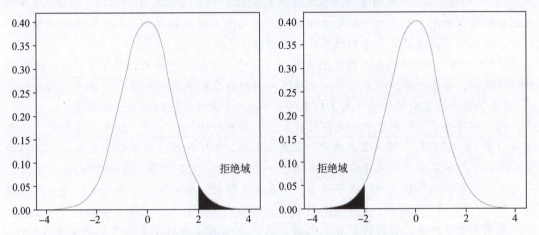

图 8-16　右侧假设检验和左侧假设检验对应的拒绝域

另外，也可以根据 P 值进行判断。

P 值（Probability Value），是统计量的值根据抽样分布及其检验方式（单侧还是双侧）对应的概率（见图 8-17）。比如根据统计量计算出来的值为 2.21，根据双侧检验及其标准正态分布，可得其对应的概率值为 0.986 4，则 P 值为 $2 \times (1 - 0.986\,4) = 0.027\,2$。则显著性 P 值为 0.027 2，由此可以根据显著性 P 值 0.01，0.05 及 0.1 三个不同的标准进行比较判断，更直观且不需要用表。

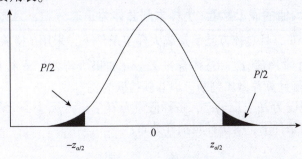

图 8-17　双侧假设检验的 P 值

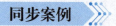

同步案例

统计异类(Outlier)与 10 000 小时法则

格拉德威尔一直致力于心理学实验、社会学研究。格拉德威尔提出的"一万小时定律",源于 1993 年 Ericsson、Krampe、Tesch-Römer 的一项心理学研究:他们在柏林音乐学院调查发现,学小提琴的都大约从 5 岁开始练习,起初每个人都是每周练习两三 h,但从 8 岁起,那些最优秀的学生练习时间最长,9 岁时每周 6h,12 岁时每周 8h,14 岁时每周 16h,直到 20 岁时每周 30 多 h,共 1 万 h。也就是说,在任何领域取得成功的关键跟天分无关,只是练习的问题,需要练习 1 万 h,即 10 年,每周练习 20h,大概每天 3h。每天 3h 的练习只是个平均数,在实际练习过程中,花费的时间可能不同。正如爱因斯坦说过,天才是由99%的汗水和1%的灵感组成的。

"一万小时定律"在成功者身上很容易得到验证。作为电脑天才,比尔·盖茨 13 岁时有机会接触到世界上最早的一批电脑终端机,开始学习计算机编程,7 年后他创建微软公司时,他已经连续练习了 7 年的程序设计,超过了 1 万 h。

"一万小时定律"的代表有伟大的画家达·芬奇。当他在老师的指导下学习时,他开始练习画鸡蛋,日复一日,年复一年,他换了不同的角度和不同的灯光,少说也得练习一万 h,奠定了坚实的基本功。这才有了后来的世界名画《蒙娜丽莎》和《最后的晚餐》。

被众所周知引用的例子之一是莫扎特。至少在我们的认知当中,如果要说历史上哪个名人自带"天才"光环,那我首先想到的正是莫扎特。8 岁即创造出第一首交响曲,并跟随父亲开启了欧洲巡演,而且是给欧洲各国王公贵族巡演;11 岁写出第一部歌剧,短短 35 年的人生当中,他创作了 600 多部作品,涵盖各种题材,每首都是天籁之音,为世人所膜拜。因此,"天才"光环也一直是莫扎特的第一标签。但事实上,没有无缘无故的天才。之所以能成为音乐神童,莫扎特在 6 岁之前,就在音乐家父亲指导下练习了不少于 3 500h。到他创作出第一首名曲第九号协奏曲的时候,他已经 21 岁,专注练习已经早早超过了 1 万 h。事实上,他后来的传世名作,多数都是在 20 岁以后创作。由此可见,天才也需要专注的练习。

(资料来源:马尔科姆·格拉德威尔,《异类》,中信出版社。)

8.5.2　总体均值的假设检验

1. 大样本总体均值的假设检验(小样本则总体为正态分布,且方差已知)

若总体为正态分布,且总体方差已知或大样本条件下,采用 z 检验,则可先根据样本均值 $\bar{x}$、被假设的总体均值 μ_0、总体标准差 σ(如果大样本,直接用样本标准差 s 代替)和样本容量 n 进行计算并做出判断。以双侧检验为例。

做出假设:原假设为 $H_0: \mu = \mu_0$,备择假设为 $H_1: \mu \neq \mu_0$。

在原假设成立的条件下,有统计量抽样分布:

$$z = \frac{\bar{x} - \mu_0}{\sigma / \sqrt{n}} \sim N(0, 1)$$

选择显著水平 α，查正态分布 z 的分位表，求得 $-z_{\alpha/2}$，$z_{\alpha/2}$ 两个临界值，然后判断检验统计量 z 是否落在两个临界值构成的区域内，即可做出是否接受原假设的决策。当然也可以根据 P 值进行判断。

同理，如果是单侧检验，以左侧检验为例：

原假设为 $H_0: \mu \geqslant \mu_0$，备择假设为 $H_1: \mu < \mu_0$。

原假设成立条件下，统计量分布：$z = \dfrac{\overline{x} - \mu_0}{\sigma / \sqrt{n}} \sim N(0,\ 1)$

选择显著性水平 α，查正态分布 z 的分位表，求得临界值 $-z_\alpha$，然后根据检验统计量是否落在临界值构成的区域内进行判断。

【例 8-18】环境保护已经成为现在的大趋势。生产过程中某些产品往往由回收材料制造，然而大部分由回收材料制造产品比直接利用原材料生产产品更昂贵。如利用回收玻璃进行玻璃瓶的生产费用是用石英砂、纯碱和石灰石原材料的三倍多；利用再循环罐制造铝罐比从铝土矿制造昂贵得更多。金融分析师指出，如果从每个家庭平均每周报纸收集超过 2.0 磅，则报纸回收生产新报纸是有利可图的。现随机抽取 148 户废旧报纸的重量，得到数据如表 8-12 所示，现取显著性水平为 $\alpha = 0.05$，是否有理由证明金融公司的说法是正确的？

表 8-12　随机抽样的 148 户废旧报纸重量　　　　　单位：磅

2.5	0.7	3.4	1.8	1.9	2.0	1.3	1.2	2.2	0.9	2.7	2.9	1.5	1.5	2.2	2.2	0.8
1.5	2.1	1.0	2.4	1.8	0.9	1.3	2.6	3.6	0.8	3.0	2.8	3.6	3.1	2.4	1.7	3.3
1.6	3.0	3.7	1.7	3.1	2.4	3.0	1.5	3.1	2.4	2.1	2.1	2.3	0.7	0.9	1.3	1.6
1.5	2.7	0.9	2.5	3.2	3.7	1.9	2.4	3.7	2.3	0.6	0.0	1.0	1.4	0.9	2.3	1.3
3.3	0.0	2.2	4.2	1.1	2.3	3.1	1.7	2.8	2.5	1.8	1.7	0.6	3.6	1.4	2.2	1.4
1.8	1.4	3.0	1.9	2.7	0.8	3.3	2.5	1.5	2.2	2.6	3.2	1.0	3.2	1.6	3.4	3.4
2.4	2.0	1.3	1.8	3.3	2.2	1.4	3.2	4.3	0.0	2.0	1.8	2.0	1.7	2.6	3.1	2.6
3.2	0.7	2.3	3.1	1.3	4.2	3.4	3.2	4.4	4.1	1.5	1.9	3.2	1.9	1.7	3.0	2.2
2.7	1.2	2.2	1.3	3.0	3.0	2.2	2.6	2.1	3.4	0.5	4.1	—	—	—	—	—

【解】根据以上资料，先计算出如下相关统计量：$\sum x_i = 322.7$，$\sum x_i^2 = 845.1$，$n = 148$，$\overline{x} = 2.18$，$s^2 = 0.963$，$s = 0.981$，且显著性水平为 $\alpha = 0.05$。

此检验金融分析师的说明是否正确，其中备择假设为研究者想支持的假设，为单侧检验，则对应零假设与备择假设为 $H_0: \mu \leqslant 2$，$H_1: \mu > 2$。

进一步可知，大样本条件下均值的抽样分布为正态分布，具体为：

$$z = \frac{\overline{x} - \mu}{\sigma / \sqrt{n}} = \frac{2.18 - 2}{0.981 / \sqrt{148}} = 2.23$$

选择显著水平 $\alpha = 0.05$，其临界值 $z_{0.025} = 1.96$。

基于此做出判断：2.23>1.96，即处于拒绝域之内，说明拒绝原假设。

我们可以认为该回收厂是有利可图的。当然，这里也可以利用 P 值的方法进行检验。根据 $z = 2.23$，利用单侧正态分布，可得其对应的概率 P 值为：$1 - 0.987\ 1 = 0.012\ 9$。即小于显著性水平 0.05，则可以认为拒绝原假设。

或者利用 Excel 软件中的正态分布相关分布函数，具体关系式为"= 1-NORM. S. DIST (2.23，TRUE)"，根据此得到结果 0.012 9。

【例 8-19】某运动鞋制造商声称男运动鞋平均价格小于 80 美元，为了证实他的想法，有人随机挑选了 36 双男运动鞋，其价格分别如表 8-13 所示，是否有足够的证据证明研究者的声明？（其中显著性水平取 $\alpha = 0.1$）。

表 8-13　随机抽取的 36 双男运动鞋价格　　　　　　　　单位：美元

60	70	75	55	80	55	50	40	80	70	50	95
120	90	75	85	80	60	110	65	80	85	85	45
75	60	90	90	60	95	110	85	45	90	70	70

【解】根据以上资料，得到以下相关数据：$n = 36$，$\bar{x} = 75$，$\sigma = 19.2$，且显著性水平为 $\alpha = 0.1$。

做出如下零假设与备择假设：$H_0: \mu \geq 80$，$H_1: \mu < 80$。

均值的抽样分布为正态分布，则得到统计量：

$$z = \frac{\bar{x} - \mu}{\sigma / \sqrt{n}} = \frac{75 - 80}{19.2 / \sqrt{36}} = -1.56$$

根据显著性水平 $\alpha = 0.1$，可得左侧检验的临界值 $z_{0.1} = -1.28$，可知 $-1.56 < -1.28$，即处于拒绝域之内，说明拒绝原假设。

若利用显著性 P 值，当 $z = -1.56$ 时，其对应的概率 P 值为 0.059 4，即小于显著性水平 0.1，同样拒绝原假设。

或者利用 Excel 软件中的正态分布相关分布函数，具体关系式为"= 1-NORM. S. DIST (-1.56，TRUE)"，根据此得到结果 0.059 4。

即支持制造商的声明。

2. 小样本总体为正态分布，且总体方差未知

在小样本（$n < 30$）情况下，由于总体方差未知，则可用样本方差估计总体方差，再构造 t 统计量进行假设检验。

做出假设。原假设为 $H_0: \mu = \mu_0$，备择假设为 $H_1: \mu \neq \mu_0$。

在原假设成立的条件下，有统计量抽样分布：

$$t = \frac{\bar{x} - \mu_0}{s / \sqrt{n}} \sim t(n - 1)$$

选择显著水平 α，查 t 分布的分位表，求得 $-t_{\alpha/2}$，$t_{\alpha/2}$ 两个临界值，然后判断检验统计量 t 是否落在两个临界值构成的区域内，即可做出是否接受原假设的决策。当然也可以根据 P 值进行判断。

【例 8-20】某电脑爱好者声称 4M 宽带的实际网速不到理论的一半（即 256KB/s），某研究者为了检验他的声明是否可靠，随机抽取 25 台 4M 宽带的电脑进行测试，测得其平均网速为 253KB/s，标准差为 53.8KB/s，取显著性水平 $\alpha = 0.05$，是否有足够的证据拒绝这个声明？

【解】根据以上资料，得到以下相关数据：$n = 25$，$\bar{x} = 253$，$s = 10.8$，且显著性水平为 $\alpha = 0.05$。

零假设与备择假设：H_0：$\mu \geqslant 256$，H_1：$\mu < 256$。

进一步构造统计量的抽样分布为：

$$t = \frac{\bar{x} - \mu}{s/\sqrt{n}} = \frac{253 - 256}{10.8/\sqrt{25}} = -1.39$$

选择显著性水平 $\alpha = 0.05$，此时左侧检验的临界值为 $t_{0.05}(24) = -1.713$ 可知，$-1.39 > -1.713$，即处于接受域之内，说明不拒绝原假设。

利用显著性 P 值进行检验。当 $t = -1.39$ 时，根据单侧检验及 t 分布，可得概率 P 值为 0.089，大于显著性水平 0.05，不拒绝原假设。

或者利用 Excel 软件中的 t 分布相关分布函数，具体关系式为"= T. DIST(-1. 39，24，TRUE)"，根据此得到结果 0.088 64。

即不能接受电脑爱好者的声明。

第 9 章

相关与回归分析

从本质上说，虽然所有模型都是错误的，但某一些还是有用的。

——乔治·博克斯[①]

9.1　相关分析

9.1.1　现象之间的关系

现实生活中，经常涉及现象之间关系的研究。统计理论中，一般做法是，从现象特征中抽象出相应变量，根据变量之间的关系进行分析。具体而言，现象间的关系有以下两种基本类型。

(1)确定性关系。确定性关系是指现象之间存在着严格的依存关系，这种关系能够用一定的函数形式来表示，因此也称为函数关系，如圆的面积(S)与半径(r)的关系($S = \pi r^2$)，销售额(R)与销售数量(q)的关系($R = pq$，价格p确定条件下)，GDP与消费(C)、投资(I)和净出口(NE)三者之间的关系 (GDP $= C + I +$ NE，国内生产总值在支出法条件下)，等等。

(2)不确定性关系。不确定性关系是指从总体(或平均)角度看，某一变量变化的同时，另一变量也随之发生同向或反向变化关系，这种关系在统计上称为相关关系。如家庭的消费支出与家庭收入之间，一般是收入越高消费相对也越高，但并不是确定的关系。具体而言，同样收入的家庭，其消费支出却可能有很大的差异，因为除了受收入高低的影响外，家庭消费支出还受其他许多因素的影响。

这种相关关系的研究，叫相关分析(Correlation Analysis)。相关分析主要可以采用以下几种手段。

9.1.2　定性分析：散点图

识别变量间相关关系最简单的方法是散点图。散点图能够将所研究变量的观察值以散

---

① 原话为：Essentially, all models are wrong, but some are useful. 乔治·博克斯主编时间序列领域经典图书 *Time series analysis: forecasting and control*。

点的形式绘制在相应的坐标系中，通过它们呈现出的特征，来判断变量之间是否存在相关关系，以及相关的形式、相关的方向和相关的程度等。

常见的几种相关关系的散点图如图 9-1 所示。①左上图表示正线性相关，散点围绕斜率为正的直线上下波动。如投入与产出的关系，身高与体重的关系等，都呈现正相关关系。②右上图表示负线性相关，散点围绕斜率为负的直线上下波动。如吸烟量和寿命之间的关系，基尼系数与居民收入的关系等，都呈现负相关关系。③左下图表示非线性相关，散点聚集在一起，形成一个抛物线的形式。如不平等程度与经济发展程度的关系，呈现抛物线的相关关系。④右下图表示不存在相关，散点聚集在一起，没有明显的趋势特征。

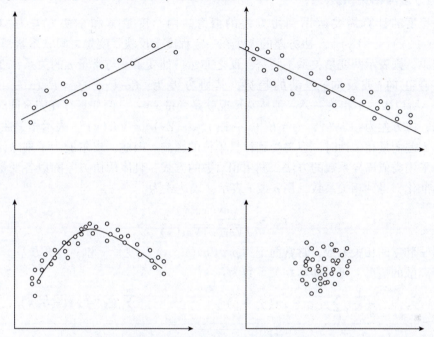

图 9-1 不同相关形式的散点图

【例 9-1】考试成绩与旷课次数的关系。众所周知，影响学习成绩的因素非常多，如个人的智力、学习时间、学习方法等因素。毫无疑问，对于大学生来说，旷课次数对考试成绩有很大的影响。这主要是因为出勤次数是平时成绩的重要参考；进一步，考试成绩在及格线左右，那么平时表现的出勤次数尤显重要。某班统计学考试成绩（y）与旷课次数（x）的散点图如图 9-2 所示。

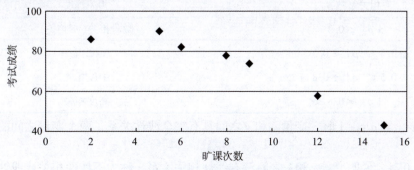

图 9-2 某班统计学考试成绩与旷课次数的散点图

从图中我们看到数据点分别落在一条向下倾斜的直线附近，这说明变量旷课次数（x）与考试成绩（y）之间具有较强的负线性相关关系。另外，所绘制的散点图呈现出从左至右的下降趋势，它表明随着旷课次数增加，考试成绩越来越低。

散点图只是初步识别变量间的相关关系，定量分析变量之间的相关程度，还要利用相关系数指标。下面仅研究两个变量间的线性相关关系。

9.1.3 定量分析：相关系数

1. 协方差与相关系数

相关程度的计算需要运用到协方差的概念。两个变量 x 和 y 协方差为：$Cov(x, y) = E[(x - Ex)(y - Ey)]$。协方差的大小在一定程度上反映了变量之间联系紧密的程度：协方差较小，则表示两变量关系不紧密；反之亦然。如变量 x 与常量 c 的关系，变量与常量并不存在正向（或反向）运动的趋势，其协方差为：$Cov(x, c) = E[(x - Ex)(c - Ec)] = 0$，所以表示不相关。另一种特殊情况就是变量 $x = y$，两变量存在完全同时正向运动的关系，协方差为：$Cov(x, y) = E[(x - Ex)(x - Ex)] = Var(x)$，表示相关性非常强。

用协方差衡量相关性时，容易受到计量单位的影响。因此，皮尔逊为了剔除计量单位的影响，采用类似离异系数的方法，利用相对数的方式，具体用协方差除以各变量的标准差，即标准化，得到相关系数，用 ρ 或 r 表示，表达式为：

$$\rho_{xy} = \frac{Cov(x, y)}{\sqrt{Var(x) Var(y)}}$$

ρ_{xy} 为变量 x 和 y 的相关系数，常常简记为 ρ；$Cov(x, y)$ 为变量 x 和 y 的协方差。

对于离散的情形，可得样本相关系数为：

$$\rho_{xy} = \frac{\dfrac{1}{n-1}\sum_{i=1}^{n}(x_i - \bar{x})(y_i - \bar{y})}{\sqrt{\dfrac{1}{n-1}\sum_{i=1}^{n}(x_i - \bar{x})^2 \dfrac{1}{n-1}\sum_{i=1}^{n}(y_i - \bar{y})^2}} = \frac{\sum_{i=1}^{n}(x_i - \bar{x})(y_i - \bar{y})}{\sqrt{\sum_{i=1}^{n}(x_i - \bar{x})^2 \sum_{i=1}^{n}(y_i - \bar{y})^2}}$$

2. 相关系数的性质

相关系数 ρ 的取值范围为 $-1 \sim 1$；$|\rho|$ 的大小揭示了变量 x 和 y 间线性相关关系的强弱，变量间的线性相关关系程度随着 $|\rho|$ 的减小而减弱。具体如表9-1所示。

表 9-1 相关程度判断

相关系数 ρ	相关程度
$\|\rho\| < 0.3$	微弱相关（不相关）
$0.3 \leqslant \|\rho\| < 0.5$	低度相关
$0.5 \leqslant \|\rho\| < 0.8$	中度相关
$\|\rho\| \geqslant 0.8$	高度相关

进一步，当 $\rho = \pm 1$ 时，变量 x 和 y 之间具有完全线性关系，两个变量之间的关系是函数关系。

当 $\rho = 0$ 时，说明变量 x 和 y 之间没有线性相关关系，称为不线性相关或线性无关。变量 x 和 y 不线性相关与 x 和 y 独立是两个不同的概念。如果 x 和 y 独立，则必有 x 和 y 不线性相关；但是若 x 和 y 不线性相关，却不一定有 x 和 y 独立，它们之间可能存在着非线性相关关系。然而，若 (x, y) 服从二元正态分布，x 和 y 非线性相关和独立是等价的。相关系数是说明线性联系程度的，相关系数很小的变量间可能存在非线性联系。

【例 9-2】极端气候频发导致世界对碳减排越来越重视。中国为了完成世界气候大会碳排放的承诺，实施了碳达峰碳中和计划。碳达峰是指在 2030 年前，实现二氧化碳排放总量达到一个历史峰值后不再增长，在总体趋于平缓之后逐步降低。碳中和是指通过能源替代、节能减排、产业调整和植树造林等方法，抵消掉直接或者间接产生的二氧化碳气体排放总量，实现正负抵消，达到相对零排放。碳排放量是温室气体排放的一个总称，温室气体主要成分是 CO_2，因此可简单认为为 CO_2 排放量。与碳排放最直接相关的就是 GDP。表 9-2 是中国某九个省份的 GDP 与碳排放量数据，根据表中数据计算 GDP 与碳排放量的相关系数。

表 9-2 中国某九个省份的 GDP 与碳排放量的关系

省份	GDP/十亿美元 x	碳排放量/十万万吨 y	$x - \bar{x}$	$y - \bar{y}$	$(x - \bar{x})(y - \bar{y})$
1	1.6	428.2	−0.8	−125.19	100.15
2	3.6	828.8	1.2	275.41	330.49
3	4.9	1 214.2	2.5	660.81	1 652.03
4	1.1	444.6	−1.3	−108.79	141.43
5	0.9	264.0	−1.5	−289.39	434.08
6	2.9	415.3	0.5	−138.09	−69.04
7	2.7	571.8	0.3	18.41	5.52
8	2.3	454.9	−0.1	−98.49	9.85
9	1.6	358.7	−0.8	−194.69	155.75
合计	21.6	4 980.5	—	—	2 760.26

【解】根据上述资料，令 GDP 为 x，碳排放量为 y，则 GDP 与碳排放量的协方差为：

$$\text{Cov}(x, y) = E[(x - \text{E}x)(y - \text{E}y)] = \frac{1}{n-1}\sum_{i=1}^{n}(x_i - \bar{x})(y_i - \bar{y}) = \frac{2\,760.26}{9-1} = 345.03$$

GDP 与碳排放量的方差分别为：

$$\text{Var}(x) = \frac{1}{n-1}\sum_{i=1}^{n}(x_i - \bar{x})^2 = 1.657\,5$$

$$\text{Var}(y) = \frac{1}{n-1}\sum_{i=1}^{n}(y_i - \bar{y})^2 = 86\,348.39$$

根据样本相关系数计算，可得：

$$\rho_{xy} = \frac{\dfrac{1}{n-1}\sum_{i=1}^{n}(x_i - \bar{x})(y_i - \bar{y})}{\sqrt{\dfrac{1}{n-1}\sum_{i=1}^{n}(x_i - \bar{x})^2 \dfrac{1}{n-1}\sum_{i=1}^{n}(y_i - \bar{y})^2}} = \frac{345.03}{\sqrt{1.657\,5 \times 86\,348.39}} = 0.912$$

则可知 GDP 与碳排放量的相关系数为 0.912，即两者呈现高度的正相关关系。

还可用 Excel 软件进行分析，具体运用相关函数 correl 进行分析，如图 9-3 所示。

	A	B	C	D	E	F	
1	GDP（十亿	CO_2排放					
2	美元）	（十万万 吨）					
3	1.6	428.2					
4	3.6	828.8					
5	4.9	1214.2					
6	1.1	444.6					
7	0.9	264					
8	2.9	415.3					
9	2.7	571.8					
10	2.3	454.9					
11	1.6	358.7					
12							
13							
14	相关系数：＝correl(A3:A11,B3:B11)						
15							

MAX　▼　× ✓ f_x　＝correl(A3:A11,B3:B11)

图 9-3　GDP 与碳排放量相关系数分析

根据表中的分析，等号表达式输入后回车可得到的结果为 0.912。

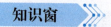

皮尔逊、斯皮尔曼和肯德尔相关系数

统计学中，相关分析有三种类别，一种是常用的线性相关，即皮尔逊相关；还有两种为斯皮尔曼相关和肯德尔相关，这两者也为等级相关，主要是将两变量的样本值按数据的大小顺序排列，以此进行相关的统计分析，也称秩相关系数。

斯皮尔曼相关系数是以斯皮尔曼命名的等级相关系数。计算方法为，具体将原始变量 X、Y 分别从小到大排序编秩，用秩次 R_X 和 R_Y 表示。排序时，出现数据相等从而造成秩次相同的现象称为相持，此时，取其平均秩次为每个数据的秩次。在排序的基础上，可利用两种方法进行计算。

（1）与皮尔逊相关系数相同，只是把具体数值变成秩的形式。

（2）可以利用下述公式计算：

$$r_s = 1 - \frac{6 \sum d_i^2}{n(n^2 - 1)}$$

其中，秩相关系数记为 r_s，d_i 为两变量每一对样本的等级之差，即变量 R_X 与 R_Y 的差值，n 为样本容量。

由于计算结果基于排序位次进行计算，实际数值之间的差异大小对于计算结果没有直接影响，因此，斯皮尔曼相关对于异常值不太敏感。

n 个同类的统计对象按特定属性排序，其他属性通常是乱序的，其同序对和异序对（Discordant Pairs）之差与总对数（$n(n-1)/2$）的比值定义为肯德尔相关系数。计算公式为：

$$\tau = \frac{\text{同序对} - \text{异序对}}{n(n-1)/2}$$

皮尔逊相关、斯皮尔曼相关和肯德尔相关系数的区别如下：

（1）皮尔逊相关系数是在原始数据的方差和协方差基础上计算的，对离群值比较敏感，度量的是线性相关。因此，即使皮尔逊相关系数为 0，也只能说明变量之间不存在线性相关，但仍有可能存在曲线相关。

（2）斯皮尔曼相关系数和肯德尔相关系数都是建立在秩和观测值的相对大小的基础上得到的，是一种更为一般性的非参数方法，对离群值的敏感度较低，因而也更具有耐受性，度量的主要是变量之间的联系。其中斯皮尔曼相关系数是对定序变量的统计，而肯德尔相关系数是对定类变量的统计。

（根据网络资料整理）

3. 相关分析进一步说明

相关系数是现象数量上表现出来的一种定量关系，当变量 x 与 y 之间存在相关关系时，并不必然表示两现象之间存在因果关系，具体可能有以下几种情况。

（1）变量之间存在直接的因果关系，即 x 导致 y。如水会导致植物的生长，中毒会导致死亡，热量会使冰融化，等等，后者的发生都是以前者为原因。

（2）变量之间存在反向因果关系，即 y 导致 x 发生。如一个研究者发现饮用咖啡量（ x ）与神经紧张程度（ y ）存在紧密的因果关系，则实际情况应该是一个非常紧张的人热衷喝咖啡舒缓紧张的情绪，而不是相反。

（3）变量之间的关系可以由第三个变量引起。如某人通过数据分析发现，暑假期间溺水死亡人数和每天所消耗的碳酸饮料的数量呈现强烈的相关性，并不能认为碳酸饮料是死亡的原因或死亡导致消耗更多的饮料，根本原因在于两者都与温度高相关。

（4）变量之间可能存在复杂的关系。如教育工作者利用高中和大学的考试成绩数据，发现学生的高中成绩和大学成绩之间有显著相关关系。这种相关关系并不存在直接的因果，而是其他因素引起的，如智商、学习时间、家长的影响力、动机、年龄和授课教师等。

（5）变量之间的关系可能是偶然性的。如研究人员发现树生长的高度与 GDP 存在显著的相关关系，美国上吊自杀人数与科研经费支出存在显著的正相关等。但根据常理判断，这些现象之间的任何关系必然是巧合。

9.2　线性回归分析

9.2.1　回归模型

1. 回归模型的概念

相关分析只是定性分析两个变量之间的相互联系紧密程度。具体运用中，可能还对变量之间的定量关系感兴趣，即其中一个变量的变化，究竟能导致其他变量多大程度的变化，这种变量之间的定量研究被称为回归分析（Regression Analysis）。

研究变量 x 和 y 之间定量关系最简单的方法就是建立一个方程，使 y 成为 x 的一个函数。如研究碳排放量（ y ）与 GDP（ x ）之间的关系，我们建立简单的直线方程：

$$y = \beta_0 + \beta_1 x$$

如根据前面表 9-2 中的数据，可以得到 $y = 211.13x + 41.209$，即 x 增加一个单位，可导致 y 增加 211.13 个单位，这就可以定量分析两变量之间的变化了。

但以上方程还不足以构成回归模型。因为影响碳排放 y 的因素太多了，除了 GDP 之外，还有环保技术、汽车拥有量和产业结构等因素，这些都会影响碳排放。上面的方程中并没有包括这些因素，认为 CO_2 只与 GDP 有关，是不完全的。基于此，在上述方程中加入一个包罗其他变量的符号 ε，建立以下模型：

$$y = \beta_0 + \beta_1 x + \varepsilon$$

其中，ε 就是包括了除 GDP 之外的技术和汽车拥有量等各种因素。ε 并不研究这些变量各自对 CO_2 的影响，而研究这些因素全部放在一起的影响，这些影响因素统称其他影响因素，统计上称为随机干扰项。

以上方程就称为一元线性回归模型。一元指的是模型右边只有一个变量，这个变量 x 称为解释变量或自变量，即用来解释其他变量的；变量 y 称为被解释变量或因变量，被变量 x 解释。线性指的是这个模型中，两变量的关系是线性的。β_0，β_1 为需要计算的未知数，称为回归参数或待估参数。

2. 相关与回归的关系

可以看出，相关与回归都是研究变量之间关系的紧密程度，两者有如下联系。

（1）相关分析是回归分析的基础和前提。一般说来，只有当两个变量之间存在较高程度的相关关系时，回归分析才变得有意义和有价值。相关程度越高，回归分析越有效。因此，回归分析前往往先进行相关分析。

（2）回归分析是相关分析的深入和继续。相关关系往往要通过回归分析才能阐释清楚，回归分析能够从因果关系的角度，定量分析变量之间的变化关系。

（3）从下节内容还可知，相关系数 ρ 的平方就是回归模型的拟合优度系数（R^2）。

同时两者有根本的区别：

（1）两者的目的不同。相关分析是分析两个随机变量之间的线性相关程度，而回归分析是给定自变量条件下求因变量的条件均值。

（2）变量的地位不相同。相关分析中，两变量都是随机变量，x 和 y 的相关与 y 和 x 的相关一致，两者关系平等；而回归分析根据研究目的分别确定其中的自变量和因变量，两者关系是非对称的。

（3）因果关系不同。相关分析不强调因果关系，而回归分析则强调因果关系，自变量是原因，因变量是结果。

3. 其他回归模型

在回归分析中，如果自变量有两个或两个以上，则称为多元回归模型。进一步根据回归模型的特征，又可以分为线性回归和非线性回归。其他常见的线性或非线性回归模型有：

$$y = \beta_0 + \beta_1 x_1 + \beta_2 x_2 + \varepsilon \text{（多元线性模型）}$$
$$\ln y = \beta_0 + \beta_1 \ln x + \varepsilon \text{（对数线性模型）}$$
$$y = \beta_0 + \beta_1 \ln x + \varepsilon \text{ 或 } \ln y = \beta_0 + \beta_1 x + \varepsilon \text{（半对数线性模型）}$$
$$y = \beta_0 + \beta_1 x + \beta_2 x^2 + \varepsilon \text{（非线性模型，具体为抛物线型）}$$
$$y_t = \beta_0 + \beta_1 x_t + \beta_2 x_{t-1} + \varepsilon \text{ 或 } y_t = \beta_0 + \beta_1 x_t + \beta_2 y_{t-1} + \varepsilon \text{（滞后线性模型）}$$

$$y = \beta_0 + \beta_1 x_1 + \beta_1 x_2 + \beta_3 x_1 x_2 + \varepsilon \text{（交互影响模型）}$$

"回归"一词的来源

"回归"一词源于弗朗西斯·高尔顿研究父母身高与子女身高的关系。当时遗传学的观点认为，父辈身高较高者，其子辈会更高；反之亦然。依此推论，一代代的遗传下来，人们的身高必然两极分化，但事实并没有发现这样的倾向。

因此，在高尔顿的主持下，他和学生皮尔逊做了一项调查，专门研究父母平均身高（x，英寸）与其子女身高（y，英寸）的关系，他们观察了总共 1 078 对夫妇，并利用所得数据资料进行分析，得出这样的关系式：$\hat{y} = 33.73 + 0.516x$。

为研究关系式的意义，左右两边分别减去各自的平均身高 $\bar{y}$ 与 $\bar{x}$，则有：$\hat{y} - \bar{y} = 0.516(x - \bar{x})$。

其意义为，如果父母身高比平均身高增加（减少）1 英寸，其子女身高比平均身高增加（减少）0.516 英寸（约 1.3cm），即子女身高的变化只是父母身高变化的一半左右。高尔顿的解释是：大自然具有一种约束力，使得人类身高的分布在一定时期内相对稳定而不产生两极分化，这就是所谓的"回归"效应。通过这一现象，高尔顿引入了"回归"一词。

此时回归只有这生物学上的意义，后来阿迪尼·尤尔和卡尔·皮尔逊把"回归"一词加以推广，用于定量描述一个变量与另一个或多个变量之间在统计上存在的某种线性或非线性因果关系。

（根据网络资料整理）

9.2.2　线性模型参数的估计

1. 一元线性回归模型的假定

对参数进行估计之前，需要对随机干扰项 ε 做相关的假定。这些假定由 Carl Friedrich Gauss 和 Andrey Markov 提出并进一步完善，因此被称为 Gauss – Markov（高斯—马尔可夫）假定。最基本假定如下：

（1）随机干扰项 ε 的均值为零，方差恒定（记为 σ^2），且服从正态分布，即 $\varepsilon \sim N(0, \sigma^2)$。

（2）随机干扰项之间不相关，随机干扰项与解释变量不相关，解释变量具有非随机性等。

在以上假定基础上，模型的关系有了统计学上的意义，即对模型 $y = \beta_0 + \beta_1 x + \varepsilon$ 两边求期望，可知 $E(y) = \beta_0 + \beta_1 x$。其经济意义为：总体（平均）来看，变量 x 每增加一个单位，导致变量 y 增加 β_1 个单位。

如在碳排放与 GDP 的研究中，我们所关心的正是当 GDP 达到某个水平时，平均碳排放量能达到多少。

2. 总体回归模型与样本回归模型

模型 $y = \beta_0 + \beta_1 x + \varepsilon$，我们称之为总体回归模型，两边求期望后是一条确定直线，称为总体回归线。

考虑到总体单位数较多，甚至有些总体不可数，导致总体回归模型和总体回归线未知，即 β_0，β_1 无法算出来的。此时就从总体中抽取一定数量的个体组成样本，样本数目是有限的，利用样本对总体进行推断。

与总体回归模型类似，构建如下样本回归模型：$y = \hat{\beta}_0 + \hat{\beta}_1 x + e$，对应的样本回归线为：$\hat{y} = \hat{\beta}_0 + \hat{\beta}_1 x$。

其中，$\hat{\beta}_0$，$\hat{\beta}_1$ 是对 β_0，β_1 的估计，e 是对 ε 的估计，称为误差项或残差项。$\hat{y}$ 是建立在估计值 $\hat{\beta}_0$，$\hat{\beta}_1$ 上的拟合值。

毫无疑问，不同样本观测值，得到的 $\hat{\beta}_0$，$\hat{\beta}_1$，e 是不同的，即这些都是随机变量，随着样本的不同而变化；而总体只有一个，即 β_0，β_1 是固定不变的，只有一个。

3. 回归参数的最小二乘估计法

对 $\hat{\beta}_0$，$\hat{\beta}_1$ 进行估计的方法有很多种，最常用的方法为最小二乘法（Ordinary Least Square Method，OLS）。最小二乘法是寻求一种误差平方和最小的方法，用于预测因变量的数值。如图 9-4 所示，向上倾斜的直线表示样本回归线，真实值围绕在直线上下变动。最小二乘法就是找到这样一条回归线，所有散点将分布在回归线的两侧，且靠近回归线散点尽量多，远离回归线散点尽量少。

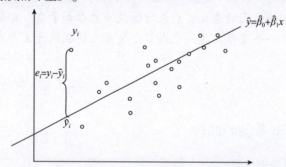

图 9-4　最小二乘法则与拟合直线

令各因变量真实值为 y_i，回归线上相对应的各拟合值为 $\hat{y}_i$，使两者的离差平方和 Q 为最小值，即

$$\min: Q = \sum (y_i - \hat{y}_i)^2 = \sum (y_i - \hat{\beta}_0 - \hat{\beta}_1 x_i)^2$$

其中，y_i，x_i 是已知观测值，$\hat{\beta}_0$，$\hat{\beta}_1$ 是需要估计的回归参数，是未知的。

求解 $\hat{\beta}_0$，$\hat{\beta}_1$ 则可以根据高等数学中求极值的方法。

$$\frac{\partial Q}{\partial \hat{\beta}_0} = -2 \sum_{i=1}^{n} (y_i - \hat{\beta}_0 - \hat{\beta}_1 x_i) = 0$$

$$\frac{\partial Q}{\partial \hat{\beta}_1} = -2 \sum_{i=1}^{n} (y_i - \hat{\beta}_0 - \hat{\beta}_1 x_i) x_i = 0$$

整理可得：

$$\sum_{i=1}^{n} y_i = n \hat{\beta}_0 + \hat{\beta}_1 \sum_{i=1}^{n} x_i \tag{9-1}$$

$$\sum_{i=1}^{n} y_i x_i = \widehat{\beta}_0 \sum_{i=1}^{n} x_i + \widehat{\beta}_1 \sum_{i=1}^{n} x_i^{2} \qquad (9\text{-}2)$$

公式(9-1)与(9-2)构成的方程组称为正规方程组(Normal Equations)。对正规方程组求解,可得:

$$\widehat{\beta}_1 = \frac{n \sum\limits_{i=1}^{n} x_i y_i - \sum\limits_{i=1}^{n} x_i \sum\limits_{i=1}^{n} y_i}{n \sum\limits_{i=1}^{n} x_i^{2} - (\sum\limits_{i=1}^{n} x_i)^{2}} = \frac{\sum\limits_{i=1}^{n}(x_i - \bar{x})(y_i - \bar{y})}{\sum\limits_{i=1}^{n}(x_i - \bar{x})^{2}}$$

进一步,根据公式(9-1),可得一个比较简单的计算 $\widehat{\beta}_0$ 的公式,具体为:

$$\widehat{\beta}_0 = \bar{y} - \widehat{\beta}_1 \bar{x}$$

$\widehat{\beta}_1$ 的估计值是解释变量与被解释变量之间的协方差与自变量方差之比,衡量的是解释变量对被解释变量的贡献程度。$\widehat{\beta}_1$ 的绝对值越大,表示 x 对 y 的影响也越大,等于零则表示 x 对 y 没有影响。

【例 9-3】某学期统计学课程的七名学生旷课次数与最终考试成绩数据如表 9-3 所示,建立考试成绩(y)与旷课次数(x)的线性回归模型,并分析旷课对考试成绩的影响。

表 9-3　旷课次数与考试成绩的回归分析

序号	旷课次数 x	考试成绩 y	$x - \bar{x}$	$y - \bar{y}$	$(x - \bar{x})(y - \bar{y})$	$(x - \bar{x})^2$
1	6	72	−2.14	7.57	−16.22	4.59
2	2	85	−6.14	20.57	−126.37	37.73
3	15	33	6.86	−31.43	−215.51	47.02
4	9	65	0.86	0.57	0.49	0.73
5	12	48	3.86	−16.43	−63.37	14.88
6	5	78	−3.14	13.57	−42.65	9.88
7	8	70	−0.14	5.57	−0.80	0.02
合计	57	451	—	—	−464.43	114.86

【解】根据以上资料,可知:

旷课次数均值:$\bar{x} = \dfrac{6 + 2 + \cdots + 8}{7} = \dfrac{57}{7} = 8.14$

考试成绩均值:$\bar{y} = \dfrac{82 + 86 + \cdots + 78}{7} = \dfrac{451}{7} = 64.43$

且 $\sum(x - \bar{x})(y - \bar{y}) = -464.43$,$\sum(x - \bar{x})^2 = 114.86$。

则根据最小二乘法则,可得:

$$\widehat{\beta}_1 = \frac{\sum\limits_{i=1}^{n}(x_i - \bar{x})(y_i - \bar{y})}{\sum\limits_{i=1}^{n}(x_i - \bar{x})^{2}} = \frac{-464.43}{114.86} = -4.04$$

$$\widehat{\beta}_0 = \bar{y} - \widehat{\beta}_1 \bar{x} = 64.43 + 4.04 \times 8.14 = 97.32$$

考试成绩与旷课次数的关系用回归模型表示为：$\widehat{y} = 97.32 - 4.04x$。其中等号左边用$\widehat{y}$而不是$y$，是因为根据回归模型得到的是估计值（称拟合值），而不是真实值。

以上模型的意义是，旷课次数对考试成绩负作用，即旷课次数越多，考试成绩越低。具体而言，每增加一次旷课，考试成绩平均下降4.04分。当旷课次数为0（每次都上课时），平均考试成绩为97.32分。当然，这并不意味着每次都上课的学生平均真实成绩为97分，因为还受到其他因素的影响。

【例9-4】利用表9-2数据，运用最小二乘法分析GDP对CO_2排放的影响。

【解】根据上述数据，可知，解释变量GDP的均值为：$\bar{x} = \dfrac{1.6 + 3.6 + \cdots + 1.6}{9} = 2.4$；

被解释变量CO_2排放量的均值为：$\bar{y} = \dfrac{428.2 + 828.8 + \cdots + 358.7}{9} = 553.4$。

进一步计算，$\sum (x - \bar{x})(y - \bar{y}) = 2\ 760.26$，$\sum (x - \bar{x})^2 = 13.26$。

根据最小二乘法计算公式，可得：

$$\widehat{\beta}_1 = \frac{\sum\limits_{i=1}^{n} (x_i - \bar{x})(y_i - \bar{y})}{\sum\limits_{i=1}^{n} (x_i - \bar{x})^2} = \frac{2\ 760.26}{13.26} = 208.16$$

$$\widehat{\beta}_0 = \bar{y} - \widehat{\beta}_1 \bar{x} = 553.4 - 2.4 \times 208.16 = 53.82$$

CO_2排放量与GDP关系的回归模型为：$\widehat{y} = 53.82 + 208.16x$。

以上模型的意义是，GDP对CO_2排放量产生促进作用，即GDP越多，CO_2排放量也越大。具体而言，每增加1个单位GDP，CO_2排放量平均增加208.16个单位。

实际计算过程中，可用Excel进行处理，具体步骤为：数据—数据处理—回归，得到如图9-5所示对话框：

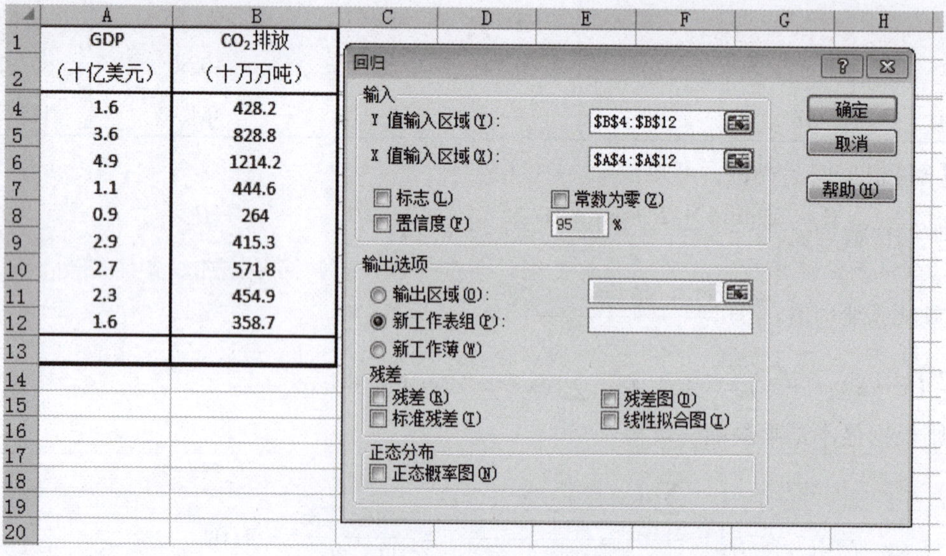

图9-5　用Excel进行回归分析

同样可得到与上述一样的结果。

同步案例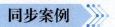

最小二乘法

最小二乘法，又称最小平方法，由法国科学家勒让德于 1805 年首先提出，后来在 1822 年由高斯证明了其优越性。最小二乘法在统计、金融、医学、经济和心理学等众多领域具有广泛的运用。

18 世纪初期，包括勒让德、欧拉、拉普拉斯和高斯在内的许多天文学家和数学家都对天文学上诸多问题的研究产生了浓厚的兴趣。如土星和木星是太阳系中的大行星，由于相互吸引对各自的运动轨道产生了影响。

类似问题都可以用如下数学模型描述：我们想估计的量是 $\beta_0, \cdots, \beta_p$，另有若干可以测量的量 $x_1, x_2, \cdots, x_p$ 和 y，它们之间存在线性关系如下：

$$y = \beta_0 + \beta_1 x_1 + \cdots + \beta_p x_p$$

如何通过多组观测数据求解出参数 $\beta_0, \beta_1, \cdots, \beta_p$ 呢？欧拉和拉普拉斯采用的都是求解线性方程组的方法，具体为：

$$\begin{cases} y_1 = \beta_0 + \beta_1 x_{11} + \cdots + \beta_p x_{p1} \\ y_2 = \beta_0 + \beta_1 x_{12} + \cdots + \beta_p x_{p2} \\ \quad\quad\quad \cdots \\ y_n = \beta_0 + \beta_1 x_{1n} + \cdots + \beta_p x_{pn} \end{cases}$$

但是面临的一个问题是，有 n 组观测数据，$p+1$ 个变量，如果 $n > p+1$，则得到的线性矛盾方程组，无法直接求解。所以欧拉和拉普拉斯采用的方法都是把 n 个线性方程分为 $p+1$ 组，然后把每个组内的方程线性求和后归并为一个方程，从而就把 n 个方程的方程组化为 $p+1$ 个方程的方程组，进一步解方程求解参数。这些方法初看有一些道理，但是都过于经验化，无法形成统一处理这一类问题的一个通用解决框架。

有效的最小二乘法是勒让德在 1805 年发表的，基本思想就是认为测量中有误差，所以所有方程的累积误差为：

$$累计误差 = \sum (观测值 - 理论值)^2$$

在此基础上求解出导致累积误差最小的参数即可：

$$\hat{\beta} = \arg\min \sum_{i=1}^{n} e_i^2 = \arg\min \sum_{i=1}^{n} (y_i - \beta_0 - \beta_1 x_{1i} - \cdots - \beta_p x_{pi})^2$$

以上求解线性矛盾方程的问题就是统计学中的线性回归问题，可以直接用最小二乘法解决。

虽然勒让德最初提出了最小二乘法，但高斯提供了最小二乘法的优化效果强于其他方法的证明。也就是说勒让德最初提出了最小二乘法，而高斯让最小二乘法得以巩固并影响至今。且高斯对最小二乘法的较大贡献在于他是建立在正态误差分布的理论基础之上的（后续更是导出了误差服从正态分布的结论），1837 年，统计学家正式确立误差服从正态分布。因此，现一般把最小二乘法归功于高斯。

（根据网络资料整理）

9.2.3 参数估计量的性质

对参数进行估计的方法非常多,除最小二乘法之外,还有最大似然法(ML),矩估计(MM)等。评价参数估计量的标准,则涉及参数估计量的性质,即无偏性、有效性和一致性。

可以证明,在高斯—马尔可夫假定下,最小二乘法的估计量具有如下三个性质:

(1)线性性。即这个估计量是被解释变量的线性函数。

(2)无偏性。即估计量 $\hat{\beta}_1$($\hat{\beta}_0$)的均值或者期望值 $E(\hat{\beta}_1)$($E(\hat{\beta}_0)$)等于真实值 $\beta_1(\beta_0)$,即 $E(\hat{\beta}_1) = \beta_1$($E(\hat{\beta}_0) = \beta_0$)。无偏性也意味着参数估计量具有一致性。

(3)有效性。即估计量 $\hat{\beta}_1$($\hat{\beta}_0$)在所有的线性无偏估计中有最小方差。如 $\mathrm{Var}(\hat{\beta}_1) \leqslant \mathrm{Var}(\hat{\beta}_1^*)$,其中 $\hat{\beta}_1^*$ 是其他的线性无偏估计量。需要注意的是,存在非线性估计量,其方差会比 $\mathrm{Var}(\hat{\beta}_1)$ 更小,因此需要加线性性约束。

具有上述性质的估计量,被称为最优线性无偏估计量(Best Linear Unbiased Estimator,BLUE)。这种估计量满足参数估计中的无偏性、一致性和线性有效性的性质。

9.3 回归模型的评价

最小二乘估计量具有 BLUE 的性质,但还不能说明这个模型能够运用。因为用样本推断总体时,会产生误差,因此这种推断是否有意义,得到的结果是否满足假定等,还需要进行检验,具体检验包括三种:经济意义检验、统计检验和计量经济学检验。这里仅介绍前两者。如需要进一步了解计量经济学检验,则可以参考《计量经济学》(李子奈、潘文卿编著)相关章节内容。

9.3.1 经济意义检验

经济意义检验的本质是检验模型是否存在经济意义,主要是根据拟定的符号、大小、关系,对参数估计结果的可靠性进行判断。

【例 9-5】以下是某学生对人均食品需求问题的研究。根据相关理论,选取人均食品需求量(food)、人均收入(income)、食品价格(price)、其他商品价格(otherp)四个变量进行分析,通过对数据进行不同的处理(如利用不变价和名义价),得到的人均食品需求模型有如下三个不同结果(其中 ln 表示取对数):

$$\mathrm{lnfood} = -2.0 - 0.45\mathrm{lnincome} - 4.51\mathrm{lnprice} + 0.68\mathrm{lnotherp} \qquad (9-3)$$
$$\mathrm{lnfood} = -2.0 + 0.65\mathrm{lnincome} - 4.15\mathrm{lnprice} + 0.65\mathrm{lnotherp} \qquad (9-4)$$
$$\mathrm{lnfood} = -2.0 + 0.51\mathrm{lnincome} - 0.73\mathrm{lnprice} - 0.68\mathrm{lnotherp} \qquad (9-5)$$

利用经济意义检验分析以上结果。

【解】根据经济理论中需求与收入、食品价格和其他商品价格之间的关系可知以下两点:

(1)符号关系。一般情况下,人均收入与食品需求呈现正相关关系,即人均收入越高,人均食品需求越大,则人均收入变量前系数符号为正;同时,食品价格与食品需求量呈现负相关关系，则食品价格变量前系数符号为负；其他商品价格则需要分替代品（符号为正）与互补品（符号为负），无法确定。则可知只有公式（9-4）与公式（9-5）符合要求。

（2）大小关系。一般而言，食品需求对价格的弹性较小，并不会因为价格变动而呈现大幅的变动，即系数绝对值小于 1，则最后可得公式（9-5）才是符合经济意义检验的结果。

9.3.2　统计检验

统计检验是利用假设检验的思想，分析各参数和模型的显著性。

1. 回归模型拟合优度检验

拟合优度（Goodness of Fit）是指样本观测值聚集在样本回归线周围的紧密程度，用来分析回归直线对真实变量关系的拟合程度。判断回归模型拟合程度好坏最常用的指标是拟合优度 R^2，也称判定系数、可决系数或决定系数，它建立在对总离差（变差）平方和进行分解的基础之上。

总离差平方和（Total Sum of Squares，TSS），是指观察值 y_i 与平均值 $\bar{y}$ 的离差平方和，表示 y 的 n 个观察值之间的差异。

$$TSS = \sum_{i=1}^{n} (y_i - \bar{y})^2$$

通过分解，离差平方和可以分解为两部分，具体如下：

$$TSS = \sum_{i=1}^{n} (y_i - \bar{y})^2 = \sum_{i=1}^{n} [(y_i - \hat{y}_i) + (\hat{y}_i - \bar{y})]^2$$
$$= \sum_{i=1}^{n} (y_i - \hat{y}_i)^2 + 2\sum_{i=1}^{n} (y_i - \hat{y}_i)(\hat{y}_i - \bar{y}) + \sum_{i=1}^{n} (\hat{y}_i - \bar{y})^2$$

其中 $\sum_{i=1}^{n} (y_i - \hat{y}_i)(\hat{y}_i - \bar{y}) = 0$。因此可得：

$$\sum_{i=1}^{n} (y_i - \bar{y})^2 = \sum_{i=1}^{n} (y_i - \hat{y}_i)^2 + \sum_{i=1}^{n} (\hat{y}_i - \bar{y})^2 \tag{9-6}$$

进一步令 $RSS = \sum_{i=1}^{n} (y_i - \hat{y}_i)^2$，$ESS = \sum_{i=1}^{n} (\hat{y}_i - \bar{y})^2$。

则公式（9-6）为：

$$TSS = RSS + ESS \tag{9-7}$$

其中，RSS 为残差平方和（Residual Sum of Squares），是指真实值与线性拟合值的离差平方和，说明由剩余（即其他因素）解释的部分；ESS 为解释平方和（Explained Sum of Squares），是指线性拟合值与均值的离差平方和，说明由线性回归模型（或变量 x）解释的部分。

为了对等式（9-7）进行更直观的解释，左右两端分别除以（$n-1$），则左边为样本方差，说明被解释变量的变化程度（离散程度）。则等式（9-7）的意义为：被解释变量总的变异（变化）由两部分组成，一部分是由线性回归模型部分得到解释，另一部分由剩余的部分得到解释（见图9-6）。

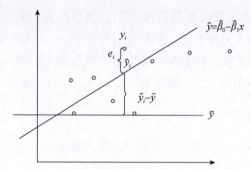

图 9-6 回归方程中总平方和的分解

用相对数表示，两边同除以 TSS，则：

$$\frac{RSS}{TSS} + \frac{ESS}{TSS} = 1 \tag{9-8}$$

所谓好的模型就是使回归模型解释的部分尽量大，未得到解释(剩余)的部分尽量小。因此可决系数定义为回归平方和与总离差平方和之比，简记为 R^2，具体为：

$$R^2 = \frac{ESS}{TSS} = \frac{\sum (\widehat{y}_i - \overline{y})^2}{\sum (y_i - \overline{y})^2} \tag{9-9}$$

可决系数也称为判定系数(Coefficient of Determination)、拟合优度。可决系数是对回归模型拟合程度的综合度量，可决系数越大，回归模型拟合程度越高，反之亦然。

可决系数具有如下两条基本性质：

(1) 可决系数 R^2 具有非负性，且取值范围为 0~1。

(2) 可决系数为相关系的平方，简记符号 R^2 就源于此。具体推导过程如下：

$$R^2 = \frac{\sum_{i=1}^{n} (\widehat{y}_i - \overline{y})^2}{\sum_{i=1}^{n} (y_i - \overline{y})^2} = \frac{\sum_{i=1}^{n} (\widehat{\beta}_0 + \widehat{\beta}_1 x_i - \widehat{\beta}_0 - \widehat{\beta}_1 \overline{x})^2}{\sum_{i=1}^{n} (y_i - \overline{y})^2} = \frac{\widehat{\beta}_1^2 \sum_{i=1}^{n} (x_i - \overline{x})^2}{\sum_{i=1}^{n} (y_i - \overline{y})^2}$$

$$= \left(\frac{\sum_{i=1}^{n} (x_i - \overline{x})(y_i - \overline{y})}{\sum_{i=1}^{n} (x_i - \overline{x})^2} \right)^2 \frac{\sum_{i=1}^{n} (x_i - \overline{x})^2}{\sum_{i=1}^{n} (y_i - \overline{y})^2}$$

$$= \frac{[\sum_{i=1}^{n} (x_i - \overline{x})(y_i - \overline{y})]^2}{\sum_{i=1}^{n} (x_i - \overline{x})^2 \sum_{i=1}^{n} (y_i - \overline{y})^2} = \rho^2$$

【例 9-6】上述 GDP 与碳排放的案例中，分析线性回归模型的可决系数。

【解】根据可决系数：$R^2 = \dfrac{\sum_{i=1}^{n} (\widehat{y}_i - \overline{y})^2}{\sum_{i=1}^{n} (y_i - \overline{y})^2} = \dfrac{\widehat{\beta}_1^2 \sum_{i=1}^{n} (x_i - \overline{x})^2}{\sum_{i=1}^{n} (y_i - \overline{y})^2}$。把相关数据代入可知：

$$R^2 = \frac{208.16^2 \times 13.26}{690\ 787.1} = 0.832$$

或者：

$$R^2 = \rho^2 = \frac{2\,760.26^2}{13.26 \times 690\,787.1} = 0.832$$

当然，现在有更方便的工具对数据进行处理，常见的 Excel 2007 软件中，通过表 9-4 的操作，可得到总共三部分的回归结果，其中第一部分的结果如表 9-4 所示。

表 9-4 一元线性方程的回归结果(1)

回归统计	
复合相关系数	0.91
R^2	0.83
调整 R^2	0.81
标准误差	128.84
观测值	9

其中 R^2 即可决系数，为 GDP 对 CO_2 排放量回归模型的拟合优度，结果为 0.83。其经济意义为，在碳排放的波动变化中，其中 83% 由 GDP 得到解释，剩余的 17% 变异由其他变量如第二产业比重、经济发展程度等因素得到解释，而这些因素对总方差的贡献不到 20%。则可以认为这个模型拟合比较好。

2. 模型的显著性检验

拟合优度只能说明拟合程度的好坏，进一步还需要检验整个模型是否显著。可以根据 TSS=RSS+ESS 之间的关系及抽样分布的理论，利用 F 统计量进行检验。具体步骤如下：

(1)提出假设：$H_0: \beta_i = 0$；$H_1: \beta_i$ 不全为 0。

(2)这里的 F 检验其实就是方差分析的内容，如表 9-5 所示。

表 9-5 Excel 一元线性回归方程的方差分析

方差来源	自由度	平方和	均方和	F 值
回归	1	SSR	MSR = SSR/1	
误差	$n-2$	SSE	MSE = SSE/($n-2$)	$F = \dfrac{MSR}{MSE}$
总计	$n-1$	SST	—	

(3)给定显著性水平 α，确定临界值 $F_\alpha(1,\ n-2)$。

(4)若 $F \geqslant F_\alpha(1,\ n-2)$，则拒绝 H_0，说明总体回归系数 $\beta_1 \neq 0$，即回归方程是显著的。

3. 回归系数的显著性检验

进一步对回归系数进行检验。检验回归系数即判定线性性是否显著，如果不显著，则认为这个模型不成立。需要构造 t 统计量进行检验。具体步骤如下：

(1)提出假设：$H_0: \beta_1 = 0$；$H_1: \beta_1 \neq 0$。

(2)构造 t 统计量，其检验的计算公式为：$t = \dfrac{\widehat{\beta_1}}{S_{\widehat{\beta_1}}}$，其中 S_1 是回归系数估计量 $\widehat{\beta_1}$ 的标准差：

$$S_{\widehat{\beta_1}} = \sqrt{\mathrm{Var}(\widehat{\beta_1})} = \frac{\widehat{\sigma^2}}{\sqrt{\sum (x - \bar{x})^2}}$$

其中 $\widehat{\sigma^2}$ 为估计的方差。

（3）给定显著性水平 α，确定临界值 $t_{\alpha/2}(n-2)$。

（4）若 $|t| \geq t_{\alpha/2}(n-2)$，则拒绝 H_0；接受备择假设，即总体回归系数 $\beta_1 \neq 0$；否则不能拒绝 H_0。

同理可以对 β_0 采用相同的步骤进行检验。

【例9-7】上述GDP与碳排放的案例，利用Excel回归分析工具进行回归分析，并进行如下分析：

（1）计算可决系数，并解释其含义。

（2）对回归系数 β_1 进行显著性检验（取显著性水平 $\alpha = 0.05$）。

（3）对模型进行显著性检验。

【解】（1）可决系数的计算见例9-6。

（2）利用Excel回归分析工具，对回归系数 β_1 进行显著性检验（取显著性水平 $\alpha = 0.05$），得到结果如表9-6所示。

表9-6　一元线性方程的回归结果（2）

	系数	标准差	t统计量	P值	95%下限	95%上限
截距项	53.79	95.16	0.57	0.59	−171.22	278.81
斜率项	208.16	35.38	5.88	0.00	124.50	291.83

可以看出，截距项系数和斜率项系数分别对应回归参数 $\widehat{\beta_0}$ 与 $\widehat{\beta_1}$。根据以上资料，还可以看出，$\widehat{\beta_0}$ 与 $\widehat{\beta_1}$ 估计的标准差为95.16与35.38，则根据回归系数与标准差可以得到相应的t统计量为0.57（具体为53.79/95.16 = 0.57）与5.88，其显著性的P值为0.59与0.00。在0.05的显著性水平上，可以看出，截距项参数不显著，斜率项参数非常显著。这里分析GDP对 CO_2 的影响，即考虑 $\widehat{\beta_1}$ 的显著性满足要求即可。

进一步，还得到回归参数 $\widehat{\beta_0}$ 与 $\widehat{\beta_1}$ 的95%的置信区间，可知分别与53.79和208.16为中心，得到的区间分别为（−171.22，278.81）与（124.50，291.83）。

（3）利用Excel回归分析工具，对模型进行显著性检验，得到结果如表9-7所示。

表9-7　一元线性方程回归结果——方差分析

方差来源	自由度	平方和	均方和	F值	P值
回归	1	574 587.88	574 587.88		
残差	7	116 199.27	16 599.90	34.61	0.000 61
总计	8	690 787.15	—		

从表中可以看出，总平方和分解为回归平方和与残差平方和，其中回归平方和是指用解释变量GDP解释被解释变量 CO_2 排放的变异的大小，残差平方和是指不能用模型解释的部分。F值为34.61，其对应的P值为0.00，即零假设出现的概率为0，意即不可能出现，则可以认为整个回归模型可以成立，不存在斜率为0的现象。

9.4 线性回归模型的应用

一元线性回归模型通过各种检验评价之后，则可利用回归模型进行有关问题的分析、预测和控制。其应用有以下几个方面：

（1）边际分析和弹性分析。一元线性回归模型中的回归系数 $\widehat{\beta}_1$ 就是平均边际变化率，它能说明 x 增加一个单位 y 能增加多少个单位。

如果是对数线性模型，则能够说明变化弹性 E。具体为：

$$\widehat{\beta}_1 = \frac{\Delta \ln y}{\Delta \ln x} = \frac{\mathrm{d}\ln y}{\mathrm{d}\ln x} = \frac{\mathrm{d}y/y}{\mathrm{d}x/x} = E$$

（2）利用回归模型进行预测（包括点预测与区间预测）。要对未来值进行预测时，将自变量的预测值 x_F 代入回归模型可求得因变量的预测值 $y_F = \widehat{\beta}_0 + \widehat{\beta}_1 x_F$，即为点预测。

区间预测则需要利用到区间估计理论。此处略，具体可参见《计量经济学》等相关书籍。

（3）利用回归模型进行政策评价。结合政策变量和实施目标建立回归模型，依据政策变量对目标的定量关系，比较政策实施结果与模型目标的差异，进而对政策进行评价。

同步案例 >>>

新扶贫计划、冰球天才与伪回归

伪回归是指，在时间序列数据分析中，本来两变量之间不存在任何经济关系，利用回归模型进行分析时，得到的结果非常好。具体而言，两变量的变化趋势呈现一致上升或下降的趋势，利用回归模型进行分析时，会得到非常高的可决系数，且系数和模型检验时，结果都非常显著。

现实中有很多现象满足这种"伪回归"的现象，如统计一下世界各国平均每人拥有电视机数 x 及人预期寿命 y，你会找到很高的正相关：有很多电视机的国家，人预期寿命比较长。"依照第三世界的新脱贫计划，援助组织今天开始送出 10 000 台电视机。"那能不能运一堆电视机到博茨瓦纳，来延长当地居民的寿命呢？

当然不行。富国的电视机比穷国多，而富国的人预期寿命也比较长，但这是因为他们有较好的营养、干净的水以及较好的医疗资源。电视机和寿命长短之间并没有因果关系。

因此是否存在伪回归，需要结合实际情况进行分析。下面用来自《异类》的例子说明。

20 世纪 80 年代，有一位名叫罗杰·巴恩斯利的加拿大心理学家在一次观看南亚尔伯达省冰球比赛中，注意到此省冰球球员出生年月与年龄相关的现象：大部分球员都出生在1 月、2 月和 3 月。

进一步对安大略青少年冰球联赛的所有球员进行统计分析。得到的结果还是如此：他发现，1 月出生的球员在人数上占有压倒性优势，远远超过其他月份出生的球员。排在第二位的是 2 月。第三位的是 3 月。

由此他得到一项铁的规律：如果你观察冰球运动的那些佼佼者——那些卓越者中的卓越者——无论何时，你都能够发现，1~3 月出生的球员比例为 40%，4~6 月出生的球员比例为

30%，7~9 月出生的球员比例为 20%，10~12 月出生的球员比例为 10%。

那么可否认为年初出生的人在冰球上面更具有天分？

其实并非如此。事实上，一年中的前三个月并没什么特别的魔力，这种现象也与占星术无关，道理其实很简单。在加拿大，冰球联赛法定的注册时间是 1 月 1 日，这意味着，一个 9 岁的男孩必须是在 1 月 1 日之前满了 9 岁，才可以进入 9 岁以上冰球联赛。也就是说，一个在 1 月 2 日就已经 10 岁的男孩，他可以参加联赛，而在同一年的 12 月之前还没有满 10 岁的男孩，却只能被暂时晾在球场一边——这个年龄正是发育的青春期，12 个月的差距会给他们成长中的体质造成不同的影响。

这就是加拿大，这个地球上冰球运动最为狂热的国度——教练从那些小有名气的球队为冰球巡回赛挑选球员——队员年龄都在 9~10 岁，当然，他们最希望从那些具备年龄优势的球员当中发现天才球员。

（根据网络资料整理）

人工智能其实就是统计学，只不过用了一个很华丽的辞藻。

——托马斯·萨金特①

2016 年，麦肯锡在《分析时代：在数据驱动的世界中竞争》报告中提出②，人类已经进入数据驱动的世界，数据智能将在未来十年产生 13 万亿美元的经济收益。随着数据的指数级增长、算力提升和 AI 技术的不断发展，数据驱动替代流程驱动将是势不可挡的趋势。

传统的统计方法如回归分析等适用于数值型和少数名义型数据的分析。随着大数据时代的到来，数据类型呈现多样化，如何充分利用图像、声音和文本等数据，进行统计推断，是当代统计学应用的核心。本章介绍常用且较简单的大数据统计挖掘方法，具体包括决策树、K-最近邻估计和朴素贝叶斯分类等方法。

10.1　决策树

10.1.1　决策树基本原理

决策树是一种用来辅助做决策的树形结构模型，从统计模型的角度看，可以认为是一种非线性非参数的回归模型。其中解释变量是连续性或者名义性数据，被解释变量为名义型，如"优劣"和"是否"等。不过在数据挖掘领域，由于变量之间没有直接的因果关系，因此解释变量一般称为特征或属性（Feature），被解释变量一般称为类别标签（Class Label）。

如日常购买西瓜，需要通过西瓜的纹理、声音和瓜蒂的新鲜度等方面判断西瓜是不是好瓜，那么被解释变量就是好坏，解释变量就是西瓜的纹理、声音和瓜蒂的新鲜度等指标。

统计学家所做的事情就是把这种决策的过程规范化和模型化，利用统计模型进行表达，同时为了方便理解，用一种树状结构进行描述，因此称为决策树。挑选西瓜的决策树

① 托马斯·萨金特为 2011 年诺贝尔经济学奖获得者。
② 英文名为：*The Age of Analytics：Competing in a Data-Driven World*。

如图 10-1 所示。

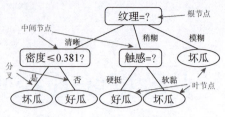

扫码查阅高清图

图 10-1　挑选西瓜的决策树

可以发现，决策树由根节点、中间节点、叶节点和分叉表示，距离根节点最远的叶节点所处的层数为决策树的深度。其中根节点是决策树最开始的节点，中间节点是可以继续分类的节点，叶节点对应于决策结果，分叉表示决策的可能性选择。图 10-1 中，根节点和中间节点表示一个属性上的判断(如纹理、触感等)，每个分支代表一个判断结果的输出(如纹理属性有清晰、稍糊和模糊)，最后每个叶节点代表一种分类结果(好瓜与坏瓜)。此决策树从"纹理"根节点到最远的叶节点"好瓜"(坏瓜)有 2 层，因此此决策树的深度为 2。

上述决策树理论，主要有两个问题需要解决：

(1)节点属性选择。即上述根节点为什么选择纹理指标，而不是选择密度或触感？换句话说，选择节点的标准是什么？

(2)截枝。图 10-1 的决策树模型非常简单。但对于一些比较复杂的决策过程，由于解释变量(特征)非常多，有 10 个甚至更多，那么得到的决策树模型将会非常复杂。根据统计理论可知，模型越复杂，预测效果并不一定越好。换句话说，如何得到一个相对简单且预测效果非常好的模型？此时就需要截枝。

第一个问题由昆兰通过信息增益最大化方法进行处理，后来根据需要利用了基尼系数最小化方法。

第二个问题根据处理方法的不同，分为前截枝和后截枝。其中前截枝是没有等模型变量全部拟合之前就提前停止拟合；后截枝是等模型变量充分拟合后，再截枝。

10.1.2　信息熵与信息增益

决策树的第一个问题是属性选择。属性选择过程中，最简单直接的想法就是根节点能够解决主要的问题，后面节点能够解决剩下的问题。如通过纹理能够得到 80% 的正确率，而根据触感能得到 60% 的正确率，那毫无疑问，纹理更重要，则根节点选择纹理属性，而不是触感属性。这种重要性程度用什么方法进行判断？这就得利用信息熵和信息增益等方法。

常见的属性选择标准包括信息增益(Information Gain)最大化和基尼(Gini)系数最小化。下面仅介绍信息增益最大化方法。

信息增益来源于昆兰于 1979 年提出的以香农的信息论为依据的 ID3 算法，在属性选择时，利用最高信息增益的属性作为当前节点的测试属性。具体分为如下几步：

(1)计算总信息熵。当前集合 S 下，若一事件有 k 种结果，对应的概率为 p_i，则此事件发生后所得到的信息熵为：

$$I(S) = -(p_1\log_2 p_1 + p_2\log_2 p_2 + \cdots + p_k\log_2 p_k) = -\sum_{i=1}^{k} p_i\log_2 p_i$$

如上述判断西瓜好坏，此时有两种结果（好瓜和坏瓜），再基于此计算相应的概率得到信息熵。

（2）计算平均信息熵。假设当前节点对应的集合 S，使用特征 f 将现有集合 S 划分为 L 个不相交的子集 S_1，S_2，$\cdots$，S_L，则划分后的平均信息熵为：$E(S) = \sum_{i=1}^{L} \frac{s_i}{s} I(S_i)$。其中 s_i 表示子集 S_i 中的样本数量；s 表示集合 S 中的样本数量，$I(S_i)$ 为第 i 个子集的信息熵。

如挑西瓜案例中，如何判断西瓜好坏，比较基于某个属性如触感（硬挺和软黏）进行判断，触感硬挺的瓜虽然好瓜比较多，但也可能是坏瓜；同理，触感软黏的瓜坏瓜比较多，但也可能是好瓜。因此，分别计算触感硬挺分类后的信息熵和触感软黏分类后的信息熵。在此基础上利用概率加权平均得到平均信息熵。

（3）信息增益。使用特征 f 划分 S 的信息增益 $G(S, f)$ 定义为：

$$G(S, f) = I(S) - \sum_{i=1}^{L} \frac{s_i}{s} I(S_i)$$

其中 $I(S)$ 表示集合的信息熵，$\sum_{i=1}^{L} \frac{s_i}{s} I(S_i)$ 表示根据特征划分后的平均信息熵。

也就是说，信息增益就是总信息熵减去平均信息熵，选择的属性分类结果是使这个值达到最大。

结合上面的案例来说，对于特定的样本，好坏瓜的总信息熵是固定的。现根据纹理或者触感进行判断后，发现根据纹理信息增益最大，也即纹理属性划分进行的平均信息熵最小。由于信息熵指的是不确定性，也就是说，根据纹理属性划分后，好坏瓜的不确定性达到最小，也就是更容易区分了。

考虑到信息增益方法容易偏向于具有多分支的属性，因为多个分支能降低信息熵，进一步可以把信息增益最大化变成信息增益比最大化。感兴趣的读者可以进一步研究。

10.1.3　截枝

决策树的第二个问题是获取理想的模型，也就是截枝的问题。

理论上，划分可以进行到数据样本子集中所有样本都属于同一个类别为止，但这样得到的决策树可能层次太深，甚至每个叶节点上只有一个实例，样本少说明规律不具有普遍性，对应的预测能力较弱。决策树模型是希望生成预测能力强的一棵树，在树完全生长的时候有可能预测能力反而降低，为此通常需要获得大小合适的树。这类似于多元回归模型中，变量增加，拟合优度增加，但模型的复杂性增加，预测能力反而可能下降。

一般来说，截枝方法有包括前截枝和后截枝两种。

前截枝是在决策树充分拟合之前，设置树的停止生长条件，常见条件包括最小划分实例数、划分阈值和最大树深度等。其中最小划分实例数是指当处理节点对应的数据集子集的大小小于指定的最小划分实例数时，即使它们不属于同一类，也不再进一步划分。划分阈值是指划分方法所得的值与父节点的值的差小于指定的阈值时，则不再进一步划分。最大树深度是指当进一步划分将超过最大树深度时，停止划分。

后截枝是在决策树完全拟合之后，对决策树的子树进行评估，若去掉该子树后整个决策树表现更好，则该子树将被截枝。

【例10-1】某地区16个是否买房的样本数据如表10-1所示。其中是否买房与年龄、性别和收入水平相关。根据表中样本，利用信息增益原理建立决策树，并判别当一个人为男性、年龄<35岁、收入水平为中等时，是否买房。

表10-1　某地区16个是否买房的样本数据

编号	年龄	性别	收入水平	是否买房
1	<35	男	中	否
2	≥35	女	中	否
3	≥35	女	中	否
4	≥35	女	低	否
5	<35	男	高	否
6	≥35	女	低	否
7	<35	女	低	否
8	<35	女	高	是
9	≥35	男	中	是
10	<35	男	高	否
11	≥35	女	中	否
12	<35	男	低	否
13	≥35	女	中	否
14	≥35	男	低	是
15	≥35	男	中	是
16	≥35	女	低	否

【解】具体步骤如下：

(1)根据表10-1计算总的信息熵。结果要判断是否买房，其中16个样本中，有4个结果为是，12个结果为否，对应的总信息熵为：

$$I(16，4) = -\left(\frac{4}{16} \times \log_2 \frac{4}{16} + \frac{12}{16} \times \log_2 \frac{12}{16}\right) = 0.8113$$

(2)进一步选择根节点，其中有三个特征，分别为年龄、性别和收入水平，为方便后续计算，分别按这三个特征分类，得到是否买房的结果如表10-2所示。

表10-2　根据不同属性分类结果

属性	类别	是	否	合计
年龄	<35	1	5	6
	≥35	3	7	10
性别	男	3	4	7
	女	1	8	9

续表

属性	类别	是	否	合计
收入	高	1	2	3
	中	2	5	7
	低	1	5	6

根据表中结果分别计算年龄、性别和收入不同属性的平均信息熵和信息增益。

首先，根据年龄分类，计算小于和大于等于 35 岁的信息熵：

小于 35 岁的信息熵：$I(6, 1) = -\left(\dfrac{1}{6} \times \log_2 \dfrac{1}{6} + \dfrac{5}{6} \times \log_2 \dfrac{5}{6}\right) = 0.650\,0$

大于等于 35 岁的信息熵：$I(10, 3) = -\left(\dfrac{3}{10} \times \log_2 \dfrac{3}{10} + \dfrac{7}{10} \times \log_2 \dfrac{7}{10}\right) = 0.881\,3$

在此基础上，计算年龄分类后的平均信息熵：

$E(年龄) = (6/16) \times I(6, 1) + (10/16) \times I(10, 3) = 0.794\,6$

对应的信息增益为：$0.811\,3 - 0.794\,6 = 0.016\,7$

其次，根据性别分类的信息熵为：

男性信息熵：$I(7, 3) = -\left(\dfrac{3}{7} \times \log_2 \dfrac{3}{7} + \dfrac{4}{7} \times \log_2 \dfrac{4}{7}\right) = 0.985\,2$

女性信息熵：$I(9, 1) = -\left(\dfrac{1}{9} \times \log_2 \dfrac{1}{9} + \dfrac{8}{9} \times \log_2 \dfrac{8}{9}\right) = 0.503\,3$

根据性别分类的平均信息熵为：

$E(性别) = (7/16) \times I(7, 3) + (9/16) \times I(9, 1) = 0.714\,1$

对应的信息增益为：$0.811\,3 - 0.714\,1 = 0.097\,2$

最后，根据收入分类的信息熵：

高收入的信息熵：$I(3, 1) = -\left(\dfrac{1}{3} \times \log_2 \dfrac{1}{3} + \dfrac{2}{3} \times \log_2 \dfrac{2}{3}\right) = 0.918\,3$

中等收入的信息熵：$I(7, 2) = -\left(\dfrac{2}{7} \times \log_2 \dfrac{2}{7} + \dfrac{5}{7} \times \log_2 \dfrac{5}{7}\right) = 0.863\,1$

低收入的信息熵：$I(6, 1) = -\left(\dfrac{1}{6} \times \log_2 \dfrac{1}{6} + \dfrac{5}{6} \times \log_2 \dfrac{5}{6}\right) = 0.650\,0$

根据收入分类的平均信息熵为：

$E(收入) = (3/16) \times I(3, 1) + (7/16) \times I(7, 2) + (6/16) \times I(6, 1) = 0.793\,5$

对应的信息增益为：$0.811\,3 - 0.793\,5 = 0.017\,8$

(3) 比较不同属性的信息熵。通过对比发现，性别信息增益最大，因此根节点选择性别属性。

(4) 根节点确定后，还需要进一步确定叶节点。根据性别分类后的结果如表 10-3 所示。

表 10-3　根据不同性别分类后是否买房统计数据

编号	年龄	性别	收入水平	是否买房
1	<35	男	中	否
5	<35	男	高	否
9	≥35	男	中	是
10	<35	男	高	否
12	<35	男	低	否
14	≥35	男	低	是
15	≥35	男	中	是
16	≥35	女	低	否
2	≥35	女	中	否
3	≥35	女	中	否
4	≥35	女	低	否
6	≥35	女	低	否
7	<35	女	低	否
8	<35	女	高	是
11	≥35	女	中	否
13	≥35	女	中	否

为了后续分析，进一步整理后的结果如表 10-4 所示。

表 10-4　性别分类下不同属性分类结果

性别	属性	类别	是	否	合计
男	年龄	<35	0	4	4
		≥35	3	0	3
	收入	高	0	2	2
		中	2	1	3
		低	1	1	2
女	年龄	<35	1	1	2
		≥35	0	7	7
	收入	高	1	0	1
		中	0	4	4
		低	0	4	4

其中根据男性性别分支进行同样的处理，可得 $E(年龄) = 0.222\ 2$，$E(收入) = 0.503\ 2$。由此可知年龄的信息增益更大，所以男性分支后，选择年龄属性作为叶节点。

（5）同理对女性性别分支进行相同方式的计算，得到的收入为最佳属性。

最后得到的决策树如图 10-2 所示。

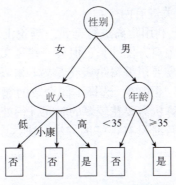

图 10-2　是否买房的决策树图

基于图 10-2 决策树结果，当一个男性、年龄<35 岁、收入水平为中等时，可以判定他应该是不买房。

10.2　KNN 分类

10.2.1　最近邻估计原理

中国古语有云："物以类聚，人以群分""近朱者赤，近墨者黑"。也就是说，要判断是什么样的人，判断他身边的朋友就可以。从统计的角度看，就是如图 10-3 所示的方法。

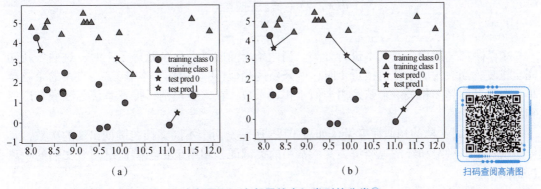

（a）　　　　　　　　　　　　　（b）　　　　　　　　　　扫码查阅高清图

图 10-3　分别基于 1 个邻居和 2 个邻居的未知类别的分类①

图 10-3 显示的是利用不同邻居数对未知类别进行分类，其中三角形和圆形表示已经确定好的两个类别，而星号表示需要确定的类别。图 10-3(a)中，运用的是一个最接近的邻居进行识别，而图 10-3(b)利用的是最接近的两个邻居进行识别，其中两个邻居中，如果两个邻居都属于同一类别，则分类很明确；如果两个邻居恰好属于不同的类别[如图 10-3(b)的左上角所示]，则仍选择最接近的那个邻居类别。

上述就是 K-近邻估计方法（KNN）的直观解释。KNN 最初由 Cover 和 Hart 于 1968 年提出，是最简单的数据挖掘算法之一。如果一个样本在特征空间中的 K 个最相似（即特征空间中最邻近）的样本中的大多数属于某一个类别，则该样本也属于这个类别。

① 图片来自：[德] 安德里亚斯·穆勒／[美] 莎拉·吉多，《Python 机器学习基础教程》，人民邮电出版社。

KNN 方法需要解决的问题关键有两个：

（1）如何定义邻居。统计上利用距离进行衡量。理论上，不同数据距离度量方法也存在差异。一般的数值型数据的距离方便计算，但有一些是文本，如文本挖掘过程中，则常见的距离无法满足要求，此时需要用编辑距离或者文本相似性等方法进行度量。

（2）邻居个数的选择。从上述可知，选择不同个数的邻居分类的结果会存在差异。如果选择的邻居数比较多，则计算机需要花较多的时间进行处理；如果选择较少的邻居，结果可能不具有稳健性。理论上暂时没有很好的方法解决这个问题，一般是根据经验法则，选择 3~5 个邻居进行分析。

10.2.2 统计距离

常用的距离测度方法有欧氏距离、余弦距离、编辑距离等。

（1）欧氏距离。

这是最常用的距离度量方法。在 N 维空间上有 2 点，分别为 $(x_1, x_2, \cdots, x_n)$，$(y_1, y_2, \cdots, y_n)$，则对应的欧氏距离为：

$$d = \sqrt{(y_1 - x_1)^2 + (y_2 - x_2)^2 + \cdots + (y_n - x_n)^2}$$

（2）余弦距离。

余弦距离是用向量空间中两个向量夹角的余弦值衡量两个个体间差异的大小的度量，也称余弦相似度。具体用两个向量的内积除以两个向量的平方和乘积的开方，即

$$d(\boldsymbol{x}, \boldsymbol{y}) = \frac{\sum_{i=1}^{n} x_i y_i}{\sqrt{\sum_{i=1}^{n} x_i^2 \sum_{i=1}^{n} y_i^2}}$$

余弦距离一般用来对文本进行分类。当两条新闻向量夹角余弦等于 1 时，这两条新闻完全重复；当夹角的余弦值接近 1 时，两条新闻相似（可以用作文本分类）；夹角的余弦越小，两条新闻越不相关。余弦距离类似于相关系数，在人脸识别，推荐系统等领域有广泛和深入的应用。

【例 10-2】文档的相似性度量。如表 10-5 所示是两个不同文档关键词出现的次数，具体包括货币、供给和经济等经济类文档常用的关键词，利用余弦距离衡量两个文档的距离（相似性）。

表 10-5　两个不同文档关键词出现的次数

文档	货币	供给	经济	金融	通胀	统计	产业	技术
A	5	0	4	2	3	0	3	0
B	3	1	5	0	1	2	2	4

【解】依据余弦距离公式，结合表中不同关键词出现的次数进行计算：

$$\sum x_i y_i = 5 \times 3 + 0 \times 1 + 4 \times 5 + 2 \times 0 + \cdots + 0 \times 4 = 44$$

$$\sum x_i^2 = 5 \times 5 + 0 \times 0 + 4 \times 4 + 2 \times 2 + \cdots + 0 \times 0 = 63$$

$$\sum y_i^2 = 3 \times 3 + 1 \times 1 + 5 \times 5 + 0 \times 0 + \cdots + 4 \times 4 = 60$$

得到余弦相似性结果为：

$$d(\boldsymbol{x}, \boldsymbol{y}) = \frac{44}{\sqrt{63 \times 60}} = 0.715\ 7$$

说明两个文档的相似性达到 0.7，两文档相似度比较高。

（3）编辑距离。

编辑距离主要用于两个字符串之间的距离计算。定义就是将一个字符串用最少的删除、插入操作变成另一个字符串所需要的操作个数。

编辑距离由苏联数学家 Vladimir Levenshtein 提出，度量通过插入、删除和替换等操作，至少需要多少次的处理才能将一个字符（串）变成另一个字符（串）。换句话说，就是一个字符串变为另一个字符串所需要的最小操作字符数。

编辑距离在文本挖掘领域有广泛的应用。如可以用于拼写检查，根据一个拼错的单词和其他正确的单词之间的编辑距离，判断哪些单词是可能正确的拼写。

【例 10-3】计算字符 intention 与 execution 的编辑距离。

【解】第一次处理：intention→ntention，删除 i；

第二次处理：ntention→etention，n 替换成 e；

第三次处理：etention→exention，t 替换成 x；

第四次处理：exention→execntion，插入 c；

第五次处理：execntion→execution，n 替换成 u；

所以 intention 和 execution 之间的编辑距离是 5。具体过程如图 10-4 所示。

图 10-4　编辑距离计算过程

【例 10-4】中国经济增长过程中，存在地区结构性，不同地区的经济发展、产业结构和消费模式等都存在差异。国家统计局把全国 31 个地区（不含港澳台）分为东中西部。其中 10 个地区的人均收入、人均 GDP 和人均消费及其对应地区类别等数据如表 10-6 所示。

表 10-6　2022 年中国 10 个地区的经济指标与地区类别　　　　单位：元

地区	人均收入	人均 GDP	人均消费	类别	距离
上海	79 610	179 401	46 045	东部	124 384.6
广西	27 981	52 215	18 343	西部	16 206.7
北京	77 415	190 091	42 683	东部	132 707.7
浙江	60 302	118 830	38 971	东部	61 600.7
云南	26 937	61 736	18 951	西部	7 610.9
贵州	25 508	52 348	17 939	西部	16 690.4
江苏	49 862	144 475	32 848	东部	79 890.4
新疆	27 063	68 526	17 927	西部	5 386.1
广东	47 065	101 796	32 169	东部	39 260.3
甘肃	23 273	44 986	17 489	西部	24 285.5

注：数据来源于国家统计局官网。

现有一地区人均收入为 30 116 元，人均 GDP 为 67 785 元，人均消费为 22 302 元，利用 KNN 近邻估计方法，并选择不同数目的邻居，判断该地区属于哪个类别？

【解】具体步骤如下：

(1)利用欧氏距离求解方法，分别计算该地区与表中各地区的距离。

该地区与上海的距离为：

$$\sqrt{(79\,610 - 30\,116)^2 + (179\,401 - 67\,785)^2 + (46\,045 - 22\,302)^2} = 124\,384.6(元)$$

该地区与广西的距离为：

$$\sqrt{(27\,981 - 30\,116)^2 + (52\,215 - 67\,785)^2 + (18\,343 - 22\,302)^2} = 16\,206.7(元)$$

该地区与每个地区的距离见表 10-6 最后一列。

(2)根据近邻分类方法，如果选择一个邻居为标准，最近的邻居距离为 5 386.1，对应新疆，则把该地区归类为西部地区；如果选择两个邻居为标准，两个最近的邻居分别为新疆和云南，仍是西部地区；如果选择三个邻居为标准，三个最近的邻居分别为新疆、云南和广西，结果还是西部地区，说明该地区为西部地区。事实上，该地区为四川。

10.3   关联规则

10.3.1   商品相关统计原理

关联规则主要是针对购物篮问题提出的，其目的是发现交易数据库中不同商品之间的联系规则。

关联规则可以看作是广义的相关性。在统计中，两列数据是否存在关系，利用相关系数进行衡量。此时关联规则研究的是不同商品(物品等)是否会同时出现。简单地说，在购物过程中，商店里那么多东西，有哪些商品顾客会在一起购买呢？关联规则把数值的相关性推广到商品的相关性。

如果仍从相关系数的角度去理解，相关系数表达的是当 A 变量上涨时，B 变量也跟着上涨，反之亦然。那么对于两种商品而言，如牛奶和面包，那就是当购物篮中买了面包时，也买了牛奶，这就是关联规则。此时为了计数，可以按时间进行分段，如某天内，购买了面包的样本数有多少，此时包含了牛奶的数量又有多少，从而得到不同时间段两变量数据，在此基础上计算相关系数。

但上述存在的难题是把牛奶和面包两种商品推广到多个商品时，计算量则会大幅度增加。因为商场里至少有上千种商品，进行两两组合计算相关系数，则至少有几十万种组合；与此同时，不仅是两个商品具有相关性，还需要推广至三个及以上的商品的联合相关，那计算更复杂。按不同时间周期分段得到的结果也会存在差异。

查看所有的购物篮(样本)，当存在 A 商品时则记 1，不存在则记 0，然后根据相似度量两种商品的距离，也就是相似性。这也就转化成为稀疏矩阵的相似度问题。这种方法同样存在三个及以上商品的相关性度量的复杂性问题。

关联规则能够很好地解决多种商品一起购买的问题，能够从数据集中发现商品(或商品

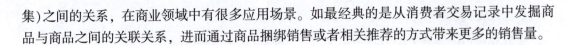

集)之间的关系,在商业领域中有很多应用场景。如最经典的是从消费者交易记录中发掘商品与商品之间的关联关系,进而通过商品捆绑销售或者相关推荐的方式带来更多的销售量。

10.3.2　核心概念与算法

1. 核心概念

关联规则最常见的方法为 Apriori 算法,由 Agrawal 等于 1993 年提出,主要利用支持度和置信度等方法,发现商品之间的相关性。具体如下:

(1)项集(Itemset)为包含 0 个或多个项的集合,如果包含 k 个项,则称为 k-项集。如集合包括牛奶、面包和豆奶三个项,则称 3-项集。其中那些大于或等于最低支持度的商品集合称为频繁项集。

(2)支持度(Support)表示同时包含 A 和 B 的事务占所有事务的比例,即

$$\text{Support} = P(A\&B)$$

简单地说,支持度衡量的是两种商品存在次数占总量的比重。如在 1 000 次购买数据中,有 200 次共同出现面包和牛奶,则支持度为 20%,有 100 次出现面包、牛奶和矿泉水,则支持度为 0%。

(3)置信度(Confidence)表示使用包含 A 的事务中同时包含 B 事务的比例,即同时包含 A 和 B 的事务占包含 A 事务的比例。即

$$\text{Confidence}(AB) = P(B \mid A) = \frac{P(A\&B)}{P(A)}$$

如 1 000 次购买数据中,出现牛奶的次数为 500 次,共同出现牛奶和面包 200 次,则 {牛奶→面包} 置信度为 40%;共同出现牛奶、面包和矿泉水 100 次,则 {牛奶、面包→矿泉水} 置信度为 50%。

(4)提升度(Lift)表示包含 A 的事务中同时包含 B 事务的比例与包含 B 事务的比例的比值。公式为:

$$\text{Lift}(AB) = \frac{\text{Confidence}(AB)}{P(B)} = \frac{P(A\&B)}{P(A)P(B)}$$

如上述 1 000 次数据中,出现牛奶 500 次,出现面包 300 次,共同出现牛奶和面包 200 次,则 {牛奶→面包} 提升度为 1.3。

提升度反映了关联规则中的相关性。如果结果小于 1,说明是负相关的关系,意味着一个出现可能导致另外一个不出现;如果结果等于 1,说明两个条件没有任何关联,即两者相互独立;如果结果大于 1 才表示具有正相关的关系。一般在数据挖掘中当提升度大于 3 时,关联规则才有价值。

如何利用支持度和置信度,从所有可能规则的集合中选择感兴趣的规则呢?此时还需要利用一些度量方法来筛选和过滤,如设置一个阈值进行判定。与相关系数类似,0.3,0.5,0.8 是不同相关程度的分界点。此时需要设置最小支持度和最小置信度。

最小支持度是用户或专家定义的衡量支持度的一个阈值,表示项目集在统计意义上的最低重要性;最小置信度是用户或专家定义的衡量置信度的一个阈值,表示关联规则的最低可靠性。同时满足最小支持度阈值和最小置信度阈值的规则称作强规则。

2. Apriori 算法

关联规则中的经典方法为 Apriori 算法。Apriori 算法步骤如下：

（1）在执行算法之前，先给定最小的支持度和最小的置信度。

（2）利用最小支持度从候选集中找到频繁项集。

具体数据集生成候选项集 C1（1 表示每个候选项仅有一个数据项）；再由 C1 通过支持度过滤，生成频繁项集 L1（1 表示每个频繁项仅有一个数据项）；进一步将 L1 的数据项两两拼接成 C2；从候选项集 C2 开始，通过支持度过滤生成 L2；L2 根据 Apriori 原理拼接成候选项集 C3；C3 通过支持度过滤生成 L3……，直到 Lk 中仅有一个或没有数据项为止。通过遍历的方法直到结束。

（3）利用最小置信度从频繁项集中找到关联规则。

【例 10-5】某商店水果和食品类的购物篮数据库如表 10-7 所示，预设最小支持度为 2，最小置信度为 50%，根据表数据计算频繁项集，并找出可能的相关规则。

表 10-7　某商店水果和食品类购物篮样本数据

TID	商品列表
1	西瓜，香蕉，面包
2	香蕉，矿泉水
3	香蕉，苹果
4	西瓜，香蕉，矿泉水
5	西瓜，苹果
6	香蕉，苹果
7	西瓜，苹果
8	西瓜，香蕉，苹果，面包
9	西瓜，香蕉，苹果

【解】计算步骤如下：

（1）扫描数据集，计算每个候选项集的支持度，得到频繁 1-项集，如表 10-8 所示。

表 10-8　候选项集和频繁 1-项集

项集	支持度计数		项集	频繁项集
{西瓜}	6	→→	{西瓜}	6
{香蕉}	7		{香蕉}	7
{苹果}	6		{苹果}	6
{矿泉水}	2		{矿泉水}	2
{面包}	2		{面包}	2

（2）产生 2 个项集的组合，并与最小支持度进行比较，得到频繁 2-项集，如表 10-9 所示。

表 10-9　候选项集和频繁 2-项集

项集	支持度计数		项集	频繁项集
{西瓜，香蕉}	4		{西瓜，香蕉}	4
{西瓜，苹果}	4		{西瓜，苹果}	4
{西瓜，矿泉水}	1		{西瓜，面包}	2
{西瓜，面包}	2		{香蕉，苹果}	4
{香蕉，苹果}	4	→→→	{香蕉，矿泉水}	2
{香蕉，矿泉水}	2		{香蕉，面包}	2
{香蕉，面包}	2			
{苹果，矿泉水}	0			
{苹果，面包}	1		—	
{矿泉水，面包}	0			

（3）进一步产生 3 个项集的组合，并与最小支持度进行比较，得到频繁 3-项集，如表 10-10 所示。

表 10-10　候选项集和频繁 3-项集

项集	支持度计数		项集	频繁项集
{西瓜，香蕉，苹果}	2	→→→	{西瓜，香蕉，苹果}	2
{西瓜，香蕉，面包}	2		{西瓜，香蕉，面包}	2

则对应的频繁项集为：{西瓜，香蕉，苹果}和{西瓜，香蕉，面包}。

（4）根据频繁项集产生关联规则。上述数据包含两个频繁项集，可以产生的关联规则如表 10-11 所示，并设置最小置信度为 50%。

表 10-11　购物篮关联规则可能结果

潜在关联规则	置信度		关联规则	置信度
{西瓜，香蕉}→{苹果}	2/4 = 50%		{西瓜，香蕉}→{苹果}	2/4 = 50%
{西瓜，苹果}→{香蕉}	2/4 = 50%		{西瓜，苹果}→{香蕉}	2/4 = 50%
{香蕉，苹果}→{西瓜}	2/4 = 50%		{香蕉，苹果}→{西瓜}	2/4 = 50%
{西瓜}→{香蕉，苹果}	2/6 = 33%		{西瓜，香蕉}→{面包}	2/4 = 50%
{香蕉}→{西瓜，苹果}	2/7 = 29%		{西瓜，面包}→{香蕉}	2/2 = 100%
{苹果}→{西瓜，香蕉}	2/6 = 33%	→→→	{香蕉，面包}→{西瓜}	2/2 = 100%
{西瓜，香蕉}→{面包}	2/4 = 50%		{面包}→{西瓜，香蕉}	2/2 = 100%
{西瓜，面包}→{香蕉}	2/2 = 100%			
{香蕉，面包}→{西瓜}	2/2 = 100%			
{西瓜}→{香蕉，面包}	2/6 = 33%		—	
{香蕉}→{西瓜，面包}	2/7 = 29%			
{面包}→{西瓜，香蕉}	2/2 = 100%			

最终得到的关联规则如表 10-11 右边所示的 7 个关联规则。最后，7 个关联规则中，哪几个有用，还需要结合经验进行分析。

10.4 贝叶斯分类

10.4.1 贝叶斯定理

贝叶斯推断也是常见的一种统计推断方法，在生活和工作中经常用到。如有一个小学认识的老同学，在我们的印象中，当年他学习认真、品学兼优，自从小学毕业就再无联系，对他的印象仅停留在小学阶段。现在已经大学阶段了，某次偶遇这位同学，那他现在是一个什么样的人？经过几次交往，发现这位同学大学期间学习并不认真，但厉害的是仍然品学兼优。于是修正以前的观点，认为这个同学品学兼优、聪明能干。这其实就是贝叶斯统计分析方法。具体利用了脑海里已经有的印象(即先验信息)，并结合这几次接触(抽样)，然后更新原先的判断，得到新的认识(后验结果)。

贝叶斯推断主要依据贝叶斯定理。该定理指出，在已知先验概率的情况下，可以通过新的证据来更新事件的概率。具体来说，贝叶斯公式表示为：

$$P(B_i \mid A) = \frac{P(B_i)P(A \mid B_i)}{P(A)} = \frac{P(B_i)P(A \mid B_i)}{\sum P(B_i)P(A \mid B_i)}$$

其中，$P(A)$ 是 A 的先验概率。之所以称"先验"是因为它不考虑任何 B 的因素；$P(A \mid B)$ 是已知 B 发生后 A 的条件概率；$P(B)$ 是 B 的先验概率或边缘概率；$P(B \mid A)$ 是已知 A 发生后 B 的条件概率，也就是后验概率。

后验概率是相对于先验概率的概念，意味着基于新的信息，修正先验概率而获得的更接近实际的概率。

贝叶斯学派认为，任何未知量都可以看作随机变量。如扔骰子某一面出现的概率是随机变量，为 1/6。信息先验表达了关于变量的具体的明确信息。如果对现象没有任何了解，一般设置每种事件发生的可能性一样。如判断明天股价的涨跌，已经知道市场发布了大量利好消息，则结合自己的经验，涨跌概率分别为 0.7 和 0.3。如果一无所知，则最合理设置就是令概率都为 0.5。确定不知情的先验的最简单和最古老的规则是"冷漠"的原则，它将所有可能性赋予相等的概率。

【例 10-6】两个一模一样的碗，一号碗有 30 颗水果糖和 10 颗巧克力糖，二号碗有水果糖和巧克力糖各 20 颗。现在随机选择一个碗，从中摸出一颗糖，发现是水果糖，这颗水果糖来自一号碗的概率有多大？

【解】假定 H_1 表示一号碗，H_2 表示二号碗，E 表示水果糖，问题就变成了在已知 E 的情况下，来自一号碗的概率有多大，即求 $P(H_1 \mid E)$。

$P(H_1 \mid E)$ 为 E 发生之后，$P(H_1)$ 的概率，即后验概率，根据贝叶斯定理得到：

$$P(H_1 \mid E) = \frac{P(H_1)P(E \mid H_1)}{P(E)}$$

由于这两个碗是一样的，所以 $P(H_1) = P(H_2)$，也就是说，在取出水果糖之前，这两个碗被选中的概率相同。因此，来自任意一个碗的先验概率都为 0.5。即 $P(H_1) =$

$P(H_2) = 0.5$。

根据全概率公式：

$$P(E) = P(H_1)P(E \mid H_1) + P(H_2)P(E \mid H_2)$$

有 $P(E) = 0.75 \times 0.5 + 0.5 \times 0.5 = 0.625$

将结果代入最上式，得到：

$$P(H_1 \mid E) = \frac{0.5 \times 0.75}{0.625} = 0.6$$

因此，水果糖来自一号碗的概率为 60%。

统计人物 ▶▶▶

托马斯·贝叶斯

托马斯·贝叶斯(Thomas Bayes，1702—1761)，英国神学家、数学家、数理统计学家和哲学家。

托马斯·贝叶斯出生于英国北部城市谢菲尔德(Sheffield)的一个显赫的清教徒家族中。在他出生以前，这个家族就已经靠小镇闻名的刀具业起家了。托马斯·贝叶斯的曾祖父理查德·贝叶斯(Richard Bayes)是谢菲尔德一位出色的刀具商。1643 年，他在哈拉姆郡(Hallam)的刀具公司担任负责人。

父亲乔舒亚·贝叶斯(Joshua Bayes)是基督教的长老派教徒，原来住在曼彻斯特，其后迁居伦敦。乔舒亚在南沃克和莱瑟莱恩为几任不信奉国教的部长当过助理，于 1723 年接任部长，是英国政府任命的首批不信奉国教的部长之一。托马斯·贝叶斯是乔舒亚的长子，托马斯·贝叶斯继承了父亲长老会牧师的职务。

贝叶斯方法源于他为解决一个逆概率问题写的一篇文章，而这篇文章是在他死后才由他的一位朋友发表出来的。在贝叶斯写这篇文章之前，人们已经能够计算"正向概率"，如"假设袋子里面有 N 个白球，M 个黑球，你伸手进去摸一把，摸出黑球的概率是多大"。而一个自然而然的问题是反过来：如果我们事先并不知道袋子里面黑白球的比例，而是闭着眼睛摸出一个(或几个)球，观察这些取出来的球的颜色之后，那么我们可以就此对袋子里面的黑白球的比例作出什么样的推测。这就是所谓的逆概率问题。

由于贝叶斯当时引入了一个主观因素(即先验概率)，贝叶斯方法并不被当时所认可。直到 20 世纪中期，也就是快 200 年后，统计学家在古典统计学中遇到了瓶颈，伴随着计算机技术的发展，当统计学家使用贝叶斯统计理论时发现能解决很多之前不能解决的问题。

贝叶斯思想和方法对概率统计的发展产生了深远的影响。今天，贝叶斯思想和方法在随机模拟、数据挖掘等领域都获得了广泛的应用。

(根据网络资料整理)

10.4.2　朴素贝叶斯分类

1. 朴素贝叶斯分类原理

贝叶斯统计分类是常见的分类方法。如判定是否为垃圾邮件，垃圾邮件可能有一系列特征，在文本挖掘领域利用是否含有某些关键词进行处理。如同时含有培训、发票和会议等关键词，那判断这个邮件是不是垃圾邮件？一般而言，含有培训、发票和会议关键词不一定是垃圾邮件，因为有些专业协会和政府相关机构举办的培训会议，开完会需要开发票方便参会人员的报账工作，这是正常邮件；但有些邮件含有这些关键字，根本就不是什么正规机构举办的，只为了赚取参会人员的会议费而已，没有什么实质内容，这毫无疑问是垃圾邮件。所以当出现这些关键词时，正常和垃圾邮件都有可能，在统计上运用概率进行表示，分别判断正常邮件和垃圾邮件出现的概率，如果正常邮件的概率大，则判定为正常邮件，反之亦然。

朴素贝叶斯分类算法是贝叶斯分类模型中的一种最简单最有效而且在实际使用中很成功的分类算法。其基本假设是条件独立性，即在类确定时，假设其各个特征相互独立，这也是"朴素"这一名称的来源。在这个假定下，可以把条件联合概率进行分解，具体可得到公式：

$$P(X_1 = x_1, \ X_2 = x_2, \ \cdots, \ X_j = x_j \mid Y = y_k)$$
$$= P(X_1 = x_1 \mid Y = y_k) P(X_2 = x_2 \mid Y = y_k) \cdots P(X_j = x_j \mid Y = y_k)$$

有了上述假定，就可以通过训练样本的特征概率，求解未知样本的概率分布，并得到在联合条件下各个类别出现的概率，哪个最大就认为此项分类项属于哪个类别。

条件独立可以解决众多问题。如应用领域，要了解在一定收入、职业和文凭等条件下，某人的信用程度。条件独立就是分别计算一定收入（职业和文凭）条件下的不同信用程度出现的概率，再利用条件独立的假定，得到联合概率，并基于贝叶斯公式即可得到一定收入、职业和文凭条件下不同信用度的概率，最后根据不同信用度的条件概率得到最终结果。如在一定收入、职业和文凭条件下，信用度较低的概率为 0.05，信用度较高的概率为 0.16，则最终结果认为信用度高。

可以发现朴素贝叶斯算法简单，容易实现，对异常值、缺失值不敏感，分类准确率高。作为生成方法，实现速度快，可以实现多分类，在数据量较少时也能起到作用。可以进行增量式学习，其性能可以与神经网络、决策树相媲美，甚至在模型场合优于其他模型。

但朴素贝叶斯分类也存在缺陷。如上述信用度中，文凭、职业和收入存在相关性，文凭高，对应的职业岗位相对较好，对应的收入自然也会比较高。毫无疑问，这个相关性对结果会造成很大的影响。

但有些领域中，特别是文本识别和语音识别等领域，存在天然的条件独立性。此时适用性就比较强。如垃圾邮件识别中，发票、黄色、会议等不同词语的出现一般是相互独立的，从而根据文本中某些字词的频率就能代表该文本的主题。

2. 朴素贝叶斯分类算法

对于给定的新样本 X，判断其属于类别，根据贝叶斯定理，可以得到 X 属于 y_k 类别的概率 $p(y_k \mid X)$：

$$p(y_k \mid X) = \frac{p(X \mid y_k) p(y_k)}{\sum_k p(X \mid y_k) p(y_k)}$$

在条件独立假定的前提下，有：

$$p(X \mid y_k) = p(x_1, \ x_2, \ \cdots, \ x_n \mid y_k) = \prod_{i=1}^{n} p(x_i \mid y_k)$$

代入贝叶斯公式，有：

$$p(y_k \mid X) = \frac{p(y_k) \prod p(x_i \mid y_k)}{\sum_k p(y_k) \prod_{i=1}^n p(x_i \mid y_k)}$$

于是，朴素贝叶斯分类可表示为：

$$f(X) = \mathrm{argmax}\, p(y_k \mid X) = \mathrm{argmax}\, \frac{p(y_k) \prod_{i=1}^n \{p(x_i \mid y_k)\}}{\sum_k p(y_k) \prod_{i=1}^n \{p(x_i \mid y_k)\}}$$

【例 10-7】贷款是银行重要的业务之一。欧美国家的消费习惯与中国存在差异，欧美国家提倡提前消费，通过信贷方式进行消费，于是对于欧美银行而言，发放贷款时识别消费者的信用则非常重要。某银行 10 个客户的房子、婚姻、年收入和还贷情况的数据如表 10-12 所示。

表 10-12　某银行 10 个客户的基本情况

序号	房子	婚姻	年收入/万元	还贷情况
1	无	已婚	6	还清
2	无	单身	9	拖欠
3	无	单身	7	还清
4	有	离异	22	还清
5	无	离异	9.5	拖欠
6	无	已婚	7.5	还清
7	无	已婚	10	还清
8	无	单身	8.5	拖欠
9	有	单身	12.5	还清
10	有	已婚	12	还清

试根据上述数据，构建朴素贝叶斯算法，并预测一个无房、已婚、年收入为 12 万元的贷款者，是会拖欠贷款还是会还清贷款？

【解】计算步骤如下：

（1）根据表中最后一列结果，计算拖欠和还清的先验概率，具体为：

$$P(拖欠) = \frac{3}{10} = 0.3,\ P(还清) = \frac{7}{10} = 0.7$$

（2）进一步给定拖欠类别，计算每一个特征的类条件概率。

其中房子的条件概率为：

$$P(无房 \mid 拖欠) = \frac{3}{3} = 1,\ P(有房 \mid 拖欠) = 0$$

由于上述出现概率为 0，为了方便计算，利用拉普拉斯平滑进行调整，结果为：

$$P(无房 \mid 拖欠) = \frac{3+1}{3+2} = \frac{4}{5},\ P(有房 \mid 拖欠) = \frac{0+1}{3+2} = \frac{1}{5}$$

婚姻状态的条件概率为：

$$P(已婚 \mid 拖欠) = 0, P(离异 \mid 拖欠) = \frac{1}{3}, P(单身 \mid 拖欠) = \frac{2}{3}$$

同理进行拉普拉斯平滑：

$$P(已婚 \mid 拖欠) = \frac{0+1}{3+3} = \frac{1}{6}, P(离异 \mid 拖欠) = \frac{1+1}{3+3} = \frac{1}{3}, P(单身 \mid 拖欠) =$$

$$\frac{2+1}{3+3} = \frac{1}{2}$$

（3）给定还清类别，计算每个特征的类条件概率如下：

$$P(无房 \mid 还清) = \frac{4}{7}, P(有房 \mid 还清) = \frac{3}{7}$$

$$P(已婚 \mid 还清) = \frac{4}{7}, P(离异 \mid 还清) = \frac{1}{7}, P(单身 \mid 还清) = \frac{2}{7}$$

（4）对于连续数值"年收入"特征，假定样本服从正态分布，通过均值和方差确定密度函数。

对于给定的"拖欠"类别，均值为9，方差为0.25，标准差为0.5。

对于给定的"还清"类别，均值为11，方差为29.75，标准差为5.45。

计算给定拖欠类别下年收入为12万元的概率为：

$$P(12万 \mid 拖欠) = \frac{1}{\sqrt{(2\pi) \times 0.25}} e^{-\frac{(12-9)^2}{2 \times 0.25}} = 9.85 \times 10^{-5}$$

$$P(12万 \mid 还清) = \frac{1}{\sqrt{(2\pi) \times 29.75}} e^{-\frac{(12-11)^2}{2 \times 5.45}} = 6.67 \times 10^{-2}$$

（5）拖欠和还清条件下无房、已婚、年收入为12万元的概率为：

$$P(无房、已婚、12万 \mid 拖欠) = P(无房 \mid 拖欠)P(已婚 \mid 拖欠)P(12万 \mid 拖欠)$$

$$= \frac{4}{5} \times \frac{1}{6} \times 9.85 \times 10^{-5} = 1.31 \times 10^{-5}$$

$$P(无房、已婚、12万 \mid 还清) = P(无房 \mid 还清)P(已婚 \mid 还清)P(12万 \mid 还清)$$

$$= \frac{4}{7} \times \frac{4}{7} \times 6.67 \times 10^{-2} = 2.18 \times 10^{-2}$$

（6）则联合分布概率结果分别为：

$$P(无房、已婚、12万、拖欠) = 1.31 \times 10^{-5} \times 0.3 = 3.93 \times 10^{-6}$$

$$P(无房、已婚、12万、还清) = 2.18 \times 10^{-2} \times 0.7 = 1.53 \times 10^{-2}$$

（7）最后分别计算 $P(拖欠 \mid 无房、已婚、12万)$ 和 $P(还清 \mid 无房、已婚、12万)$，可以发现后者大于前者，则认为此人应该会还清贷款，即不会拖欠贷款。

10.5　模型选择与评估

在统计学模型中，通常存在显著性检验，可以判断模型或者参数的好坏，而数据挖掘领域，无法基于上述显著性方法进行检验。此时为了对模型进行选择与评估，通常把原始数据集分为训练样本和测试样本两部分，其中训练样本用来拟合模型，测试样本是利用拟合好的模型对测试样本进行预测，然后利用预测结果与真实结果的比较对模型进行评估。具体有以下相关概念。

1. 混淆矩阵

混淆矩阵是一种特殊类型的列联表或交叉制表，是用矩阵形式来表示精度评价的一种标准格式。将数据集中的记录按照真实的类别与预测的类别进行汇总，其中表的行表示真实值，表的列表示预测值。只有两分类结果的混淆矩阵如表 10-13 所示。

表 10-13　两分类结果的混淆矩阵

	预测值=1	预测值=0
真实值=1	TP	FN（第一类错误）
真实值=0	FP（第二类错误）	TN

表 10-13 中行分别表示样本中真实值的结果，列表示模型预测的结果。如电信欺诈识别中，两分类分别为正例（是或 1）和负例（否或 0），其中真实值是样本中真实标记为是否的数量，而预测值是利用数据挖掘模型预测的结果。并根据真实结果和预测结果的交叉组合有 TP、FP、FN、TN 四个数值。

其中 TP（True Positive）为预测正确的正例，即预测结果为正例，真实结果也为正例；FN（False Negative）为预测错误的负例，即预测结果为负例，真实结果却为正例，对应第一类错误；FP（False Positive）为预测错误的正例，即预测结果为正例，真实结果却为负例，对应第二类错误；TN（True Negative）为预测正确的负例，即预测结果为负例，真实结果也为负例。

根据混淆矩阵，可以得到以下判别模型优劣的相关概念。

2. 准确率（Accuracy）

准确率是所有正确预测的数量占总数的比重，也就是混淆矩阵正对角线（主对角线）数量占总体数量的比重，用来反应总体预测的准确性。具体计算公式为：

$$Accuracy = \frac{TP+TN}{TP+TN+FN+FP}$$

3. 错误率（Error）

错误率是所有预测错误数量占总数的比重，也就是副对角线（次对角线）数量占总体数量的比重，为假设检验中第一类错误和第二类错误的总和，用来反应总体预测的误差。具体计算公式为：

$$Error = 1-Accuracy$$

4. 精确率（Precision）

精确率也称查准率，即正确预测为正的占全部预测为正的比例，用来反应模型对正样本结果中的预测准确程度，具体公式为：

$$Precision = \frac{TP}{TP+FP}$$

精确率的提出是让模型的现有预测结果尽可能不出错。在法律、医学等领域精确率是非常重要的指标。如在医学检验出现阳性中，很多检验结果容易出现假阳性，也就是精确率不高，此时则需要多次检验确认是否为真阳性。如果不是真阳性，给患者的感觉就是过度医疗，容易导致医患矛盾，因此需要提高精确率。

5. 召回率(Recall)

召回率也称查全率。即正确预测为正的占全部实际为正的比例，具体计算公式为：

$$Recall = \frac{TP}{TP+FN}$$

召回率是针对原样本而言的，其含义是在实际为正的样本中被预测为正样本的概率。高的召回率意味着可能会有更多的误检，但是会尽力找到每一个应该被找到的对象。同样在医学检验等领域非常重要。如癌症筛查过程中，宁可错误检测出一些非阳性人员，也不要漏检一个。

6. F_1 得分(F_1 –Score)

F_1 得分又称为平衡分数(Balanced Score)，为精确率和召回率的调和平均数。理想状态下精确率和召回率都高，才是比较理想的结果。但是实际情况是两者相互"制约"：追求精确率高，则召回率就低；追求召回率高，则通常会影响精确率。

此时需要综合考虑指标、平衡准确率和召回率的影响，较为全面地评价一个分类器。F_1 是精确率和召回率的调和平均。F_1 得分越高说明模型质量越高。具体公式来源于 F_α：

$$F_\alpha = \frac{(1+\alpha^2)\,Precision \times Recall}{\alpha^2 Precision + Recall}$$

当 $\alpha = 1$ 时，则为 F_1 得分，具体为：

$$F_1 = \frac{2}{\dfrac{1}{Precision} + \dfrac{1}{Recall}}$$

【例 10-8】 某数据挖掘模型的测试样本数据与预测结果数据如表 10-14 所示，其中 1 为正例(True)，0 为负例(Negative)。

表 10-14　某数据挖掘模型的测试样本数据与预测结果数据

样本结果	1	1	1	1	1	1	0	0	0	0	0	0	0	0
测试结果	1	1	1	1	0	0	0	0	0	0	0	1	1	1

根据表中结果计算准确率、错误率、精确率和召回率。

【解】 根据表 10-14 绘制对应的混淆矩阵，如表 10-15 所示。

表 10-15　模型评价的混淆矩阵

实际	预测		
	1(正例)	0(负例)	合计
1	4	2	6
0	3	5	8
合计	7	7	14

(1)根据混淆矩阵结果计算，其中模型的准确率具体为：

$$Accuracy = \frac{TP+TN}{TP+TN+FN+FP} = \frac{4+5}{4+3+5+2} = 0.643$$

(2)模型的错误率为：

$$Error = 1-Accuracy = 1-0.643 = 0.357$$

（3）模型的精确率为：

$$\text{Precision} = \frac{\text{TP}}{\text{TP+FP}} = \frac{4}{4+3} = 0.571$$

（4）模型的召回率为：

$$\text{Recall} = \frac{\text{TP}}{\text{TP+FN}} = \frac{4}{4+2} = 0.667$$

10.6　统计特征提取

10.6.1　文本特征提取

常见的文本特征提取方法有 TF-IDF 和 TextRank 两种。

1. TF-IDF

TF-IDF（Term Frequency-Inverse Documentual Frequency）可通过词频统计的方法得到某个词对一篇文档的重要性大小（没有考虑语义信息），它以其高效性和直观性广泛应用于文本挖掘和自然语言处理领域。

（1）某个词的 tf 值计算公式如下：$\text{tf} = \dfrac{n}{N}$，其中 n 表示某个词在文档中出现的次数，N 表示文档中所有词出现的次数总和，这是一个归一化的过程，目的是消除文档篇幅长短上的差异。

（2）某个词的 idf 值计算公式如下：

$$\text{idf} = \lg\left(\frac{D}{1+d}\right)$$

其中，D 表示语料中所有的文档总数；d 表示语料中出现某个词的文档数量。公式中的 1 是为了防止分母为 0 的情况。

（3）最终 tfidf 值为两者的乘积：$\text{tfidf} = \text{tf} \times \text{idf}$。

用 tfidf 值可以弱化常见词，保留重要的词。若某个词在某个文档中是高频词，在整个语料中又是低频出现，那么这个词将具有高 tfidf 值，它对这篇文档来说，就是关键词。

TF-IDF 简单快速，但单纯以词频衡量词的重要性不够全面，如没有考虑关键词的出现位置。很多情况下，文档中位置靠前的词比位置靠后的词更重要。

【例 10-9】假设仅有四个文本，每个文本总共有 7 个关键词，对应关键词出现的频数如表 10-16 所示，根据表中结果计算各文档关键词 tfidf 值。

表 10-16　不同文档关键词频数

	经济	货币	通胀	利率	体育	竞技	数字	合计
文档 1	4	2	5	1	0	0	1	13
文档 2	2	0	3	5	0	0	2	12
文档 3	1	0	0	0	4	6	1	12
文档 4	0	0	0	0	4	3	2	9

【解】计算步骤如下：

（1）根据表 10-16 计算所有词语出现的频数为 46 次，文档 1 "经济"一词出现的次数为 4，则对应的频率为 4/46＝2/23，同理计算其他所有关键词的频率 tf，结果如表 10-17 所示。

表 10-17　不同文档关键词频率

	经济	货币	通胀	利率	体育	竞技	数字
文档 1	2/23	1/23	5/46	1/46	0	0	1/46
文档 2	1/23	0	3/46	5/46	0	0	1/23
文档 3	1/46	0	0	0	2/23	3/23	1/46
文档 4	0	0	0	0	2/23	3/46	1/23

（2）在此基础上计算各文档词频的 idf 数值，如"经济"一词，共有 3 个文档出现，总共有 4 个文档，则对应有 $\lg 4/(3+1)＝\lg 4/4＝0$，其他各关键词同理计算，具体如表 10-18 所示。

表 10-18　关键词 idf 值

	经济	货币	通胀	利率	体育	竞技	数字
idf 值	lg4/4	lg2	lg4/3	lg4/3	lg4/3	lg4/3	lg4/5

（3）tfidf 值计算结果如表 10-19 所示。

表 10-19　各文档不同关键词的 tfidf 数值结果

	经济	货币	通胀	利率	体育	竞技	数字
文档 1	0	0.013 1	0.013 6	0.002 7	0	0	−0.002 1
文档 2	0	0	0.008 1	0.013 6	0	0	−0.004 2
文档 3	0	0	0	0	0.010 8	0.016 3	−0.002 1
文档 4	0	0	0	0	0.010 8	0.008 1	−0.004 2

结果可以发现，大多数文档都有的词语如"经济"和"数字"，得到的结果为 0，甚至为负数；不是每篇文档都有的词语如"通胀"和"货币"等，结果却相对较大。这说明"通胀"和"货币"是用来区别其他文本的重要关键词，而"经济"和"数字"大多数文本都有，无法用来区分文本，因此并不重要。

2. TextRank

TextRank 来源于 PageRank。因此需要先了解 PageRank 算法。

（1）PageRank 算法。

PageRank 算法主要用于解决网页排序。对于某个关键词的搜索，往往会有很多相关网页，如何对这些网页进行排序然后返回给用户最有"价值"的网站？最直观的，对每个网页进行打分，而打分标准至关重要。

PageRank 算法考虑到不同网页之间，一般会通过超链接相连，即用户可以通过 A 网页的超链接，跳转到 B 网页，这种互相跳转关系，可以理解为一种"投票"行为，表示 A 网页对 B 网页的认可，即 A 网页给 B 网页投了一票。最后链接到 B 网页的次数越多，B 网页也就越重要。在此基础上，拉里·佩奇和布林在 1997 年提出基于链接分析的 PageRank 算法，迭代公式具体为：

$$S(V_i) = \sum_{j \in \text{In}(V_i)} \frac{S(V_j)}{|\text{Out}(V_j)|}$$

其中，$S(V_i)$ 为第 i 个网页的价值，$\text{In}(V_i)$ 为由链接到 i 的网页组成的集合，$\text{Out}(V_j)$ 从 j 网页出去的网页组成的集合，$|\text{Out}(V_j)|$ 为集合的网页数量。

但上述公式存在排序泄漏和排序沉没问题：①排序泄漏（Rank Leak）。如果一个网页没有出链（注：从当前网页链接出去的链接），吸收了其他网页的影响力而不释放，最终会导致其他网页的排序结果为 0。②排序沉没（Rank Sink）。如果一个网页只有出链，没有入链（从其他网页链接进来的链接），在计算的迭代过程中，会导致这个网页的排序收敛为 0。

在此基础上，拉里·佩奇提出了 PageRank 算法的随机浏览模型，即很多用户在浏览网站时，是直接打开某网页的，而不是通过链接。在原先的基础上增加一个权重，其中直接打开页面的权重为 $1 - d$，通过原先的方式为 d，对应的迭代公式为：

$$S(V_i) = 1 - d + d \sum_{j \in \text{In}(V_i)} \frac{S(V_j)}{|\text{Out}(V_j)|}$$

其中，d 表示阻尼因子变量，衡量用户按照跳转链接来上网的概率（通常可以取值 0.85），$1 - d$ 表示用户不是通过跳转链接来上网的概率，如直接输网址。

【例 10-10】现有 A，B，C，D，E 五个网页，它们之间的超链接如图 10-5 所示，根据图示关系，利用 PageRank 原理计算各网页的排名。

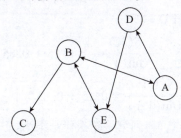

图 10-5　五个网页之间的超链接关系

【解】具体计算过程如下：

1）用邻接矩阵表示网页的关系。其中 B 到 C 的箭头表示 B 网页有到 C 网页的链接，而 A，B 之间的箭头表示网页之间相互链接。用邻接矩阵表示为：

$$\boldsymbol{G} = \begin{bmatrix} 0 & 1 & 0 & 0 & 0 & 0 \\ 1 & 0 & 0 & 0 & 1 \\ 0 & 1 & 0 & 0 & 0 \\ 1 & 0 & 0 & 0 & 0 \\ 0 & 1 & 0 & 1 & 0 \end{bmatrix}$$

上面图的邻接矩阵，第 i 行第 j 列为 1，表示第 i 个节点到第 j 个节点有边，比如第 1 行第 2 列，表示网页 A 到网页 B 的边。1 表示无权重，如果有权重，则 1 可以替换为相应权重。

2）对邻接矩阵进行标准化，可以计算出标准邻接矩阵为：

$$W = \begin{bmatrix} 0 & 1/3 & 0 & 0 & 0 \\ 1/2 & 0 & 0 & 0 & 1 \\ 0 & 1/3 & 0 & 0 & 0 \\ 1/2 & 0 & 0 & 0 & 0 \\ 0 & 1/3 & 0 & 1 & 0 \end{bmatrix}$$

3）进一步，用一个 5 维列向量 S 表示 5 个网页的概率初始值，赋值相同概率，具体为：$S^0 = \begin{bmatrix} 0.2 & 0.2 & 0.2 & 0.2 & 0.2 \end{bmatrix}$

4）利用未加阻尼因子的迭代公式的矩阵表示方式为：

$$S^n = W S^{n-1}$$

相当于对向量 S 反复进行 W 概率转移过程。利用矩阵运算来进行前面的迭代公式计算：

$$S^1 = \begin{bmatrix} 0.067 & 0.3 & 0.067 & 0.1 & 0.267 \end{bmatrix}$$

经过 100 轮迭代，得到的结果为：

$$S^{100} = \begin{bmatrix} 2.04 \times 10^{-8} & 4.84 \times 10^{-8} & 2.04 \times 10^{-8} & 1.11 \times 10^{-8} & 3.44 \times 10^{-8} \end{bmatrix}$$

可以发现概率都收敛至 0，不符合要求。因此需要加上一个阻尼因子。

5）利用加上阻尼因子的矩阵迭代公式为：

$$S^n = \begin{bmatrix} W & (S)^{n-1}\mathbf{1} \end{bmatrix} \begin{bmatrix} d \\ 1 - d \end{bmatrix}$$

令 $d = 0.85$，在此基础上进行计算：

$$S(V_A) = 1 - d + d \sum_{j \in \text{In}(V_i)} \frac{S(V_j)}{|\text{Out}(V_j)|} = 0.15 + 0.85 \times \frac{1}{3} \times \frac{1}{5} = 0.207$$

$$S(V_B) = 1 - d + d \sum_{j \in \text{In}(V_i)} \frac{S(V_j)}{|\text{Out}(V_j)|} = 0.15 + 0.85 \times \left(\frac{1}{2} \times \frac{1}{5} + 1 \times \frac{1}{5} \right) = 0.405$$

再分别计算 C、D 和 E 节点，得到第一轮迭代结果为：

$$S^1 = \begin{bmatrix} 0.207 & 0.405 & 0.207 & 0.235 & 0.337 \end{bmatrix}^T$$

第 100 轮迭代结果为：

$$S^{100} = \begin{bmatrix} 0.405 & 0.898 & 0.405 & 0.322 & 0.678 \end{bmatrix}^T$$

第 200 轮迭代结果与第 100 轮结果一致，说明已经收敛，就是最终结果。

6）为了规范化，还需要把概率和变为 1，即标准化结果为：

$$S = \begin{bmatrix} 0.149 & 0.332 & 0.149 & 0.119 & 0.251 \end{bmatrix}^T$$

这就是最终的概率，结果显示了各网页的重要性。其中 B 的排序结果最大，其次是 E，最后为 D。从图 10-5 也可以看出，B 和 E 的超链接也更多。

（2）TextRank 算法。

TextRank 算法是拉德·米拉（Rada Mihalcea）和保罗·塔劳（Paul Tarau）于 2004 年在研究自动摘要提取过程中所提出来的，算法与 PageRank 形式一致，具体将网页之间的链接关系转移到词语之间，从而用于关键词的排序。

基于 TextRank 的关键词抽取算法，把文本中的每个词看作是一个网页，把文本中词的共现关系看作是边。与 PageRank 不同的是，PageRank 中是有向边，而 TextRank 中是无向边或可以看作是双向边，即具有共现关系的两个词互相指向。

其中的共现关系，就是对文本进行预处理后，设置一个默认大小为 m 的窗口，在文本中从头到尾依次滑动，同一个窗口中的任意两个词之间都连一条无向边[即入链 $\mathrm{In}(V_i)$ 和出链 $\mathrm{Out}(V_i)$ 完全一致]。

得到词语之间的关系后，对每个词 V_i 赋予一个初始值 $S(V_i)$，然后代入上述公式进行迭代直到收敛，最终选择按数值结果降序排列，选择前 N 个(如 10 个)作为关键词。

TextRank 在构建词语关系时，引入了权重(即两个词语的共现次数)。基于 TextRank 的文本关键词抽取是利用局部词汇关系，即共现窗口，对候选关键词进行排序，该方法的步骤如下：

①对于给定的文本进行分词和去除停用词等数据预处理操作，并保留指定的词性，最终得到 n 个候选关键词。

②构建候选关键词结构。由候选关键词组成，通过设置窗口和共现关系构造关键词之间的边(两个节点之间仅当它们对应的词汇在长度为 K 的窗口中共现则存在边)。

③根据 PageRank 迭代公式，初始化每个节点关键词权重，迭代计算各节点的权重，直至收敛。

④对节点权重进行倒序排列，得到排名前 Top N 个词汇作为文本关键词。

⑤根据 Top$N$ 关键词，在原始文本中进行标记，若形成相邻词组，则组合成多词关键词。例如，文本中有句子"Compatibility of systems of linear constraints over the set of natural numbers."，如果"linear"和"constraints"均属于候选关键词，则组合成"linear constraints"加入关键词序列。

【例 10-11】根据下述文档，利用 TextRank 方法，对名词关键词进行处理，并构建其网络关系。

Compatibility of systems of linear constraints over the set of natural numbers. Criteria of compatibility of a system of linear diophantine equations, strict inequations, and nonstrict inequations are considered. Upper bounds for components of a minimal set of solutions and algorithms of construction of minimal generating sets of solutions for all types of systems are given. These criteria and the corresponding algorithms for constructing a minimal supporting set of solutions can be used in solving all the considered types systems and systems of mixed types. [①]

【解】指定关键词为名词。具体处理步骤如下：

①分词。以第一句话为例，分词后的候选关键词为："Compatibility systems linear constraints set numbers"

②以 2 个窗口进行滑动，上述关系表示为：

Compatibility systems

systems linear

linear constraints

constraints set

set numbers

当然也可以 3 个窗口进行滑动(略)。

③根据所有的关键词及其关系，构建关键词结构关系图，如图 10-6 所示。

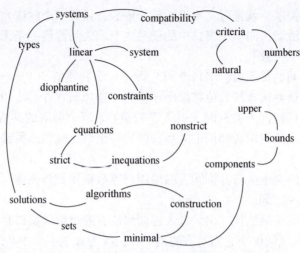

图 10-6　关键词结构关系图

可以发现，systems 关键词与 types，linear 和 compatibility 都存在关系(即边)。

④基于上述关系图利用 PageRank 相似的方法对关键词权重计算并排序，进一步查看词语是否能连在一起。如上述最终得到的结果为：

linear constraints；linear diophantine equations；natural numbers；nonstrict inequations；strict inequations；upper bounds。

10.6.2　声音特征提取

1. 语音产生原理

语音产生涉及气流驱动、声带振动、声道共振和发音调制等过程。

当气流通过喉部的声带时，如果声带被拉紧且靠拢，气流使其快速振动，产生原始的声波。这些声波就是声带发出的基本声音，称为"基频声"。声带的张力和长度决定了基频，即声音的高低。

原始声波进入声道后，经过口腔、鼻腔、咽腔等的共鸣，增强某些特定频率，削弱其他频率，从而塑造出不同的声音特性，即形成不同的音色和语音特征。

进一步，还可以通过改变舌头、嘴唇、颌骨和软腭等位置来调整共鸣腔的形状和大小，其中通过口腔的开口大小和舌头的位置产生元音，通过气流的阻塞、爆破或摩擦产生辅音。

2. 基音与泛音

基频音，简称基音，为发声器(如嗓子、乐器)发出来的原始声音，是一个振动体(如声带或乐器弦)振动的最低频率，它决定了声音的基本音高。基音频率通常是一个音符的最强部分，听众感知的音高主要由基音决定。基音频率受到性别、年龄和情绪等多种因素的影响，变化范围很大。一般而言，男性的基频范围是 135~185 Hz，女性为 260~350 Hz。例如，当声带振动产生 440 Hz 的频率时，基音就是 440 Hz，这对应于音乐中的 A4 音。

泛音就是在振动的主体(如弦、管和膜等)本身振动时产生共鸣的声音，泛音是基音的整数倍频率，是在基音之上产生的附加频率。泛音决定了声音的音色或音质，即使两个声音具有相同的基音频率，它们的音色可以因为泛音的不同而显著不同。例如，小提琴和钢琴演奏相同音高的音符，基音相同，但泛音结构不同，因此它们的音色不同。

3. 音高

音高是声音高低的主观感知。声音频率决定音高，物体振动得快，发出声音的音高就高；振动得慢，发出声音的音高就低。其计算公式为：

$$pitch = 69 + 12\log_2\left(\frac{f}{440}\right)$$

其中，f 是基本频率。pitch 表示音高，采用 MIDI 音符编号。

音高为 69 时，对应的频率为 440 Hz，即音符为 A4。

一般而言，男性音高范围在 35~72 半音，对应的频率是 62~523 Hz。女性音高范围在 45~83 半音，对应的频率是 110~1 000 Hz。

人类能听到 20~20 000 Hz 的频率的声音，猫能听到 45~85 000 Hz 的声音，蝙蝠能听到高达 120 000 Hz 频率的声音，海豚能听到高达 200 000 Hz 频率的声音，大象能听到 5~10 000 Hz 频率的声音。

音高是基于频率的感知，但人耳对音高的感知并非完全线性。人类对音高的感觉主要取决于频率比，而不是频率差。比如 220 Hz 到 440 Hz 的音差和 440 Hz 到 880 Hz 的音差，一般人认为是一样大的音差。

一般情况下，把存在两倍关系的频率按等比分为 12 份。如 440 Hz 对应的音符为 A4，880 Hz 对应的音符为 A5。两个相邻半音的频率比是 2 开 12 次方，即：

$$\frac{f(p + 1)}{f(p)} = 2^{1/12} = 1.059$$

如果两个音的频率比值近似于最简整数比，那么这两个音同时发出来人会感觉很和谐。比如 440 Hz 和 660 Hz 的两个音，频率比值是 2：3，一般叫作完全五度，同时发出来很和谐。

如图 10-7 中《故乡原风景》的音高主要在 D 音级和 B 音级，而《高山流水》的音高主要在 C 音级。

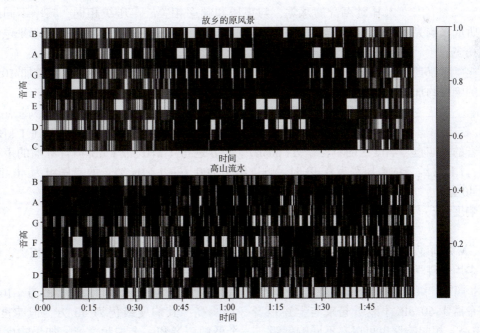

图 10-7　《故乡原风景》和《高山流水》音乐前 2 分钟的音调语谱图对比

4. 音强

音强由两个因素决定：声波的振幅以及它们从声源传播的距离。

音强是声音的声学特性，常用测量单位是分贝。

$$音强的分贝值 = 10\lg\frac{I}{I_{TOH}}$$

音强级别如表 10-20 所示。

表 10-20 音强级别

类别	声功率/（W·m⁻²）	强度级别/dB	× TOH
可听见最小强度	10^{-12}	0	1
窃窃私语	10^{-10}	20	10^2
轻柔的演奏	10^{-8}	40	10^4
普通对话	10^{-6}	60	10^6
极强音演奏	10^{-2}	100	10^{10}
疼痛阈值	10	130	10^{13}
喷气式飞机起飞	10^2	140	10^{14}
耳膜穿孔	10^4	160	10^{16}

5. 响度与响度级

响度是人耳对声音强弱的主观感知，是声音物理特性（如强度和频率）经过听觉系统处理后产生的心理量，与声音强度直接相关，也受声音频率和人耳敏感度等因素的影响。

响度的单位是宋（sone），听者水平正前方的频率为 1 kHz、声压级为 40 dB 的纯音的响度定义为 1 宋。人耳对声音的感觉，与声压和频率相关。声压级相同，频率不同的声音，听起来响亮程度也不同。如空压机与电锯，同是 100 dB 声压级的噪声，听起来电锯声要响得多。

响度随声音强度增加而增加，但并非线性关系。通常来说，当声音强度增加 10 dB，感知的响度约加倍。

响度级是一个参照音强的物理量，用来定量描述声音响度，表示不同频率的声音与 1 kHz 纯音相比较时的等效响度。简单地说，响度级是将不同频率的声音映射到 1 kHz 标准声音的等响点。响度级的单位是方（phon）。1 方是与 1 kHz 的 1 dB 声音等响的声音响度级；1 kHz 纯音的声压级为 0 dB 时，响度级定为 0 方；1 kHz 纯音的声压级为 40 dB 时定为 40 方。

响度（宋）与响度级（方）的换算关系如下：

$$L_N = 40 + 33\lg N \text{ 或 } N = 2^{(L_N-40)/10}$$

其中，N 为响度，L_N 为响度级。对应的关系如图 10-8 所示。响度和响度级密切相关，响度级更多用于科学测量，响度用于心理感知的描述。

相同响度级可以有不同响度。1 kHz 的 40 dB 声音响度为 1 宋，响度级为 40 方。100 Hz 的声音需要 60 dB 才能听起来与上述声音一样响亮，其响度级仍为 40 方，但响度（宋值）更高。相同响度也可以有不同响度级。一个低频声音和一个中频声音，如果响度都为 1 宋，由于频率不同，它们的响度级可能差异很大。

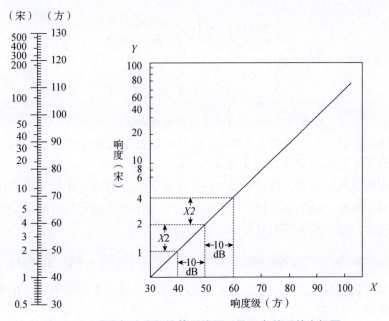

图 10-8 响度与响度级换算列线图以及两者关系的坐标图

6. 音色

音色是人耳感知到的、区分不同声音来源的主观属性，不依赖于音高、响度和持续时间。音色是由声波的波形特性决定的，是发声体的基频和共振频率混合后的听觉感知。

由于发声体的性质、形状及其泛音的多少等不同，导致音色存在差异。描绘音色的词包括：明亮、黑暗、迟钝、刺耳和温暖等。

就振源来说，泛音强度衰减快，音色就很柔和，例如人声和弦乐器；反之，泛音强度衰减慢，音色就很坚硬，例如木管乐器（特别是双簧管和萨克斯管）。就共鸣腔来说，共振峰出现在较低的频率上，音色就雄壮，例如小号；共振峰出现在较高的频率上，声音就冰凉，例如钢琴。某些音色具有多种特性，例如人声的音色既柔和又圆润，小号的音色既雄壮又坚硬，圆号同时具有雄壮和圆润的音色。音色是声音的重要特征，它决定了声音的个性和辨识度，是人耳对声音综合分析的结果，在音乐、语音识别和声音设计中具有重要意义。

7. 过零率

过零率是在声音信号的每一帧中，声音信号的采样值通过零点的次数，常用短时平均过零率指标进行衡量。

平均过零率是每帧信号中过零次数的平均值。对于连续周期性的音频信号，平均过零率就是信号频率的两倍除以采样频率。

而对于离散信号，实质上就是信号采样点符号变化的次数，由于音频信号不平稳特征，此时通常运用短时平均过零率进行衡量，具体公式为：

$$Z_n = \sum_{-\infty}^{\infty} | \operatorname{sgn}[x(m)] - \operatorname{sgn}[x(m-1)] | w(n-m)$$

其中，$\operatorname{sgn}[\ ]$ 为符号函数，具体为：

$$\text{sgn}[x(i)] = \begin{cases} 1 & x(i) \geq 0 \\ -1 & x(i) < 0 \end{cases}$$

$w(n)$ 为窗函数，具体公式为：

$$w(n) = \begin{cases} \dfrac{1}{2N} & 0 \leq n \leq N-1 \\ 0 & \text{otherwise} \end{cases}$$

其中，N 为样本数量，窗口幅度为 $1/2N$，是对窗口范围内的过零率取平均。因为在窗口内共有 N 个样本，而每个样本使用了 2 次。

过零率容易受低频干扰，特别是受 50 Hz 交流干扰。解决这个问题的办法，一个是做高通滤波或带通滤波，减小随机噪声的影响。另一个是设定一定的门槛 T，将过零的含义修改为跨过正负门限，称为门限过零率，公式为：

$$Z_n = \sum_{-\infty}^{\infty} \{|\text{sgn}[x(n)-T] - \text{sgn}[x(n-1)-T]| + |\text{sgn}[x(n)+T] - \text{sgn}[x(n-1)+T]|\}$$

此时过零率就有一定的抗干扰能力，只要信号不越过正负门限所构成的带，就不会产生虚假的过零率。

一般而言，高频率意味着高的过零率，低频率意味着低的过零率。如《故乡的原风景》和《高山流水》前 2 分钟音频中，经统计过零次数分别为 218 897 和 120 641，两者存在较大的差异。

一般而言，周期性信号(如纯音)，过零率较低；高频噪声或嘈杂信号，过零率较高；人的语音的过零率通常介于噪声和音乐之间。因此可以用过零率的差异来区分不同音频类型(如音乐、语音和环境噪声等)、不同情感类别、不同节奏信息和不同乐器类型等。

如情感分析中，愤怒情感的语速快，语音波动剧烈，高频成分较多，则过零率较高；而悲伤情感的语速慢，语音平稳，低频成分占主导，则过零率较高；惊讶情感的语速可能快速变化，音调突然升高或降低，则过零率变化幅度大，局部可能较高。

8. 频谱质心

频谱质心是在一定频率范围内通过能量加权平均的频率。通俗地说，频谱质心是频率成分的重心，为描述音色属性的重要指标。计算公式为：

$$C_i = \frac{\displaystyle\sum_{k=1}^{N} (k+1) X_i(k)}{\displaystyle\sum_{k=1}^{N} X_i(k)}$$

其中，$X_i(k)$ 是第 i 帧的离散傅里叶变换，N 为帧长度，这个特征用来测量频谱的位置，它的值越大就表示声音越洪亮。

频谱质心常用于音色的分析。具有阴暗、低沉品质的声音倾向有较多低频内容，此时频谱质心相对较低；具有明亮、欢快品质的多数集中在高频，频谱质心相对较高。

如图 10-9 所示，《故乡的原风景》的频谱质心相对较低，表明声音比较低沉；而《高山流水》频谱质心波动较大，表明声音有大量高亢的成分。

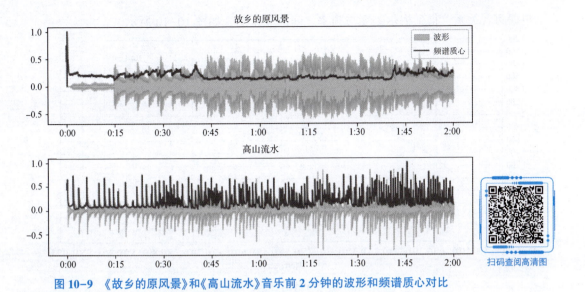

图 10-9　《故乡的原风景》和《高山流水》音乐前 2 分钟的波形和频谱质心对比

9. 倒谱与梅尔倒谱系数

（1）倒谱。

语音特征提取过程中，有一种把声门激励和声道响应分离出来的方法，就是倒谱。倒谱是一种复杂的傅里叶变换。傅里叶变换能够把与时间相关的函数转化成与频率相关的函数。具体而言，傅里叶变换（级数）理论指出，任何函数能够转化为不同周期的三角函数相加，不同周期对应不同频率，则通过变换把时域函数转换为频域函数。

语音为时间的函数，经过傅里叶变换以后，激励信号与声道响应信息转换为频谱分布，是激励信号与声道的相乘。其中包络是慢变化（相当于时域的低频信号），代表的是声道信息；内部是快变化（相当于时域的高频信号），代表的是激励的谐波信息。

为了更好地区分声道信息与激励信息，取对数将相乘关系转换为相加的关系，然后在频谱上逆傅里叶变换（IFFT），从而能够提取声道和激励信息。

（2）梅尔倒谱系数。

MFCC（Mel Frequency Cepstral Coefficent）是一种在自动语音和人声识别中广泛使用的特征。它是在 1980 年由 Davis 和 Mermelstein 提出的。

人的耳朵在嘈杂环境以及各种变异情况下仍能正常分辨出各种语音，其中耳蜗起关键作用，耳蜗实质上的作用相当于一组滤波器，耳蜗的滤波作用是在对数频率尺度上进行的。根据人耳听觉机理，人耳对不同频率的声波有不同的听觉敏感度。两个响度不等的声音作用于人耳时，则响度较高的频率成分的存在会影响到对响度较低的频率的成分，使其变得不易察觉，这种现象称为掩蔽效应。

MFCC 使用一组从低频到高频由密到疏排列的三角形带通滤波器构建特征，使得人耳对音调的感知度变成线性关系。考虑到计算复杂度，实际使用中 MFCC 系数通常取 11~16 阶，具体公式为：

$$\text{Mel}(f) = 2\,595\,\lg\left(1 + \frac{f}{700}\right)$$

其中，f 为频率。

根据两者关系，得到梅尔刻度与频率之间的关系图，如图10-10所示。

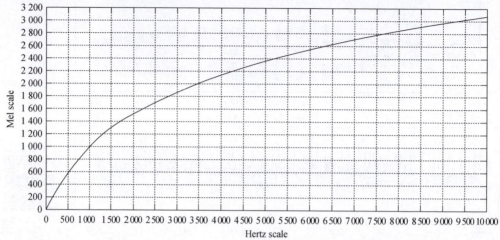

图 10-10　梅尔刻度与频率之间的关系

从图中可知，当频率较小时，基本呈现线性关系，当频率较大时，曲线的斜率较小。在 1 000 Hz 以下为线性尺度，1 000 Hz 以上的为对数尺度，使得耳朵对低频信号敏感，对高频信号不敏感。此时人可以比较容易地发现 500 Hz 与 1 000 Hz 的差异，但很难发现 9 000 Hz 与 9 500 Hz 的差异。

《故乡的原风景》和《高山流水》的梅尔倒谱频语谱图如图 10-11 所示。左侧对应不同频谱，主要为 512 的倍数级。右边对应声音的功率。其中 0 为最大功率级别。因为所有设备都有一个最大输出功率，dBFs 的参考电平通常是数字满幅的电平，即数字音频信号的最大振幅的功率。为方便起见，把这个最大振幅的功率作为参考值即 0 dB。−10 表示功率级别相对于满幅约降低了 10 dB。

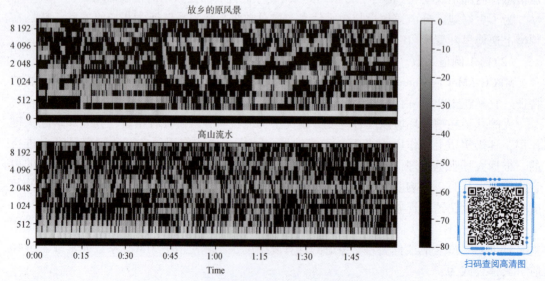

扫码查阅高清图

图 10-11　《故乡的原风景》和《高山流水》前 2 分钟的梅尔倒谱频语谱图比较
（纵轴已对数化）

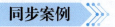

同步案例

音频分析识物种

康奈尔鸟类学实验室 K. Lisa Yang 保护生物声学中心应用创新保护技术，保护野生动植物和栖息地，通过从事各种陆地、水生和海洋生物声学研究项目，解决全球范围内的保护问题。保护中心联合夏威夷生物学实验室对夏威夷的生态系统特别是鸟类进行持续的研究。

作为"世界灭绝之都"，夏威夷已经失去了 68% 的鸟类物种，其后果可能会损害整个食物链。研究人员利用种群监测方法了解本地鸟类对环境变化和保护措施的反应，但岛上的许多鸟类都被隔离在难以接近的高海拔栖息地。由于很难进行身体力行的监测，科学家们转向了声音记录。他们通过投放音频终端接收系统，实时接收大自然中的各种声音。这种被称为生物声学监测的方法，为研究濒危鸟类种群提供了一种被动、低成本的策略。

通过音频终端系统收集大量的音频数据后，更主要的是数据分析。当前通常处理大型生物声音数据集的方法是对每个记录的手动注释，毫无疑问，这需要经过专业的培训，并且需要大量时间。

值得庆幸的是，机器学习的最新进展使得通过大量训练数据自动识别不同鸟类成为可能。具体来说，开发一个模型，可以处理连续的音频数据，然后从声音上识别物种。但是，罕见和濒危物种，由于样本非常少，因此机器学习方法仍然具有挑战性。

总体而言，通过机器学习方法，可以推进生物声学的科学研究，以保护濒临灭绝的鸟类。研究人员和保护从业人员可以更轻松地准确调查鸟类种群数量及其变化趋势，从而能够更有效地评估威胁并调整相应的保护行动。

（根据网络资料整理）

10.6.3　图像特征提取

图像特征分为自然特征和统计特征两大类。其中自然特征为图像本身具有的内在图像特征，如图像的大小、颜色、轮廓、边缘和纹理等；统计特征是为了便于对图像进行分析和处理，后期挖掘出来的统计特征，如灰度直方图、矩特征和熵等。

最常见的四大特征为颜色、纹理、形状和空间关系特征，此处仅介绍前面三个特征。

1. 颜色特征

颜色特征是基于像素点色彩的特征，用于描述图像或图像区域所对应的景物的表面性质。常用的颜色特征包括颜色直方图、颜色集、颜色矩等。

（1）颜色直方图。

Michael J. Swain 和 Dana H. Ballard 最先提出了使用颜色直方图作为图像颜色特征的表示方法，即基于不同颜色（如 RGB）值而绘制出直方图，用于反映图像颜色的统计分布与基本色调。颜色直方图描述的是不同色彩在整幅图像中所占的比例，而并不关心每种色彩所处的空间位置，特别适于描述那些难以进行自动分割的图像。

如图 10-12 所示为某陶瓷彩绘板上花鸟图，图 10-13 为其三色直方图。可以发现，不同颜色在 150~200 灰度值间差异较大，特别是绿色更大；200 左右的三种颜色的灰度值分布最大；210~255 灰度值分布为 0。

图 10-12　某陶瓷板上的局部花鸟图

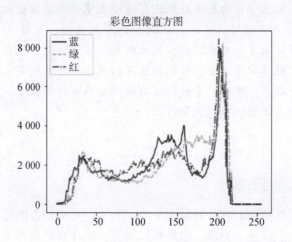

图 10-13　陶瓷彩绘上的三色直方图

　　Stricker 和 Orengo 进一步提出了使用"累加颜色直方图"的概念。在累加颜色直方图中，相邻颜色在频数上是相关的。相比一般直方图，虽然累加颜色直方图的存储量和计算量稍微增加，但是累加颜色直方图消除了一般直方图中常见的零值，也克服了一般直方图量化过细过粗检索效果都会下降的缺陷。

　　（2）颜色集。

　　常用的 RGB 颜色空间结构并不符合人们对颜色相似性的主观判断。因此，有人提出了基于 HSV 空间、LUV 空间和 LAB 空间的颜色直方图，因为它们更接近于人们对颜色的主观认识。其中 HSV 空间中 H 代表色彩（Hue），S 代表饱和度（Saturation），V 代表值（Value）。颜色集是对颜色直方图的一种近似，将图像从 RGB 颜色空间转化成视觉均衡的HSV 空间。图 10-14 所示为图 10-12 陶瓷彩绘的 HSV 直方图。

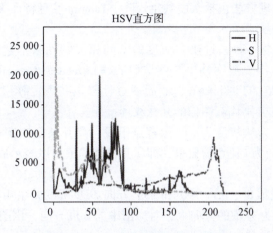

扫码查阅高清图

图 10-14　陶瓷彩绘上的 HSV 直方图

（3）颜色矩。

Stricker 和 Orengo 还提出了颜色矩的方法，具体利用像素值的统计数值表示颜色特征。有一阶矩（均值）、二阶矩（方差）、三阶矩（偏度）和四阶矩（峰度）等。

颜色矩特征在内容描述方面非常有用，尤其是在基于内容的图像检索中。通过比较不同图像的颜色矩特征，可以快速找到与查询图像颜色特征相似的图像。

2. 纹理特征

纹理特征是对图像灰度（浓淡）空间分布模式的描述。纹理特征反映了图像或图像区域所对应景物的表面性质，是物体本身的属性，如图像纹理的粗细、稠密等。图 10-15 所示为规则纹理与不规则纹理的特征，其中左侧砖块为规则的纹理特征，右侧为不规则的纹理特征。

扫码查阅高清图

图 10-15　规则纹理与不规则纹理

在检索具有粗细、疏密等方面较大差别的纹理图像时，利用纹理特征是一种有效的方法。纹理特征在遥感图像、X 射线照片和细胞图像处理方面有广泛的应用。但当纹理之间的粗细、疏密等易于分辨的信息之间相差不大的时候，纹理特征就很难准确地反映出人能察觉到的细微差别。

常见的纹理特征处理方法包括灰度共生矩阵、Tamura 纹理特征等。

（1）灰度共生矩阵法。

灰度共生矩阵，是指一种通过研究灰度的空间相关特性来描述纹理的常用方法，由 Haralick 等于 1973 年提出。灰度共生矩阵法（Gray-Level Co-Occurrence Matrix，GLCM），通过计算图像灰度得到它的共生矩阵，然后通过计算该共生矩阵得到矩阵的部分特征值（如相关性和熵等），来分别代表图像的某些纹理特征。

灰度共生矩阵具体为从灰度为 i 的像素点出发，离开某个固定位置（相隔距离为 d，方位为 θ）的点上灰度值为 j 任意的概率，即所有估计的值可以表示成一个矩阵的形式，以此形成的矩阵。

如图 10-16 分别表示 0°、45°、90° 和 135° 方向 D 步灰度共生矩阵的计算。如 0° 方向 D 步灰度共生矩阵，则为 X 轴的方向上，对应图中的 0 度方向，该图像上任意一点由像素 x_i 向 $x_i + d$ 来回转移的次数。

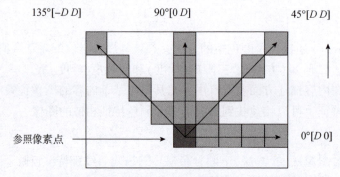

图 10-16　灰度共生矩阵不同角度与步长计算方法

灰度共生矩阵能反映图像灰度关于方向、相邻间隔、变化幅度等综合信息，它是分析图像的局部模式和它们排列规则的基础。由于纹理是由灰度分布在空间位置上反复出现而形成的，因而在图像空间中相隔某距离的两像素之间会存在一定的灰度关系，即图像中灰度的空间相关特性。

对于纹理变化缓慢的图像，其灰度共生矩阵对角线上的数值较大；而对于纹理变化较快的图像，其灰度共生矩阵对角线上的数值较小，对角线两侧的值较大。由于灰度共生矩阵的数据量较大，一般不直接作为区分纹理的特征，而是基于它构建的一些统计量作为纹理分类特征。

【例 10-12】灰度共生矩阵计算。假定根据某个图得到了灰度矩阵（0～255 级），为了计算方便，把灰度量化成 4 级（0~3），得到灰度矩阵为 8×8 矩阵，具体如下：

$$
\begin{bmatrix}
0 & 1 & 1 & 0 & 3 & 2 & 0 & 2 \\
1 & 1 & 0 & 0 & 2 & 1 & 3 & 2 \\
0 & 1 & 1 & 2 & 3 & 2 & 1 & 0 \\
0 & 2 & 2 & 3 & 0 & 1 & 2 & 1 \\
0 & 3 & 2 & 3 & 1 & 0 & 2 & 3 \\
3 & 2 & 2 & 0 & 1 & 1 & 1 & 3 \\
2 & 3 & 0 & 2 & 2 & 1 & 2 & 0 \\
2 & 0 & 1 & 1 & 2 & 3 & 1 & 2
\end{bmatrix}
$$

设定滑动窗口为 4×4。计算不同方向的 1 步共生矩阵。

【解】整个矩阵按 4×4 的区域进行滑动，8×8 的图像总共可以滑动四次，可以得到四个分离的矩阵。方便起见，仅取左上角的矩阵进行分析，对应的矩阵为：

$$\begin{bmatrix} 0 & 1 & 1 & 0 \\ 1 & 1 & 0 & 0 \\ 0 & 1 & 1 & 2 \\ 0 & 2 & 2 & 3 \end{bmatrix}$$

1）0 度方向，步长为 1，分别统计 0，1，2 和 3 像素之间的转移次数，同理得到 4×4 矩阵：

$$A = \begin{bmatrix} 2 & 4 & 1 & 0 \\ 4 & 6 & 1 & 0 \\ 2 & 1 & 1 & 1 \\ 0 & 0 & 1 & 0 \end{bmatrix}$$

如矩阵 A_{11} 元素结果为 2，说明从 0 转移到 0，双向转移次数为 2，矩阵 A_{13} 元素为 1，说明从 0 转移到 2 的双向转移次数仅为 1，其他类似。

在此基础上，对矩阵进行标准化，得到转移概率矩阵：

$$P = \begin{bmatrix} 0.22 & 0.44 & 0.11 & 0 \\ 0.44 & 0.66 & 0.11 & 0 \\ 0.22 & 0.11 & 0.11 & 0.11 \\ 0 & 0 & 0.11 & 0 \end{bmatrix}$$

2）进一步在 45° 方向上，步长为 1，得到转移矩阵为：

$$A = \begin{bmatrix} 0 & 3 & 0 & 0 \\ 4 & 4 & 1 & 0 \\ 0 & 1 & 2 & 0 \\ 0 & 0 & 0 & 0 \end{bmatrix}$$

同理进行标准化：

$$P = \begin{bmatrix} 0 & 0.44 & 0 & 0 \\ 0.58 & 0.58 & 0.15 & 0 \\ 0 & 0.15 & 0.29 & 0 \\ 0 & 0 & 0 & 0 \end{bmatrix}$$

进一步分别计算 90° 方向和 135° 方向步长为 1 的转移矩阵并标准化。

然后根据相同方法分别扫描窗口计算灰色共生矩阵。

3）利用灰色共生矩阵反映纹理方面的特征，还需要结合能量、对比度、相关度、熵和逆差距等指标进行分析。

①能量（ASM）。能量是灰度共生矩阵各元素值的平方和，是图像纹理的灰度变化稳定程度的度量，反映了图像灰度分布均匀程度和纹理粗细度。能量值大表明当前纹理是一种规则变化较为稳定的纹理。

$$ASM = \sum_i \sum_j A_{ij}^2$$

其中 A_{ij} 是指灰色共生矩阵内对应的元素值。

②对比度（CON）。对比度也称反差，度量矩阵的值是如何分布和图像中局部变化的多

少，反映了图像的清晰度和纹理的沟纹深浅。纹理的沟纹越深，反差越大，效果清晰；反之，对比值小，则沟纹浅，效果模糊。

$$CON = \sum_i \sum_j (i - j)^2 A_{ij}$$

③相关度（CORR）。相关度体现了空间灰度共生矩阵元素在行或列方向上的相似程度，反映了图像局部灰度相关性。值的大小反映了局部灰度相关性，值越大，相关性也越大。

$$CORR = \frac{\sum_i \sum_j ij A_{ij} - \mu_x \mu_y}{\sigma_x \sigma_y}$$

④熵（ENT）。熵是图像包含信息量的随机性度量。当共生矩阵中所有值均相等或者像素值表现出最大的随机性时，熵最大；因此熵值表明了图像灰度分布的复杂程度，熵值越大，图像越复杂。若共生矩阵中的值不均匀，则其熵值会变得很小。

$$ENT = -\sum_i \sum_j A_{ij} \ln(A_{ij})$$

⑤逆差矩（IDM）。逆差矩反映了图像纹理局部变化的大小，若图像纹理的不同区域之间较为均匀，变化缓慢，那么逆差矩的值会比较小。

$$IDM = \sum_i \sum_j \frac{1}{1 + (i - j)^2} A_{ij}$$

（2）Tamura 纹理特征。

Tamura 纹理特征最初是由 Tamura 在 20 世纪 70 年代提出的，通过对图像的灰度值分布、亮度特征、粗细特征、方向特征四个方面进行分析，以此来描述图像的纹理特征。

①粗糙度（Roughness）：通过统计图像灰度级各像素值的均值和方差来描述纹理的特征。尺度不变的粗糙度公式为：

$$r = \frac{\sigma}{\bar{x} + 1}$$

其中，σ^2 表示像素灰度值的方差，$\bar{x}$ 为像素灰度值的均值。

在医学影像分析中，Tamura 粗糙度被用于分析组织的纹理特征，帮助识别病变区域。如在皮肤病、肿瘤检测等领域，通过分析皮肤或组织的粗糙度特征，可以辅助医生进行诊断。

②对比度（Contrast）：通过计算局部像素灰度值波动描述图像颜色差异的程度。尺度不变的对比度公式为：

$$c = (max - min)/(max + min + 1)$$

其中，max 表示像素灰度值的最大值，min 为像素灰度值的最小值。

Tamura 对比度可以用于工业领域的质量检测，特别是在分析产品表面质量时，通过对比度的变化检测表面瑕疵或缺陷。如在纺织品、纸张或金属表面检测中，高对比度区域可能表示表面粗糙或不平整。

③方向性（Directionality）：通过计算图像中像素灰度值的梯度方向直方图来描述纹理的方向信息。梯度方向直方图通常是一个长度为 K 的向量，表示图像中存在 K 个不同的方向。

Tamura 方向性可以用于遥感图像处理，方向性特征用于识别和分类地表不同区域的纹

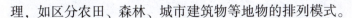

理，如区分农田、森林、城市建筑物等地物的排列模式。

3. 形状特征

形状特征分为轮廓特征和区域特征两类。其中轮廓特征主要针对物体的外边界；区域特征则关系到整个形状区域。

（1）轮廓是一系列相连的点组成的曲线，代表了物体的基本外形。轮廓特征有圆度、紧密度和矩形度等。

①圆度（Circularity）：衡量横截面接近圆的程度，或一个形状接近圆的程度，取值为 $[0，1]$。最大半径与最小半径之差为 0 时，圆度为 0。

圆度特征可用于天文图像处理。圆度特征用于识别和分析天体，如恒星、行星或星系的形状，方便进一步对这些天体的物理性质进行分类研究。

②紧密度（Compactness）：衡量一个形状紧致程度，取值为 $[0，1]$，对于圆，紧密度为 1。用不同长度的绳子围成一个面积一定的区域，使用的绳子长度越短则紧密度越高。

在医学图像分析中，紧密度特征用于分析病变组织或细胞的形状特征。某些病变区域可能具有较低或较高的紧密度，通过分析这些特征，可以帮助诊断和评估疾病的进展情况。

③矩形度（Rectangularity）：衡量一个形状接近矩形的程度，取值为 $[0，1]$。矩形度的计算是使用四周的边界来衡量的，也就是将该物体的边界用最小外接矩形框起来，计算矩形框内和矩形框外的像素个数。矩形度计算公式为：

$$矩形度 = 内部像素 /（内部像素 + 外部像素）$$

在工业质量检测中，矩形度特征用于评估产品形状的准确性和一致性。通过检测产品的矩形度，可以识别出形状偏离矩形的缺陷产品，确保产品符合设计规格。

（2）区域特征。基于区域的形状和该区域像素的灰度值，对每个区域进行各种属性测量，例如图形的面积、质心、周长等。区域面积通过计算区域内像素点总和获得。周长是区域边界周围的距离，通过计算区域边界周围的每对相邻像素之间的距离来给出。

第 11 章　Python 统计分析与实验

> 人生苦短，Python 做伴。
>
> ——Bruce Eckel[①]

11.1　Python 编程基础

11.1.1　开发环境 Anaconda 安装

原始的 Python 不方便编程和代码输入，实际过程中，需要利用一些开发环境如 Jupyter、Spyder 和 Pycharm 等进行编程。Anaconda 集成了上述大多数 Python 开发环境，因此实际编程过程中，仅需要安装 Anaconda 即可。

Anaconda 是一个开源 Python 发行版本，包含 Python、Conda、Numpy、Pandas 和 Matplotlib 等 180 多个科学计算包及其依赖库，从而省去了安装包的麻烦。因此，Anaconda 的下载文件比较大(约 520 MB)。如果只需要部分包，或者需要节省存储空间，也可以使用 Miniconda 这个较小的发行版(仅包含 Conda 和 Python)。

Anaconda 安装非常简单。首先进入 Anaconda 官网，选择电脑系统对应的版本下载。下载后直接安装，一直单击"Next"按钮安装即可。需要注意的是中途有一个环境变量需要增加(见图 11-1)，请勾选第一个"Add Anaconda to the system PATH environment variable"选项。

安装完毕后，在电脑的开始菜单中出现如图 11-2 所示的信息。

打开 Anaconda Navigator(导航)出现如图 11-3 所示的界面。

从上可以看出，Anaconda 自带 Spyder 和 Jupyter Notebook/Lab 等各种开发环境。一般而言，Python 与 R 语言相似，都需要相应的开发环境进行脚本编写和开发。Anaconda 自带的 Spyder 开发环境如图 11-4 所示。Spyder 开发环境类似于 RStudio，因此建议从 R 语言转过来的读者优先选择此开发环境。[②] Spyder 界面中，左侧主要是脚本开发环境，右上侧

[①]　原话为：Life is short, you need Python. Bruce Eckel 为 *Thinking in C++* 和 *Thinking in Java* 等畅销书作者。

[②]　顺便一提的是，现在 RStudio 也支持编辑 Python 代码。不过一个编辑器编写 R 语言的同时还编写 Python，容易把代码搞混淆，最好分开用。

主要是帮助、图表和环境变量等内容，右下侧主要是控制台，即结果展示等输出内容。

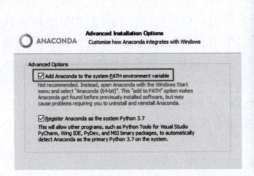

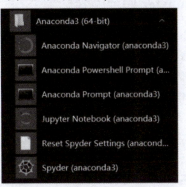

扫码查阅高清图

扫码查阅高清图

图 11-1　系统增加 Anaconda 环境变量　　　　图 11-2　开始菜单中的 Anaconda
文件夹下的内容

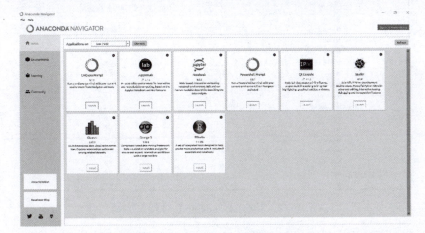

图 11-3　Anaconda 导航打开界面

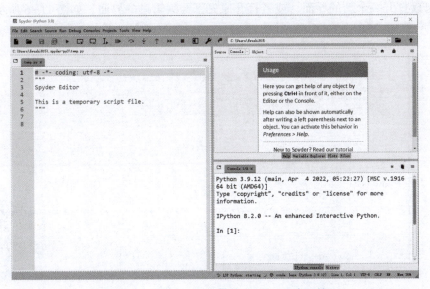

图 11-4　Anaconda 自带的 Spyder 开发环境

11. 1. 2　Jupyter 使用简介

Jupyter Notebook 是一套基于网络的交互式开发环境。用户可以在线开发和分享包含代码和输出的交互式文档，Jupyter Notebook 提供了一个用户交互式的开发环境，用户可以通过执行一部分代码片段，并观察执行结果。这种交互式设计，使得 Jupyter Notebook 非常适合数据科学和机器学习的开发工作。

单击Jupyter 后，会启动Jupyter Notebook 服务器(一个黑色的弹出窗口，不能关!)，还会弹出一个网页主界面(见图11-5)。主界面主要展示指定目录下的内容，包括文件或文件夹。

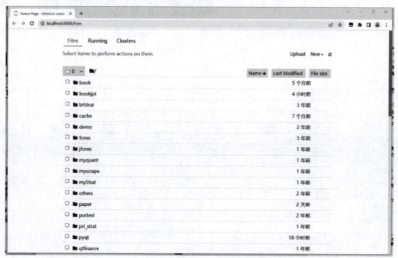

图 11-5　Jupyter Notebook 网页主界面

编程过程，无法在主界面进行，需要新建一个编辑界面，具体选择左上角 New→Python3，可以打开一个新的界面，或者打开原先已经编辑过的界面，如图11-6 所示。

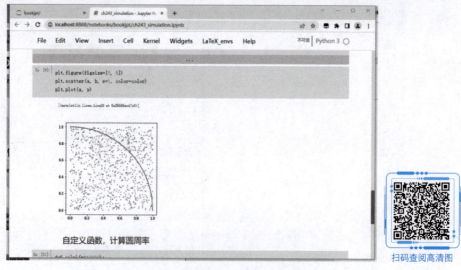

图 11-6　Jupyter Notebook 已编辑好的界面

扫码查阅高清图

编辑过程中，涉及一些快捷键，可以方便快捷地进行编程。常见的快捷键如表 11-1 所示，如通过"Ctrl+Enter"键，可以运行刚输入的代码，从而提升编程的效率。

表 11-1　Jupyter 编程过程中非编辑模式下常用快捷键

用途	快捷键	用途	快捷键
剪切单元格	X	删除单元格	DD
复制单元格	C	拆分单元格	Ctrl + Shift +-
前/后插入单元格	A/B	运行单元格	Ctrl/Alt/Shift + Enter
粘贴单元格	V	代码与 Markdown 转换	Y/M

同时 Jupyter 有很强的文本编辑功能，能够编辑文本，从而方便查看代码的注释或者文档的逻辑结构。如 11-6 图示的"自定义函数，计算圆周率"为 Markdown 文本，从而便于阅读和了解结构内容。在 Markdown 模式下不同注释及其运行后显示结果如图 11-7 所示。

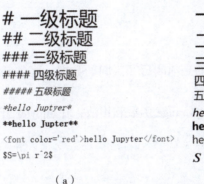

（a）　　　　　　　　　　　（b）

扫码查阅高清图

图 11-7　Markdown 模式下不同注释及其运行后显示结果

（a）不同注释；（b）注释运行后的显示结果

在非编辑模式输入 1~5 数字键，会得到 1~5 级标题；一颗星号中间的内容显示斜体；两颗星号中间的内容显示粗体；两个"$"之间的内容表示数学公式。

Jupyter 其他用法，如增加代码提示功能和设置编辑的浏览器等，请读者自行研究。

11.1.3　Python 统计初步

Python 可以做数学和统计分析，具体通过下述案例进行展示。

【例 11-1】计算 $1+2+\cdots+100$。

【解】这个是最简单的加减法计算。此时可运用自带的 range 函数进行计算，具体如下。

```
print(sum(range(101)))
```

运行结果：505 0。

其中 range 表示幅度或范围的函数，函数后面用小括号表示，括号里面表示输入参数，实际过程中，可能存在多个参数，如 range(1，101)。

学习 Python 的过程中，最让人困惑的是，运行过程中，输出窗口并不直接显示具体结果。如 PyCharm 开发环境中，要查看结果必须用 print 命令。

上述是最简单的做法，实际过程中，也可以用 for 循环的方法进行分析。

```
a=0
for i in range(101):
    a+=i
print('a=',a)
```

运行结果：

```
a=5050
```

需要注意的是，冒号下面一行存在缩进，这种缩进是 Python 的一种语法规则，一般而言，缩进默认是 4 个空格或者 Tab 键，虽然有些编辑器或者某些版本对这种缩进已经放宽，但编程过程中最好严格遵守这种规则。

同理，下面是计算：1+3+5+…+99 的结果，利用循环方式进行计算。

```
b=0
for i in range(1,51):
    b+=2i-1
print('b=',b)
```

其中 range 函数中，其实对应的是前闭后开区间的数据，这是 Python 软件中规范用法（与 R 语言不同）。

实际过程中，很多人还需要了解 range 函数和用法，在 Jupyter 开发环境中输入命令：

```
? range
```

得到求助结果如下：

```
Init signature:range(self,/,*args,**kwargs)
Docstring:
range(stop)-> range object
range(start,stop[,step])-> range object

Return an object that produces a sequence of integers from start (inclusive)
to stop (exclusive)by step.    range(i,j)produces i,i+1,i+2,…,j-1.
start defaults to 0,and stop is omitted!    range(4)produces 0,1,2,3.
These are exactly the valid indices for a list of 4 elements.
When step is given,it specifies the increment (or decrement).
Type:            type
Subclasses:
```

可以发现，range 函数中还存在步长参数，还可以利用步长进行分析，结果如下：

```
e=0
for i in range(1,100,2):
    e+=i
print('e=',e)
```

两者结果均为 2 500。

上述是基本的加减法计算，能够直接编程得到结果；若要进行其他分析，如三角函数计算、解方程(组)和积分，则需要使用加载库(也称包)。

【例 11-2】带有三角函数的混合运算：$1 + \cos(5) \times \exp(-2)$。

【解】Python 无法直接进行三角函数相关运算，此时必须使用加载库，如自带的 math 库，具体如下：

```
import math
a=1+math. cos(5)*math. exp(-2)
print(round(a,3))
```

运行结果：

```
1. 038
```

【例 11-3】解方程：$f(x) = x^2 + 5x - 3$。

【解】Python 无法直接进行解方程的运算，此时需要依赖 sympy 库，具体如下：

```
import sympy
x=sympy. Symbol('x')
fx=x**2+x*5-3
print(sympy. solve(fx,x))
```

运行结果：

```
[-5/2 + sqrt(37)/2,-sqrt(37)/2-5/2]
```

【例 11-4】解线性方程组：$\begin{cases} x + 2y + 3z = 9 \\ 2x - y + z = 8 \\ 3x - z = 3 \end{cases}$。

【解】解线性方程组需要利用 numpy 库，具体如下：

```
import numpy as np
# A = np. mat('1 2 3;2-1 1;3 0-1')
A = np. array([[1,2,3],[2,-1,1],[3,0,-1]])
b = np. array([9,8,3])
x = np. linalg. solve(A,b)
print(x)
```

运行结果：

```
[ 2. -1.   3. ]
```

需要指出的是，导入库后利用 as，这是别名或者简写的意思，利用后面的"np"代表"numpy"，从而方便后续的输入。特别是当导入的库名特别长时，用这种简写更方便。

上述方法不仅能对线性方程求解，还能对方阵求逆。

当然，对方阵求逆也可直接用函数进行求解，具体如下：

```
A = np. array([[1,2],[3,4]])
A_I = np. linalg. inv(A)
print(A_I)
```

运行结果：

```
[[-2.   1.  ]
 [ 1.5-0.5]]
```

【例11-5】计算积分：$\int_0^\infty e^{-x^2/2}\mathrm{d}x$ 。

【解】除了能进行上述运算，Python 还能进行积分计算，主要依赖于 sympy 库，具体如下：

```
import sympy
x = sympy. Symbol('x')
print(sympy. integrate(sympy. exp(-x**2/2),(x,0,sympy. oo)))
```

运行结果：

```
sqrt(2)*sqrt(pi)/2
```

【例11-6】统计作图绘制 $\tan x/x$ 曲线。

【解】Python 还具有强大的作图功能，如需要绘制一个简单的三角函数相关图形，具体如下（见图11-8）：

```
import numpy as np
import matplotlib. pyplot as plt
x = np. linspace(np. pi,2*np. pi,100)
y = np. tan(x)/x
plt. plot(x,y)
plt. show()
```

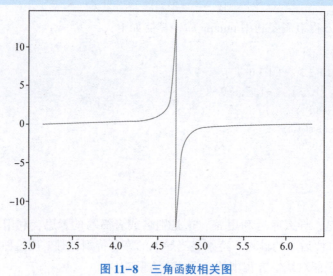

图 11-8　三角函数相关图

从上面简单的计算可以看出，Python 进行统计分析时，离不开 sympy 和 numpy 等统计相关库。而 R 语言进行上述操作时，不需要加载任何库（包）就可以直接运行。这也可以反映出 Python 设计初衷并不是为统计分析服务，后续才进一步开发了统计分析的模块。特别是随着人工智能的发展，Python 率先开发了 sklearn 等机器学习库，因此大量统计相关的使用者都从 R 和 MATLAB 转移到 Python 队伍中，Python 的生态链越来越完善。

11.1.4　Python 常用数据结构

数据结构是存储数据的结构，是一个空间概念，指的是可存放多个值的连续内存空间，这些值按一定顺序排列，可通过每个值所在位置的编号（称为索引）访问。Python 包括元组（Tuple）、列表（List）、字典（Dict）和集合（Set）等 4 种基础数据结构，不需要加载库就存在，可容纳多个元素的容器对象。

1. 元组

元组可以简单理解为不可变的元素集合。

（1）元组创建。

创建元组通常有加括号和不加括号两种方式，其中加括号方式如下：

```
aa=(1,2,3,4)
```

实际中，创建元组也可以省略括号，对应的结果完全一致。

```
aa=1,2,3,4
```

查看结果：

```
print(aa)
```

运行结果：

```
(1,2,3,4)
```

进一步还可以利用 tuple 函数生成简单的元组。

```
aaa=tuple(range(1,101))
print(aaa)
```

可以看出，生成了 1~100 的元组。

上述生成的元组均为数值型，实际上元组可以是不同类型元素的组合。

```
cc=(1,'2',3,'hello')
print(cc)
```

运行结果：

```
(1,'2',3,'hello')
```

（2）元组查看。

查看对象类型，利用 type 函数。

```
print(type(aa))
```

运行结果：

```
<class 'tuple'>
```

查看对象长度，利用 len 函数。

```
print(len(aa))
```

运行结果：

4

从 aa 中取其中第 3 个元素，由于排序默认起始是从 0 开始，具体位置为 2。

```
print(aa[2])
```

运行结果：

3

查看元组的最大值和最小值。

```
print(max(aa));print(min(aa))
```

运行结果：

4 1

查看某个元素是否在元组之中用 in 函数，具体有如下几种方式：

```
print(1 in aa)
print((1,2)in aa)
print((1 and 2)in aa)#(1 or 2)
print((1 in aa)or (2 in aa))
```

请读者自行查看结果。从输出结果可以看出，上述只能查看单个元素，而无法查看小元组是否在大元组之中。（思考：如何查看小元组是否在大元组之中？）

（3）元组不能替换。

需要注意的是，元组具有不可变性，这意味着对应的元素不能被替换。例如，运用下列替换命令，把其中某个元素变成 5。

```
aa[2]=5
```

会得到如下错误：

```
Traceback (most recent call last):
    File "<input>",line 1,in <module>
TypeError:'tuple'object does not support item assignment
```

上述错误大致意思是元组类型不支持元素的赋值。

同理，也不能进行这样的运算：

```
bb=aa[:]-(4,)
```

得到类似的错误：

```
Traceback (most recent call last):
    File "E:/Python/strTest2. py",line 28,in <module>
        bb=aa[:]-(4,)#not support
TypeError:unsupported operand type(s)for-:'tuple'and 'tuple'
```

但可通过以下方式添加元素：

```
aa=aa[:]+(5,6)
```

查看结果：

```
print(aa)
```

运行结果：

```
(1,2,3,4,5,6)
```

这意味着原元组加上一个元素后，替换原先的元组。此时是元组对象重新被赋值，而不是某个元素被替换。

若增加一个元素：

```
aa＝aa+(7)
```

则出现如下错误：

```
Traceback (most recent call last):
    File "<input>",line 1,in <module>
TypeError:can only concatenate tuple (not "int")to tuple
```

这也意味着后面被当作整数型数据，而不是元组方式。

应该采用如下方式：

```
aa＝aa+(7,)
print(aa)
```

运行结果：

```
(1,2,3,4,5,6,7)
```

上述发现元组虽然不能进行减法运算，但能够进行加法运算。

```
bb＝aa[:2]+aa[3:]
print(bb)
```

运行结果：

```
(1,2,4,5,6,7)
```

总体而言，元组是一种不可变类型结构，无法对数据进行替换和更换，也正因为如此，所以效率比较高，运算速度非常快。

2. 列表

上述元组类型数据无法进行替换，在实际的编程过程中，特别是在数据处理过程中，涉及数据筛选和替换之类的操作，需要依赖列表来实现。

列表是处理一组有序项目的数据结构，包含在方括号中，可以添加、删除，或者搜索项目。由于可以增加或删除项目，列表可以包含不同种类、任意类型的对象，甚至可以嵌套列表，这种特征称为异构性。

列表非常灵活，可以在项目中的任何地方使用，还可以保存各种数据，如整数、字符串和自定义类实例。此外，它是可变的，允许根据需要添加项或删除项。

（1）列表创建。

例如，创建 1~10 的列表对象。

```
x＝[1,2,3,4,5,6,7,8,9,10]
print(x)
```

运行结果：

> [1,2,3,4,5,6,7,8,9,10]

可以看出，列表用方括号"[ ]"表示，而元组用圆括号"( )"表示。

（2）列表查看。

对列表进行不同形式的筛选。筛选前两个元素。

```
print(x[:2])
```

运行结果：

> [1,2]

非常有意思的是，列表还可以倒数筛选，如筛选倒数第2个和第3个元素。

```
print(x[-3:-1])
```

运行结果：

> [8,9]

进一步，列表还可以每隔两个元素进行筛选。

```
print(x[::2])
```

运行结果：

> [1,3,5,7,9]

上述筛选方法，对于元组同样适用，请读者自行练习。

当然，列表和元组一样，可以创建不同元素类型的列表，如原先的元组可以直接换成列表。

```
aa=[1,2,3,'hello']
print(aa)
```

运行结果：

> [1,2,3,'hello']

同样可以采用和元组相同的方式，查看某元素是否在列表中，请读者自行完成。

（3）列表增减元素。

列表可以通过不同形式增加元素，具体有"append""extend""insert"等命令。例如，用append函数在aa后面增加x，命令如下：

```
aa. append(x)
print(aa)
```

运行结果：

> [1,2,3,'hello',[1,2,3,4,5,6,7,8,9,10]]

需要注意的是，如果把上述两行命令合二为一，却存在问题。

```
print(aa. append(x))
```

・运行结果：

```
None
```

也可以用 extend 函数增加元素，对应命令如下：

```
aa. extend(x)
print(aa)
```

运行结果：

```
[1,2,3,'hello',1,2,3,4,5,6,7,8,9,10]
```

两者结果存在区别，前者生成的是嵌套列表，后者生成的是普通列表，请读者仔细分辨。

进一步，请读者自行查看 insert 命令如何使用。

列表还可以直接删减元素，具体有"pop""remove""del"等命令。

例如，利用 pop 命令，删除第 6 个元素。

```
aa. pop(5)
print(aa)
```

运行结果：

```
[1,2,3,'hello',1,3,4,5,6,7,8,9,10]
```

利用 remove 命令，删除元素中的 1。

```
aa. remove(1)
print(aa)
```

运行结果：

```
[2,3,'hello',1,3,4,5,6,7,8,9,10]
```

可以看出，只能删除前面的元素 1。（思考：如果删除所有的元素 1，应该输入什么命令？）

读者自行练习如何用 del 命令删除元素。另外，练习上述方法能否运用于元组类型。

正是因为可增加和删除的特征，在统计分析中，经常会使用列表。

（4）列表循环用法。

列表中有一个常见的 for 命令，能够进行循环分析。例如，从 1~20 中间隔取数，并把得到的数乘以 2，构建新列表。

```
bbb=[y* 2 for y in range(1,20,2)]
print(bbb)
```

运行结果：

```
[2,6,10,14,18,22,26,30,34,38]
```

还可以有如下有意思的例子：

```
ccc=[['x','o']*x for x in range(1,5,2)]
print(ccc)
```

运行结果：

[['x','o'],['x','o','x','o','x','o']]

通过上述两个例子可以发现，for 的含义是从 in 里面取元素，然后对元素进行运算得到列表。这种方法能够大大简化编程。

进一步利用上述方法生成嵌套序列。

```
eee=list(range(1,10,2))
kkk=[[eee[i]]*(i+1)for i in range(0,5)]
print(kkk)
```

运行结果：

[[1],[3,3],[5,5,5],[7,7,7,7],[9,9,9,9,9]]

数据分析过程中，用得更多的是把嵌套序列变成普通序列，或者把普通序列变成相同长度的嵌套序列。例如，在网络爬虫抓取表格数据的过程中，需要把字符串数据整理成表格形式，则依赖于这两种操作。

例如，把普通列表 1~20，转换成按 5 个数划分的嵌套列表，具体操作如下：

```
item=list(range(20))
nestlist=[item[i:i+5] for i in range(0,20,5)]
print(nestlist)
```

运行结果：

[[0,1,2,3,4],[5,6,7,8,9],[10,11,12,13,14],[15,16,17,18,19]]

进一步把上述嵌套列表变成普通列表，此时需要运用两个 for 命令，具体操作如下：

```
flatlist=[item for items in nestlist for item in items]
print(flatlist)
```

运行结果：

[0,1,2,3,4,5,6,7,8,9,10,11,12,13,14,15,16,17,18,19]

此处两个 for 命令，可以理解为先从段落里面取句子，再从句子里面取词语。先后顺序不能搞错，否则不能得到正确结果，如：

```
flatlist=[item for item in items for items in nestlist]
Print(flatlist)
```

则运行结果显示如下错误：

```
Traceback (most recent call last):
    File "E:/Python/strTest2. py",line 60,in <module>
        flatlist=[item for item in items for items in nestlist]
NameError:name 'items'is not defined
```

（5）列表组装。

实际过程中，与列表相关的函数还有 zip 和 enumerate，这两个函数有非常广泛的用途，如 zip 函数可以把两个列表组装起来，然后进行格式化输出。

```
for l1,l2 in zip(['windrivder',21],['jack',22]):      # zip 同时遍历两个列表
print('{}--> {}'. format(l1,l2))
```

运行结果：

```
windrivder--> jack
21--> 22
```

总体而言，列表可以替换和增加，是统计分析中最常用的类型之一。

需要注意的是，R 语言也有列表概念，更多用于不同数据类型的集合，索引时需要用两个方括号"[[ ]]"，而 Python 索引一般用一个方括号。

3. 字典

字典是 Python 中的另一个可变数据类型，基于新华字典的查字原理，生活中使用名称——内容对数据进行构建，能够分析一一对应关系，对应格式为：{key1：value1，key2：value2，key3：value3}，具体用"{}"表示，字典中的键（key）必须是不可变的数据类型，如布尔型（bool）、整数型（int）和字符型（str）[①]；而值（value）的数据类型可以任意。

字典的好处在于，存在某种函数映射和关联，通过键和值能够把不同类型的变量通过字典直接关联起来。如统计图绘制中不同颜色的对应关系可运用字典类型。

（1）字典创建。

通常创建字典的方法如下：

```
dict1 = {"a":"apple","b":"banana","g":"grape","o":"orange"}
print(dict1)
```

运行结果：

```
{'a':'apple','b':'banana','g':'grape','o':'orange'}
```

实际编程过程中，有些字典比较复杂，则可利用上述提出的 zip 函数创建，如：

```
key_list=['a','b','c']
value_list=[11,22,33]
```

```
dicts=dict(zip(key_list,value_list))
print(dicts)
```

运行结果：

```
{'a':11,'b':22,'c':33}
```

这种创建方式在统计分析中比较常见，具体可以运用到变量数据类型转换。若把金融数据中的最高、最低、开盘、收盘、成交量与成交额等变量系列全部转换为浮点型，则运用字典形式，具体如下：

```
logic={'open':'float','high':'float','low':'float',
       'close':'float','volume':'float','turnover':'float'}
```

上述写起来太烦琐了，具体也可以利用 zip 函数简写方法，具体如下：

---

① 可变数据类型包括字典（Dict）、列表（List）和集合（Set）等。

```
logic=dict(zip(['open','high','low','close','volume','turnover'],['float']*6))
print(logic)
```

可以发现得到完全一致的运行结果，具体如下：

```
{'open':'float','high':'float','low':'float','close':'float','volume':
'float','turnover':'float'}
```

（2）字典查看。

查看字典里面的内容，可以利用"keys""items""values"等函数，如查看keys函数：

```
print(dict1.keys())#items,values
```

运行结果：

```
dict_keys(['a','b','g','o',])
```

其他两个函数读者自行练习。

进一步查找字典里面的某个内容，如获取dict1里面的键为'b'的值，可利用get命令。

```
print(dict1.get('b'))
```

运行结果：

```
banana
```

字典只能通过键查看值，实际过程中，可能会涉及通过值查看键，但字典里面没有相关的函数进行处理。实际操作过程中，如通过值banana查看键b，可以采用如下两种方法。

第一种方法，生成新的字典，把键与值互换，然后通过get方法查看，具体如下：

```
new_dict = {v:k for k,v in dict1.items()}#very interesting!
print(new_dict.get('banana'))
```

运行结果：

```
b
```

第二种方法，强制转换成列表，然后利用列表索引方式进行，具体如下：

```
print(list(dict1.keys())[list(dict1.values()).index('banana')])
print(list(dict1.keys())[list(dict1.values())=='banana'])
```

两者结果不一样，请读者自行分析哪种结果正确。

（3）字典增减元素。

字典可以增加元素。

```
dict1["w"] = "watermelon"
print(dict1)
```

运行结果：

```
{'a':'apple','b':'banana','g':'grape','o':'orange','w':'watermelon'}
```

上述的键用字符形式表示，也可以用数字1，2等表示，具体如下：

```
dict2 = {1:"apple",2:"banana",3:"grape",4:"orange"}
dict2[5] = "watermelon"
print(dict2)
```

运行结果：

```
{1:'apple',2:'banana',3:'grape',4:'orange',5:'watermelon'}
```

从 dict2 中提取键为 4 的值，且删除。

```
print(dict2.pop(4))
```

运行结果：

```
orange
```

进一步查看 dict2 的结果。

```
print(dict2)
```

运行结果：

```
{1:'apple',2:'banana',3:'grape',5:'watermelon'}
```

可以发现已经删除键为 4 的值。

总体而言，字典是一种具有一一对应关系的集合，其查看方式与元组和列表存在差异。一般而言，小数据用列表比较方便，而数据量比较大时，则利用字典，运行速度会非常快。

4. 集合

集合是一个无序性且不重复元素的集，可以用来消除重复元素和关系测试，包括计算交集、并集、差集和反交集等逻辑运算。

（1）集合创建。

生成如下集合：

```
set1 = {1,2,2,1,3,5,4,6,5,4}
print(set1)
```

运行结果：

```
{1,2,3,4,5,6}
```

可以看出，集合用大括号表示，且能够自动剔除重复项，如果用列表显示：

```
list1 = [1,2,2,1,3,5,4,6,5,4]
print(list1)
```

运行结果：

```
[1,2,2,1,3,5,4,6,5,4]
```

发现重复项仍然存在。正因如此，很多情况下，通常把列表转换成集合，从而实现对重复项的剔除。

（2）集合不能查看子元素。

集合无法用列表之类的索引访问对应的元素，如：

```
print(set1[0])
```

错误结果如下：

```
Traceback (most recent call last):
  File "E:/Python/strTest2. py",line 17,in <module>
    print(set1[0])
TypeError:'set'object is not subscriptable
```

以上操作无法进行索引，如下操作也无法进行：

```
print(set1[:2])
```

若非要进行索引，则可以通过列表中提到过的 enumerate 函数，具体如下：

```
for idex,i in enumerate(set1):
    print(idex,i)
```

运行结果：

```
0 1
1 2
2 3
3 4
4 5
5 6
```

（3）集合运算。

实际中，经常遇到集合之间的关系处理。此时建立一个新集合 set2，并在此基础上进行集合运算。

```
set2 = {1,4,5,6,9,10}
print(set2)
```

运行结果：

```
{1,4,5,6,9,10}
```

取两集合的交集、并集和余集，可以采用两种方法。
一种是直接用函数，如：

```
print(set1. difference(set2))
```

运行结果：

```
{2,3}
```

返回的是 set1 中有而 set2 中没有的元素。

```
print(set1. intersection(set2))
```

运行结果：

```
{1,4,5,6}
```

这表示两者共同存在的元素，即交集。

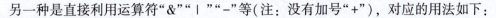

另一种是直接利用运算符"&""｜""-"等（注：没有加号"+"），对应的用法如下：

```
print(set1 & set2)
print(set1 | set2)
print(set1-set2)
```

请读者自行查看结果。

在实际应用中，列表可以重复和排序，而集合主要是删除重复项，不关心出现次数。使用集合而不是列表不仅能让我们编写更少的代码，而且还能获得更具可读性和高性能的代码。同时，集合是无序的，因此无法保证转换回列表时，元素的顺序不变。

11.2　Python 统计入门

11.2.1　数据读取与筛选

1. 数据读取

统计分析中，最常见的就是数据的处理，此时最开始就是进行数据读取（也称数据导入）。一般而言，数据处理过程中，常用的数据格式为 CSV、TXT 和 XLS 等。

①CSV 类型。逗号分隔值（Comma-Separated Values，CSV），有时也称为字符分隔值，因为分隔字符也可以不是逗号，其文件以纯文本形式存储表格数据（数字和文本）。

②TXT 类型。TXT 是微软在操作系统上附带的一种文本格式，是最常见的一种文件格式，早在 DOS 时代应用就很多，主要存文本信息，即为文字信息，现在的操作系统大多使用记事本等程序保存。

③XLS（X）类型。XLS 是 Microsoft Excel 工作表，是一种非常常用的电子表格格式。.xlsx 是 Microsoft Office Excel 2007/2010/2013/2016/2019 文档的扩展名。

其基于 Office Open XML 标准的压缩文件格式取代了其以前专有的默认文件格式，在传统的文件名扩展名后面添加了字母"x"（即".xlsx"取代".xls"）。任何能够打开".xlsx"文件的文字处理软件都可以将该文档转换为".xls"文件，".xlsx"文件比".xls"文件所占用空间更小。

数据读取通常有三种方法：一种是利用 pandas 库读取，一种是 numpy 库读取，还有一种是自带的 with open 方法。以下主要介绍第一种和第三种方法。

【例 11-7】读取厄尔尼诺现象数据。

【解】首先做好准备工作，下载相关数据，并把数据放在 D 盘 datasets 文件夹下，对应的文件名为：elnino.txt。

（1）利用 pandas 库处理。

pandas 库是统计分析中最常用的库之一，里面有读取不同格式的多种函数，如 read_csv 和 read_excel 等，其中前者用来读取 TXT 和 CSV 格式的文档，后者用来读取 XLS 和 XLSX 格式的文档，如上述下载的数据为 CSV 格式，利用 read_csv 函数读取，对应命令如下：

```
import pandas as pd
elnino = pd. read_csv(r'D:\datasets\elnino. txt',delimiter='\t ',encoding='utf-8')
```

其中前面是文件的路径，路径前面加一个"r"（raw，不加容易出错），表示原始方式。具体而言，对应路径中的"\"表示路径分隔符，而不是正则表达式中的意思；"delimiter"为分隔符，常见的分隔符有逗号","或者制表符"\t"，实际中应该根据数据文件具体内容选择相应的分割符；"encoding"为读取的编码，读取中文的编码一般是"gb2312""gbk""utf-8""utf-8-sig"4种方式。在读取数据过程中，容易出错，简单的方法就是遍历上述编码，看看哪个合适。

为了验证导入的数据结果是否正确，查看前5行数据。

```
print(elnino. head())
```

运行结果：

	YR	MON	TOTA	ClimAdjust	ANOM
0	1950	1	24. 56	26. 18	−1. 62
1	1950	2	25. 07	26. 39	−1. 32
2	1950	3	25. 88	26. 95	−1. 07
3	1950	4	26. 29	27. 39	−1. 11
4	1950	5	26. 19	27. 56	−1. 37

[5 rows x 15 columns]

由此看出，数据与文档内容保持一致。实际统计分析过程中，可能会涉及数据信息的查看，如查看数据维度、各变量名称和类型等，可以利用 shape，ndim 和 info 等函数进行查看，如：

```
print(elnino. info())
```

运行结果：

```
<class 'pandas. core. frame. DataFrame'>
RangeIndex:879 entries,0 to 878
Data columns (total 5 columns):
 #   Column      Non-Null Count   Dtype
---  ------      --------------   -----
 0   YR          879 non-null     int64
 1   MON         879 non-null     int64
 2   TOTAL       879 non-null     float64
 3   ClimAdjust  879 non-null     float64
 4   ANOM        879 non-null     float64
dtypes:float64(3),int64(2)
memory usage:34. 5 KB
```

由此可见，上述函数显示较全面的数据信息，包括数据类型、数据维度、各变量类型和内存使用情况等。

实际过程中，还可以在读取时对数据设置索引列，数据对应的索引列应该为日期，对应的命令如下：

```
elnino=pd. read_csv(r'D:\datasets\elnino. txt',delimiter='\t',
                     encoding='utf-8',index_col=['YR','MON'])
elnino. head()
```

运行结果：

		TOTAL	ClimAdjust	ANOM
YR	MON			
1950	1	24. 56	26. 18	−1. 62
	2	25. 07	26. 39	−1. 32
	3	25. 88	26. 95	−1. 07
	……			
	10	25. 68	26. 01	−0. 32
	11	25. 46	26. 06	−0. 60
	12	25. 29	26. 18	−0. 88
1951	1	25. 26	26. 18	−0. 92

[5 rows x 14 columns]

可以看出，年和月份的名称不与正常列名在同一行，而是在下一行，意味着前两列为索引项。

进一步，可以把此数据保存到当地文件夹，具体利用 to_csv 函数，如保存为 CSV 格式。

```
pd. DataFrame. to_csv(r'D:\datasets\elnino. csv',index=True,header=True)
```

其中前面表示保存路径，index 表示是否保存索引（也就是行标题），header 表示是否保存头部（也就是列标题）。

打开对应文件夹可以发现有一个名为 elnino. csv 的新文件。

当然也可以采用下列更简单的方法，如保存为 CSV 格式。

```
elnino. to_csv(r'D:\datasets\elnino. csv',index=True,header=True)
```

有时候保存 CSV 格式中，如果存在中文，需要设置编码类型，如 encoding='gbk'，否则保存后的数据容易出现乱码。

（2）通过 with open 读取数据。

这种方法是 Python 自带的读取方法，不需要导入任何库，通常读取函数有"read""readline""readlines"等。

此时一般用于读取文本数据。特别是文本数据挖掘中常用。

【例 11-8】下载 charter. txt 文档，保存到当地文件夹，并读取《联合国宪章》全文数据。

【解】假定 charter 文本保存在 D 盘 datasets 文件下，利用 with open 命令，具体方法如下：

```
with open(r'D:\datasets\charter. txt',encoding='utf-8')as file:
    charter=file. read()
charter[:200]
```

其中 encoding='utf-8' 是指读取文档时采用的编码，as file 的用法与 import…as…的用法类似，即把前面的部分简称为 file，然后读取文档，并查看前面 200 个字符结果如下：

'《联合国宪章》\n\n\u3000\u3000 我联合国人民同兹决心 \n\n\u3000\u3000 欲免后世再遭今代人类两度身历惨不堪言之战祸,\n\n\u3000\u3000 重申基本人权,人格尊严与价值,以及男女与大小各国平等权利之信念,\n\n\u3000\u3000 创造适当环境,俾克维持正义,尊重由条约与国际法其他渊源而起之义务,久而弗懈,\n\n\u3000\u3000 促成大自由中之社会进步及较善之民生,并为达此目的 \n\n\u3000\u3000 力行容恕,彼此以善邻之道,和睦相处,\n\n\u3000\u3000 集中力量,以维持国际和平及安全,\n\n\u3000\u3000 接'

在实际中，也可以读取表格数据，为了使数据便于阅读和分析，使用 readlines 函数较多。例如，利用 readlines 函数读取时，数据以整体方式读取，需要对数据进行分割，一般事先创建空列表，具体如下：

```
data=[]
with open(r'D:\datasets\elnino. txt')as file:
    for line in file. readlines():
        data. append(line. strip(). split(','))
```

其中 strip 是剔除字符数据前面的空格和制表符等符号，split 是对字符进行分割的标记，即用英文逗号分割字符。具体运行结果如下：

```
[['YR\tMON\tTOTAL\tClimAdjust\tANOM'],
['1950\t1\t24. 56\t26. 18\t-1. 62'],
['1950\t2\t25. 07\t26. 39\t-1. 32']]
```

可以发现，这种方法读取后的表格数据主要是以列表或者字符形式呈现，不方便后续的进一步统计分析。

2. 数据处理

【例 11-9】读取南昌气温数据（NCtemp. csv）[①]，正确读取数据后，并按要求进行如下处理。

（1）把列名称命名为英文；（2）把日期列变成日期时间型（datetime）；（3）筛选最低气温小于等于 10℃ 的数据；筛选最高气温大于 30℃ 的数据；（4）新增每日气温温差列，并把列命名为"range"；（5）筛选出"range"列大于 15℃ 的行；（6）筛选夏季最低温度小于等于 15℃ 的数据；（7）筛选天气包含"多云"字符的数据，并查看多云天气占比；（8）统计不同空气质量的分布。

【解】下载天气数据，并保存到当地文件夹，在此基础上读取数据。

---

① 原始数据来自笔者爬虫。

```
data=pd. read_csv(r'F:\自编教材与著作\统计学\data\nctemp. csv',encoding='gbk')
data. head()
```

查看结果为：

	日期	最高温	最低温	天气	风力	空气质量
0	2018-01-01 周一	12	9	多云~阴	无持续风向微风	89 良
1	2018-01-02 周二	12	8	阴	无持续风向微风	77 良
2	2018-01-03 周三	12	4	小雨~小到中雨	无持续风向微风	56 良
3	2018-01-04 周四	6	3	小到中雨~小雨	南风 1~2 级	15 优
4	2018-01-05 周五	7	4	阴~小雨	无持续风向微风	28 优

（1）一般情况下，为方便数据处理，需要把列名称命名成英文，命名过程中，需要考虑列名称的可识别性，最好以英文翻译或者英文缩写代表列名称，具体如下：

```
data. columns=['date','hightemp','lowtemp','weather','wind','air']
data. head()
```

查看结果为：

	date	hightemp	lowtemp	weather	wind	air
0	2018-01-01 周一	12	9	多云~阴	无持续风向微风	89 良
1	2018-01-02 周二	12	8	阴	无持续风向微风	77 良
2	2018-01-03 周三	12	4	小雨~小到中雨	无持续风向微风	56 良
3	2018-01-04 周四	6	3	小到中雨~小雨	南风 1~2 级	15 优
4	2018-01-05 周五	7	4	阴~小雨	无持续风向微风	28 优

（2）把日期变为日期时间型。此处存在一个问题是，日期与星期在一起，中间以空格分开。则需要把日期和星期分为两列，再进行处理。分列过程中，根据列的特征可以发现，文字为星期，其他为日期，则利用正则表格式进行处理，其中中文字符的正则表达式为[\u4e00-\u9fa5]。再利用 str. replace 方法进行处理。具体如下：

```
data['week']=data. date. str. replace('[0-9]|-| ','')
data['dt']=data. date. str. replace('[\u4e00-\u9fa5]','')
data. drop(columns=['date'],inplace=True)
data. head()
```

查看结果如下：

	hightemp	lowtemp	weather	wind	air	week	dt
0	12	9	多云~阴	无持续风向微风	89 良	周一	2018-01-01
1	12	8	阴	无持续风向微风	77 良	周二	2018-01-02
2	12	4	小雨~小到中雨	无持续风向微风	56 良	周三	2018-01-03
3	6	3	小到中雨~小雨	南风 1~2 级	15 优	周四	2018-01-04
4	7	4	阴~小雨	无持续风向微风	28 优	周五	2018-01-05

当然，上述转换过程中，也可以利用"^"（非）进行匹配，如匹配非中文时，在中文匹配符前加"^"，对应命令为：

```
data['dt']=data. date. str. replace('[^\u4e00-\u9fa5]','')
```

得到的结果一致。

在此基础上，把 dt 列转换为日期时间型，具体如下：

```
data['dt']=pd. to_datetime(data. dt)
```

（3）筛选最低气温小于等于10℃的结果，为了保留原始数据 data，把筛选结果命名为 test1，对应命令为：

```
test1=data. query('lowtemp<=10')
test1. head()
```

查看结果如下：

	hightemp	lowtemp	weather	wind	air	week	dt
0	12	9	多云~阴	无持续风向微风	89 良	周一	2018-01-01
1	12	8	阴	无持续风向微风	77 良	周二	2018-01-02
2	12	4	小雨~小到中雨	无持续风向微风	56 良	周三	2018-01-03
3	6	3	小到中雨~小雨	南风1~2级	15 优	周四	2018-01-04
4	7	4	阴~小雨	无持续风向微风	28 优	周五	2018-01-05

筛选最高气温大于30°的结果，并把筛选结果命名为 test2，对应命令为：

```
test2=data[ data. hightemp>30]
test2. head()
```

查看结果如下：

	hightemp	lowtemp	weather	wind	air	week	dt
124	31	25	多云~阵雨	无持续风向微风	62 良	周六	2018-05-05
132	31	23	多云	无持续风向微风	48 优	周日	2018-05-13
133	33	25	多云	无持续风向微风	55 良	周一	2018-05-14
134	35	27	晴	无持续风向微风	44 优	周二	2018-05-15
135	35	27	晴	无持续风向微风	43 优	周三	2018-05-16

（4）新增每日气温温差列，并把列命名为"range"。对应命令为：

```
data['range']=data['hightemp']-data['lowtemp']
data. head()
```

查看结果如下：

	hightemp	lowtemp	weather	wind	air	week	dtrange
0	12	9	多云~阴	无持续风向微风	89 良	周一	2018-01-013
1	12	8	阴	无持续风向微风	77 良	周二	2018-01-024
2	12	4	小雨~小到中雨	无持续风向微风	56 良	周三	2018-01-038
3	6	3	小到中雨~小雨	南风1~2级	15 优	周四	2018-01-043
4	7	4	阴~小雨	无持续风向微风	28 优	周五	2018-01-053

这能够显示昼夜温差的变化。

（5）筛选出"range"列大于15的行，并把筛选结果命名为 test3。对应命令为：

```
test3=data. query('range>15')
test3. head()
```

查看结果如下：

	hightemp	lowtemp	weather	wind	air	week	dtrange
62	30	11	小雨~中雨	西南风3~4级	54 良	周日	2018-03-0419
463	30	12	小雨	西南风4级	56 良	周二	2019-04-0918
685	29	12	多云~小雨	西北风3级	106 轻度	周日	2019-10-1717
692	25	9	多云~小雨	东北风3级	117 轻度	周日	2019-10-2416
1773	32	15	晴~多云	西北风3级	60 良	周六	2022-10-1217

这是显示昼夜温差大的日子，一般而言，南昌为亚热带季风气候，昼夜温差大常出现在春夏之交和深秋。

(6)筛选夏季最低温度小于等于 15℃ 的数据。首先要确定夏季的时间，根据夏季从立夏(公历5月5—7日)开始，到立秋结束(公历8月7—9日)，选择从每年5月6日—8月8日。筛选时间有两种方法，一种是设置起止时间，如每年开始时间为 2018-05-06，2019-05-06，……，结束时间为 2018-08-08，2019-08-08，……，再基于此利用上述方法进行筛选。另一种匹配对应两个时间所在的索引，再对索引进行处理。

此处选择后一种方法。获取开始日期的索引，命名为 start，对应命令如下：

```
start=data[data['dt'].astype(str).str.contains('05-06')]
start.index
```

查看结果如下：

```
Int64Index([125,490,856,1221,1585,1945],dtype='int64')
```

获取结束日期的索引，命名为 end，对应命令如下：

```
end=data[data['dt'].astype(str).str.contains('08-08')]
end.index
```

查看结果如下：

```
Int64Index([219,584,950,1315,1678],dtype='int64')
```

可以发现，开始索引有6个，而结束索引有5个，则意味着最后一年的结束索引为数据结束(1965)，这样得到6个索引区间，分别为[125-219]，[490-584]，[856-950]，[1221-1315]，[1585-1678]，[1945-1965]。

在此基础上筛选位于这些索引区间内的数据，对应命令如下：

```
test6=pd.DataFrame(columns=data.columns)
for i,j in [*zip(start.index,end.index),[1945,1965]]:
    temp=data[(data.index>=i)&(data.index<=j)]
    test6=pd.concat([test6,temp],axis=0)
test6.tail()
```

查看结果如下：

	hightemp	lowtemp	weather	wind	air	week	dtrange
1961	19	16	多云	北风4级	42 优	周一	2023-05-22 00:00:003
1962	23	19	多云~小雨	东北风2级	66 良	周二	2023-05-23 00:00:004
1963	24	19	多云	东北风1级	61 良	周三	2023-05-24 00:00:005
1964	27	23	雾~雷阵雨	南风1级	56 良	周四	2023-05-25 00:00:004
1965	32	24	雾~晴	西南风2级	54 良	周五	2023-05-26 00:00:008

当然也可以用类似下面的方法选择索引区间，请读者进一步完善。

```
for i in range(5):
    temp = data[(data. index>=start. index[i])& (data. index<=end. index[i])]
    test6 = pd. concat([test5,temp],axis=0)
```

最后在此基础上筛选最低温度小于等于15℃的结果，命令如下：

```
test6 = test6[test6['lowtemp']<=15]
test6
```

查看结果如下：

	hightemp	lowtemp	weather	wind	air	week	dtrange
491	20	15	小雨	东北风3级	55 良	周二	2019-05-07 00:00:005
1593	22	15	雾~中雨	北风3级	54 良	周六	2022-05-14 00:00:007
1594	18	14	小雨~阴	西北风2级	41 优	周日	2022-05-15 00:00:004
1595	23	15	晴	东南风2级	38 优	周一	2022-05-16 00:00:008

(7)筛选天气包含"多云"字符的数据,,并查看多云天气占比。先筛选数据，具体命令如下：

```
test = data[data. weather. str. contains('多云')]
test. head()
```

查看结果为：

	hightemp	lowtemp	weather	wind	air	week	dtrange
0	12	9	多云~阴	无持续风向微风	89 良	周一	2018-01-013
11	9	0	晴~多云	东北风1~2级	65 良	周五	2018-01-129
12	11	3	多云~阴	无持续风向微风	70 良	周六	2018-01-138
13	13	3	多云	无持续风向微风	80 良	周日	2018-01-1410
14	15	8	多云~阴	无持续风向微风	92 良	周一	2018-01-157

进一步查看占比，命令如下：

```
test. shape[0]/data. shape[0]*100
```

结果如下：

```
47. 91454730417091
```

也即48%的天气都是多云。

(8)统计不同空气质量的分布。有两种方法，第一种方法是统计数值型数据，第二种是统计文字型数据，此处采用统计文字型数据方法进行处理，具体命令如下：

```
data['air'] = data. air. str. replace('[0-9]','')
test = data. groupby('air'). size(). reset_index(name='freq')
test
```

查看结果为：

	air	freq
0	中度	9
1	优	850
2	良	996
3	轻度	109
4	重度	2

可以发现，空气质量绝大多数是优和良。

11.2.2　常用统计图

【例 11-10】基于机器学习库中的鸢尾花数据，进行如下处理：(1)从 sklearn 库导入 iris 数据，并把数据转换成数据框，方便后续作图；(2)绘制单变量按不同花分类的箱线图；(3)绘制单变量按不同花分类的小提琴图；(4)绘制四变量气泡图；(5)绘制单变量按不同花分类的均值条形图；(6)绘制四个变量按不同花分类的均值条形图；(7)绘制所有变量的可视化图。

【解】(1)lris 数据库是机器学习领域最常用的数据，此处直接从 sklearn 库中导入，并导入绘图库等，并把数据命名为 data，具体如下：

```
from sklearn. datasets import load_iris
import pandas as pd
import seaborn as sns
import matplotlib. pyplot as plt
data=load_iris()
```

其中 data 变量包含了['DESCR', 'data', 'data_module', 'feature_names', 'filename', 'frame', 'target', 'target_names']对象，不同对象为对数据不同方面的描述。[①] 其中解释变量为"data"，被解释变量为"target"，而且数据都是以 numpy 类型存在。

为方便作图，把数据整理成 DataFrame 类型，具体如下：

```
iris=pd. DataFrame(iris. data,columns=iris. feature_names)
iris. head()
```

结果如下：

	sepal length (cm)	sepal width (cm)	petal length (cm)	petal width (cm)
0	5.1	3.5	1.4	0.2
1	4.9	3.0	1.4	0.2
2	4.7	3.2	1.3	0.2
3	4.6	3.1	1.5	0.2
4	5.0	3.6	1.4	0.2

进一步增加"species"列，对应被解释变量：

```
iris['species']=data. target_names[data. target]
iris. head()
```

---

① sklearn 库中所有自带数据都以上述八个对象形式呈现。

结果如下：

	sepal length (cm)	sepal width (cm)	...	petal width (cm)	species
0	5.1	3.5	...	0.2	setosa
1	4.9	3.0	...	0.2	setosa
2	4.7	3.2	...	0.2	setosa
3	4.6	3.1	...	0.2	setosa
4	5.0	3.6	...	0.2	setosa

（2）绘制箱线图。常见的绘图库为 matplotlib，能够绘制饼图、条形图、直方图和箱线图等常见的统计图类型，但绘图过程中，代码相对较多，为简单起见，此处利用 seaborn 库进行绘制。seaborn 在 matplotlib 库的基础上，进行了更高级的封装，使得作图更加方便快捷。

绘制不同花的"sepal length"列箱线图。利用 boxplot 函数，具体为：

```
import seaborn as sns
sns.boxplot(y='species',x='sepal length (cm)',data=iris)
```

得到的结果如图 11-9 左图所示。

其中 boxplot 中的 x 和 y 顺序可以互换，对应的图形也会发生变化。

（3）绘制小提琴图。利用 violinplot 函数，具体为：

```
sns.violinplot(x='species',y='petal width (cm)',data=iris)
```

结果如图 11-9 右图所示。

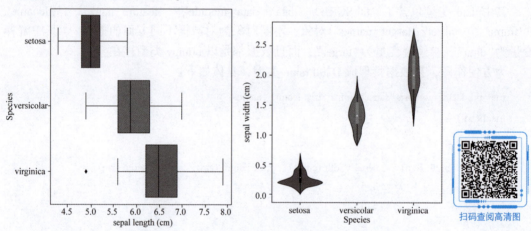

扫码查阅高清图

图 11-9　iris 数据集不同种类花萼长度箱线图与花瓣宽度小提琴图

可以发现，小提琴图能够比箱线图提供更多信息，特别是分布的可视化效果更强。

（4）绘制多变量气泡图。气泡图对横轴、纵轴、气泡大小和颜色进行赋值，从而显示多变量之间的关系，气泡图函数为 scatterplot，具体为：

```
sns. scatterplot(x='sepal length (cm)',y='sepal width (cm)',
                hue='species',size='petal width (cm)',data=iris)
plt. legend(loc=[1. 01,0])
```

结果如图 11-10 所示。

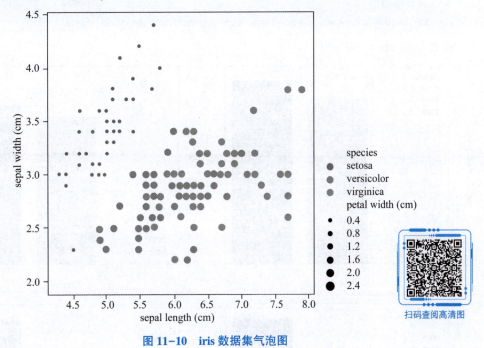

图 11-10　iris 数据集气泡图

（5）单变量条形图。函数为 barplot，由于每种花各 50 个样本，实际过程中，barplot 会计算相关的统计量（如每种花的均值、中位数等），默认统计量为均值，然后基于统计量绘制条形图，具体为：

```
sns. barplot(data,y='sepal length (cm)',x='species')
```

结果如图 11-11 所示。

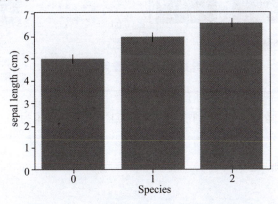

图 11-11　iris 不同种类花萼长度均值条形图

（6）四变量条形图。上述仅显示单个变量的条形图，实际中，可能要考察每个变量的分布情况，因此要绘制四个变量的条形图，此时用循环进行处理，具体如下：

```
fig,axes=plt. subplots(2,2,figsize=(10,10))
axes=axes. ravel()
for i in range(4):
    sns. barplot(data,y=iris. feature_names[i],x='species',hue='species',ax=axes[i])
```

结果如图 11-12 所示。

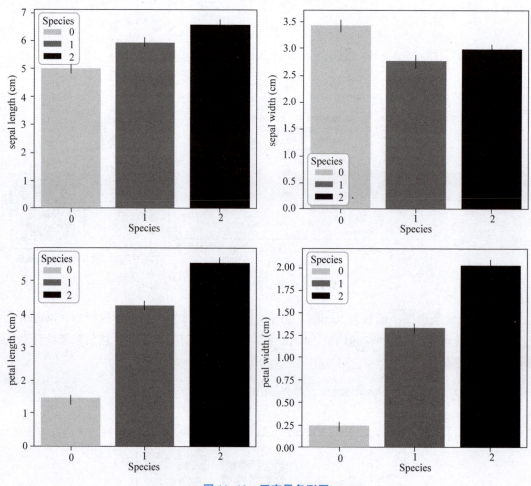

图 11-12　四变量条形图

（7）所有变量的可视化图。此时有两种方法。

一是利用 pairplot 函数，描述两两独特性散点图矩阵，具体为：

```
sns. pairplot(data)
```

结果如图 11-13 所示。

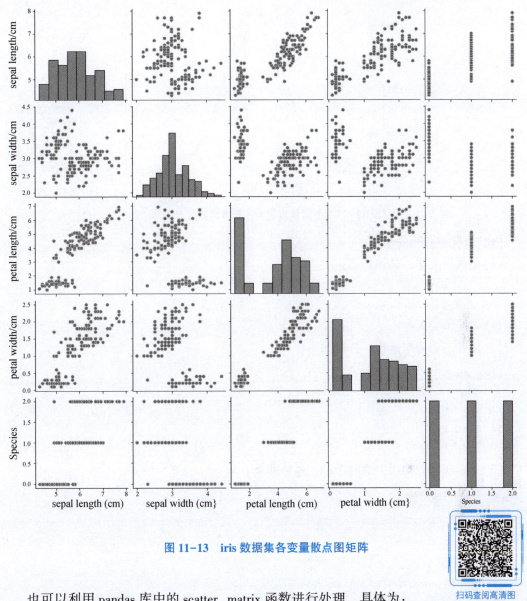

图 11-13　iris 数据集各变量散点图矩阵

也可以利用 pandas 库中的 scatter_matrix 函数进行处理，具体为：

```
pd. plotting. scatter_matrix(data. iloc[ :,0:4],c=data. iloc[ :,4],
figsize=(8,8),marker='o',s=40,alpha=0. 8)
```

结果如图 11-14 所示。

总体而言，用 matplotlib 与 seaborn 基本能满足统计绘图的需要，但如果要绘制更美观或者自定义性更强的统计图，可利用 bokeh 库进行处理。

11. 2. 3　统计分布与拒绝域图

【例 11-11】绘制随着自由度(分别为 2，5，10)的增加，t 分布与正态分布的关系，如图 11-14 所示。

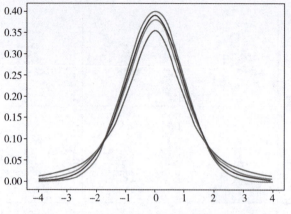

图 11-14　不同自由度 t 分布与正态分布关系

【解】具体操作步骤如下：

（1）加载相应库，具体如下：

```
import numpy as np
import matplotlib. pyplot as plt
from scipy import stats
```

（2）设置不同分布函数，具体如下：

```
x=np. arange(-4,4,0. 01)
y=stats. norm. pdf(x)
y1=stats. t. pdf(x,2)
y2=stats. t. pdf(x,5)
y3=stats. t. pdf(x,10)
```

（3）分别在同一画板上绘制图形，具体如下：

```
fig,ax=plt. subplots()
ax. plot(x,y)
ax. plot(x,y1)
ax. plot(x,y2)
ax. plot(x,y3)
#ax. legend(['norm','t(2)','t(5)','t(10)'],loc=0)
#ax. set_title('this is t-dist VS norm dist')
plt. show()
```

可以看出，这种图形虽然没有问题，但毫无疑问，不具有任何美观性，基于此，需要进一步对图形进行美化，从而使图形可视化更强。这也是图形绘制的基本功。

要绘制更美观的统计图，需要增加很多参数（属性），如增加线型、颜色、图例和线条粗细等各方面特征。

例如，常见的线型有"-""--""-.""："。常见的 marker 标记有"." ","""v""^""<"">""1""2""3""4""8""s""p""P"" * ""h""H""+""x""X""d""D""_"等各种符号①。

分别利用上述线型和颜色等属性对图形进行美化，参考代码如下：

---

① 其他全部标记符号见 MatPlotLib 官网的 Marker reference 部分。

```
x=np. arange(−4,4,0. 01)
y=stats. norm. pdf(x)
y1=stats. t. pdf(x,2)
y2=stats. t. pdf(x,5)
y3=stats. t. pdf(x,10)
fig,ax=plt. subplots()
ax. plot(x,y,color='red',linestyle='−')
ax. plot(x,y1,color='green',linestyle='−−')
ax. plot(x,y2,color='blue',linestyle='−. ')
ax. plot(x,y3,color='black',linestyle=':')
ax. legend(['norm','t(2)','t(5)','t(10)'],loc=0)
ax. set_title('this is t−dist VS norm dist')
plt. show()
```

得到的结果如图 11−15 所示。可以看出，虽然只是简单的美化，却大大增加了图形的可视化效果。实际展示过程中，可以选择其他参数，对图形进一步美化，请读者自行练习，从而对各个属性进行了解。

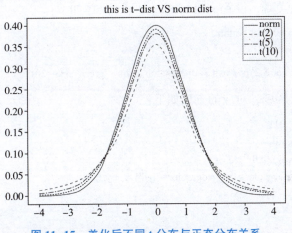

扫码查阅高清图

图 11−15　美化后不同 t 分布与正态分布关系

【例 11−12】绘制标准正态分布左侧拒绝域阴影图。

【解】绘制正态分布拒绝域，具体为标准正态分布，拒绝域为 $(-\infty, -2)$，如图 11−16 所示。

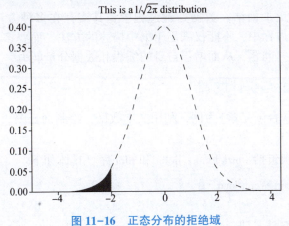

图 11−16　正态分布的拒绝域

先导入相关库。其中左侧填充区域运用到 polygon 库，这个库函数正好与 R 语言的 polygon 多边形填充函数一致。具体加载库如下：

```
import numpy as np
import matplotlib. pyplot as plt
from scipy import stats
from matplotlib. patches import Polygon
```

需要指出的是，拒绝域区域为($-\infty$，-2)，即下限为负无穷大，如果直接设置负无穷大的话，绘制图形就会出现问题(读者可以自行测试)，实际中可以看出，当达到-4时，基本上就非常小了，因此实际设置区间为(-4，-2)即可。

```
a,b=-4,-2
x=np. arange(-4,4,0. 01)
y=stats. norm. pdf(x,0,1)
fig,ax=plt. subplots()
ax. plot(x,y,color='red',linewidth=2,linestyle='--')
```

为了使图形比较美观，设置 y 轴 bottom 为零，具体如下：

```
ax. set_ylim(bottom=0)#set bottom!
ax. set_xlim(left=-5)
ax. set_title(r'This is a  $ 2\pi / exp $  distribution',color='green',size=20)
```

进一步设置填充区域，对应的方法如下：

```
ix=np. arange(a,b,0. 01)
iy=stats. norm. pdf(ix,0,1)
verts=[(a,0),*zip(ix,iy),(b,0)]
poly=Polygon(verts,facecolor='red',edgecolor='red')
ax. add_patch(poly)
plt. show()
```

上述设置阴影区间比较复杂，还有一种更简单的方法，具体如下：

```
i=(x>a)&(x<b)
verts=[(a,0),*zip(x[i],y[i]),(b,0)]
```

可见，这种方法更加简洁。数据处理过程中，其实存在多种方法都能得到相同的结果，建议读者在学习过程中，不能仅满足于书中描述的方法，而要多思考和多练习，尝试用不同的方法解决同一问题，从而增强自身的编程和数据分析能力。

11. 2. 4 词云图与统计地图

【例 11-13】以《联合国宪章》为例，利用文本数据，绘制词云图。

具体操作步骤如下：

(1)导入库，分别包括 wordcloud、jieba 和 plot 库，具体如下：

```
from wordcloud import WordCloud
import jieba. analyse
import matplotlib. pyplot as plt
```

（2）读取联合国宪章数据。先到网上搜索"联合国宪章"，然后复制所有内容到 TXT 记事本，命名为 charter 并保存到 F 盘根目录下。考虑到这个文件为文字型数据，不是表格型的数据，不好利用 pandas 读取，因此利用 with open 方法读取数据，具体如下：

```
with open(r'f:\charter. txt')as file:
    data = file. read(). strip()
```

查看前面 200 个字符的内容：

```
print(text[ :200])
```

结果为：

```
'《联合国宪章》\n\n\u3000\u3000 我联合国人民同兹决心 \n\n\u3000\u3000 欲免后世再遭今代人类两度身历惨不堪言之战祸,\n\n\u3000\u3000 重申基本人权,人格尊严与价值,以及男女与大小各国平等权利之信念,\n\n\u3000\u3000 创造适当环境,俾克维持正义,尊重由条约与国际法其他渊源而起之义务,久而弗懈,\n\n\u3000\u3000 促成大自由中之社会进步及较善之民生,并为达此目的 \n\n\u3000\u3000 力行容恕,彼此以善邻之道,和睦相处,\n\n\u3000\u3000 集中力量,以维持国际和平及安全,\n\n\u3000\u3000 接'
```

可以发现，文字以整体呈现，并且包括"\n""\u3000"和逗号等标点和字符。因此还需要把这些字符剔除，得到纯中文字符。具体如下：

```
punct='[ ' !"# $ % &\'()* +,-. /:;<=>? @[ \\]^_`{|}~ ]+,。!?""《》:,. \n\u3000'
for i in punct:
data=data. replace(i,'')
data[ :100]
```

结果如下：

```
'联合国宪章我联合国人民同兹决心欲免后世再遭今代人类两度身历惨不堪言之战祸重申基本人权人格尊严与价值以及男女与大小各国平等权利之信念创造适当环境俾克维持正义尊重由条约与国际法其他渊源而起之义务久而弗懈促'
```

（3）分词处理。把整个文本分割成一个个词语的形式。具体利用 cut 函数进行处理，其中令 cut_all＝False，具体如下：

```
segList=jieba. cut(data,cut_all=False)
```

为了查看具体的内容，把结果整理成文本形式：

```
data=''. join(segList)
print(data[ :100])
```

对应结果如下：

```
'联合国 宪章 我 联合国 人民 同兹 决心 欲免 后世 再 遭 今代 人类 两度 身历 惨 不堪言 之 战祸 重申 基本 人权 人格尊严 与 价值 以及 男女 与 大小 各国 平等权利 之 信念 创'
```

可以看出，上述是把整个文本分割成一个个的词语形式。cut 函数也提供了一种全模式方法，即令 cut_all＝True。感兴趣读者可以查看两者结果的差异。

（4）抽取关键词并进行词频统计。此处有两种方法，一种是基于 TF-IDF 方法，一种是基于 Textrank 方法。两种方法得到的结果会存在差异。如下列利用后者进行处理：

```
tags＝jieba. analyse. textrank(text,withWeight＝True,topK＝1000)
```

其中 withWeight 参数是指显示权重，topK 是指显示前者最高权重的词语个数。这个对象是列表类型，查看前面 10 个结果：

```
print(tags[:10])
```

对应如下：

```
[('理事会',0. 31817756844525796),('会员国',0. 242191880910633),('安全',0. 18488489930041901),('联合国', 0. 15875596045153864),('大会', 0. 11245160029229331),('理事国', 0. 09625891152043253),('宪章', 0. 08838727761475107),('托管', 0. 07226983253507546),('此项', 0. 06644929622443795),('和平', 0. 06604360807438613)]
```

可以看出，这种方法得到的结果为相对数。排名前面的分别为理事会、会员国、安全和联合国等词语。

（5）绘制词云图。具体采用 WordCloud 方法。考虑到词云图显示中文时出现方框问题，需要先设置字体，字体路径对应本地电脑中的中文字体所在的路径，字体一般在 C 盘 windows 中的 fonts 目录下，如下列选择楷体字。

```
wc＝WordCloud(font_path＝r'C:\Windows\Fonts\stkaiti. ttf')
```

生成画布后，进一步拟合数据产生图，用 generate_from_frequencies 函数，具体为：

```
wc. generate_from_frequencies(frequencies＝tags)
```

但出现如下错误：

```
AttributeError:'list'object has no attribute 'items'
```

仔细研究发现，frequencies 参数需要对应字典类型，而上述的 tags 为列表类型，类型不匹配出现错误。因此需要把 tags 转换为字典类型，具体如下：

```
dictags＝ {}
for key,freq in jieba. analyse. textrank(text,withWeight＝True,topK＝500):
    dicttags[key]＝freq
```

不过这种方法太麻烦，直接利用这个最简单：

```
dicttags＝dict(tags)
```

再重新基于数据得到图：

```
wc. generate_from_frequencies(frequencies＝dicttags)
```

没有显示错误，但没有显示图形。此处需要利用 show 方法，具体为：

```
wc. to_image(). show()
```

得到的结果如图 11-17 所示。

图 11-17　联合国宪章词云图

结果不是很美观，因此还需要优化一下，增强视觉效果。

（6）删除常用词。文本在分割的过程中，出现一些常用词，如"联合国""该项"和"此项"等对主题帮助不大的词汇，需要删除。具体需要删除的常用词命名为 stopwords，并处理如下：

```
stopwords=['该项','宪章','联合国','此项','任何','组织','对于','关于',]
for word in stopwords:
    data=data. replace(word,'')
data[ :200]
```

查看结果为：

'我人民同兹决心欲免后世再遭今代人类两度身历惨不堪言之战祸重申基本人权人格尊严与价值以及男女与大小各国平等权利之信念创造适当环境俾克维持正义尊重由条约与国际法其他渊源而起之义务久而弗懈促成大自由中之社会'

在此基础上利用 TF-IDF 方法进行处理，具体如下：

```
tags=jieba. analyse. tfidf(data,withWeight=True,topK=1000)
tags[ :10]
```

结果如下：

[('理事会',0.3444854210557317),('会员国',0.26221701447860973),('安全',0.2001717239011122),('大会',0.12174942773109514),('理事国',0.10421788005834147),('托管',0.07824531381053658),('和平',0.07150428688834147),('国际',0.06982574518649756),('机关',0.06599765411807318),('领土',0.06266452164945366)]

可以发现，联合国、宪章等词语已经不在里面。实际中，读者可以自己的需要设置相关的 stopwords，从而满足不同的需要。

（7）词云图优化。对字体颜色、图片形状和底色等方面进行优化。此处选择联合国徽章形状，首先要做准备工作。到网上搜索联合国徽章，最好颜色对比度比较强烈，如白底蓝色图之类。[①] 保存到当地文件夹下，命名为 badge，然后利用 imread 函数导入图片：

```
pic=plt. imread(r'F:/badge. jpg')
```

在此基础上设置图片形状、图片底色、字体颜色等属性，具体如下：

---

① 　需要指出的是，对比度不强烈的图片，显示效果可能不好。

```
wc＝WordCloud(font_path＝r'C:\Windows\Fonts\stkaiti.ttf',mask＝pic,
        background_color='white',collocations＝False,colormap='rainbow')
```

其中 colormap 是不同颜色的映射，一般对应彩色，这些颜色很多来源于实际生活中，如上述彩虹色、地势颜色和海洋色等。

然后进一步拟合数据，除了 generate_from_frequencies 外，还可以用 fit_words 方法，具体如下：

```
wc.fit_words(frequencies＝dicttags)
```

显示图片，则可得到徽章形状的词云图，代码命令为：

```
image＝wc.to_image()
image.show()
```

得到的结果如图 11-18 所示。

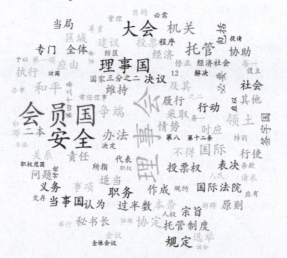

扫码查阅高清图

图 11-18　联合国宪章优化后词云图

感兴趣的读者可以通过不断更改背景片和图片形状等参数，从而得到自己满意的结果。

最后，把图片保存到当地文件夹，利用 to_file 函数，具体如下：

```
wc.to_file(r'd:/wc.jpg')
```

可以发现，D 盘根目录下多了一个名称为 wc 的图片。

统计地图用的是 pyecharts 库，需要指出的是，这个库 R 语言也有，具体为 recharts，那毫无疑问，这个 charts 的用途非常广泛。

【例 11-14】以东方财富网站数据为例，选择板块资金流中的地域资金流，获取 10 日排行的涨跌幅数据[①]，并绘制统计地图。

注意操作过程和步骤。统计地图绘制无法在 matplotlib 库中完成，需要加载 pyechart 库才行。具体操作步骤如下：

---

① 数据已整理到文档 dfcf.txt，感兴趣的读者可登录：http://data.eastmoney.com/bkzj/dy.html 获取实时数据。

（1）导入库，具体如下：

```
from pyecharts. charts import Map
from pyecharts import options as opts
import pandas as pd
```

（2）读取数据。此处直接利用 pandas 读取粘贴板的方法。

先复制文档内所有数据，在此基础上利用 read_clipboard 方法，考虑到复制内容不包含列标题，则令 header＝None，具体如下：

```
data＝pd. read_clipboard(' \t',header＝None)
```

查看数据：

```
print(data. head(4))
```

结果如下：

	0	1	2	3	…	11	12	13	14
1	宁夏板块	大单详情	股吧	−1.51%	…	−1.43%	4.72 亿	2.78%	宝丰能源
2	西藏板块	大单详情	股吧	−3.60%	…	−0.70%	8.84 亿	2.86%	华钰矿业
3	青海板块	大单详情	股吧	−2.08%	…	−1.16%	10.12 亿	3.60%	西部矿业
4	黑龙江	大单详情	股吧	−2.47%	…	−1.00%	14.67 亿	2.16%	中直股份

考虑到只需要地区名称和收益率，因此进行筛选如下：

```
data＝data[[1,3]]
```

为了分析方便，把列命名成英文。

```
data. columns＝['province','ret']
```

查看数据特征：

```
print(data. info())
```

结果如下：

```
<class 'pandas. core. frame. DataFrame'>
RangeIndex:31 entries,0 to 30
Data columns (total 2 columns):
 #     Column        Non−Null Count      Dtype
---    ------        --------------      -----
 0     province      31 non−null         object
 1     ret           31 non−null         object
dtypes:object(2)
memory usage:624. 0+ bytes
None
```

（3）数据处理。查看数据信息发现，变量类型都是对象型。毫无疑问，需要对数据进行处理。首先要把收益率整理成浮点型。值得注意的是，带有"%"号的数据不能直接转换为浮点型。其次要对地区名称进行处理，因为要与地图的地区名称完全一致，如地图中地区的名称为"宁夏"，而不是"宁夏板块"，因此要把"板块"两字去掉。① 经过分析发现，利用 replace 方法进行替换比较方便，具体如下：

```
data. replace({'%':'',"板块":''},regex=True,inplace=True)
```

把收益率列转换成浮点型：

```
data['ret']=data['ret']. astype(float)
```

进一步查看数据：

```
print(data. head())
print(data. info())
```

可以发现收益率的数据类型已经发生转变。

（4）统计地图设置。首先设置地图的大小，利用 init_opts 参数，具体为：

```
map=Map(init_opts=opts. InitOpts(width='1000px',height='600px',bg_color='pink'))
```

进一步对地区的其他属性进行设置。包括最大值、最小值（默认为 0）。

```
map. set_global_opts(visualmap_opts=opts. VisualMapOpts(
    max_=data['ret']. max(),min_=data['ret']. min(),
    toolbox_opts=opts. ToolboxOpts(is_show=True)))
```

（5）绘制地图。利用 add 命令，其思路相当于不断在图层上增加东西，具体如下：

```
map. add(series_name='china investment',data_pair=data,maptype='china')
```

但是发现这部分出错。

```
raise KeyError(key)from err
```

进一步查看这个函数的使用，发现 data_pair 对 pandas 不兼容，其数据特征是 Sequence、list 或 dict。其中 Sequence 就是常见的 numpy 类型，也就是说，pyecharts 匹配的是 numpy 对象数据。

（6）对数据框数据进行转换。其中列表和字典是我们熟悉的类型。如把数据框转换成列表类型，具体如下：

```
data_pair=[list(z)for z in zip(data['province'],data['ret'])]
print(data_pair)
```

再绘制地图，具体利用 add 命令。

```
map. add(series_name='different regional plate ret of A-stocks',
        data_pair=data_pair,maptype='china')
```

本来想用直接弹出图像的方式进行查看，但初步分析并没有发现这样的函数，只能通过保存后，再打开。先把地图保存到当地文件夹。

```
map. render(r'd:/ret. html')
```

---

① 这个名称匹配非常重要，编程过程中，经常会出现某个地区名称中间出现空格，或者多了一个汉字，则无法匹配数据，得到的图像则会出现问题。

然后打开 D 盘名为 ret. html 文件即得到统计地图的结果(图略)。

需要指出的是，上述依赖的是中国地图绘制统计图，实际过程中，可能还会涉及利用某个省份绘制相关的数据资料，此时则需要下载地图对应的模块，其国家、省级、城市和乡村级地图模块要分别安装，具体如下：

```
$ pip install echarts-countries-pypkg
$ pip install echarts-china-provinces-pypkg
$ pip install echarts-china-cities-pypkg
$ pip install echarts-china-counties-pypkg
```

11. 3　Python 数据处理实战

11. 3. 1　平安银行股票数据统计分析

为了对股票数据进行分析，首先要获取股票数据。不论是基本面投资、技术性投资和量化投资，都必须基于数据。有一个简单获取股票数据的方法，就是基于常用的股票交易软件下载。

获取股票 K 线数据的方法比较多，最简单的方法就是从通达信看盘软件下载。

具体下载方法为：①下载通达信软件，然后进行安装。安装后双击打开，登录。②盘后数据下载。操作步骤如下：选项→盘后数据下载，默认时间段并勾选。③盘后数据导出。[①] 操作步骤如下：选项→数据导出→高级数据导出→添加品种→全部 A 股→全选→确定。并设置文件名为"××××××. txt"，选择复权方式为"前复权"，分隔符为"TAB( )"，日期形式为默认，也可以设置为"导出目录"，勾选"生成导出头部"，最后单击"开始导出"。④导出后对应的文件位于自己设置的"导出目录"中，打开目录发现，里面包含大概 5 年前至今所有 A 股 K 线数据。

如得到平安银行股票数据文档结果如图 11-19 所示。

图 11-19　平安银行股票 K 线部分数据截图

【**例 11-15**】平安银行股票 K 线数据分析。要求做如下操作：(1)正确读取平安银行股票数据；(2)将对应的列命名为英文；(3)新增每日的收益率列，并把列命名为"ret"；

---

① 一定要先下载再导出才有数据，否则文档为空数据。

（4）分析"ret"列是否服从正态分布；（5）连涨或连跌天数统计，并绘制统计图，查看分布特征。

【解】（1）根据上述要求，先导入原先的平安银行股票数据，具体如下：

```
import pandas as pd
payh=pd. read_csv(r'E:\datasets\Stocks\weighted\tdx\000001. txt',delimiter=' \t',
                  skiprows=1,skipfooter=1,encoding='gbk')
payh. head()
```

此处读取数据过程中，考虑到原始文档中最前面和最后面一行数据与主数据不一致，不需要读取，因此需要增加"skiprows"和"skipfooter"略过前面和后面对应的行，否则读取出错。还有此处分割符为"\t"，也即制表符。这说明，在数据读取过程中，没有固定的方法，关键是根据文档原始数据格式和显示内容进行选择性读取。

运行结果：

	日期	开盘	最高	最低	收盘	成交量	成交额
0	2000/01/04	2.28	2.49	2.22	2.44	8216000	147324992. 0
1	2000/01/05	2.45	2.55	2.38	2.39	9399300	173475008. 0
2	2000/01/06	2.38	2.58	2.33	2.53	12022200	221192000. 0
3	2000/01/07	2.57	2.72	2.56	2.68	22934600	443592000. 0
4	2000/01/10	2.73	2.86	2.72	2.80	18521000	372294016. 0

（2）为方便起见，进一步对列名称重命名，主要有两种方法，一个是 rename 函数，一个是 columns 赋值。此处选择后者，具体为：

```
payh. columns=['date','open','high','low','close','volume','turnover']
```

重命名过程中，最好用对应名称的英文或者英文缩写表示，切记不要用什么毫无意义的"abcd"之类的名称，否则代码的可读性非常差。

（3）新增一列收益率。生成收益率的方法有三种，具体如下：

```
payh['ret']=(payh['close']-payh['close']. shift())/payh['close']. shift()
payh['ret']=payh['close']. diff()/payh['close']. shift()
payh['ret']=payh['close']. pct_change()
```

从上可以看出，得到一个结果可以存在多种方法，实际编程过程中，应该多思考哪些方法可以解决问题，并从中寻找一种最简单的方法。

（4）查看"ret"列是否服从正态分布。大致有两种方法：一是利用统计图定性分析；二是利用统计量进行检验。

利用统计图进行定性分析，具体如下：

```
payh['ret']. plot. kde(density=True)
```

但此时出现错误：ValueError: array must not contain infs or NaNs，即结果包含 NA 值或者无穷值。

进一步对"ret"列剔除 NA 值和截尾处理。

```
payh. dropna(inplace=True)
payh['ret'][payh['ret']>0.1]=0.1
payh['ret'][payh['ret']<-0.1]=-0.1
print(payh. head())
payh['ret']. plot. hist(density=True,bins=30)
payh['ret']. plot. kde()
```

进一步增加与正态分布对比曲线,并增加图例。

```
from scipy import stats
x=np. linspace(-0.15,0.15,101)
y=stats. norm. pdf(x,loc=payh['ret']. mean(),scale=payh['ret']. std())
plt. plot(x,y,linestyle='-',color='black')
plt. legend(['hist','density','norn'])
```

结果如图 11-20 所示。

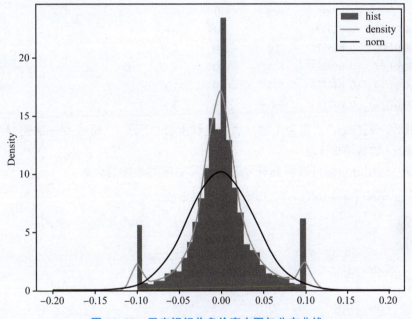

图 11-20 平安银行收盘价直方图与分布曲线

可以发现结果密度分布曲线与正态分布曲线存在较大差异,大致可以认为是非正态分布。

进一步利用统计量进行检验。

```
stats. normaltest(payh['ret'])
```

结果为:

```
NormaltestResult(statistic=162. 2328889178307,pvalue=5. 909840771687988e-36)
```

其中原假设是正态分布,统计量为 162,P 值为 0,意味着拒绝原假设,即不是正态分布。

(5)统计连涨(连跌天数)。为后续方便查看,仅取其中两列进行分析。

```
test=payh[['date','ret']]
```

新增一列，计算每日涨跌符号。

```
test['sign']=np.sign(test['ret'])
```

可以发现，当连续上涨时，"sign"列都为1，为了统计连涨次数，新增一列"diff"，进一步取差分，为方便后续加总，进一步除以2取绝对值。

```
test['diff']=(test['sign'].diff()/2).abs()
```

此时"diff"列中，当数值为0时，为连涨或者连跌的日子，当数值为1时，为改变符号的日子（即从涨到跌或跌到涨）。

新增"cum"列，计算累积求和，使连涨（连跌）后，数值保持相同。

```
test['cum']=test['diff'].cumsum()
```

得到结果如下：

	date	ret	sign	diff	cum
1	2000/01/05	-0.020492	-1.0	NaN	NaN
2	2000/01/06	0.058577	1.0	1.0	1.0
3	2000/01/07	0.059289	1.0	0.0	1.0
4	2000/01/10	0.044776	1.0	0.0	1.0
5	2000/01/11	-0.082143	-1.0	1.0	2.0

其中最后一列"cum"，当为1时，表示连续上涨（下跌），每改变一次符号（由涨变跌或者跌变涨），数值增加1。

进一步，运用分组即可以得到符号改变及其对应的连续的天数。

```
df=test.groupby('cum').size().reset_index(name='lasting')
print(df)
```

结果为：

	cum	lasting
0	1.0	3
1	2.0	4
2	3.0	1
...	...	...
3096	2815.0	1
3097	2816.0	1
3098	2817.0	1

其中cum表示符号变化，最后的值为2 817，说明符号经过了2 817次变化，第一次变化连续3天，第二次变化连续4天……。

最后，再次对"freq"列进行分组计算，即可得连涨（连跌）天数的分布。

```
result=df.groupby('lasting').size().reset_index(name='freq')
print(result)
```

结果如下：

	lasting	freq
0	1	1813
1	2	715
2	3	316
3	4	130
…	…	…
8	9	1
9	10	1
10	12	1

结果显示，涨一天（跌一天）有 1 813 次，涨两天（跌两天）有 715 次，最长的时间是连涨（连跌）12 天！

进一步，还可以把连涨天数和连跌天数分开来算，甚至还可以计算连涨和连跌收益率，请读者自行完成。

11.3.2　南极企鹅描述性统计

【例 11-16】企鹅是南极典型海洋生物，对气候环境变化非常敏感。近几十年来，南极地区正在发生着显著的气候环境变化，严重影响了企鹅的种群数量和栖息地分布。观测数据表明，南极半岛的阿德利企鹅数量显著下降，同时分布范围在向南收缩，已有多个繁殖种群完全消失。模拟研究预测，如果温室气体仍以目前的速度排放，到 21 世纪末将有80% 左右的帝企鹅繁殖地濒临灭绝，70% 的王企鹅被迫迁移到新的栖息地或消失。

阿拉斯加帕尔默长期生态研究所，长年致力于研究南极生态环境的变化及其对生物的影响，如关注鱼类和鸟类的数量及其变化。

数据变量具体包括：种类（Speices）、所属岛屿（Island），嘴峰长度（Culmen_Length，mm）、嘴峰深度（Culmen_Depth，mm）、脚蹼长度（Filpper_Length，mm）、体重（g）和性别（Sex）等。

请根据上述数据特征，描述不同类型企鹅是否存在差异。

【解】首先下载数据①，并保存为当地文件，然后读取数据。

```
penguins=pd. read_csv(r'F:\自编教材与著作\统计学\data\penguins. txt',delimiter=',')
penguins. head()
```

可以发现数据存在空缺值，查看空缺值大小。

```
penguins. info()
```

结果如下：

```
<class 'pandas. core. frame. DataFrame'>
RangeIndex:344 entries,0 to 343
Data columns (total 8 columns):
 #  Column          Non-Null Count  Dtype
```

---

① 数据下载地址为：https://raw. githubusercontent. com/rfordatascience/tidytuesday/master/data/2020/2020-07-28/penguins. csv。此数据已经经过整理，读者感兴趣可以进一步去找没有预处理过的数据进行分析。

```
---   ------                --------------    -----
 0    species              344 non-null      object
 1    island               344 non-null      object
 2    bill_length_mm       342 non-null      float64
 3    bill_depth_mm        342 non-null      float64
 4    flipper_length_mm    342 non-null      float64
 5    body_mass_g          342 non-null      float64
 6    sex                  333 non-null      object
 7    year                 344 non-null      int64
dtypes:float64(4),int64(1),object(3)
```

结果显示，总共有 344 个样本，只有 4 列存在空缺值，且数量很少，因此直接删除，具体如下：

```
penguins. dropna(inplace=True)
```

（1）查看不同性别企鹅是否存在差异。

其实关于企鹅雌雄的辨认曾经是世界性难题，因为不同于其他动物，企鹅外形上根本分辨不出雌雄。经过长期的观察研究之后，终于有人发现了其中的秘密。雌雄的鸣声有区别。在它们相互鞠躬点头、磨嘴并求情表演的时候，用录音机录下它们的鸣声。有的脉冲较长（150~500 ms），被判断为雄性；有的脉冲较短（30~100 ms），被判断为雌性。

由于此处已经对企鹅性别进行标记，查看形态体征等各方面是否存在差异。具体可以有两种方法，一种方法是展示按性别分布的不同变量的密度分布图或箱线图，如 iris 数据库作图方法所示；另一种方法是直接利用描述性统计量进行分析。具体是把数据按照企鹅类型和性别进行分组，然后分别查看嘴峰特征和脚蹼特征，此处选择均值，对应命令如下：

```
dicts={'bill_length_mm':'mean','bill_depth_mm':'mean','flipper_length_mm':'mean','body_mass_g':'mean'}
test=penguins. groupby(['species','sex']). agg(dicts)
test
```

对应结果如下：

species	sex	bill_length_mm	bill_depth_mm	flipper_length_mm	body_mass_g
Adelie	female	37. 257534	17. 621918	187. 794521	3368. 835616
	male	40. 390411	19. 072603	192. 410959	4043. 493151
Chinstrap	female	46. 573529	17. 588235	191. 735294	3527. 205882
	male	51. 094118	19. 252941	199. 911765	3938. 970588
Gentoo	female	45. 563793	14. 237931	212. 706897	4679. 741379
	male	49. 473770	15. 718033	221. 540984	5484. 836066

如果仅从统计数据来看，可以发现，不论是何种类型的企鹅，雄性的嘴峰和脚蹼都比

雌性要大，简单地说，雄性的块头要比雌性的块头大。但事实上，上述计量单位为 mm 和 g，不同性别的企鹅的嘴峰长度平均差距为 5 mm，嘴峰深度差距为 2 mm，脚蹼长度不到 10 mm，而体重平均差异不到 1 000 g，这确实很难用肉眼进行分辨。

（2）作为一个企鹅研究者，数据分析绝不会到此结束。从生物进化的角度来看，不同地理环境、气候和群体互动等各种因素都会影响到企鹅的体征。因此进一步查看不同岛屿的企鹅是否存在差异，具体如下：

```
test=penguins. groupby(['island','species']). agg(dicts)
print(test)
```

结果如下：

island	species	bill_length_mm	bill_depth_mm	flipper_length_mm	body_mass_g
Biscoe	Adelie	38. 975000	18. 370455	188. 795455	3709. 659091
	Gentoo	47. 568067	14. 996639	217. 235294	5092. 436975
Dream	Adelie	38. 520000	18. 240000	189. 927273	3701. 363636
	Chinstrap	48. 833824	18. 420588	195. 823529	3733. 088235
Torgersen	Adelie	39. 038298	18. 451064	191. 531915	3708. 510638

结果发现，Biscoe 岛、Dream 岛和 Torgersen 岛都有 Adelie 企鹅，其中嘴峰的长度分别为 38.975、38.52 和 39.038。当然，如何仅从数据角度判断是否存在差异比较主观，因为在实际研究中，要结合岛屿之间的距离，企鹅觅食是否存在共同区域（食物）等因素进行判断会更科学。如果不同岛屿的企鹅存在差异，这些差异是来自雄性企鹅还是雌性企鹅等，都需要仔细分析。

所有的分析都来自对问题的思考。

（3）进一步分析企鹅的形态结构，如嘴峰长度与体重的比例结构关系。

```
test['ratio']=test['bill_length_mm']/test['body_mass_g']
print(test. head())
```

结果如下：

island	species	bill_length_mm	bill_depth_mm	flipper_length_mm	body_mass_g	ratio
Biscoe	Adelie	38. 9750	18. 3705	188. 7955	3709. 6591	0. 0105
	Gentoo	47. 5681	14. 9966	217. 2353	5092. 4370	0. 0093
Dream	Adelie	38. 5200	18. 2400	189. 9273	3701. 3636	0. 010
	Chinstrap	48. 8338	18. 4206	195. 8235	3733. 0882	0. 0131
Torgersen	Adelie	39. 0383	18. 4511	191. 5319	3708. 5106	0. 0105

可以发现，同种企鹅的体型结构基本是一致的。

（4）随着时间的推移，南极生态环境越来越恶化，下面分析了 2007—2009 年企鹅发生了什么变化。

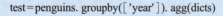

```
test=penguins. groupby(['year']). agg(dicts)
```

结果如下：

year	bill_length_mm	bill_depth_mm	flipper_length_mm	body_mass_g	ratio
2007	44. 0194	17. 4146	197. 2427	4153. 1553	0. 0106
2008	43. 5177	16. 9363	202. 6991	4263. 2743	0. 0102
2009	44. 4282	17. 1658	202. 5726	4200. 2137	0. 0106

数据只有三年，仅从现有结果来看，并没有根本性的差异。如果要做随时间推移对企鹅的影响，还需要进一步收集足够长时间数据才行。当然如果要做其他分析，如不同季节企鹅体重的差异，还得重新收集这方面指标的数据。

11.3.3 高尔顿身高遗传数据分析

【例11-17】生物统计学家高尔顿，在遗传方面，提出子女的身高与父母的身高存在相关性，同时存在一个趋势，即子女身高向平均身高回归，即父母比平均身高更高的，子女身高倾向矮一些；反之，父母身高比平均身高矮一些的，子女身高相对高一些。具体在1885年，高尔顿为了研究父母身高和子女身高的遗传关系，收集了205个家庭898个子女的数据。

数据集变量如下：(1)家庭号(Family)：子女对应的家庭，编号为1—205；(2)父亲(Father)：父亲的身高(单位：in)；(3)母亲(Mother)：母亲的身高(单位：in)；(4)性别(Gender)：子女性别，男或女；(5)身高(Height)：子女对应的身高(单位：in)；(6)儿童数(Kids)：家庭拥有的子女数量。请根据数据集进行描述性统计分析，并指出父母身高与子女身高的关系。

【解】(1)首先下载相关数据[①]，并保存到当地文件夹，导入数据，命令为：

```
galton=pd. read_csv(r'F:\自编教材与著作\统计学\data\galton. txt',sep='\t')
print(galton. head())
print(galton. describe())
```

描述性统计量结果如下：

	Father	Mother	Height	Kids
count	898. 000000	898. 000000	898. 000000	898. 000000
mean	69. 232851	64. 084410	66. 760690	6. 135857
std	2. 470256	2. 307025	3. 582918	2. 685156
min	62. 000000	58. 000000	56. 000000	1. 000000
25%	68. 000000	63. 000000	64. 000000	4. 000000
50%	69. 000000	64. 000000	66. 500000	6. 000000
75%	71. 000000	65. 500000	69. 700000	8. 000000
max	78. 500000	70. 500000	79. 000000	15. 000000

---

① 数据来源：https：//stat-jet-asu. github. io/Datasets/InstructorDescriptions/galtonheightdata. html。

结果显示总共有 898 个样本，其中父亲平均身高为 69.23 in，母亲平均身高为 64.08 in，同时共 205 个家庭，原始总共有 928 对数据，删除非数值型数据得到 898 个样本。

（2）查看父母身高的分布，绘制父母不同身高的分布图，具体为：

```
galton['Father'].plot.kde(label='Father',linestyle='-')
galton['Mother'].plot.kde(label='Mother',linestyle='--')
plt.legend()
plt.show()
```

结果如图 11-21 所示。

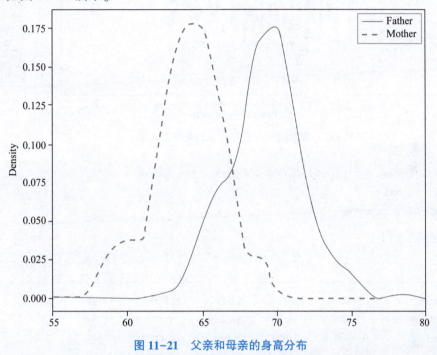

图 11-21　父亲和母亲的身高分布

（3）父母与子女身高的描述性统计。为了研究父母身高与子女身高的关系，高尔顿把父母的身高求平均，在此基础上利用散点图分析，具体如下：

```
galton['mean']=(galton['Father']+galton['Mother'])/2
sns.scatterplot(x='mean',y='Height',hue='Gender',markers=['* ','^'],data=galton)
plt.xlabel('Parents Height Mean')
plt.ylabel('Kids Height')
```

得到的结果如图 11-22 所示。

可以发现，在父母身高给定的条件下，男孩比女孩更高。

（4）父母与子女身高的定量分析。被解释变量为子女身高，解释变量为父亲和母亲的身高，考虑到不同性别的身高存在差异，因此解释变量再加上性别，对应的线性回归代码为：

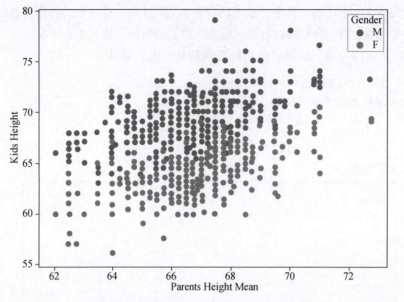

扫码查阅高清图

图11-22　高尔顿子女身高与父母身高散点图

```
ols=sm. formula. ols('Height~Father+Mother+Gender',data=galton)
result=ols. fit()
print(result. summary())
```

关键结果如下：

	coef	std err	t	P>|t|	[0.025	0.975]
Intercept	15.3448	2.747	5.586	0.000	9.954	20.736
Gender[T.M]	5.2260	0.144	36.289	0.000	4.943	5.509
Father	0.4060	0.029	13.900	0.000	0.349	0.463
Mother	0.3215	0.031	10.277	0.000	0.260	0.383

从上述结果可以发现，性别变量以 Gender[T.M]形式呈现，这是因为性别为名义型数据，结果以虚拟变量呈现，具体为 Treatment Male，系数为 5.226，也就是说，男孩比女孩平均高 5.226。

（5）上述回归过程中，分别考虑到男女不同身高的影响，实际中，可以进一步剔除性别差异的影响。具体计算男女身高的比例：

父母身高比例：

```
galton['Father']. mean()/galton['Mother']. mean()
```

结果如下：

```
1.080338
```

子女身高比例：

```
test=galton. groupby('Gender'). agg({'Height':'mean'})
print(test. iloc[1,0]/test. iloc[0,0])
```

结果为：

```
1.0798415634701515
```

从上可以看出，男性身高与女性身高比约为 1.08。正如高尔顿在 *Regression Towards Mediocrity in Hereditary Stature*[①] 文中指出："在每一种情况下，我都会将女性身高转化为相应的男性身高，……，因此，当我谈到平均值时，不需要提出基于性别身高差异的反对意见。"

（6）因此把不同性别数据按女性身高为标准进行折算，具体折算系数为 1.08，则女子身高"Height"变量的值处理如下：

```
galton['Height'][galton.Gender=="F"]=galton['Height']*1.08
galton['Mother']=galton['Mother']*1.08
```

进一步增加父母的平均身高列"mean"，具体如下：

```
galton['mean']=(galton['Father']+galton['Mother'])/2
```

利用新的数据进行回归，解释变量为子女身高，被解释变量为父母平均身高"mean"，模型具体为：

```
ols=sm.OLS(galton['Height'],sm.add_constant(galton['mean']))
result=ols.fit()
print(result.summary())
```

关键结果如下：

```
==============================================================================
              coef      std err       t      P>|t|     [0.025    0.975]
------------------------------------------------------------------------------
const       18.7670     2.841      6.607     0.000     13.192    24.342
mean         0.7291     0.041     17.772     0.000      0.649     0.810
==============================================================================
```

得到最终的回归方程为：

$$y = 18.77 + 0.72x$$

在此基础上剔除均值的方程：

$$(y - \bar{y}) = 18.77 + 0.72(x - \bar{x})$$

根据上式，可以发现，当父辈身高高于平均身高时，他们的子女身高比父辈平均来看会更高；反之亦然。这反映了一个规律，即子女的身高，有向他们父辈的平均身高回归的趋势。这也是"回归"一词的来源。

11.3.4　蒙特卡洛模拟圆周率

蒙特卡洛模拟，名字来源于驰名世界的赌城 Monte Carlo，看其名称觉得高深莫测，其实是一种基于随机数来解决计算问题的方法，可简单称为随机模拟，即将求解的问题同一

[①]　大致可以翻译为：遗传身高向均值回归。

定的概率模型相联系，用电子计算机实现统计模拟或抽样，以获得问题的近似解。

随机模拟在现实中有着广泛的用途，如根据物理粒子的特征，模拟粒子的产生和运动；根据空气动力学原理，模拟火箭发射和回收的过程；根据分子扩散原理，模拟污染物的扩散过程；根据投资组合原理，模拟不同投资组合下的收益率及其波动，并确定最优投资组合。

为后续对金融投资组合的随机模拟，此处以模拟经典的投针实验为例，分析利用随机模拟方法求圆周率。

在1777年，法国Buffon提出用投针实验的方法求圆周率，这被认为是蒙特卡洛方法的起源，此处为方便，对Buffon实验进行简化，采用随机投点法进行模拟。根据公式 $S = \pi r^2$ 可知，$\pi = S / r^2$。现向边长为2的正方形（内接半径为1的圆）内随机撒大量的点，这些点均匀地分布在正方形内，随着点越来越多，这些点等价于正方形的面积，而位于圆内的点则为圆的面积。因此，圆的面积=正方形面积×圆内点数/总点数。

为了方便，这里仅分析第一象限的部分，即圆面积的1/4，也即 π 的1/4，然后乘以4即得到 π 的值。

【例11-18】根据蒙特卡洛随机模拟原理，绘制蒙特卡洛随机投点图（见图11-23），并根据图示进一步编程计算圆周率。

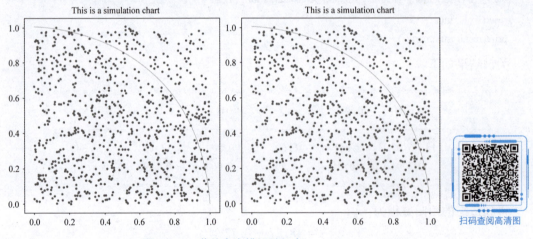

图11-23　蒙特卡洛模拟随机点

【解】蒙特卡洛模拟程序如下。

（1）绘制图11-23所示的随机投点图，先导入库。

```
import numpy as np
import matplotlib. pyplot as plt
```

（2）生成圆所需要的点，使用linspace函数方法，对应如下：

```
x=np. linspace(0,1,num=101,endpoint=True)
y=np. sqrt(1-x**2)
```

（3）画圆。考虑到上述图是先画圆，再把点加上去，所以使用subplots的方法，具体如下：

```
fig,ax=plt. subplots(figsize=(9,9))
ax. plot(x,y,color='red')
ax. set_title('This is a simulation chart',color='blue')
```

（4）增加 1 000 个随机点，这些点的范围是从 0~1 的均匀分布的随机点，具体如下：

```
n=1000
r=1
x0,y0=0,0
xmin,xmax=0,1
ymin,ymax=0,1
a=np. random. uniform(xmin,xmax,size=n)
b=np. random. uniform(ymin,ymax,size=n)
```

（5）绘制散点图，对应命令为：

```
ax. scatter(a,b)
```

得到图 11-23 左图所示结果，但可视化效果差。我们需要的是图 11-23 右图所示的结果：圆内为红色，圆外为绿色。

（6）设置颜色。最初想到的是简单方法，如 color='red' else if dist<1 'green'。但这种方法不可行。为进一步了解颜色设置，查看帮助文件：

```
print(ax. scatter. __doc__)
```

对应颜色部分参数如图 11-24 所示。

```
c : color, sequence, or sequence of color, optional
    The marker color. Possible values:

    - A single color format string.
    - A sequence of color specifications of length n.
    - A sequence of n numbers to be mapped to colors using *cmap* and
      *norm*.
    - A 2-D array in which the rows are RGB or RGBA.

    Note that *c* should not be a single numeric RGB or RGBA sequence
    because that is indistinguishable from an array of values to be
    colormapped. If you want to specify the same RGB or RGBA value for
    all points, use a 2-D array with a single row.  Otherwise, value-
```

图 11-24　在 PyCharm 环境下，scatter 函数颜色参数帮助

由此可见，颜色属性可能存在 4 种情况，其中要达到上述要求的两种颜色，用第二种和第四种比较合适，但第四种情况设置颜色比较麻烦，因此还是第二种合适，即直接生成 ['red'，'red'，'green'] 之类的序列。

生成序列主要是使用列表或 numpy 数组，此处使用数组进行分析。具体先设置颜色：

```
colormap=np. array(['red','green'])
```

然后设置对应的点，根据距离进行判断，具体如下：

```
dist=np. array([a**2+b**2>=1])+0
```

其中，加 0 非常重要！不加 0 数据为逻辑型，即 True、False 类，加 0 后变成 0，1 数值型。查看发现结果为嵌套数组形式，进一步变成普通数组，用 flatten 方法。[①]

```
dist=dist. flatten()
color=colormap[dist]
```

在此基础上得到一系列颜色序列，查看前 10 个结果如下：

```
['red''red''red''red''red''green''red''red''red''red']
```

进一步绘制散点图：

```
ax. scatter(a,b,linestyle='dotted',s=10,c=color)
plt. show()
```

即可以得到图 11-23 右图。

（7）接下来计算圆周率。其基本思路是计算圆内点的个数与总随机数的比例，然后乘以 4 就得到圆周率。

一次性使用 numpy 库中的随机方法生成 n 个随机数，然后进行计算。

```
n=100000000
def cal_pi(n):
    x=np. random. uniform(0,1,size=n)
    y=np. random. uniform(0,1,size=n)
    dist=np. array([x**2+y**2<=1]). sum()
    return 4*dist/n
```

设置计算开始时间，也就是当前系统时间。

```
begin=time()
print('simulation results:',cal_pi(n))
```

同样，设置结束时间。

```
end=time()
print('last time of np method:{} seconds'. format(end-begin))
```

两者的结果分别为：

```
simulation results:   3. 14176868
last time of np method:3. 367981195449829 seconds
```

可以看出，计算结果比较接近，所用的时间大致为 3.37 s，速度比较快。

11. 3. 5　Bootstrap 抽样估计

【例 11-19】运用 Bootstrap 抽样在实际中有广泛的用途。模拟 Bootstrap 抽样过程，及其对均值和方差等统计量进行估计。

【解】导入需要的库。

```
import numpy as np
import matplotlib. pyplot as plt
```

假定总体容量为 1 000，从总体中随机抽出一个样本容量为 200 的样本。

---

① 这个 flatten 只有 numpy 数组能用，列表是无法用的。

```
popsize=1000
samplesize=200
pop=np. random. randint(0,500,size=popsize)
sample=np. random. choice(pop,size=samplesize)
```

利用 Bootstrap 方法进行有放回重复抽样，其中 Bootstrap 样本容量仍有 200，重复进行 1 000次，并把每次抽样得到的均值和标准差保存起来。

```
bootmean=[ ]
bootstd=[ ]
for _ in range(10000):
    boot=np. random. choice(sample,size=samplesize)
    bootmean. append(boot. mean())
    bootstd. append(boot. std())
```

查看总体均值、样本均值，Bootstrap 抽样均值的平均数，还有标准差。

```
print(pop. mean(),sample. mean(),np. mean(bootmean))
print(pop. std(),sample. std(),np. mean(bootstd))
```

结果为：

```
257. 795 269. 4 269. 407099
143. 06871417259612 138. 8472902148256 138. 401704623646
```

发现结果比较相近。

基于 Bootstrap 抽样得到均值和标准差，绘制统计分布图查看其分布。

```
fig,axes=plt. subplots(1,2,figsize=(10,4))
axes[ 0]. hist(bootmean,bins=50)
axes[ 1]. hist(bootstd,bins=50)
axes[ 0]. set_title('bootstrap mean distribution')
axes[ 1]. set_title('bootstrap std distribution')
plt. show()
```

结果如图 11-25 所示，可以发现，均值和方差基本服从正态分布。感兴趣的读者可以进一步在图上增加对应的正态分布曲线，从而更直观地展示结果。

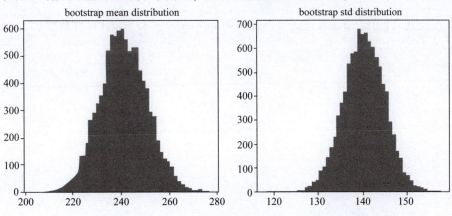

图 11-25　均值和标准差的 Bootstrap 抽样分布

进一步计算 Bootstrap 抽样均值的标准差为：

```
np. std(bootmean)
```

结果为：

```
9. 935286105329213
```

进一步对均值进行区间估计，利用 Bootstrap 抽样的分位数进行确定。95%置信区间的命令为：

```
np. percentile(bootmean,[2. 5,97. 5])
```

结果为：

```
array([221. 89975,260. 921625])
```

即均值 95%的置信区间为[221.9，260.9]。

上述 Bootstrap 求置信区间的过程可以利用 scipy 库的 Bootstrap 相关函数处理。具体如下：

```
from scipy. stats import bootstrap
boot=bootstrap(sample. reshape(1,-1),np. mean,
confidence_level=0. 95,random_state=1,method='percentile')
print(boot. confidence_interval,boot. standard_error)
```

结果如下：

```
ConfidenceInterval(low=221. 215,high=260. 38025)9. 94908445437654
```

可以看出，95%置信区间为[221.2，260.4]，与原先计算结果基本相同。同时均值的标准差为 9.94，结果也基本一致。

参 考 文 献

[1]ALAN A, CHRISTINE A F, BERNHARD K. Statistics：The Art and Science of Learning from Data [M]. 5th ed. London：Pearson Education Inc, 2021.

[2]ALLAN G B. Elementary Statistics：A Step By Step Approach [M]. 11th ed. New York：McGraw Hill Higher Education, 2023.

[3]CRYSTAL G K, BRENDAN K W, DAVID M F. Big Data in the US Consumer Price Index：Experiences and Plans [M]. Chicago：University of Chicago Press, 2022.

[4]GERALD K. Statistics For Management and Economics：Abbreviated [M]. 10th ed. Andover：Cengage Learning, 2015.

[5]ROXY P, JAY L D. Statistics：The Exploration & Analysis of Data [M]. 7th ed. Andover：Cengage Learning, 2010.

[6]RON L, BETSY F. Elementary Statistics：Picturing the World [M]. 7th ed. Hoboken：Pearson Education Inc., 2018.

[7] SHERRI L J. Statistics：Plain and Simple [M]. 4th ed. Andover：Cengage learning, 2016.

[8]JESSICA M U, ROBERT F H. Mind on Statistics [M]. 6th ed. Mason：Thomson Higher Education, 2021.

[9]LEHMANN E L. 奈曼：现代统计学家 [M]. 姚慕生，译. 上海：上海翻译出版公司, 1987.

[10]Emmanuel L. Big Data for Development：Challenges & Opportunities [R]. UN Global Pulse, 2012.

[11]古德费洛，本吉奥，库维尔. 深度学习 [M]. 赵申剑，黎彧君，符天凡，等译. 北京：人民邮电出版社, 2017.

[12]HAN J, KAMBER M, PEI J. 数据挖掘：概念与技术[M]. 3 版. 范明，孟小峰，译. 北京：机械工业出版社, 2012.

[13]班纳吉，迪弗洛. 贫穷的本质：我们为什么摆脱不了贫穷 [M]. 景芳，译. 北京：中信出版社, 2018.

[14]霍奇斯. 艾伦·图灵传：如谜的解谜者 [M]. 孙天齐，译. 长沙：湖南科学技术出版社, 2017.

[15]包寒，吴霜，蔡华俭. 姓名对个体心理与行为的实际影响：证据和理论 [J]. 心理科学进展, 2021, 29(06)：1067-1085.

[16]惠伦. 赤裸裸的统计学 [M]. 曹槟，译. 北京：中信出版社, 2013.

[17]城田真琴. 大数据的冲击[M]. 周自恒，译. 北京：人民邮电出版社, 2013.

[18] 哈夫. 统计陷阱 [M]. 廖颖林, 译. 上海：上海财经大学出版社，2002.

[19] 萨尔斯伯格. 女士品茶[M]. 刘清山, 译. 南昌：江西人民出版社，2016.

[20] 费孝通. 江村经济 [M]. 北京：商务印书馆，2021.

[21] 付志刚, 沈慧娟. 量化投资基础、方法与策略 [M]. 北京：电子工业出版社，2019.

[22] 付志刚、沈慧娟、陈战波. Python 量化投资指南[M]. 北京：电子工业出版社，2024.

[23] 高庆丰. 欧美统计学史 [M]. 北京：中国统计出版社，1987.

[24] 韩兆洲. 统计学原理 [M]. 8 版. 广州：暨南大学出版社，2018.

[25] 胡世忠. 云端时代杀手级应用大数据分析 [M]. 北京：人民邮电出版社，2013.

[26] 贾俊平, 何晓群, 金勇进. 统计学 [M]. 8 版. 北京：中国人民大学出版社，2021.

[27] 荣格. 心理结构与心理动力学[M]. 关群德, 译. 北京：国际文化出版公司，2011.

[28] 李洁明, 祁新娥. 统计学原理 [M]. 5 版. 上海：复旦大学出版社，2010.

[29] 李金昌. 统计思想研究 [M]. 北京：中国统计出版社，2009.

[30] 李重光. 音乐理论基础 [M]. 北京：人民音乐出版社，2017.

[31] 格拉德威尔. 异类：不一样的成功启示录 [M]. 苗飞, 译. 北京：中信出版社，2020.

[32] 舍恩伯格, 库克耶. 大数据时代：生活、工作与思维的大变革[M]. 杭州：浙江人民出版社，2013.

[33] 吴敬琏. 中国增长模式抉择 [M]. 上海：上海远东出版社，2006.

[34] 吴军. 数学之美 [M]. 3 版. 北京：人民邮电出版社，2020.

[35] 萧遥天. 中国人名研究 [M]. 北京：新世界出版社，2007.

[36] 薛定谔. 生命是什么？[M]. 张卜天, 译. 商务印书馆，2021.

[37] 余明友, 张帆. 大数据时代样本与总体关系探析[J]. 中国统计，2019(09)：68-70.